生态文明
与开放式扶贫

生态文明贵阳国际论坛
（2015）

主编 | 吴大华　叶　韬
　　　张学立　黄承伟

社会科学文献出版社
SOCIAL SCIENCES ACADEMIC PRESS (CHINA)

前　言

一

反贫困是全人类、全社会的共同责任，是全球正义的重要组成部分，中国在全球反贫困的工作中一直扮演着积极而重要的角色。

针对曾经庞大的贫困人口，伴随着中国改革开放三十多年而建立发展的、并获得不断完善的、系统性的反贫困机制与反贫困工作体系，取得了重大成效，成果有目共睹。中国的反贫困工作，正从经济建设、社会政策发展、行政管理与公共政策创新、社会活力与社会合作能力成长、企业社会责任推动与反贫困的社会参与等方面开始全面推动，取得了一系列成果和重要经验。

贫困人口发展能力提升、地方产业发展与贫困群体可持续生计建设综合推进、全面推进基础教育与基本卫生健康服务、积极城镇化战略与贫困人口就业支持、逐步完善的城乡统筹下的社会保障制度建设、城乡社区建设与社区服务体系完善、环境与农村产业可持续协调发展、社会参与扶贫路径探索与机制建设等，都成为中国反贫困工作的重要领域，系统性、开放性、综合性、多样性的反贫困工作体系正在形成。中国在反贫困领域的所有重要尝试，不仅有力地回应了本国反贫困工作的现实需求，也将为全球反贫困斗争提供重要的经验支持。

基于对整个中国改革开放与反贫困工作关联的总体判断和对中国国情的深刻认识，中共中央总书记、国家主席习近平强调，开放和扶贫是彼此融合的，提倡用开放意识推动扶贫工作，在扶贫工作上运用开放政策。开放和扶贫相互依存、相互促进，扶贫成果将是开放的新起点，开放可以使扶贫迈向新台阶。

我国山区面积占整个国土面积的2/3，中国绝大多数贫困人口居住于

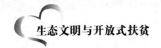

西部山区农村，东、中部区域的山区农村也是该区域贫困人口的相对集中地，山区发展与中国反贫困工作有很大的重合。贵州基本上全省皆为山区，山区发展和贵州反贫困工作可以说是一个硬币的两面。山区经济发展相对滞后、工业化和城市化进程相对缓慢、可耕地资源相对贫乏、农产品市场化率总体较低、市场机制还有待完善、基础设施建设相对落后、科学技术发展相对滞后、公共服务支持相对不足、社会政策供给水平相对低下、劳动力综合素质相对不佳、开放意识和开放能力相对不高，等等，总体上构成了山区贫困的基本表现。更加开放的经济和社会环境、更具创新性的政策支持机制，更加良性互动的人与自然关系，更加便捷的社会参与渠道和更加完善的社会参与机制，是当下山区发展与反贫困工作推进所需要解决的重要问题。

但从另一角度看，山区往往更具生物多样性、地形地貌多样性、文化多样性、气候多样性、物产多样性等特征，又为山区特色生态产业、环境友好型工业项目、生态旅游业、养老服务业等的发展形成了得天独厚的优势，也为企业参与、社会参与、区域间互动协作的共生经济发展提供了强大的参与动力和广阔的参与空间，而这些产业多属劳动密集型产业，亦能为山区劳动力就业提供重大支持，充分支持山区发展具有的后发优势，使得山区发展与反贫困工作的推进有充分的结合机会。

基于对中国几十年反贫困工作的回顾与总结，为回应新时期中国反贫困战略调整和反贫困工作机制的深化需求，支持中国反贫困体制机制创新与全球反贫困行动的重要关联，促进区域内实施开放战略支持扶贫开发与发展模式创新，在成功举办"生态文明贵阳国际论坛·生态文明与反贫困分论坛"2014年年会的基础之上，本分论坛2015年年会将主题定为"生态文明与开放式扶贫"。

二

开放式扶贫是开放和扶贫的辩证统一体。开放能促进发展的硬、软环境改善，经济发展的机制创新，社会治理结构的完善，在提高地方经济发展、社会治理、科教文卫水平的同时，改善区域的物质文化生活、促进社会就业、提升区域福利，还为扶贫机制创新提供基础。而扶贫工作的可持续推进和模式创新同时也能增进地方社会活力，促进社区发展和社会稳定，为更开放的经济、社会发展环境提供支持。

（一）反贫困工作领域与工作目标开放

应充分认识贫困的本质和反贫困工作的根本目标，扩大反贫困行动的工作视野与工作领域。充分认识到贫困问题不只是经济问题，更是社会问题，同时也反映于环境、文化、社区可持续等方面，发展政策更具包容性和平等性等诸多层面。反贫困工作不只是单纯的经济发展和货币收入增加的问题，可持续、有效的反贫困工作，最终既体现于人民群众的现金收入增加、物质生活改善、拥有财产总额增大，也体现在贫困群体作为反贫困主体资格的充分落实、其平等发展权利得到更大程度实现、社会合作机制可持续成长、社区可持续发展能力永续提升、贫困地区社会政策水平不断提高、社区社会资本得到持续增强等，还体现为有尊严、有价值、有保障的生活得到支持。

（二）反贫困行动模式开放

在积极总结以经济成长为主要目标、以产业发展为主要手段的过往扶贫开发工作经验的同时，亦要充分审视过往工作模式中存在的不足与问题。反贫困工作的主要工作模式，需要从过往的政府完全主导扶贫开发工作向政府、社会组织、企业、社区、贫困群体多元主体参与的反贫困模式转变；要考虑从主要支持产业发展向支持贫困地区综合发展的方式转变；要考虑从主要支持大型项目向在支持大型项目推动的同时支持贫困群体的综合能力成长转变；要在产业带动的同时兼具考虑支持社会合作，增加贫困群体的社会资本成长；项目类型要从单一的支持产业发展、基础设施建设逐步向包括社区福利成长、社区建设、社区公共事务管理能力提升的项目组合模式转变。

（三）反贫困参与机制开放

重新审视反贫困行动过程中政府与社会的合作机制，区域反贫困战略和规划的制定要充分考虑支持贫困群体和贫困社区作为反贫困行动主体；要考虑建设社会组织、企业便捷参与的渠道和机制；要在扶贫开发工作推进及区域反贫困行动中重视治理机制的建设，扶贫项目本身也需要建立良

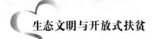

好的治理机制，要完善项目规划、实施、监测评估各环节中的相关群体参与机制，充分调动参与方的积极性并保障参与方的参与权益。

三

中共中央总书记、国家主席习近平强调，开放和扶贫是彼此融合的，提倡用开放意识推动扶贫工作，在扶贫工作上运用开放政策。开放和扶贫相互依存、相互促进，扶贫成果将是开放的新起点，开放可以使扶贫迈向新台阶。

相对于"扶贫"，"反贫困"概念更强调贫困群体的主体性角色，更强调治理视角，更侧重支持贫困群体的能力建设、支持其可持续利用自然资源并在环境保护的过程中获益。反贫困工作成效需要以贫困群体发展能力的可持续成长作为考量基础，这正是中国社会在借鉴发展援助经验的基础上、本土创新要解决的问题。

贵州是中国反贫困主战场之一，为落实习近平总书记"抓紧抓紧再抓紧、做实做实再做实"的指示要求，贵州在扶贫开发领域的机制创新、方法创新对于中国反贫困战役将具有重要贡献和特别意义。

作为负责任的发展中大国，对内解决国内贫困及因贫困引发的社会问题，对外协同发展中国家和地区建立发展共识，共同寻求全球市场正义和公平秩序，是当下中国该当承担的责任，也是中国软实力提升的重要支撑。

分论坛邀集联合国组织、国际非政府组织、国内公益机构、境内外社会发展与反贫困领域专家进行对话，分享全球反贫困工作经验、推进反贫困共识，探讨中国在全球反贫困行动中的角色与能力，支持中国在国内反贫困工作推进过程中探索全球责任承担，共创美好人类未来。

分论坛设置了以下四个议题：①以社会参与为基础的反贫困行动新战略；②企业社会责任与扶贫机制创新；③农村社会治理与反贫困；④山区发展与绿色减贫。

分论坛预期成果：①与会嘉宾就开放式扶贫的理论、工作模式、创新机制进行探讨，完善对开放式扶贫的总体认识，达成对开放式扶贫的基本共识。②形成"生态文明与开放式扶贫 2015 贵阳共识"并发布。③与会嘉宾对反贫困与治理的关系进行充分讨论，形成支持中国开放式扶贫发展的支持性建议。④与会嘉宾对贵州喀斯特贫困山区的开放式扶贫经验展开讨论，形成对经验的基本共识性认识。⑤推进参会国内知名基金会、知名企业支持贵州反贫困事业的初步行动共识，推动其与本分论坛形成长期合作关系，通过支持本分论坛的发展，与贵州相关地区及专业组织建立伙伴关系，支持贵州的反贫困工作。

四

2015 年 1 月 27 日，贵州省扶贫办主任叶韬、副主任杨小翔带领相关部门负责人到贵州省社会科学院，与院长吴大华、副院长索晓霞及相关部门负责人就筹备"生态文明与反贫困分论坛"事宜进行座谈交流。双方回顾了 2014 年分论坛举办过程中的做法、经验和存在的问题，认为"生态文明贵阳国际论坛"组委会在总结中将我们分论坛作为"优秀分论坛"继续保留，这是对我们的高度评价。初步商定，2015 年分论坛主题为"生态文明与反贫困——山地特色农业与开放式扶贫"，主办单位为国务院扶贫办、北京大学、贵州省人民政府，承办单位拟定为中国国际扶贫研究中心、贵州省扶贫办、贵州省社会科学院、贵州民族大学及中国新闻社贵州分社，当时在场的黔西南州人民政府州长杨永英也表态积极加入，力争将分论坛打造成为国际知名、国内一流的专业性分论坛。这标志着 2015 年分论坛的正式启动。

2015 年 4 月 17 日，中国国际扶贫中心副主任黄承伟研究员、北京大学贫困地区发展研究院常务副院长雷明教授、武汉大学中国减贫研究中心主任向德平教授、北京师范大学经济与资源管理学院党委书记张琦教授一行到贵阳，在贵州省社会科学院召开了分论坛第二次筹备工作会。贵州省扶贫办、贵州省社会科学院、贵州民族大学、中国新闻社贵州分社等相关领导与专家出席本次会议。经会议讨论决定，本次论坛主题定为"生态文明与开放式扶贫"。

本分论坛是生态文明贵阳国际论坛 2015 年年会 31 个分论坛中的 4 个重点论坛之一，国家和社会各界对此寄予厚望，亦是全球关注此次盛会时瞩目的焦点之一。国务院扶贫办主要领导、联合国官员莅临，北京大学领导、贵州省委省政府领导出席，国际国内知名基金会代表、社会组织代表参会，知名企业代表、著名学者汇集，援外培训班非洲代表到会，贵州本土学者及企业代表参加。可以说，论坛理念、参会嘉宾、举办方式全方位、深层次凸显开放性。

本次分论坛由国务院扶贫办、北京大学、贵州省人民政府主办，由中国国际扶贫中心、北京大学贫困地区发展研究院、中国社会科学院社会学研究所、贵州省社会科学院、贵州省扶贫办、贵州民族大学、招商局慈善基金会、黔西南州人民政府、中国新闻社贵州分社、普定县人民政府承办。分论坛由政府部门、高等院校、科研院所、新闻单位、基金会、社会组织联合承办的举办方式，凸显了反贫困主体的开放性。

本次分论坛成果丰富多元立体，有政策建议的严肃性、有学术研究的深入性、有实践行动的可操作性、有慈善事业社会组织的公益性；本次分论坛为政策制定和实施寻找学术支撑，吸纳社会、市场资源；为社会组织、企业家找到参与反贫困的合理有效的渠道。本分论坛在推动政府高层有关扶贫开发工作的政策制定和调整，以及在推动政界、商界、学界、公益领域等多边合作方面将具有可预见的重要意义和深远影响。

考虑到内容的相关性及分论坛影响力的持续性，经编委会商议，我们将对厉以宁、汤敏、何道峰、毛刚强等四位著名学界专家的访谈、农村社会治理与开放式扶贫研讨会、中国社会学会农村社会学专业委员会（2015）暨第五届中国百村调查研讨会专家代表发言录音进行了整理，同时征集了本土有代表性的参会专家学者和一线工作者的论文与案例，形成了本书，留此存照。同时，也希望本书的出版，为各地反贫困工作决策者和一线工作者提供一些智力支持。

基于对与会代表及各位作者的尊重，本书所收录的文章大都提请作者审校，文章观点并不代表编辑团队的立场和认识。由于水平有限，在编辑成书的过程中错漏在所难免，恳请读者谅解并批评指正。

"生态文明与开放式扶贫"分论坛编委会
二〇一六年五月一日

目 录
Contents

上编　论坛研讨

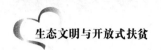
中编　专题研讨

下编　专题论文

Table of Contents

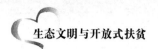

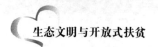

Part Two: Dissertation Discussion

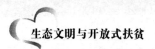

上 编

论坛研讨

会前访谈

策　划：生态文明与开放式扶贫分论坛文秘组、宣传组
访谈人：赵佳、单丽卿、舒星

厉以宁：

生态文明建设与开放式扶贫融合发展的根本出路在坚持改革

访 谈 人：赵佳，博士，中国国际扶贫中心
社会扶贫处副处长

访谈时间：2015 年 6 月 26 日

访谈地点：北京

嘉宾简介：

　　厉以宁，北京大学贫困地区发展研究院名誉院长，著名经济学家，中国经济学界泰斗。现为北京大学光华管理学院名誉院长、博士生导师，中国民生研究院学术委员会主任，中国企业发展研究中心名誉主任，发起成立北京大学贫困地区发展研究院。因在经济学以及其他学术领域中的杰出贡献而多次获奖，包括"孙冶方经济学奖"、"金三角"奖、国家教委科研成果一等奖、环境与发展国际合作奖（个人最高奖）、第十五届福冈亚洲文化奖——学术研究奖（日本）、第二届中国经济理论创新奖等。2013 年 12 月 12 日在 2013 年第十四届 CCTV 中国经济年度人物颁奖晚会上荣获 CCTV 中国经济年度人物终身成就奖。

　　问题一：您如何看待生态文明与开放式扶贫之间的关系？

　　我在陕西等地的调查得出一个印象：就是生态文明建设和扶贫开发是可以并重的。主要的例子：汉江上游最近几年因为要保证丹江口引水到北京、天津，因此就对陕西汉江流域经济发展产生了一定的负面影响：一是不准建设新的工厂，以免污染汉江；二是农业不准用化肥、农药，这同样是为了避免汉江遭到污染。在这种形势下，汉江，以及汉中、安康、商洛一带（上述三地水源都流入汉江）的经济发展面临更多困难。调研后我们发现这些问题可以一并解决，主要走三个道路。第一，大力发展旅游业，用旅游业带动本地经济。旅游业的发展要根据当地的情况，比如说汉中、安康的一些景点都可作旅游点，发展旅游可以增加就业，增加收入，特别是农民办农家乐、家庭旅馆，既扶贫又保护了生态。第二，当地的气候适宜种茶树，发展茶产业。茶树一般是不用化肥的，使用绿色肥料、有机肥料，所以可以发展茶树。汉中地区的茶叶是很有名的，能够销到全国各地。第三，在当地发展适合本地特色的手工业。手工业品能够打开销路，也不会给当地带来污染。

根据上述三个方面，生态文明建设与扶贫开发之间是相互促进的关系。因为有了生态文明建设，绿水青山比单纯的金山银山要好，而且可以既做绿水青山，又做金山银山。从这里得出经验：扶贫开发和生态文明建设是可以并重的、兼顾的。

问题二：您如何评价中国开放式扶贫的工作模式及相关影响，开放式扶贫下一步机制创新的方向应如何把握？

各地扶贫都有不同的模式，不能一概而论，适合贵州毕节地区的不一定适合华北。所以，现在一个办法就是贫困山区搞成连片，乌蒙山区，就是云贵川交界的地方；武陵山区，就是鄂西、湘西、贵州和重庆的交界地；秦巴山区，就是汉水两岸；大别山区，就是安徽、河南、湖北三省交界的地方，用山区把不同类型概括起来，这可能是一个适合中国国情的模式。

一定要发展民营经济，民营经济增加就业，同时也是地方财政收入增长的来源，可以实行滚动式扶贫。民营经济也包含了把民间资本动员起来，贵州毕节就大力引进外省的民营经济，改造国有企业，促进股份制企业的发展。这样一方面增加地方财政收入，另一方面也增强了地方经济增长的持久动力，更好地为当地服务。

同时，还要鼓励农民走出贫困山区。过去单个农民出去打工，困难在于不能持久，存在着夫妻分居、留守老人、留守儿童等问题。虽然农民在外打工赚了钱，但家庭并不一定幸福，所以应该建设新社区。中国城镇化是老城区＋新城区＋新社区，新社区就是新农村的改制，新农村改制后变成了新社区，新社区就是城镇化的一部分。农民在当地安家后，可以就近发展小微企业，就近打工，就住在新社区。像四川广安就有很多农民宁愿住在新社区，也不住城里。

农业本身也有进一步发展的可能。比如我们考察过的贵州黔西县，大量种植草莓，种植草莓一年可以收入 9 万元，种植梨一年可以收入 5 万元，种植粮食一年才收入 1000 元。这样可以就近解决发展的问题，有的种植蓝莓，有的种植草莓，还有的种植蔬菜。

总之，中国的扶贫模式是多种多样的，不可能说哪个模式是放之全国而皆准的。

问题三：贵州省对扶贫开发和生态文明建设高度重视，早在 20 世纪 80 年代贵州毕节就开展了综合改革试验，您也为此贡献了很多真知灼见。新形势下，请您谈谈贵州在坚守发展和生态两条底线的路上应该注意什么？把握哪些原则？

我根据自己在贵州扶贫的经验，首先必须强调改革。贵州毕节之所以出名，有三个方面的改革走在前面。

一是引进外地民营资本改造国有企业，促进股份制企业的发展，产权对国有企业改革至关重要。对其他贫困地区的国有企业来讲，可以吸取此方面的经验。

二是外出务工劳动力的培训。不能单纯地输出劳动力，外出务工的劳动力得有质量，要掌握一门技术。我在毕节农村的墙上看到一条标语：不读完初中，不外出务工。话虽普通，含义却深刻，因为一定要让农民掌握技术。云南的楚雄也是贫困地区，楚雄很有意义的一个做法就是建立职业教育园区，包括高等、中等职业技术学院以及各种短训班。专门培养准备到外面打工、有一技之长的人，包括维修家用电器、修理摩托、裁缝、厨师、木匠、车工、钳工等都需要培训，根据需要可以上短训班，或者进入学校学习。贵州毕节和云南楚雄都把外出务工劳动力的培训看得很重。还有，在内蒙古通辽市的扎鲁特旗，农民日子过得好（包括养牛、养羊），但因为该地属丘陵牧区，各家各户住得比较分散，孩子没地方上学。基于此，通辽市在城里建立了教育园区，里面包括寄宿制的幼儿园、小学、中学，周围的农民、牧民把孩子送到这里住校，解决了孩子们上学难的问题。现在发生了一个变化：因为周六、周日学校没课，很多爷爷奶奶、爸爸妈妈会进城看孩子，这也相应地带动了山区牧民老人进城买房。当地的商品房价格比较便宜，大约在 1000 ~ 2000 元/平方米。买了房子后，孩子上学更方便，老人生活更安定，农村的青壮年牧民也可以更加安心的劳动，也加快了城镇化的进程。各地有各地的经验和做法。毕节一直以来对教育高度重视，下一步要重点解决留守儿童和留守老人的问题。

三是农民的自主创业。外出不一定就打工，只要有谋生之道，完全可以从事诸如豆腐坊之类的小生意。各地都有相关的小微企业免税、减税等优惠政策。毕节有个小微企业园区（相关做法借鉴了重庆的经验），小微企业进入园区后，发生了很大变化：获得更多的认同感和归属感，感觉自己有组织了，有人管我了，遇到困难也可以有地方解决了。

总之，扶贫改革中对现有经验要总结、推广，对发展中遇到的问题，都要提到改革为首的高度，不是单纯的开发扶贫、生态建设，要以改革作开路。

汤敏：

开放式扶贫应广泛动员社会力量

访 谈 人：单丽卿，中国社会科学院研究生院博士

访谈时间：2015 年 6 月 25 日

访谈地点：北京

嘉宾简介：

  嘉宾简介：汤敏，经济学家，国务院参事，友成企业家扶贫基金会副理事长，中国经济 50 人论坛专家成员，北京市、广州市政府金融顾问团顾问，曾任亚洲开发银行驻中国代表处首席经济学家，中国发展研究基金会副秘书长，中国人民银行研究生部部务委员会副主席，是中国最具影响力的经济学家之一。

  问：《贵阳宣言》把开放式扶贫作为减贫的一个重要理念，您如何看待开放式扶贫这一理念？

  汤：我觉得提出开放式扶贫这个观念非常好。过去我们提扶贫，想的是政府的责任，最多涉及企业的责任，要企业捐点钱、投点钱。但是扶贫中的一个最大的资源——社会资源，还没有调动起来。现时代的扶贫，特别是我们现在面临非常艰巨的任务。最近习总书记在贵州召开的扶贫大会中提出来，2020 年是一个非常重要的节点，现在我们国家还有大量的人口处于贫困线之下，如何在这么短的时间完成这个任务？贫困人口的界定还要具体看贫困线怎么划，但是贫困人口至少涉及五六千万，这么多人还处于贫困线之下，这是一个非常巨大而艰苦的任务。

  另外，现在的贫困跟几十年前的贫困不一样了。之前的贫困可能更多地涉及地域性，即整个地区都很贫困。但是现在，除了集中连片的地域性贫困之外，关键是那些在村子里有特殊需要的群体，因病、因缺乏劳力而

7

导致的贫困。那么，面对这些贫困就需要更加精准的、有的放矢的方式，依靠过去那种简单的、把生产做起来的逻辑已经不行了。村子里那些有能力的人可以利用机会，但是没有能力的人就会更加困难。这些情况意味着我们需要探索新的扶贫模式，但是我们现在还是主要以政府扶贫为主，当然扶贫这个事情政府可以主导，问题是我们怎么把社会动员起来？社会扶贫，现在还没有一个很好的抓手，最多只是把企业动员起来，捐一点钱，但是老百姓呢？

在制度层面也还有很多的障碍。比如说，现在要注册民非、注册一个基金会都非常困难。尽管中央三令五申，但是到底下真正去操作还是非常困难的。那么，针对这些问题有关部门就必须快刀斩乱麻，需要有大动作去破解才行。再这么稀里糊涂推下去，以各种借口来推脱，或者对社会上扶贫的力量老是抱以怀疑、警惕的态度，这样做怎么能把群众动员起来？毛主席都说要相信群众，要依靠群众。我们现在在扶贫领域一定要有大动作，否则的话，很多漂亮的口号就只能是流于形式。开放式扶贫这个提法很好，但是还要看怎样真的引导出大的动作来。

其实，我们现在设计很多模式，但是这些模式每推进一步都面临重重障碍。比如我们现在谈的电商扶贫，贵州在设计一个电商扶贫的模式。现在农村电商开展也很快，富裕地区、中等收入地区很快就把电商的市场给占领了。贫困地区，路又远、产品也可能不标准，因此没有去做推广。城市就那么点市场，富裕地区和中等收入地区把市场占满的话，贫困地区会更穷，更加缺乏机会。所以这个事情就必须赶紧采取一些办法。电商扶贫就必须优先让贫困地区、贫困家庭来做。这种优先就不能只是口号式，而要拿出真正的办法来做。否则，电商可能更容易导致马太效应，使贫困的地区更贫困。现在还有点市场，以后可能市场都没有了。

问：那您觉得贫困地区或者贫困家庭是否有能力做电商呢？

汤：有没有能力就得要靠培训和帮助。没有能力，我们是去等，还是去做、去解决？如果他们自己有能力的话，可能早就富起来了。现在这个能力就得我们去培训、去解决，给他们特殊的帮助和政策，否则什么叫扶贫。

问：在贫困人口能力建设方面，您如何看待政府、社会组织和贫困群体这三者之间的关系和角色问题呢？

汤：任何时候都应该是政府主导，反贫困是政府的责任。需要政府来主导，但是主导不等于一家单独来做，也不意味着全部的责任都在政府身上。政府的主导怎么导？是朝向自己的资源导，还是想着怎么把老百姓发动起来？其实我们城市里有很多资源，大家都愿意献点爱心，愿意做点事，但是现在大家没有渠道。你说城市人怎么去做，去捐点衣服、捐点钱？到现在为止，我们所谓的开放式扶贫就只有这点招，叫大家捐钱、捐衣服。现在就得要真的找出一些行之有效的方式，而不是停留在口号式的东西上了。否则，几年一晃就过去了。

问：您能否结合友成企业家扶贫基金会的一些实践来谈一下自己的扶贫理念，以及下一步的设想呢？

汤：我们现在主要做两方面的事情，第一是教育扶贫。因为从扶贫的角度来说，最根本的是要做到贫困不传代，就是不能让贫困地区的孩子继续贫困下去。如果他的教育不好、教育质量不高，尽管他受到的教育可能比父辈要多一些，但是在他那一代人来说他还是最底层的。所以，如果不把贫困地区的教育质量做上去，我们的贫困会一代一代往下传。反过来，如果我们把贫困地区的教育质量搞好了，他们的下一代就不贫困了，就有可能在市场里面竞争，他要有了竞争力就可能把整个家庭带上来。所以，贫困地区的教育质量，从长期来看，是解决贫困问题的根本。

教育质量怎么提高？我们现在提的都是硬件，怎么把教室盖好一点、设备弄好一点。国家的钱绝大部分都在做这件事情，但这是不够的。硬件只是教育的一部分，更主要是软件。以前抗日战争的时候，西南联大是到目前为止中国大师出的最多的。那个时候是个什么样的时代，没有什么硬件，草棚里面上的学。现在的问题是，要提高贫困地区的教育质量，不把贫困地区的教师质量提高是解决不了问题的。可是，用传统的办法，贫困地区的教师质量能提高吗？稍微好一点的教师就调到县里去了。人往高处走，这个问题怎么办呢？我们现在就是把互联网做到教育里面，我们把中国最好的课程，人大附中的课程通过互联网直接上到全国 18 个省、130 多个乡一级的中学进行实验，效果非常好。这些乡里的学生利用互联网上人大附中的课，再加上当地老师的配合，我们称作双师教育。他们平均的成绩都提高了 20 分以上，而且学生的精神面貌也发生了很大变化，因为他们天天能看到人大附中的学生是怎么学习的。当地老师的面貌也发生了很大的变化，因为他每节课都能跟着人大附中老师在学，经过一两年变化就明显体现出来了。我们能够把人大附中的课接到互联网，我们也可以把贵阳一中、北京四中等最好的课拍下来，通过互联网送到农村去。可以让乡村教师来挑，看哪个更加合适。这个就是通过互联网的方式来解决贫困地区教育质量不好的问题。而且这个是可以通过很低的成本、大规模推广的，小学、中学甚至大学都可以做。大学我们也在试验，我们跟北京大学一起开创业课，然后把北京大学的创业课通过互联网直接送到全国 100 个其他大学里去，其中很多都是三本院校，包括贵阳工学院之类的学校。他们可以直接上到北京大学的课，跟北京大学的学生同堂上课、同堂作业、同堂考试。这个就是我们能够大规模、低成本地解决贫困的方法。

我们友成基金会做的另一件事就是农村电商培训。我们现在率先在农村贫困地区培育电商，先给他们做培训，让贫困地区的农村电商发展起来，也是通过互联网。现在互联网基本已经通到村子里了，个别没有的可以通过卫星。但是这个不能靠友成基金会单打独斗，国家得支持，得来主导。这样大家能够一起来做这个事情。现在不是没有办法，但是这些办法往往被忽视和忽略了。

现在我们的试验已经有一定的成果了，需要政府进行大规模地推广。因为作为一个基金会，我们没有能力做大规模推广。第一，政府应该关注民间的这些试验。现在很多政府，只要不是上级派下来的，我就不管。大家都是多一事不如少一事的方式，这样肯定做不起来。第二，政府还需要资源投入，如果光靠民间的资源肯定是不够的，小打小闹做几个、几百个试验可以，但是要做几十万、几百万个是根本不可能的。但是政府往往说，我财政没有这笔钱。你做得好的，他还是不能支持，没钱。第三，也需要地方民间组织一起来做这个事情，不能只靠政府一家。要政府和民间组织一起来推动，共同来做。有钱出钱，没钱出力。但是，政府得主导，因为教育是政府的事情，电商是政府的事情。首先政府要关注这些。民间只是参与、帮助和协助，主导应该是政府。

问： 您在贵州做的电商试验有得到地方政府的支持吗？

汤： 现在我们还是在做试验，也得到一些政府的支持。但是未来大规模推广的时候就不是小打小闹的了。因为我们只有五年时间，时间不多了。

问：对比中外扶贫经验，您觉得国外哪些扶贫理念应该引入中国？中国的扶贫实践又可以为其他国家提供哪些启示呢？

汤：我觉得第一个，国际经验我们可以引进，比如说国外扶贫中有大量的民间机构参与，国外的 NGO 是非常活跃的。第二个，我们也不能迷信国际经验，因为中国的扶贫是国际上做得最好的，减贫速度最快。没有哪个国家说五年一定要解决这个问题。我们可以学习国外经验，但是在扶贫的问题上，中国应该走到世界的前面。

中国在扶贫的问题上过去已经走在世界的前面了，未来应该走得更前面。中国扶贫最重要的本土经验是政府主导，政府花大力气把经济做起来，把农村带动起来。这是一个经验，但是仅仅有这个经验还不够。这些经验要是能够解决现在的问题，总书记也就不需要到贵州去开会，也不需要说扶贫的事情了。所以，我们千万不能沉浸在过去的成绩里面，或者老是想要挖一些成功的经验，我们现在谈的都是下一个阶段的扶贫。

何道峰：

扁平化社会需要每个人的赋权

访 谈 人：单丽卿，中国社会科学院研究生院博士

访谈时间：2015 年 6 月 27 日

访谈地点：美国

嘉宾简介：

何道峰，男，1956 年出生，云南宣威人，云南大学经济学学士，复旦大学经济学硕士。历任中央农村政策研究室市场流通部副主任、副研究员；国务院发展研究中心副研究员；中国西部人力资源开发中心主任；1999 年以来，何道峰先生以志愿者身份出任中国扶贫基金会副会长兼秘书长，法定代表人。现任中国扶贫基金会执行会长。

问：《贵阳共识》把开放式扶贫作为减贫的一个重要理念，您如何看待开放式扶贫这一理念？

何：我对开放式扶贫这个概念的理解是，它是相对完全国家主导式的扶贫而言的，这是一个很好的理念。因为扶贫本身也是分阶段的，比较早的阶段是政府对那些极端贫困的人的一种救济。

事实上，中国的扶贫可以划分成三个阶段。第一个阶段是制度性的改革扶贫，中国的扶贫应该主要归功于中国农村体制的改革。因为中国从 1978 年到 2000 年的扶贫历程中，贫困人口减少了 2.6 亿多，其中绝大部分，60%～70%的贫困减少靠的是制度改革，主要得益于联产承包责任制和市场化改革，剩下的一部分依靠政府主导的扶贫行动。

第二个阶段是八七扶贫攻坚开始的开发式扶贫。开发式扶贫不是一种救济，而是更加关注经济上的带动效应，是依靠市场经济的联动机制来对贫困人口产生一种牵引。以这种牵引力和政府的动力来带动贫困人口脱贫。

那么，现在就到扶贫的第三个阶段。扶贫的症结已经不再是贫困本身。因为当年的绝对贫困已经比较少了，主要问题是相对贫困。这种相对贫困再完全依靠政府主导或者市场主导的方式已经无法解决了，因为市场现在已经失灵了。从某种程度上看，市场正在制造相对贫困，在扩大贫富差距。政府的干预总是用一种居高临下的方式，它对于绝对贫困可能会是有效的，但是未必能够解决相对贫困的问题。因为你在进行干预的时候，如果方式不对，别人未必会很感谢你。相对贫困在某种程度上是人与人之间的关系，它是一种物质上的问题，也是精神上的问题，它也表现为一种心理落差。从物质条件来看，很多贫困人口未必是生活真的过不下去，但是由于社会中有很多不公正、不公平的问题，虽然相对于过去来说，贫困者的经济条件已经改善了，但是他会产生很多心理上的问题和负担。面对这样的情况，如果仍然采用完全政府主导的做法，那就无法有效地应对当前贫困问题带来的挑战。

我觉得基于对当前中国贫困问题的重新认识，开放式扶贫这个理念还是很重要的。它是从一个人与人之间平等的角度，构造社会平等的机会，构建一个公平和正义的环境，那么这样的社会就应该是一个开放的、多元的社会。

在当今这样一个社会里，强调开放式扶贫的理念是很有意义的。社会在往前走的过程里，政府经常以为我给予你东西，你要感恩。但是垂直的社会正在走向扁平化，扁平化的社会需要每一个人的赋权。赋权意味着power，赋权就是让个体觉醒，那他就会要求更多的权力，而不是简单地追求物质，或者像以前那样吃饱了就要感恩。赋权的过程会让人与人之间形成一种更加平等的关系，这是一个没有办法阻挡的社会潮流。所以，赋权就要用多元化的、平等的方式来思考问题。这种思维方式的改变，也使得虽然政府做了很多事情，但是贫困人口未必会感谢政府。所以呢，做事本身是重要的，做事的方式也变得更加重要。

问：那么，在一个扁平化的时代里，社会组织能够在扶贫方面做些什么呢？

何：社会组织当然可以做很多事情。因为我刚才讲的，时代提出了新的挑战，如果采取居高临下的、垂直的方式来做事，那政府在很多时候可能就替贫困群体做了选择，而政府所做的选择未必是贫困群体想要的。所以，这个时候，当你用从上往下的视角来看世界的时候，你看到的世界是不一样的，你会觉得这个是他们需要的。可是，这真的是他们需要的吗？社会组织的不同，在于它可以用平等的视角来看待社会的下层，用平等的眼光和观念去理解贫困群体的需求。这样他们所找到的需求就会更加具体、更加切合实际、更加落地。这样产生的效果是一种人心与人心的碰撞，很少变成运动式的。自上而下的方式，因为要求速度、求效果，往往容易变成一种运动式的。但是运动式的东西难免忽略掉真正的需求，就容易背离扶贫对象的需求，产生的效果就会与愿望相背离。所以，社会组织的意义就在于，它可以以一种平视的眼光、角度，去寻找真实的需求，那就可以把事情做得非常具体，就像水和沙子那些细小的东西，它们才可以漏到缝隙里面去，让社会中的很多矛盾得到化解，也让贫困对象的需求满足得更好。所以，社会组织发挥的作用不仅仅从物质的角度、还能从心理角度来解决社会问题。

相较于世界其他国家的政府来说，中国的政府已经是比较有能力的政府了。但是为什么社会还是有那么多的问题、冲突和矛盾，对政府也还是有那么多批评的声音？很大程度上来说，政府从高处看下去的视角容易导致运动式的解决方案，运动式的做法就容易出现泥沙俱下、鱼龙混杂的情况。社会组织就比较容易契合实际的需求，它不仅能解决物质层面的问题，也有利于解决心理层面的问题，在扶贫的过程中对社会和谐会有很好的作用。坦率地说，这个社会并不一定需要那么大量的财富来提升幸福感，幸福这个概念可能来自于不同群体所面临的那个小环境，他是否感到被尊重，是否有安全感。对于这些问题，社会组织是能够协助政府来解决的，它能用扁平的方式与受益人沟通。

问：那您能否谈一下中国扶贫基金会的定位和功能呢？

何：我们完全就是从受益人的需求出发来解决问题，我们做的事情都比较具体，注重跟受益人、捐赠人之间的平等交流。我们基金会不是一个机构，而是要把它变成一个平台，联系受益人和捐赠人，由此解决社会贫富悬殊所带来的一些问题，这样来促进社会和谐。我们每一分钱都来自于社会捐赠，在调查受益人需求的基础上，跟捐赠人发出呼吁和倡导，这样让大家在这个共同的平台上来一起表演。我们是这样定位的，也是这么做的。

我们一方面关注受益者的需求，另一方面也考虑有哪些是我们可以满足的，也要看社会上的人是否关注。因为坦率地说，社会上的捐赠人并不只是单纯的捐赠钱物，在这个捐赠、与受益人交往的过程中，他得到一种人生的力量，他从社会的苦难中寻找到自己的动力，所以对他来说捐赠不是失去，他也得到很多东西。这就是一种平视的角度，并不是由捐赠人来解决受益人的问题，而是捐赠人和受益人共同面对和解决问题。

问：作为一个扶贫的实践者，您觉得在社会组织发展方面，当前的政策存在哪些问题？

何：如果你是一个政策制定者或者学者，那你就要去研究这个制度存在的问题，然后去呼吁、推动制度的改变。但是如果你是行动者，不管你面对的困难是什么，你都要寻找路径去克服。用鲁迅的话，人世间本没有路，走的人多了也变成了路。走的人多成了路，但总要有人先走，那你就成为先走的那个先驱就可以了。作为一个行动者来讲，不需要有那么多抱怨，因为不管面对什么情况，你只要去寻找心中的路径和动力就行了。所以说，政府的制度存在各种问题是客观的，不同的人应该从不同的路径去努力，大家共同来烧这个火，大家共同来解决我们所面临的问题。慢慢地往前推进吧，其实也不能太着急了。我是一个行动者，不是学者，不会去提那么多的批评，因为批评对我来说没有意义。批评了也改变不了它，那又何必呢！与其作一个整天抱怨的怨妇，不如做一个实干的主妇不是更好吗？

毛刚强:

开放式扶贫必须解决农村社区治理问题

访 谈 人: 舒星,中国新闻社贵州分社记者
访谈时间: 2015 年 6 月 25 日
访谈地点: 贵阳

嘉宾简介:

  毛刚强,贵州民族大学社会建设与反贫困研究院研究员,法学博士,贵州社区建设与乡村治理促进会常务副理事长。拥有十余年反贫困与社区发展工作经历,是贵州民间公益的主要推动者,也是贵州本土专业性、职业化民间公益组织和社会服务组织的主要推动者。曾在贵州 50 多个村开展过农村社区工作,培育、支持过贵州几十家本土社会工作机构、各种专业性社会服务组织、发展机构的成立与发展。近几年来,与乌当区、花溪区、观山湖区等多地党委政府合作,在社会组织培育、社区发展和治理、农村产业发展等领域开展了卓有成效的工作,探索的一批成果现已在贵阳市全面推开,并受邀在江苏省太仓市等地支持、指导当地社会治理创新和社区建设工作。是2014 年生态文明与反贫困分论坛、2015 年生态文明与开放式扶贫分论坛的主要策划人之一。

  记: 您参与扶贫工作有多久了?

  毛: 从 2000 年左右开始,我就以志愿者身份开始关注并参与贫困农村的教育支持。2002 年初参加一个国际性发展机构,开始以项目工作的方式参与反贫困工作,主要工作领域为农村社区灾害管理和基于环境可持续的农村社区发展。2005 年开始自己组建机构，用行动研究的方法，从社区治理视角探索农村社区发展和反贫困工作。在过去十来年的时间里，曾在超过 50 个村子开展过不同工作内容的尝试。

记：这次生态文明与开放式扶贫论坛的一个议题，就是开放式扶贫与农村社会治理。您在十年前就参与农村社区治理工作，从反贫困的角度看，究竟什么是农村社区治理？治理与反贫困有什么关系？

毛：从宏观层面看三农，中国农业还是以小农生产为主，中国的乡村还是"相对均质化"的乡村，整个中国有两亿多农民在流动。中国的农业发展，不仅要回应粮食安全问题，还要承担农村社会稳定、资源可持续利用和环境保护等方面的责任。农业安全与社会安全、经济安全息息相关。从大的方向上看，农业的发展，扶贫工作的推进，绝不仅仅是要解决农民收入的问题，还要从整个中国社会的可持续发展、中国现代化进程的可持续来看这些问题。所以，农村产业发展和扶贫工作，必然是一个多元参与、多视角审视的过程，也是一个社会合作、社会协同的过程，这个过程本身就是中国社会治理创新的过程。

从贫困地区农村具体情况来看，以经济增长为主要目标的扶贫开发工作，必然面临资源禀赋差、基础设施薄弱、市场区位不占优势、农民受教育程度低、乡村精英大量外流等问题。贫困人士之所以贫困，除了机会、资源等外部原因外，其自身的市场能力、技术能力、信息能力弱也是重要原因。贫困地区发展和反贫困工作的可持续，必然要求社区层面、贫困群体层面建立合作与协作机制。有了合作与协作，就可以分担市场、技术、信息等方面的成本，提供乡村就业发展机会从而使得留在乡村的精英可以服务于农村社区发展，贫困社区和贫困农民群体才有机会通过自身努力可持续地解决贫困问题，这就是社区主体性问题，也是农民主体性的重要内容。农村社区合作与协作，本质上要解决农民参与机制，农民公平分担发展成本、平等分享发展收益的机制，以及农村合作组织的决策机制问题。这些问题的解决，需要扶贫部门、地方政府、乡村精英、贫困群众共同参与、协作推进，这本身就是乡村治理的重要范畴。所以，可持续的社区发展，本质上是要解决农村社区的治理问题。

一直以来的农村扶贫工作，往往都是从农村产业发展的角度推进的。我们都知道，从增收的角度讲，常规农业、大田作物、传统养殖很难获得较高的市场回报，加上远离中心市场、基础设施薄弱，以农村产业发展为主要内容的扶贫工作，必然只能发展经济价值和市场价值都高的"特、优"农产品。"特色"农产品的推广要解决技术成本、信息成本分担的问题，需要社区合作；而"优质"农产品是要通过品牌战略实现的。品牌的核心是品质，品质保障的核心是生产过程的严格控制。但千家万户的小农，每户都是一个完整的生产单位，怎么去做好监督与管理？谁能去监督管理？这就是直到今天中国都还没有一个真正叫得响、市场表现和经济表现都挺好、以农民合作生产为主的生态农产品品牌的一个重要原因。中国农村的现实是不适合大规模土地流转的，大规模生产也生产不出"生态"的产品。小型家庭农场联合体，土地、劳动力、资金多元合作的生产方式，协作分担市场本成、技术成本、信息成本，建立自律、互律、他律相结合的生产过程管控机制，是优质品牌农产品生产必须解决的问题。解决这个问题的过程，一面是扶贫，另一面也是乡村治理。

记：要做好这些工作，对扶贫工作者的能力要求太高了，有什么建议？

毛：我个人认为，扶贫工作其实是专业化程度很高的工作。搞扶贫的人，从学科上来讲，经济学、行政管理、农业、社会学、人类学、生态学、环境工程等你都得要了解；你既需要懂经济，也要懂农业、懂灾害管理、懂乡村社会，还要懂得项目规划、项目监测管理，还得懂农村社区工作方法。扶贫工作虽然是政府主导，但必须要以农民为主体，以农村社区行动、贫困群体共同行动为基本工作原则。要做好这一点，你还得懂农村社区发展。农村社区发展是农村社会工作的重要领域，也是中国社工教育领域的重要组成部分。想把扶贫工作做好，搞扶贫的人必须要懂得学习，要让自己专业化。这个专业化，既包括扶贫项目管理的专业化，也包括技术支持专业化，还包括工作方法的专业化，这些都应该是扶贫工作机构应该具备的能力。

这些能力从哪里来？首先，专业理论与方法是可以学习的，农业技术也是可以学习的；在农村社区工作方面，中国的专业性社会服务机构、农村社会工作组织、农村社会工作的实践者也积累了丰富的经验，都是可以学习的。需要扶贫系统建立自己系统的学习和能力成长机制，向专业领域学习，要在实践过程中建立不断反思与知识生产的机制。另外，国家层面、各个地方需要建立真正为扶贫工作提供支持的智库机构，要支持机制创新建立中国自己的新的经验系统；扶贫部门也要建立同市场合作、与专业组织合作的合作机制，在工作目标、工作领域、工作机制上要更加开放。这既是开放式扶贫要解决的问题，也是开放式扶贫的精要所在。

记：您也谈到反贫困工作的社会目标问题，能不能也说说您的看法。

毛：我们需要认识到，在一些贫困地区，资源禀赋、区位条件等因素是较难支持到当地通过农业发展增收的。这些地方怎么办？提升社会政策水平就至关重要，大力支持当地的教育、医疗卫生、住房条件改善及其他基础设施建设就十分必要，同时，支持当地可持续生活的社区服务更是必须，比如"三留人员"的照顾，社区灾害应对，社区公共设施管理、社区为基础的基本保障等。和经济收入增长一样，这些内容同样是支持贫困地区贫困人口可持续、有尊严生活的基本内容。所以，在推进以经济增长为目标的扶贫工作的同时，还需要大力提升当地社会政策水平，支持社区服务和社区福利的发展。另外，从公共品提供的效率来看，靠外部力量到社区来提供服务成本太高，推动社区合作，支持社区团结，发展社区组织，以社区参与为基础建立社区服务的供给和社区福利的生产及公平分配机制，这是反贫困工作需要有的一个重要视角，也是将扶贫开发与社会建设相结合的重要内容，更是开放式扶贫"工作目标开放"的题中应有之义。

主会场部分

主办单位：国务院扶贫办
北京大学
贵州省人民政府

承办单位：

中国国际扶贫中心　　北京大学贫困地区发展研究院

中国社科院社会学所　贵州省社科院

贵州省扶贫办　　　　贵州民族大学

招商局慈善基金会　　黔西南州人民政府

中国新闻社贵州分社　普定县人民政府

会议时间：2015 年 6 月 27 日　19:00 ~ 21:30

会议地点：贵阳国际生态会议中心

录音整理：黄孝慧　云南大学博士研究生

校　　对：王莺桦　贵州民族大学社会建设与反贫困研究院　副教授

张　建　贵州民族大学社会建设与反贫困研究院　副教授

在"生态文明与开放式扶贫"分论坛上的致辞

中共贵州省委副书记　谌贻琴

尊敬的国务院扶贫办主任刘永富先生、尊敬的联合国开发计划署驻华协调员诺德厚先生、北京大学党委书记朱善璐先生，来自非洲的各位朋友，各位专家、学者，女士们、先生们：

大家晚上好。欢迎大家来到"爽爽的贵阳"，参加 2015 年"生态文明贵阳国际论坛"，参与"生态文明与开放式扶贫"讨论交流。我谨代表中共贵州省委、贵州省人民政府，对大家的到来表示感谢和欢迎。

生态文明是人类发展至今面临的重大议题，关系人类社会可持续发展的根基；反贫困工作本质上则是全球正义非常重要的内容，是美好人类世界建设所必须解决的问题。一直以来，中国在全球反贫困斗争中扮演着积极而重要的角色，是国际社会反贫困力量中非常重要的一支。守住生态和发展两条底线，是贵州乃至整个中国在反贫困斗争中最根本的战略选择，也产生了很多有价值的经验，这些经验，成为全球反贫困斗争经验中的重要组成部分。

针对曾经庞大的贫困人口，中国持续三十多年建立并获得不断完善的、系统性的扶贫工作机制与反贫困工作体系，取得了重大成效，成果有目共睹。伴随着改革的全面深化和开放力度的不断加大，中国的反贫困工作，正从经济建设、社会政策发展、治理机制创新、培育贫困群体主体性、激发社会活力、推动企业社会责任、扩大社会参与等方面全面推开，开展了一系列机制创新。

贵州是中国反贫困斗争的重要战场，目前正大力实施开放战略，也在积极探索开放式扶贫工作机制创新。结合经济发展可持续、环境可持续、文化可持续、贫困群体能力成长可持续的开放式扶贫，更加注重社会参与、多元合作。以"增能"为基础的贫困人群发展能力提升，综合推进地方产业发展与贫困群体可持续生计建设，全面推进基础教育与基本卫生健康服务，积极推进城镇化战略与贫困人口就业支持。逐步完善城乡统筹基础上的社会保障制度建设，城乡社区建设与社区服务体系完善，环境与农村产业可持续协调发展，社会参与扶贫路径探索与机制建设等领域，都成为开放式反贫困工作的重要领域，系统性、开放性、综合性、多样性的反贫困工作体系正在形成。贵州在扶贫领域内的机制创新，也成为国家反贫困斗争经验中的重要组成部分。

中国在反贫困领域的所有重要尝试，不仅有力地回应了本国反贫困工作的现实需求，也将为全球反贫困斗争提供重要的经验支持；在着力通过开放创新回应自身贫困问题的同时，中国也积极支持其他发展中国家的反贫困斗争，为构建全球和谐正义、实现千禧年目标做出力所能及的贡献。

今天，大家汇聚一堂，探讨生态文明建设与开放式扶贫议题，互相分享经验、共同寻求创新、积极建立共识，对于更加持续有效的反贫困事业而言，有非常重要的意义，也一定会有非常积极的产出。我个人非常期待这次会议的积极成果，预祝"生态文明与开放式扶贫"论坛取得圆满成功！

阿兰·诺德厚代表海伦·克拉克女士致贺词并致辞

联合国开发计划署署长　海伦·克拉克

联合国系统驻华协调员兼联合国开发计划署

驻华代表　阿兰·诺德厚

尊敬的贵州省人民政府副省长，本场分论坛主席刘远坤先生，尊敬的国务院扶贫办主任刘永富先生，尊敬的中共贵州省委副书记谌贻琴女士，尊敬的北京大学党委书记朱善璐先生，尊敬的各位来宾，女士们、先生们：

大家晚上好！

很荣幸再次来到贵阳参加生态文明与开放式扶贫的分论坛。在此我想感谢生态文明贵阳国际论坛以及中国国际扶贫中心邀请我在本论坛致辞。很高兴看到今年参与分论坛的与会者十分多元化，还有来自非洲的朋友。

正如生态文明贵阳国际论坛的主题"走向生态文明新时代：新议程、新常态、新行动"，今年是全球行动变革性的一年。这一年，各国将在千年发展目标的基础上制定并执行新的发展议程，也将就发展和气候变化融资达成新的全球协定。我们必须抓住这千载难逢的机遇，制定可持续发展新规划，保护地球，惠及众生。很高兴联合国开发计划署署长海伦·克拉克女士为论坛发来了致辞。下面请允许我为大家宣读。

"很高兴能向参加此次论坛的嘉宾们表示问候，本届论坛主题定为生态文明与开放式扶贫，是非常重要的议题。

今年9月，在纽约，联合国成员国将通过一项新议程，即以可持续发展目标替代千年发展目标。这一雄心勃勃的转型性发展议程，将覆盖世界各国的所有可持续发展问题，并解决许多当今世界正面临的相互关联的挑战。

毫无疑问，自联合国千年宣言签署以来，我们获得了巨大发展和进步，1990 年至 2010 年间，极端贫困人口减半，五岁以下儿童死亡率降低了近二分之一。在同一时期，中国成功地使超过 6 亿人脱贫，为全球实现千年发展目标中的减贫目标做出巨大贡献。中国的扶贫成就为世界提供了宝贵经验。

消除贫困仍然是我们工作的重中之重。在新的全球议程中，我们必须在可持续发展的框架下，努力实现减贫目标。

35 年来，联合国开发计划署致力于为中国的减贫努力提供支持。在过去五年中，我们与中国一道，推进南南合作和三方合作，加强中国的国际参与度。就在昨天，我们发布了全球经济治理再平衡报告，为 2015 年后中国和 G20 所扮演的角色提出建议。

消除贫困，并保护生态系统是我们共同的责任，可持续发展目标也正致力于此。我们需要广泛的国际合作和创新的解决方案来取得成功。通过共同的努力，我们将建立一个更富可持续性、更坚韧、更公平的世界。

我预祝此次论坛取得圆满成功，并期待论坛获得丰硕成果！"

正如致辞中所言，减贫仍然是可持续发展目标的核心。过去二十年，各国在减贫方面取得了巨大进步，然而全世界仍有超过十亿人口饱受贫困之苦。在中国，有大约 7017 万人生活在国家贫困线以下。众所周知，贫困和边缘化的群体应对气候变化的能力最弱，受其影响也最严重。我很高兴看到中国在解决贫困核心问题方面取得了重大进步。中国为开放式扶贫创造有利环境、激励反贫困创新以及采取多维措施来解决贫困问题。请允许我再次强调指导我们共同在中国和世界范围内抗击贫困的要点。

包容性绿色增长和多维贫困。环境方面的挑战和与气候变化相关的风险的确是中国和其他发展中国家面临的最复杂和最深刻的挑战。除了收入贫困，其他生活水平指标如营养、母婴健康、女性赋权和不平等也同样重要。

随着气候变化对生态系统影响的加剧，在这几个方面改善和维持民生的任务将愈发艰难。

在此背景下，绿色经济转型有助于应对气候变化挑战，在促进人类发展的同时避免环境进一步恶化。

正如里约 20 + 峰会成果文件所述，包容性绿色经济有助于减少多维贫困、实现可持续和更公平的发展。中国政府计划针对存在不同问题的人群提供有区别的帮助以缩减贫困。有必要采取具体行动确保政策和相关措施的执行，使所有人和社区受益于绿色增长和社会发展模式。

创新社会保障政策框架以减少贫困。众所周知，强大的社会保障机制对抗击贫困至关重要。中国始终将社会稳定放在第一位，这对新兴经济保持增长十分关键。目前，中国正在设计遍及全民的社会保障方案，加之一系列养老金和临时社会救助体系的改革，预计2020年全民皆可享受该方案。我们认为这些社会保障措施是全面抗击贫困的基础，能够保护人们不落入"弱点缝隙"，同时也确保最脆弱的群体能够受到保护、享受社会服务。可预见未来几年将出现迅速的人口变化，即城市化和人口老龄化，因此建立遍及全民的社会保障方案对减贫政策框架非常重要。

为了支持这方面的努力，目前联合国开发计划署正与国务院发展研究中心共同撰写新的中国人类发展报告，通过此报告，我们将探究公共管理和社会政策领域的改革与创新是如何解决不平等以及其他发展挑战的。我们相信一旦这些政策框架得以运行，将产生广泛影响并最终惠及更多生活在农村和城市的中国人。

最后，我想强调经济增长和可持续发展并不是不相容的。它们是构建我们期待的未来必不可少的部分，我们要努力同时实现二者。对于可持续发展，重要的是平衡短期利益和生活在这个地球上所有人的长期福祉。从这个层面来说，可持续发展超出了当下时代的关切而对未来世世代代有着重要的意义。

如果我们携手共进，就有机会实现人民期待的和平、繁荣和幸福并保护地球。2015年将确立新的主要议程，是发展的关键一年，我们有机会让世界踏上包容性的可持续发展道路。联合国期待与各位紧密合作，实现预期目标。

在"生态文明与开放式扶贫"分论坛上的致辞

北京大学党委书记　朱善璐

尊敬的各位领导，各位来宾：

大家好！

非常高兴今天来到多彩贵州、爽爽贵阳参加本次论坛，绿色发展和绿色减贫已经成为全球共识，是生态建设与扶贫工作的有机结合，开放式扶贫也是重要的新理念，是开发和扶贫的辩证统一。

党的十八大以来，习近平总书记多次进行调研，就扶贫开发工作做重要指示。日前习总书记在贵州调研时强调，贵州发展要守住发展和生态两条底线，绿色与减贫结合，相互依存，相互促进，缺一不可。中国在反贫困新的历史进程中正在做自己极为宝贵的探索和奋斗，也为人类在新的阶段做出新的贡献。在贵阳的生态文明国际论坛上，有这样反贫困的论坛，说明大家有着这样的一种共识。毫无疑问当今人类面对很多的问题，包括严峻的挑战，无论各个国家有多长时间的历史，整个人类社会走到今天，取得工业文明之后，我们也被套上文明的枷锁和对困难有着深厚的忧虑。其中贫困问题不是经济的问题，而是一个深刻文明面临的挑战，是如何在未来人类发展中实现新的文明整合，并创造新的文明模式，走向新方向的重大问题。在这方面毫无疑问，贫困主体面临的生活条件匮乏，以及经济发展方面的困难，构成了整个贫困的基本面，是我们反贫困的物质战场，在这个领域中全世界正在做出努力，包括联合国，也包括在座来自世界各地的人民，在这方面中国正在努力奋斗，而且应该说做出了值得其他地区、其他民族借鉴的宝贵探索和贡献。但是，不抓物质条件的脱贫是无法脱贫的，仅仅抓物质条件的脱贫是难以从根本上脱贫的，人类的贫困到底是什么问题？大学教授们应该认真研究，我们的企业也应该研究，政府毫无疑问肩负着重大的反贫困责任，更要下工夫在制定贫困对策的同时深入研究。

随着人类的发展，财富积累如此之大和文明发展如此之快，是不是贫困的人口随着发展，可能在所谓的减少中间又出现了辩证的增加？这些问题值得深刻反思。我们会看到在整个世界，一部分人口的贫困，它的原因不只是经济，一定还有经济之外其他重要的原因。在我们国家，建立了中国特色社会主义制度，这一制度就是社会主义初期阶段，尽最大努力实现公平和正义，我们正在为此奋斗。虽然这个过程中间有很多不尽如人意之处，但毫无疑问整个社会面临的价值观、奋斗目标和标准至关重要，是不是把这个问题看成公平正义重大问题？对于实践主体的人类来说，这是前提，是不是把这个问题变成人类灾难性的忧虑，发自内心给予同情，这实际上要进行深层次的反思。这一点我认为在中国政府，还有世界很多地方包括联合国的官员们，在这方面是自觉的，我认为值得赞赏，同时还有很多国家、地区和民族正在为此付出努力。但是在我们这个地球上，在反贫困斗争中，在应对新的文明发展之后出现挑战的时候，我们的价值观，我们所奋斗的理想目标，公平正义的标准以及是不是真正实现这种公平正义，仍然存在问题。

今天这样一个论坛，来自国际的朋友们会看到中国政府和中国的执政党，以及包括贵州的人民群众，我们正在努力奋斗，我们确实真心实意帮助穷人，这本来就是社会主义的原意，社会主义没有用经济而是用社会二字，非常深刻。

受刘主任的邀请参加这次论坛，我是代表学校来发言的。大学是人类文明、人类幸福福祉至关重要的，富有深刻文化的机构，它应该比一般的机构更长久、更深刻，它应该思考一系列人类过去、现在、未来极为深刻的东西。大学培养的人才，应该是对人类命运忧虑，并且勇于承担命运责任的人。无论是西方的大学、东方的大学，在这一点上是共同的。北京大学是一个在中国有117年建校史的大学，这个大学从一开始就和这个国家、民族命运紧紧连在一起。最早的时候北京大学一批君子与学者，包括陈独秀、李大钊、蔡元培、毛泽东、胡适等等，他们奋斗的其中一个重要使命就是让贫困的人们摆脱贫困，让带着枷锁的人们得到解放。反贫困从本质上，应该是所有大学的使命和责任。所以这次刘主任特别希望北京大学参加这个论坛，我们深刻地领会到党中央、国务院扶贫办刘主任他们的考虑，希望大学承担责任，也希望其他大学能够更多地参与这样一系列的工作。

我认为在这样一个扶贫进程中，政府、社会都有极大的责任，其中政府的责任毫无疑问是领导，但是政府不能代表社会，要通过政府的努力，把社会建设好，让社会成为反贫困的重要战场和力量源泉。同时还有很多要素，很多力量要投入这场反贫困的斗争或者新的战略中，其中应该包括大学。教育机构有更多的自觉性，应认识到贫困是教育本身应该负起的责任。让贫困的人摆脱贫困，包括物质贫困和精神贫困，这恰恰是教育最深刻的使命之一。因此大学应该自觉地投入反贫困这样一种战略中来。在自己的国家和民族贫困的时候，大学人、大学举办者、大学的学者、大学生——也就是大学培养的产品，应该有这样一种使命和责任，否则大学的社会历史责任从根本上就出现重大的问题。我们大学学者应该继续关注人类的命运、贫穷者的命运，关注社会富起来之后面临的挑战，应该通过我们的学术研究、理论探讨在这个领域中能有新的建树。在总结长期反贫困工作经验当中能够形成新的反贫困体系，能够指导当今社会面临的严峻挑战，很多学者已经走在了前面，做出了重要的贡献，包括今天出席这个论坛很多专家学者。当然我也很高兴代表北京大学来参加这次论坛，像北京大学厉以宁教授，他是北京大学在这个时代、在社会科学领域中的一个旗帜性代表。厉以宁先生现在是 80 多岁高龄，他这些年亲自带领专家学者回应中国如何更好地反贫困，并希望对人类的反贫困事业做出中国学者的贡献。在这方面有两件事，我印象深刻：一是对毕节的扶贫工作。我 1987 年来到贵州，当时我是团委书记，组织一个社会实践团，记得有一个扶贫团就是参加毕节的扶贫。现在马上快三十年了，当时胡锦涛同志是贵州省的省委书记，从那时候开始北京大学对毕节地区关注、研究和参与扶贫就一直没有停止过。这是厉以宁亲自推动、亲自做的一件事情。今天他虽然没有参加论坛，我还是把他的希望和对论坛的祝贺带给大家。刚才我见了毕节的市长，他说感谢北京大学，我说不用感谢，这是我们应该做的。二是他亲自发起创建了北京大学贫困地区发展研究院。我们研究院雷教授出席了今天的论坛，这个研究院现在致力于贫困地区发展问题研究，已经形成了许多科学成果。

北京大学是有非常重要影响的大学，无论过去如何辉煌，今天的使命仍应该扎根在中国大地上。首先要为中华民族的奋斗、发展、繁荣做出自己的贡献，这才是每个民族的大学自己首先要完成的事业，在这个根基之上去做世界更好的大学。习近平总书记去年 5 月 4 日来到北京大学，用一个上午进行了四个半小时的考察，并发表了重要讲话，谈了社会主义核心价值观，并谈到北京大学要扎根中国大地创建中国的世界一流大学。他的意思是：第一是中国的，第二是世界的。这是给我们提出的一个要求。因此，关注贫困，参与反贫困是人类一个伟大的行动，应该是当今大学和研究机构、文化机构义不容辞的一种责任。而且大学一代又一代培养的人才，应该在反贫困的伟大斗争中，发挥他们的中坚力量。今后反贫困的主要组织者，应该是大学毕业生，因此，大学使命极为重大。

我想，今天来参加这个活动的北大老师和同学们，听了大家的发言和交流，在这样的一个场合，应该增加一种庄严感，以及为人类、为祖国的反贫困斗争的使命感和历史感，并带回学校去，充实北大学风、校风，继续带好北大。我们的老师们真正以天下为己任来从事自己的工作，扎扎实实做出自己的贡献。今天，本次论坛召开，包括中国在反贫困斗争中面临人类共同使命的时候，我们如何做得更好？这是我们应该思考的问题。感谢贵州省委、省政府和联合国机构同北大举办这样的论坛，如此重视贫困这一人类历史至今没有消除的现象。也希望北京大学更多地参与国家扶贫办主持在贵州的各种与扶贫有关的论坛、研讨会和有关的工作，我们愿意作为中国大学之一做出自己的贡献，我也希望能和贵州的大学同仁们一起联手，共同商讨怎样在当代做出大学应有的努力和作为。

最后祝贺论坛举办圆满成功！

生态文明建设与开放式扶贫相结合实现
贫困地区的可持续发展

——在生态文明贵阳国际论坛 2015 年年会
"生态文明与开放式扶贫"分论坛上的演讲

国务院扶贫办党组书记、主任　刘永富

尊敬的联合国驻华协调员、联合国开发计划署驻华代表阿兰·诺德厚先生，尊敬的贵州省委副书记谌贻琴女士、副省长刘远坤先生，尊敬的北京大学党委书记朱善璐先生，女士们，先生们，朋友们：

晚上好！很高兴参加生态文明贵阳国际论坛年会！

今年的年会以"生态文明建设与开放式扶贫"为主题，专题讨论生态文明与开放式扶贫，很有意义！我代表国务院扶贫办对论坛的召开表示热烈祝贺，对各位来宾特别是非洲 14 个国家的 46 名学员表示热烈欢迎！欢迎你们，你们在贵州可以感受到中国是如何反贫困的。

女士们，先生们，朋友们，生态文明建设是贫困地区实现可持续发展的基础和前提。中国政府高度重视生态文明建设与扶贫开发，从实现中华民族伟大复兴中国梦的战略高度进行了部署，生态文明建设与扶贫开发良性互动的新局面正在形成。

作为全球最大的发展中国家，中国政府在不同的发展阶段，实施了与国家经济社会发展相适应的减贫战略，是全球首个实现联合国千年发展目标贫困人口比例减半的国家，减贫成就得到国际社会的广泛赞誉，减贫经验成为国际社会尤其是发展中国家希望分享的热点内容。但是，我们也清醒意识到，中国的减贫事业仍在攻坚时期。全国有 14 个连片特困地区，832 个重点县和 12.8 万个贫困村，按照国家现行扶贫标准，还有七千万农村贫困人口。贫困人口规模大，贫困问题程度深，而且，贫困人口主要分

布在重要生态功能区，生态建设与扶贫开发任务异常繁重。把生态文明建设与反贫困相结合、处理好人与自然的关系，让群众在良好的生态环境中生产生活，是消除绝对贫困、实现可持续发展进而共同富裕的根本途径。

消除绝对贫困是中国 2020 年全面建成小康社会的底线目标。十多天前，习近平主席视察贵州并在贵阳召开了扶贫攻坚座谈会，做出了四个切实、六个精准、四个一批的工作部署，要求采取超常举措，拿出过硬办法，打好政策组合拳，实施精准扶贫、精准脱贫，确保 2020 年现有的 7017 万贫困人口如期全部脱贫。

女士们，先生们，朋友们，根据四个全面的总体部署和实现两个一百年奋斗目标的总体要求，中国正在实施精准扶贫战略，我们将充分发挥中国共产党的政治优势和社会主义的制度优势，落实党政一把手的政治责任、贫困县的主体责任、中央部门的行业责任，实行最广泛的社会动员，完善政府、市场、社会协同推进的工作机制，坚定决心打赢扶贫攻坚战，全面建成小康社会。我们将加快精准扶贫六项机制改革，加快推进精准扶贫十项重点工作。我们将把生态文明建设与开放式扶贫有机结合起来，更好地促进贫困地区实现可持续发展。生态文明建设、扶贫开发都是大战略，内涵丰富，话题广泛，涉及多方面内容，有许多问题要讨论。今天，我主要向大家介绍一下中国正在实施精准扶贫十项工程中，有关三项绿色扶贫工程，希望能引起大家的关注。

一是移民搬迁扶贫工程。对居住在生态环境脆弱、生存环境恶劣地方的贫困人口，实施移民搬迁扶贫。在这些地方就地脱贫不仅成本高、易返贫，而且在这些地方进行扶贫开发，对环境会产生新的不利影响。有组织有计划地实施移民搬迁扶贫，把这部分人搬迁到条件较好的地方，从根本上解决他们的发展问题，既有利于脱贫致富，又有利于生态环境保护和新型城镇化建设。实施移民搬迁扶贫工程，可以实现贫困地区绿色发展与减贫脱贫的同步推进。这样的好事，我们应当抓紧做。

二是光伏扶贫工程。国务院扶贫办与国家能源局合作，启动实施光伏产业扶贫工程，支持建档立卡贫困村贫困户安装光伏发电系统，支持贫困地区通过光伏利用治理荒山荒坡、发展设施农业，有利于发展新能源应对气候变化，开辟了贫困人口稳定增收的新渠道，具有明显的产业带动和社会效益，是探索资产性收益扶贫的新尝试、开发开放式扶贫新模式。实施

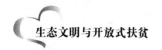

光伏扶贫工程，可以实现贫困地区产业结构调整、贫困群众增收与生态环境改善的相互促进。这样的好事，我们也应当抓紧做。

三是旅游扶贫工程。国务院扶贫办与国家旅游局合作，启动贫困村旅游扶贫工程。发挥乡村自然资源优势，通过实施特惠政策，提供金融支持，开展旅游培训，改善交通条件，提升接待能力，扶持贫困群众旅游创业就业，使他们从旅游业发展中获得稳定收益。发展乡村旅游、休闲旅游，还可以让城市退休老人到农村呼吸新鲜空气，发展养老服务业，应对人口老龄化，促进城乡融合。旅游扶贫实现了生态文明建设、旅游产业发展、养老服务业发展、扶贫开发的有机结合，是贫困地区贫困群众脱贫致富的有效渠道。实施旅游扶贫工程，把绿水青山变成金山银山，可以实现扶贫开发与生态建设的双赢目标。这样的好事，我们同样应当抓紧做。

女士们，先生们，朋友们，贵州是中国扶贫攻坚的主战场，也是生态文明建设的示范区。多年来，贵州守住发展与生态两条底线，重视生态建设，转变扶贫方式，扶贫开发的有效性和针对性不断提高，成为全国扶贫的省级样板。国务院扶贫办将一如既往地支持贵州的扶贫开发与生态建设，实现扶贫开发与生态文明建设融合发展。

我们愿意与国际社会进一步深化交流合作，分享成功经验，共同推动生态文明与开放式扶贫有机结合，实现生态受保护、穷人能致富的可持续发展。

预祝本次论坛圆满成功！谢谢大家！

主旨演讲

◎ 徐嵩龄：国务院参事室参事、教授

◎ 迈克尔·海尔曼：互满爱人与人驻华代表

◎ 叶兴庆：国务院发展研究中心农村经济研究部部长、研究员

◎ 芮婉洁：联合国开发计划署驻华代表处政策与伙伴关系团队主管

新农村期待新文明

国务院参事室参事、教授　徐嵩龄

我今天准备的题目是"新农村期待新文明"，我这个题目实际上因论坛而产生，借这个机会把新农村、新文明的题目提出来，主要是想通过文明的概念，去观察多年来反贫困的实践。

这么多年以来，我们国家反贫困确实有很大的成就，最明显的成就表现在我们的反贫困指标越来越高了，这是世界公认的。但是怎么客观地去评价这个成就呢？我觉得我们以收入为指标的反贫困还是有些欠缺的。我们收入的提高，有一些主要的举措，根据农业部和国家公布的数字，52%增量属于外出打工，还有一部分增量属于农村迁移化，如果以净收入提升为标准的话，副作用也是很明显的。一是在贫困农村，村庄的破败、农业的萎缩和凋敝、农村土地的缩小、农民家庭的破碎，恐怕是相当普遍的现象。二是农村的贫困差距加大了，还有就是社会保障体制不足。三是村官的腐败现象不是少数。《人民日报》和新华社说到我们国家的农村问题是最严重、最突出、最薄弱的，这就说明我们现在的扶贫战略方针和目标还是值得考虑的，其方向就是应该摆脱过度注重提高或者单一注重提高农民收入而忽视其他。这样一个路线，跟我们国家在经济方面唯GDP论是有关系的。

所以，我们应该重新考虑一下扶贫工作思路，把这个目标定在更基本的方面，就是扶贫关系新农村建设，新农村建设的目标应该是新农村文明的定位。那么怎样去理解新农村文明？我用的是新文明，而不是用生态文明，因为生态文明这个词国家对外宣传不是这样用的。我记得当时十七大报告提出这个词的时候是保护文化，在十八大用的是生态进步。我想我还是比较谨慎一点，往生态文明去靠近，我就选择"新文明"这个词。从文明角度来看，新农村建设要达到三个目标，第一个是物质上的目标，包括农民收入这样一些目标。第二个是能力方面的目标，我们必须要有把新农村建设维持下去的能力，而现在老百姓很多收入提高了，但是靠打工收入提高的，实际上农村的产业还是凋敝的。大家可以想到菲律宾外出打工的模式，这样的打工对菲律宾国家经济社会发展起了什么作用？我觉得不起什么作用，所以我觉得我们国家在这方面应该要想到菲律宾的模式。第三个是要强调观念，没有观念做基础的文明是假的文明，而我们现在比较缺失的或者比较丧失的就是观念。我们国家现在最需要三个方面的观念：一是价值观；二是伦理观；三是人文观。价值观是对事物的看法，伦理观是对人的各种取向，人文观是对各种事物的处理。我们国家和农村很多行为表现都和"三观"有关系，我想农村的新文明，应该在这三个方面同时提高。

怎么去建设农村新文明？这个问题很大，不是我们去讨论的，但是我们可以提出几个观点。第一个观点，就是要走自己的道路。改革开放以后，我们有一个口号叫与国际接轨。什么东西都要与国际接轨，在扶贫上也要与国际接轨。其实对于一个国家，特别对中国这样一个大国来说，轻易地去表达与国际接轨不是非常值得赞扬的事情。它可能在改革开放初期对我们的国际融合有好处，但是我们改革开放已经近四十年，如果说要这样的话，我想是不对的。比方说制定反贫困标准对联合国来说，可以做到这一点。但是把联合国的标准作为国家的目标，那是不行的。我们国家是要解决我们国家的问题，绝对不是某一点的问题，所以我们必须要与联合国有区别。这样一个区别，才能够符合我们国家需要。所以不需要与国际接轨，而必须全面地建设新农村，把新农村落实到新文明上面去，这个新文明要超越联合国的标准，只有这样才能解决我们国家的问题。

还有现代化与传统的问题，我们不要抛弃传统。传统就是根据一个地区的自然地理环境以及千百年来的社会发展，形成的思想观念、知识技能以及生活发展和社会习俗，所以这样一些东西确确实实是任何一个国家的现代化都要在这个基础上实现的。只有在对某些地方进行改造或者创新、融入这样的传统时，才是一个国家真正所需要的现代化，才能是有特色的、有优势的现代化。

我再讲一下创新的问题，创新在我们国家现在来说，就是要摆脱与国

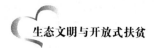

际接轨。我对国际接轨的体会不是我个人的想法。我举个例子，我们与国际接轨的口号最早是中国加入经贸组织时提出的，我们入世三十年的时候，我们去调研，驻中国经贸大使他跟我们讲，国际组织的规则不是为中国建立的，而是为创立国建立的。只要一直是跟国际接轨，就永远是学生、永远处于落后的地位。

气候农业

互满爱人与人驻华代表　迈克尔·海尔曼

　　感谢给我这个机会，现在我介绍一下简单的经验。我们的任务是适应全球变暖和扶贫工作，我今天讲的是气候农业主题。大家知道我们的气温越来越高，我们全球的气候变暖。农业是13%的排放量，构成农业排放量主要的是农业耕作、化肥、秸秆，但是同时，全球气候最能适应的也是农业。土壤是一个巨大的碳汇，制备6111亿吨，土壤破15800亿吨，气氛7500吨，所以农业是解决全球气候问题的场所。现在中国农业可能是6亿吨产量，所以健康土壤、健康植物只有通过农业能解决这个问题，联合国粮农组织四年前开始做了保护新农业的工作，同时让农民适应全球变暖。中国农科院做了很多试验，他们都说秸秆还田，多用农家肥是保护性耕作。现在中国碳排放量是6亿吨，我们现在用的化肥和农药太多了。减少化肥和农药，就能减少碳排放量。

　　中国的水稻土是蓝色的，现在一共有3000万公顷水稻土，如果把这个水稻改变一点，三天浇水，三天不浇水让它旱的话，就减少了用水量。我们有3000万公顷水稻土，能够减少一亿多排放量。同时，我们现在农业土壤的问题很大，一个健康的土壤有5%的有机土壤，现在很多专家希望通过改变耕作方式来减少很多（几亿吨）的排放量。健康的土壤才能生成健康的食物、健康的人群和健康的社会。我们这个组织做产业扶贫，现在昆明农科院做一个小的试点，让农民改变耕作方式。我们的期望是国家给补贴，让农民得到生态效益收费，农户每减少一吨排放量，得到40~50元人民币，一部分能提高产量10%~20%，同时下降碳排放量20%~40%，我们有能力减少300~500吨的碳排放量，这是韩国、印度、菲律宾的经验。韩国减少10吨二氧化碳量，我们是海拔高的地方，我们达不到，专家估计每公顷可以减少3~4吨二氧化碳排放量。如果中国7000万贫困人口能够减少碳排放量，总量也不可估量。这是群众路线的想法，因为我们每个人都有机会减少碳排放量、提高产量。

开放式筹集与开放式配置扶贫资源

国务院发展研究中心农村经济研究部部长、研究员　叶兴庆

非常高兴参加今天的会议，大家知道我们还有六年时间要使 7000 万人摆脱贫困。这个任务非常艰巨，要完成这个任务还要贯彻一个理念，这个理念就是生态文明的理念，就是说我们要用六年时间使 7000 万人脱贫的同时，还要使贫困地区生态环境得到改善。要完成这个任务，贵州探索出来开放式扶贫，这样一套做法能给我们很多启发。要继续做好开放式扶贫，我觉得有两个问题需要深入研究。

一是开放式筹集扶贫资源。也就是说在增加我们单项扶贫资金投入的同时，要增加并矫正行业扶贫资金的标准机制，我们现在扶贫部门分配的财政性扶贫资金大概有 400 多亿元，但是其他行业部门主管的贫困地区的政府性资源有 4000 亿元。所以大头掌握在扶贫部门之外的其他部门。非常遗憾的是这么多掌握在非扶贫部门的资金使用效益并不高，而且有研究表明，同时有很多行业并没有缩小差距。这个问题需要高度重视。目前现有的一些扶贫攻坚平台确实存在效益不高、诚信度不高的问题，导致有扶贫意愿的贫困平台难以进入贫困地区，这个问题值得重视。我们应该对新型的扶贫平台秉持包容的姿态，我们还要积极利用国家扶贫资源。当然在中国发展的这个阶段，利用国外的资金是不太现实的，但是我们可以继续更加开放地分享国际的发展知识，来提高扶贫效果，这方面的潜力还是挺大的。

二是开放式配置扶贫资源。特别是贫困地区多数生态比较脆弱，我们应加大扶贫攻坚力度，对贫困地区外出务工的劳动力在新型城镇化中，要优先让他们在务工地能够退出贫困地区。这样，在贫困地区的农民就有更多的发展空间。开放式配置扶贫资源还有一个很重要的领域，就是我们要认识、适应和引领贫困地区的发展新优势。随着互联网技术的普及、绿色

理念的兴起、乡村旅游的发展，贫困地区很多以前是劣势，现在反而变成比较优势了。我们现在要利用优势来使产业扶贫更有针对性，改革政府扶贫资源的传递机制，应该允许国内社会组织申请使用国家的扶贫资金，比如说应该允许各类组织申请使用财政扶贫资金，应该允许贫困户入股，把贫困户的扶贫资金和劳动力，与企业家的经营产业结合起来，使扶贫资源的效益更大化。

气候变化与可持续发展

联合国开发计划署驻华代表处政策与伙伴关系团队主管　芮婉洁

我给大家讲一个实际例子。我自己的祖父母在他们的环境中感受到环境的变化，在肯尼亚山下他们看到这些森林的砍伐导致他们的羊群死亡，并且庄稼也发生了很多的变化。这些我也都是亲眼看到的，环境改变了他们的生活，我也看到人类在面对气候变化的时候是如何的脆弱。必须要保护好我们的地球，才能让人民过上更好的生活。

现在这个问题越来越紧迫，因为全球正在发生气候变化。有数据表明，目前有非常严重的全球变暖的情况。我们看到有70%也就是12亿的贫困人民受到严重的影响，因为他们是依赖于自然环境生存的。

现在全球对于环境保护有一个不恰当的理解，他们认为它和经济增长、减贫相冲突。但实际并不是这样。2006年，一位经济学家斯特恩爵士做了一个计算，我们看到减少环境变化的行政成本每年应该只占到全球GDP的1%，但是如果我们不采取行动，这个数字可能会每年增长到5%甚至20%。现在这样一个情况，已经得到可持续发展目标草案的重视。可持续发展目标将取代千年发展目标，产生更好的环境结果。我们希望把最佳的实践带到全球，让全球可以更好地应对贫困和环境的关系。我们认为这对未来是非常重要的。

很多可持续性发展的问题，我们今天已经提到，希望有这样一个开放的、为环境服务付费的工作，刚才海尔曼先生已经提到，让当地社区的人民有激励措施来保护他们的生态环境。比如说在贵州我们就支持一些贫困地区，他们正在收到全球的环境资金来更好地保护环境。

我相信在中国和其他地区也是在促进生态旅游。今天刘主任已经提到，这对于有针对性的减贫是非常重要的。我们看到一些创新性项目的经验，可以给我们带来更好的环境结果。对中国来说，非常希望这些经验可以获得大规模的应用，我们也是直接和中国政府进行合作，希望可以实现绿色增长和减贫的工作，这样中国可以带来更多的一些政策和发展。比如今年4月，我们和财政部一个研究所进行合作，我们的一个报告显示，中国中央政府7%的预算花费在与气候相关的活动当中。通过了解这个数字，我们相信这样可以帮助中国的领导者了解，他们应该在这个与气候相关的项目当中支出更多的预算。今年我们有一项全新的研究，主要是为了了解目前中国的一些实际情况来进行一些试点。我们希望了解截至2016年底之前我们需要怎样去做。

我们做的这些研究并不仅仅关注中国未来的发展以及扶贫工作，同时我们也纳入了其他的一些发展中国家，他们也希望从中国借鉴相关的经验。作为发展中国家，他们与中国的发展路径特别的接近。特别是相对于西方国家来说，中国还以其他的方法共同应对贫穷以及环境带来的双重挑战。这种经验也可以被其他的发展中国家所借鉴。在联合国，我们希望更好地去激发双方或多方的合作，去学习这些经验，比如说如何管理空气污染，同时创造更多的就业机会，提高人类的文明程度。

我们希望与中国政府有更好的合作，与其他的学者进行合作，来更好地为其他发展中国家提供经验。在未来要实现多方共赢，共同加强扶贫工作，中国与外方的合作是非常关键的。希望我们大家都可以借今天的平台，加强交流，共同为未来的发展导向制定蓝图，这不仅仅是为肯尼亚提供帮助，也是为更多的发展中国家提供帮助。

"生态文明与开放式扶贫"主题对话

主持人：夏春平（中国新闻社常务副社长 副总编）

对话参与人：

- 王春光　中国社会科学院社会学所社会政策研究室主任、教授
- 高小贤　陕西妇女理论婚姻家庭研究会创始人
- 陆德泉　香港港专学院副教授
- 方　东　贵州省普定县县委书记
- 李　海　招商局慈善基金会项目总监
- 陈　亮　友成企业家扶贫基金会社会价值投资联盟执行主席

王春光（中国社会科学院社会学所社会政策 研究室主任、教授）

刚才几位教授谈的观点我觉得挺有启发的。

一是我们如何确定扶贫对象？我们未来的目标是什么？我觉得不只是收入增加解决贫困的问题，可能要跟我们国家整个发展计划结合起来，特别是我们要构建一个什么样的农村？一个什么样的城乡关系？这个问题需要从理论、理念、政策、制度上进行深入的讨论。我们要探讨究竟利用什么样的知识，传统的知识、现代的知识、国内外的知识，如何结合在一起。我们说要构建农村新文明，农村新文明是什么样的东西？这个理论上是没说清楚的。

二是我们扶贫工作与前十年或者过去三十年的扶贫相比，可能进入了一个新的阶段。去年在这个论坛上谈到过一个观点，新阶段扶贫面临新困境，目前的一些分析研究是不够的，我们的理论还缺少一些东西。刚才叶部长也讲到开放引进资源的理念，开放的东西究竟应该怎么体现？从资源配置上体现是一方面，那么从其他价值观念可以体现吗？从制度构建上有没有出现一种开放性的东西？这也需要很好的讨论。如果我们把多元主体引进来，让社会各个层面参与到其中，那么应该怎样构建他们的一个制度

层面？我们不只是谈口号性的东西，还应该构建一个长期的、可持续发展的开放体系。这个东西还是很值得我们深入研究的，因为现在都谈开放，我只怕以后一开放大家就乱了。刚才叶部长也谈过扶贫办只掌握400亿财政资源，其他部门掌握财政资源是4000亿，这个资源该如何整合？我们在下面做调研发现，各个部门之间缺少合作，各干各的，然后地方政府跟上级政府又缺乏一种沟通与交流，政府与老百姓之间、贫困对象之间这种交流很缺乏，就是老百姓需要什么样的扶贫，怎么扶贫，很少听到他们的声音，所以说出现越扶越贫、越贫越乱，都没有很好的社会基础，造成很混乱的局面，这不仅是扶贫问题，而且是中国如何走的问题。

高小贤（陕西妇女理论婚姻家庭研究会创始人）

我自己的身份在这里可能更多的是一个草根的民间社会组织。我想就这样一个身份，这样的一个事业，谈一谈我对开放式扶贫的一些理解和我在这个未来的模式下的一些期望。我自己是在一个妇女组织，陕西是一个西部贫困地区，贫困面很大，这是我处的贫困省情，因为贫困地区妇女占多数，扶贫就成为我的责任。

在这样的一个大背景下，处于省一级的区域性组织就可能加入整个反贫困行动中间。在过去二十年间，我们也先后在陕西、宁夏等30多个村进行了扶贫项目，在每个社区的工作是扶贫工作。扶贫办扶贫很重要的内容就是社会组织介入和参与到扶贫工作当中去。就中国二十年扶贫发展和社会组织参与过程来看，我认为有两个阶段。第一阶段是20世纪90年代期间，主要是三方面的机构特点。第一是在80年代随着政府职能的转变，一部分国家职能转化出来的那些组织，如有官方色彩的基金会，像青少年基金会、扶贫基金会等，他们当时在90年代扶贫攻坚，在动员社会投入扶贫工作中做了很多很好的事情。第二是国际NGO组织。他们有很大的扶贫攻坚特点，在国际扶贫攻坚的一些理论、经验、方法，比如说参与式发展，比如说在不同的领域中以社区为主导的扶贫等方面做了很多的探索。第三就是像我这样的一些区域性的草根社会组织或者NGO。伴随着国际双边、多元合作与互助，以及国际NGO组织进入中国，在中国催生了很多这样的机构。这些机构、社会组织对于扶贫开发，有很多的经验、很多的研究。

除了调动很大的资源进来，更多的是软件，做了很多尝试，把本土和国际的经验相结合，也探索了一些很有效的扶贫开发的经验。

　　第二阶段的变化就是随着中国经济的发展，双边、多边援助的资金逐渐外撤，包括国际 NGO 的资金也撤出了很多，在这个背景下大家会发现第三方的社会组织，不像原来广州、四川、云南那么活跃，现在这个组织在萎缩，有些在休眠中。中国的民间社会组织蓬勃发展，特别是 2008 年汶川地震以后井喷式的发展，而且中央财政也拿出很多的钱在购买这些服务。但是在这样蓬勃发展的大好形势下，你会发现扶贫类社会组织的数量并不像其他组织那么多，而且进入农村社区机构也很少。一个制约因素就是资金的瓶颈。因为过去这个机构多数是国际组织来做，尽管中央财政在购买社会组织公共服务，连续四年向西部倾斜，也关注到一些扶贫的项目，但是这些项目周期太短，多是一年期的项目。你会发现现在社会组织在扶贫领域中间，跟过去相比较，扶贫所涉及的一些内容变得比过去更简单化，就是简单地做好人好事，就是简单地把资金送到贫困人口中间去了。过去一些方法和解决问题的创新模式在扶贫开发上，已经远远不足了，其中的问题就是资源配置问题，就是资源上游的问题。在新的扶贫工作中，我们是不是可以探索一种新的资源配置模式？就是政府的资金和社会组织本身在扶贫中的资金和力量进行整合。比如说社会组织在下一轮的扶贫攻坚中的专业性应该越来越强。像刚才刘主任讲到移民搬迁，现在不仅仅是移民搬过去，移民搬过去和当地社区融合是很大的问题，这些问题就是靠社会组织来做，也是他们的强项，如果能够配套做是特别好的。在开放式扶贫框架里面，社会组织特别希望政府和社会组织合作走出一种新的模式，因为过去也曾经有过这样的很多合作。比如说 2005 年，江西省扶贫办拿出钱购买 NGO 的服务，就是主导社区规划以及 2007 年 CBD 的计划，都有很好的经验。我认为政府和社会组织有更多的合作空间，有更多的探索，也可以有新的成绩，这样新的成绩和新的模式，也是让中国走向世界的一个亮点。

陆德泉（香港港专学院副教授）

我曾经负责过国际 NGO 一些发展项目的行动研究，然后回到云南开展一些实践，现在在香港一个新成立的私立港专学院来发展一个课程，跟今天的主题也有关系，就是社会创新与社会环境。刚才听到刘主任所提到扶贫生态文明有关的措施，我觉得很好地说明了这个问题。一是所谓扶贫办的扶贫有几个维度，第一个维度就是如何完善这个框架的制度，第二个维度就是如何实现多元参与的结构，第三个维度就是开放资源的筹集平台，第四维度是开放式扶贫制度。我觉得扶贫办扶贫在西方也好，东方也好，包括亚洲、国内提到的社会创新，非常接近这些概念。我尝试用社会创新跟生态环境来谈谈刚才所说的几个措施，有的我们可能需要用社会创新的理念来更深入探讨这些部分。首先，像刚才我们提到的生态移民，其实在过去，生态移民有差不多二三十年的历史，其中有很多经验和教训。究竟我们什么时候需要创新？这不单是基础上的创新，还有与其他不同部门相互配合的创新，背后的一个问题就是生态保护的问题。究竟生态保护有没有可能在不搬迁的情况下去完善？过去移民搬迁有很多的问题，这些问题需要用创新来解决。

第二个就是光伏工程，也是非常好的创新。无论是利用科技，通过光伏发电为贫困的农村脱贫，还是过去风力发电，一些信息能源里也同样出现一些问题。我们能够在吸收其他能源的基础上更好地进行创新，包括光伏发电以后，对于当地的生产、当地的利益分配结构会怎么样，会不会引起新一轮贫困的悬殊或者是无所事事，反而会遇到一些新的问题，包括谁来主导光伏的发电，这些问题可能都是需要在社会创新里面探讨的问题。包括刚才海尔曼提到的气候农业，气候农业与原来少数民族已经有的传统智慧有着很深厚的关系，过去二三十年对自然资源保护有很多探索。

第三个谈到旅游扶贫。生态跟民族旅游发展有二三十年的历史，过去是在其他旅游领域探讨，扶贫的领域可能探讨比较少。过去延伸了不少的问题，不断在进行一些反思与创新，包括社区、旅游开发公司和政府，与旅游者形成什么样的博弈关系、利益分配关系等。这些都需要更好地创新，包括现在有共建旅游的平台也正在成立和运转，究竟他们能提供什么样的经验，这对于创新领域都是很大的挑战。

最后我总结一下刚才有关于创新理念的讨论和原则，生态环境这一块，去年欧盟发表了社会创新与生态环境的一个政策文件，里面提出几个原则很值得我们参考。第一个原则就是社会参与和支持，这也是国际扶贫中心做的社区主导的发展。就是说在这个过程里面，社区利益的分配，在资源管理方面究竟是什么样的位置？这个社区会不会被排斥，被边缘化？这些问题都需要我们进行问题创新的解决。第二个问题就是这个原则是草根，或者说是社会的创新。草根和基层如果参与到创新里面，就会改变一个外部的从上而下压下去所谓的科技，或别的什么样的办法。过去很多做法，无论是扶贫，还是自然资源管理的示范等，都是由上而下的，缺乏基层参与的创新。这是大的原则，也需要我们来考虑。第三个大的原则就是生态争议的问题。刚才海尔曼提到环境付费的问题，这涉及水资源，少数民族在一些生态恶劣的环境下怎样保护环境，他们所付出的代价是否能通过国家的税收，或者市场来进行补偿。这可能都需要我们更好地去考虑。

方东 *（贵州省普定县县委书记）

这次会议发给各位领导和专家的资料有两本书，这两本书一本是普定县生态档案，另一本是普定县反贫困的一些情况。

普定县地处云贵中部，属于长江水系和珠江水系的分水岭，全县人口有47.8万人。普定县不仅是历史文化悠久的一个县，同时也是贫困问题和生态问题叠加出现的一个国家级贫困县。我们普定县在一万多年前就有人在这里活动。普定处于全国喀斯特地貌地区，喀斯特地貌有270平方公里，占全县面积的四分之一，贫困最严重时期贫困人口占全县人口的比例达到57%。经过这么多年的努力，上年我们降到21%，但仍然是国家级扶贫开发的重点县，所以这两个问题，在普定比较突出。

普定在历史上因为生态恶化而贫困，同时也是自然灾害频发的地区之一。多年以来，在向贫困和生态抗争过程中，涌现出了一个又一个生态文明反贫困的感人故事，为改变喀斯特地区水土流失、越穷越啃、越啃越穷的恶性循环状态，在县财政十分困难的情况下，我们从1983年就启动了小流域综合治理，创造了人口粮食生态经济这样一个协调发展的小流域综合治理的模式。当时就在贵州、全国推广。因为普定县处于长江水系和珠江

---

* 方东，2016年调任安顺市委秘书长——编者注。

水系的分水岭，存不住水，所以在解决水资源非常困难、没有国家投资的情况下，我们是政府、群众、社会共同参与建设了人工湖，这个湖现在存水量是4.2亿立方米，水质长期达到二级水的标准，现在已经成为地级市中心城区唯一的饮用水源，同时也改变了普定县缺水的状况。

在与贫困和生态抗争中，普定县有一个苏三村，这个村缺地没有土，也存不住水，当时也没有生态移民搬迁工程，老百姓为了生存，开山运土并且进行了植树造林，建水窖、水池，经过几代人的努力现在已经建了三万亩的桃园，硕果累累，非常喜人。这个苏三村有了苏三的精神，引导我们反贫困，通过生态环境的建设，不仅实现了生态的修复，也解决了我们贫困地区贫困群众收入增长的问题。

在总结这个历史经验，参考普定生态文明建设、文明开发工作的经验教训基础上，县委、县政府提出了生态立县、生态兴县、生态强县的奋斗目标。我们提出建设两个生态循环系统，一个是环境保护生态修复上升到生态发展的路子，另外一个是绿色产业、区域发展之路。经过近年来的努力，在上级扶贫部门的帮助支持下，在社会各界的大力帮扶下，普定县上年已经实现了以县为单位的减贫。这是我们自己的考核。我们的石漠化面积每年以15平方公里的速度在减少，森林覆盖率以每年两个百分点的比例在提升，农民人均纯收入以每年12%的速度在递增。现在我们全县贫困人口从将近一半的二十几万，降到12.88万人。

现在的普定县可以说旧貌换新颜，山清水秀，是一个宜居、宜业的地方，今后一个时期我们将贯彻落实习近平总书记近期考察贵州的精神，扎实实现"四个切实""六个精准""四个一批"扶贫开发战略的目标，同时保住青山绿水，保住我们已经取得的金山银山，加快建成小康生活目标。

李海（招商局慈善基金会项目总监）

我来自一家基金会，招商局慈善基金会，这个基金会的发起方是招商局集团。我们的基金会是资助性的基金会，我们的聚焦领域是在农村扶贫方面。

今天我们大家讨论的这个话题是扶贫办的扶贫。开放式其中一个含义就是多方的参与，有政府、企业、一线社会组织，也有像我们这样的基金会。我们基金会作为资助性基金会，不在一线去工作，怎么来参与扶贫？我们有没有自己的思路？除了给钱之外，还有没有别的想法？

这个是今天晚上我希望跟大家讨论的话题，这个话题从我们所支持的一个项目讲起。2011年，我们基金会跟一家国际性的扶贫机构在云南开始了扶贫项目，这个机构是非常成熟的工作机构，他们有自己的成熟工作方法。我们以畜牧业为出口，以农民为平台，以产品为内容的推进过程。第一次去看项目点的时候，我们发现小母牛项目是一个产业发展的项目，但是乡村除了产业发展之外，还有很多其他的需求，比如说道路、教育、医疗方面，而且大大小小都很多。所以当时我们去的时候，村民们也向我们提出了一些想法，说你们能不能给我们一些支持？我们开始就试探性地给了一些支持，这个支持是在小母牛项目之外，我们叫配套项目。配套项目进行了几批之后，我们慢慢发现一些问题，就是这个事本身是给村民回应的需求，但是我们发现更重要的不是他们所得到的这批东西，盖了一个房子，修了一个篮球场或者是一个水渠；而是在这个过程当中，村民们所表现出的一些变化。他们通过这个互助小组来商量怎么去做这件事情，他们把一个想法发展成一个计划，一个实施方案，所以在做到第三批的时候，我们资助的思路就慢慢清晰起来。

我们定了几条原则：第一，这些事情绝对是我们不能在当地所想做的，而是村民想做的；二是村民必须定一个计划和实施方案，在这个过程中他们就组织起来了，他们就有积极性；三是必须让老百姓来参与，而不仅仅是让外部资源来支持；四是他们在做这件事的时候，我们不完全支持，有一部分的钱由村民自己想办法解决。在这个过程中我们发现了一些变化，就是参与这件事情的村民，他们的组织能力、协调能力、计划能力有了很大的提高，这些人在村子里面威信也大大提高，慢慢形成了一些新的组织。我们发现这个过程是外部资源能够通过他们落地到当地的一个重要因素。当我们发现有这么一个变化的时候，我们在我们的项目设计中，也就有一些调整，比如说我们现在一个思路是，我们会拿出一笔钱来单独设计一个项目，这个项目是支持村民们自己在村子里所做的事情，但是我们有条件，我们的条件是必须有不同的组织来参与做这件事情。不同的组织包括什么？首先要包括村委会，村委会是政府在基层的一个机构；其次包括像小母牛互助小组这样的村民组织来参与；我们还希望像高老师他们这样，外部的社会组织也来参加，也许有更多的多元化组织，比如说在当地的专业合作社，还有其他一些文化组织都能参与这件事情。所以在我们支持这个项目的过程中，我们希望不仅仅是他们得到一些，比如说物质方面的投入，更多的是人力资本的开发以及社会资本的重新构建，因为在多元治理的过程中，他们互相商议、互相妥协、互相设计，会使得农村村民的社区治理结构有一些大的变化，这是我们所希望的一个方向。在这个过程中，我们也希望一些组织能够凸显出来。他们原来可能有一些很模糊的形态，在这样的过程中，能够更清晰化，能够更加直接地参与社区的管理。

我们的这个项目，还没有正式开始，已经有一些伙伴向我们来申请。我们希望通过两三年的时间，做一些观察，这个观察就是作为我们这样一个资助性的机构，能不能通过设计这样的项目使得社区的发展有一定的变化。

陈亮（友成企业家扶贫基金会社会价值投资联盟执行主席）

今天我是作为社会价值投资联盟的代表来发言的。我们社会投资联盟应该说在价值理念、开放式扶贫核心内容方面与论坛有高度的契合，结合刚才大家发言的一些内容，我谈三点看法。

第一，我认为工业文明正在面临前所未有社会化的革新。我们知道工业文明三百年前在西方发展以来，深刻影响整个人类社会的进程，但是随着工业文明的深入，不断暴露出诸如贫富差距的拉大、资源的不断耗尽、生态的破坏等诸多难题。应该说全球的有识之士都已经非常清晰感受到工业文明内在的隐忧，我们认为工业文明应该会迎来一次深度的反思。就我们国家的现状来说，三十年经济发展传统的经济单兵推进的发展模式，也走到一个新的需要重新考量的时期，可能这个时候注重社会的价值、注重环境、注重全面可持续发展的价值，已经提上了重要的议程。

第二，我们应该要有生态良知，我们的老祖宗其实在很早就开始思考和谐全面可持续发展，也就是说生态文明由内在核心的文化支撑。从这个意义上讲，我觉得在这一次全球应对工业文明挑战的时候，我们文化自身的内在基因，使得我们确确实实是可以在这方面走在世界前列的，可以真正在全球层面去呼唤生态良知，用生态良知和生态文明来引领新时代的全球发展，还包括全球发展治理体系的变革。

第三，应该倡导大社会资本和影响力投资来创新开放式扶贫。也就是说我们的扶贫应该尽可能地去想着怎样跟资本市场，跟整个金融联系在一起去提供一个系统性的解决方案。英国卡梅隆政府在2012年就创办了一个大社会资本，这是全球第一家社会投资银行。他们把银行里面多年不用的账户汇集起来，再加上其他的金融机构一起组建大社会资本，这个大社会资本专门定向投资社会创新或者一些扶贫的领域。除了这个大社会资本和影响力投资之外，还发行社会影响力债券。英国还建立社会证券交易所。除了英国之外，加拿大去年9月建立了影响力投资的证券交易所。其实在亚洲的新加坡也出现了社会证券交易所，而创办人就是一个从事金融和媒体双重背景的人。我相信因为创办人这样一个复合的知识结构和经验背景，他从事媒体，能感受到这个社会需要扶贫和资源的领域在哪里，也能够感受到哪个领域最能够提升发展。这对于当前开放式扶贫创新应该是有很深的启示，就是说我们怎么利用资本的力量去尽可能建立直接融资体系，而改变现在间接融资体系或者是融资成本过高的一些困境。我相信通过社会证券交易所包括影响力债券，包括中小企业私募债的形式，可以给贫困的领域、贫困的产业、贫困的地区插上资本市场的翅膀。这样的话，双轮驱动，可能会给我们的扶贫事业带来全新的空间，打开全新的境界。

主持人小结

今天六位对话人有社科院学者、扶贫第一线基层县委书记，有来自境外的香港大学学者，也有来自央企，还有来自草根的民间公益组织。可以看出来，扶贫已经是全社会都动员起来了，扶贫工作不仅仅是政府的事情，开放式扶贫就是社会各界都充分动员起来。按照中央规划，2020年中国要实现小康。现在离2020年的时间只有五年半的时间了，这个时间非常紧迫。我们刚才听叶部长说中国还有7000多万贫困人口，7000多万在世界上相当于一个中等发达国家。在五年半的时间里让7000多万人脱贫，这是非常艰巨的任务。这也是对我们整个政府，对全中国人民很大的历史考验。时间非常紧迫，任务又非常艰巨。今天晚上已经九点多钟了，大家还在这里坐而论道，过去有一句话叫"与其坐而论道，不如起而行之"，我认为这句话说得不对，我们现在既要坐而论道，也要起而行之。我们要把观点和经验讲出来，我们今天晚上的坐而论道是为了明天早上的起而行之。我相信对于中国梦的实现，2020 年 7000 万人口脱贫是非常重要的元素。如果在未来的五年半时间，7000 万人口得不到脱贫，也谈不上小康，中国梦可能真是一个梦。

共识发布

◎ 促进开放式扶贫贵阳共识（2015）

◎ 2015 Guiyang Consensus for Open – ended Poverty Reduction

促进开放式扶贫贵阳共识 (2015)

在联合国和各国政府正在对 2015 年后全球发展议程开展磋商，中国政府正在谋划如何打好全面建成小康社会扶贫攻坚战的关键时刻，我们，来自中国政府部门、企业、民间组织、学术机构和国际组织、发展中国家政府部门的一百多名代表参加了生态文明贵阳国际论坛 2015 年年会"生态文明与开放式扶贫"分论坛，围绕生态文明与开放式扶贫主题，从农村社会治理与反贫困，反贫困、农村社会治理的社会参与，山区发展与绿色减贫等方面展开了充分讨论，达成以下共识。

一、我们认为，开放式扶贫是减贫的重要理念，是开放和扶贫的辩证统一。

在贫困地区发展道路上，开放和扶贫彼此融合，相互依存，相互促进，缺一不可。开放能促进区域发展的硬环境和软环境改善，促进发展的机制创新，促进社会治理结构完善。实践证明，开放是加快地方经济发展、完善社会治理、提高科教文卫水平的活力源泉，由此改善区域物质文化生活、促进社会就业、提升区域福利，同时为扶贫机制创新提供基础。开放和扶贫的辩证统一，是扶贫模式创新、提高扶贫效果、实现反贫困可持续发展的重大原则。实现开放式扶贫，将更有效增进社会活力、促进社区发展、增强社会稳定，为贫困地区形成更具开放性的经济、社会发展环境提供支持。

二、我们认为，贫困具有多维特征，开放式扶贫需要采取多元途径。

可持续有效的反贫困工作，既体现在扶贫对象的现金收入增加，物质生活改善，拥有的财产总额增大等方面；也体现在贫困群体作为反贫困主体行动能力不断增强，平等发展权利更大程度实现，社会合作机制可持续成长，社区可持续发展能力不断提升，贫困地区社会政策水平逐步提高，社区社会资本持续增强等；还体现在有尊严、有价值、有保障的生活得到支持。衡量贫困的多维标准，决定了减贫战略政策体系相应不断拓展和完善，需要用开放的理念推进扶贫，在扶贫中促进进一步开放。

三、我们认为，"绿色发展"及"绿色减贫"已经成为全球共识，是新时期反贫困的战略选择。

良好的生态环境是反贫困的重要基础和宝贵资源，反贫困工作应当开放地吸取当地人的生态智慧，确保和促进生态的多样性和可持续，生态文明建设与反贫困结合就是在贫困地区实施绿色发展与减贫结合战略。在可持续发展和持续减贫的前提下推动绿色发展、实现绿色减贫。绿色减贫的本质和核心是坚持以人为本，是转变发展观念、创新发展模式、提高发展质量的减贫理念新变革。开放式扶贫视角下的绿色减贫，还包括对贫困地区民众保育良好生态环境的智慧尊重与借鉴，以及外部对其能力提高的引导和支持。

四、我们认为，开放式扶贫需要政府、市场和社会的协同推进，需要贫困社区、扶贫对象的充分参与。

反贫困是全人类、全社会的共同事业，在广泛、积极而深入的社会合作基础上，开放式扶贫的着力点需要更多指向对贫困地区综合发展的支持，更多致力于目标群体综合能力的提升，更多增加对目标群体社会资本的培育，更多导向社区福利生产能力、可持续环境能力、社区公共事务管理能力的稳定成长。不断完善项目规划、实施、监测、评估各环节中的相关群体参与机制，充分调动参与方的积极性并保障各参与方的参与权益。需要充分尊重扶贫对象和贫困社区的主体地位，着力创新社会组织、企业参与机制，不断完善反贫困的法制机制，加快扶贫开发治理和治理能力现代化的进程。

五、我们认为，开放式扶贫要处理好传统村落历史传承及民族民间文化保护与发展的关系，注重在保护中促进历史文化资源的开放、分享和利用。

传统村落和民族村寨脱贫，在必要的资金支持基础上，更为迫切和最为有效的是人才、技术和知识支持。拥有专业技能和知识并精通管理、善于经营的人才，对于文化产业化、保护和发展遗产产业具有决定性作用。开放式扶贫将充分应用云储存、大数据、自媒体、电商等日新月异的技术、工具和行为方式，以"产业化"的理念及模式促进贫困地区经济社会面貌的改变，在发展中坚持"保护"的理念，确保民族地区文化的原真性及可持续性。

2015 Guiyang Consensus for Open – ended Poverty Reduction

At the critical moment when the United Nations and governments are discussing the Post – 2015 Global Development Agenda and the Chinese government is planning its poverty – relief programs to build a moderately prosperous society in an all – round way, more than 100 delegates from the Chinese government organs, enterprises, civil organizations, academic institutions and international organizations, some developing countries attended the " Eco – civilization and Open – ended Poverty Reduction" sub – forum of the Eco Forum Global Annual Conference Guiyang 2015. Around the theme of eco – civilization and open – ended poverty reduction, the delegates had in – depth discussions over a range of issues, including rural social governance and anti – poverty, social participation in anti – poverty and rural social governance, development of mountainous areas and green poverty reduction, and forged the following consensus:

I. We agree that open – ended poverty reduction is an important concept of poverty reduction and a dialectic unity of opening and poverty reduction.

Along the development of poverty – stricken areas, both opening and poverty reduction are indispensable and characterized by mutual integration, interdependency and mutual promotion. Opening can facilitate the amelioration of hard and soft environments for regional development, the innovation in development mechanism and the improvement of social governance structure. Practices show that opening is a vital source of faster local economic development, better social governance and higher science, education, culture and heath levels. Therefore, it can improve the material and cultural life, promote the social employment and increase the welfare for poor areas while laying the foundation for poverty reduction mechanism innovations. The dialectical unity between opening and poverty reduction is a key principle for innovating poverty reduction modes, enhancing poverty reduction effects and achieving sustainable anti – poverty development. Open – ended poverty reduction will more effectively promote social vitality, drive community development, intensify social stability and help create more open economic and social development environments in impoverished areas.

II. We agree that poverty is multidimensional and open – ended poverty reduction shall take multiple approaches.

Sustainable and effective anti – poverty efforts are embodied not only by higher cash income, improved material life and increased total assets owned by poverty reduction objects; but also by the growing action capability of the poor groups (the subject of anti – poverty), the further realization of equal development rights, the sustainable growth of social cooperation mechanism, the growing ability of communities in sustainable development, the rising level of social policies for poor areas and the continuous enhancement of community – based social capital, in addition to the support for a dignified, valuable and guaranteed life. Given the multidimensional criteria for poverty measurement, we shall constantly expand and improve the poverty reduction strategy and policy system accordingly, advance poverty reduction under the concept of opening and further open up in poverty reduction.

III. We agree that "green development" and "green poverty reduction" have become a global consensus and a strategic choice for anti – poverty in the new era.

Since a favorable ecological environment is a significant basis and precious resource for the fight against poverty, anti – poverty efforts shall openly absorb the ecosophy of the natives, ensure and promote ecological diversity and sustainability. To combine anti – poverty with eco – civilization improvement means to implement the strategy integrating green development with poverty reduction in poverty – stricken areas. We should promote green development and realize green poverty reduction under the premise of sustainable development and sustained poverty reduction. The nature and core of green poverty reduction – a new change

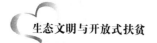

in the philosophy of poverty reduction – is putting people first, changing the concept, innovating the pattern and improving the quality of development. Under the perspective of open – ended poverty reduction, green poverty reduction also involves respecting and pooling the wisdom of the local poor people in maintaining a favorable ecological environment, as well as proving external guidance and support for their capacity improvement.

IV. We agree that open – ended poverty reduction requires the joint promotion by the government, the market and the society and the full involvement of poor communities and poverty reduction objects.

It is a common cause of all mankind and the whole society to fight against poverty. Grounded on extensive, active and in – depth social cooperation, open – ended poverty reduction shall lay more emphasis on the support for the comprehensive development of poor areas, the improvement of the comprehensive abilities of target groups, the cultivation of social capital for target groups, and the stable ability growth of communities in welfare production ability, sustainable environmental management and public affairs administration. Besides, great efforts shall be made to improve the mechanism of participation by relevant groups in project planning, implementation, monitoring and assessment links, to fully arouse the enthusiasm of the participants and guarantee their participating rights and interests, to fully respect the dominate role of poverty reduction objects and poor communities, to innovate the social organization and enterprise participation mechanisms, to complete the legal systems for fighting poverty, and to quicken the governance over development – oriented poverty reduction and the modernization of governance capacity.

V. We agree that open – ended poverty reduction shall properly cope with the relations between the historical inheritance of traditional villages and the protection and development of national and folk culture, and promote the opening, sharing and leveraging of historical and cultural resources while protecting them.

Aside from essential capital support, talent, technology and knowledge support are more pressing and most effective for leading traditional and ethnic villages out of poverty. Talents with expertise and proficient in management and operation play a decisive role in cultural industrialization and the protection and development of heritage industries. By virtue of ever – changing technologies, tools and behavioral patterns such as cloud storage, bit data, we media and ecommerce, open – ended poverty reduction will transform the socioeconomic conditions of poor areas with the concept and mode of "industrialization" and adhere to the concept of "protection" in development so as to ensure the cultural authenticity and sustainability of ethnic minority areas.

贵州民族大学会场部分

主办单位：国务院扶贫办

        北京大学

        贵州省人民政府

承办单位：

    中国国际扶贫中心　　北京大学贫困地区发展研究院

    中国社科院社会学所　贵州省社科院

    贵州省扶贫办　　　　贵州民族大学

    招商局慈善基金会　　黔西南州人民政府

    中国新闻社贵州分社　普定县人民政府

会议时间：2015 年 6 月 28 日　9：00 - 12：30

会议地点：贵州民族大学 15 栋 1 楼圆形会议室

录音整理：翟　静　贵州民族大学硕士研究生

校　对：陈　斌　安顺学院　讲师

       张　建　贵州民族大学社会建设与反贫困研究院　副教授

       王莺桦　贵州民族大学社会建设与反贫困研究院　副教授

"生态文明与开放式扶贫"分论坛
贵州民族大学会场的致辞

贵州民族大学党委书记　王凤友[*]

尊敬的各位领导、各位嘉宾,女士们、先生们:

大家上午好! 六月的花溪,秀丽优美,生态文明贵阳国际论坛 2015 年年会"生态文明与开放式扶贫"分论坛在我校隆重举行,我谨代表贵州民族大学向出席会议的各位专家、各位来宾表示最热烈的欢迎,向一直以来关注贵州民族大学建设和发展的各界朋友表示真挚的感谢!

贵州民族大学创建于 1951 年 5 月 17 日,是新中国创建最早的民族类院校之一,是贵州省重点建设高校,贵州省人民政府和国家民委共建的高校,教育部本科教学工作水平评估优秀高校,是接受中国政府奖学金来华留学生计划的高校。学校现有两个校区,占地面积 2825 亩,其中我们现在所在的是花溪区,花溪区的校区 1325 亩,另外在贵安大学城校区 1500 亩。学校现有教职工 1400 人,有 17 个学院,74 个本科专业,覆盖了 9 个学科门类。学校面向国内外招生,现有全日制在校生 16000 余人,其中留学生有 200 人,另有合作办学的三本学生 7000 余人。学校坚持服务贵州,服务民族地区,服务国家特殊需求,建校至今,已为社会培养 8 万余名各级各类人才,现已成为贵州及其周边民族地区的人才培养摇篮,民族学术的研究中心,民族文化的传承基地,民族团结的培育基地,民族地区的发展智库。在推进贵州各民族地区的经济建设和社会发展,维护贵州各民族的团结、进步、繁荣等方面,做出了积极的贡献。

我校高度重视社会建设以及扶贫开发基地的研究,积极参与各种社会建设与扶贫开发工作,并取得了一定的成绩。2014 年,我校成功获评"贵

---

　　*　王凤友,2015 年 12 月调任贵州省教育厅厅长,贵州省委教育工委书记——编者注。

州省 2011 协同创新中心"，即西南民族地区社会建设与反贫困协同创新中心，同时整合学校民族学、社会学等资源积极申报博士点，致力于反贫困的本科、硕士、博士等专门人才的培养，我们希望通过不断的努力和建设，将该协同创新中心建设成国家级的协同创新中心，从而建立起体现国家软实力，并在国际上有一定影响力的反贫困智库。

今天，来自全国各地的专家、学者，齐聚我校，围绕社会治理与反贫困的问题进行深入的探讨，学术交流，这对推动我国贫困地区扶贫开发与社会建设有积极的现实意义。相信这次会议的召开，必将为我国的农村社会治理与开放式扶贫工作注入新的活力，启发新的思想。与会专家、学者，都是国内、国际社会治理与反贫困领域的知名专家学者，你们的真知灼见，将为我们提供难得的借鉴。真挚地希望各位专家在与会期间为我校社会学、民族学以及扶贫反贫困等学科分领域的建设与发展提出宝贵的意见和建议。

最后，再一次预祝生态文明贵阳国际论坛 2015 年年会"生态文明与开放式扶贫"分论坛取得圆满成功！

讨论主题一：农村社会治理与反贫困

◎ 主持人：毛刚强 贵州民族大学社会建设与反贫困研究院研究员
◎ 发言人：

 鲍世行 中国城市科学研究会首席专家、研究员

 王春光 中国社会科学院社会政策研究室主任、教授

 雷　明 北京大学贫困地区发展研究院常务副院长、教授

 杨庭硕 吉首大学特聘教授 贵州民族大学教授

 张　琦 北京师范大学中国扶贫研究中心主任、教授

 向德平 武汉大学中国减贫研究中心主任、教授

 丁文广 兰州大学教授

 李秉勤 澳大利亚国立大学教授

◎ 总结人：黄承伟 中国国际扶贫中心副主任、研究员

"新路"与"底线"的学习与思考

中国城市科学研究会首席专家、研究员　鲍世行

我要讲的题目是："新路"与"底线"的学习与思考。大家知道最近习主席到贵阳来视察，他讲了"贵阳要走出一条有别于东部、不同于西部其他省份的发展新路"，他还说"贵州要牢牢守住发展和生态两条底线"，这条"新路"和两条"底线"是习近平总书记对贵州发展做出的重要指示。对此，我最深的体会就是如果没有"研究"和"探索"，就没有"新路"和"底线"，我觉得这两个非常重要。

我有幸在安顺一个小村落和村民们花了十年时间，锲而不舍地研究屯堡文化。去年我应邀参加国务院参事室关于"贵州民族村落发展保护和申遗"的课题。今天我主要从两个方面讲屯堡村落：第一，申报世界文化遗产可以说是保护的最高追求，用"申遗"来推动传统村落的保护与发展；第二，生态可分为自然生态和文化生态两个部分，所以说对于自然生态和文化生态都要有所兼顾。题目确定以后，我们就提出"优先申遗"的战略方针。

六百多年前，朱元璋发动了一次史称"调北征南"的军事活动，事后，三十万大军留在当地屯垦戍边，由于他们的居住地，或者叫"屯"，或者叫"堡"，当地人叫"堡"，所以在这一区域内形成的文化就叫"屯堡文化"。屯堡村落是屯堡文化的载体，并保存深厚的文化资源，所以我们觉得应该根据自己的情况特点，来走自身需求层次化的道路，我就是怀着这样的心态来的。因为大家都知道现在城镇化有很多问题需要探索，如社会问题、生态问题等，那么我们到底应该怎么做？特别是屯堡村落，应该走自己的道路，这和习近平总书记说的是一致的，走自己的道路。下面我主要以鲍家屯为例向大家讲述屯堡村落的事情。

第一，鲍家屯的特点。

（1）传统文化特别深厚，包括"天人合一"等等。那些讲起来太花时

64

间，我就不多讲了，有机会欢迎大家到现场去看，那样感受会更深一些。

（2）多元文化的融合。因为随着"调北征南"从江南迁徙而来的这30多万人里，大部分是江南、江淮一带的，实际上这个军屯文化里边带有江南一带的文化，与贵州当地的文化相融合，成为一种新的文化形态，叫做"屯堡文化"。我在这里面所做的工作主要就是严格按照联合国教科文组织规定的世界遗产的标准，恢复旧村落的面貌，同时探索新层次文化形态的道路。如鲍家屯村的水碾房整治工程，从2008年开始，我带着村民对水碾房进行修整，修整好之后获得联合国教科文组织亚太文化遗产奖。

关于评奖过程。在第一次评审过程中，与我们并列第一名的是印度的寺庙项目，由于水碾房是为农业生产、农民生活服务的，所以在后面重新PK的过程中，我们的排名顺序就在他们前面了。在获得这个奖项的第二年，我们作为唯一一个发展中国家的代表到一个发达国家的文化俱乐部去发言讲述水碾房修整、评奖的过程。关于这次发言的具体内容，我给大家传达一下。第一，从古村落的角度来看，屯堡文化是流淌六百多年的东方文明、生态文明。所以从这个项目来看，利用了可再生能源，利用了当地的建筑材料，你看到的都是石头的墙、石头的瓦，这就是当地的建筑风格，可以说就是绿色建筑。另外整个修建过程完全是农民自己修建，没有请专业的人员，我们就是一边在农民的院子里泡茶喝，一边讨论如何修整水碾房，然后再把它们记录下来，水碾房是否要弄架、瓦片放置等都是完全按照原样修整，所以发达国家俱乐部的人很推崇。

（3）这是"不是博物馆的博物馆"。对于这句话我刚开始也不理解，因为他们俱乐部的人都是发达国家的人在做，这些项目他们已经没有了，这些工作早就做完了，他们的意思就是进程已经过去，那么他们现在搞的就是博物馆，俱乐部的大部分成员都是设计博物馆而得奖的，所以他们认为这是一个"不是博物馆的博物馆"。

（4）发展中国家如果想知道文化保护应该怎么保，文物怎么保，就请他们到这里来参观，到中国安顺鲍家屯来参观。所以我觉得这里是发展中国家互相学习的场所和教材。这些都是通过长期实践得出来的成果，我能清楚说出哪一点是从安徽来的，哪一点是当地人的。我觉得这几句话可能就是旁观者看得比较清楚，而且他们是从发达国家的角度来讲这个问题。

第二，屯堡村落遗产价值评估的问题，主要表现在以下三个方面。

（1）屯堡村落是一个军事文化。在明代，它就是"集军屯文化之大成"。

（2）这是我们国家特有的军事文化，这与中国的文化、民本思想有特别大的关系，如延安大生产、三大纪律八项注意、新疆建设兵团等，都是这个军屯文化的继承和发展。

（3）屯堡文化是活态的遗产，是文化和自然的遗产，是物质与非物质融合的遗产。而这正是世界遗产界需要解决而没有解决的问题，大家都在探索，我觉得我们走的这个就是对世界遗产的一个重大贡献。

第三，"优先申遗"战略。为什么叫优先申遗？基于以下五方面原因。

（1）屯堡村落遗产地的脆弱性。

（2）村落脱贫和发展的紧迫性。

（3）对我国遗产事业的发展极其有利。

（4）可最有效地利用国家遗产保护资金。

（5）对世界遗产事业的一大贡献。

扶贫开发和增能赋权

中国社会科学院社会政策研究室主任、教授　王春光

　　我和贵州合作多年，也算是贵州人了。我今天的题目是"扶贫开发和增能赋权"。大家知道现在从中央到地方对扶贫开发非常重视，我相信未来会有大量的资源和人力投入。对于贫困地区来说，国家的大量投入当然是好事，但我担心贫困地区的老百姓是否有能力消化这些投入。围绕这个问题，我主要从以下几个方面展开。

　　第一，作为研究议题的增能赋权。因为大家都知道从社会政策、社会工作这个角度来讲，贫困主体的能力跟权利非常重要，我们说为更多的贫困人口提供更多的项目，提供更多的服务，那么他们是不是有能力接受？社会的这些服务是不是能满足他们的需求？这两个问题一直是我们反贫困研究当中需要考虑的。我们试想一下，如果一个人很饿，突然有一顿饱餐，饱餐如果吃得太多的话，可能就会带来其他毛病。这个事实凸显出的道理是：只有贫困者自己才知道自己该吃多少合适，他吃的这些东西是不是他自己想吃的。这两点我想是我们以后在推进反贫困过程中必须要考虑的。

　　第二，我们现在看到关于贫困地区在反贫困方面，有很多成功的例子，贵州也是如此，如合作社的成功。但也有大量的我们看不见的或者我们往往忽略的，不去总结的一些不成功甚至失败的案例。失败案例的失败表现在什么地方？首先是供需不对接，如一些扶贫项目根本就不是老百姓所需要的，或者水土不适，这种情况还是蛮多的。其次，扶贫的瞄准机制有问题。我们的扶贫对象是什么？只有将扶贫对象弄清楚，然后才能使扶贫项目很好地落地。否则，我们现在的扶贫力度越大，基层地方政府的压力也就越大。贵州一些地方政府的官员就说，有些项目我们是真正不想要，不想接；有的接了以后中途提出

来说能不能退回去？大家都知道现在这个资金投入使用，规定都特别多，各种评估、评审、监督，而且时间也有限制，你必须在规定的时间内完成这个项目，如果不完成这个项目就是你的责任问题。那么最后的考核就会受到影响。

第三，扶贫项目审批程序很复杂，项目下来要层层审批。一是本来种植的扶贫项目春季是要种的，结果到秋天才审批下来，秋天审批下来到冬天才种，根据常识大家都知道，这肯定是不成功的，种下去就死了。但是基层干部就说我要完成这一年的任务，我必须要种，农民也在这个压力下随便种一下以敷衍了事。二是很多项目下来以后，我们只重视项目建设，不重视项目建成之后的后续支持，这就是生产性的公共服务跟不上，也没有市场开发、技术指导等方面内容。还有就是农民在实施项目的过程中，对于项目在没有产生效益的时候，农民没有替代性的收入来源。如种果树，至少得是三年四年，在这个过程中有没有替代的东西，如果他的这片土地种了果树那么他的替代性物品是什么，这三年内的收入靠什么？所以有些农民就开始取巧，我不把好的土地给你，我把果树种到贫瘠的地方，贫瘠的地方水土是有问题的，等等。这些东西就产生很大的负面影响。三是农村贫困地区的人口有机构成。因为大部分人员打工外出，青壮年劳动力外出，扶贫项目就无法落实，地方政府就只能找大户、找能人来落实项目，最后一些行政干部也参与到里面，这就产生利益如何配置的问题，从而也就带来一系列的社会矛盾，会影响整个主体的基础性问题。

这些问题是我们现在农村扶贫过程中必须要考虑的。从这个角度来看，扶贫开发过程中的增能赋权非常重要，但是这个过程是需要长时间的更多主体参与。首先要照顾到农民想什么、需要什么，他们有没有这种能力，他们的声音要表达出来。所以合作参与很重要，应该把村庄作为合作的团队，如果这完全靠政府去做事情的话，是远远不够的，因为政府追求的是效率、是简单、是落地，它需要社会力量和本土力量的支持，帮助他们接受、消化、提升扶贫的能力，而且要参与到整个过程中去，这是非常重要的。昨天国务院发展研究中心的叶部长也讲到开放问题，我们对外部开放、对企业对市场开放，更重要的是要对老百姓开放。扶贫主体要开放，不能把扶贫主体排除在外部。所以我们和孙兆霞老师的团队一直都主张，在扶贫过程中，必须把社会建设作为一个重头，与经济建设结合起来，实现共赢的局面。社会建设最重要的是参与和能力建设，就是增能赋权，那么赋权机制怎么建、路径怎么走，这里有很多社会政策、公共服务性的内容，不是一时就能够说清楚的。因为时间有限，我就谈到这里。

农村社会治理现代化与开放式扶贫

北京大学贫困地区发展研究院常务副院长、教授　雷　明

大家早上好！很高兴在这里与大家分享报告。刚才毛教授说，昨天北大的书记在论坛上做了发言，今天我给大家报告一个学术上的思考，报告的题目是"农村社会治理现代化与开放式扶贫"，主要是提出农村治理与生态的概念。

我们知道农村社会治理作为国家社会治理的一部分，是非常基础和核心的部分，是中国社会建设进程中的重要环节。十八大以来，习近平总书记就提出"依法治国"，构建现代国家治理体系的理念，就是说农村社会治理是其中的一个方向。自新中国成立以来，特别是改革开放以来，国家在社会治理方面做了很多工作，在改革和深化改革方面，也采取很多的措施。自改革开放以来，农村的社会治理主要是"乡政村治"的模式，主要是通过简政放权来充分发挥农村农民个体的主体意识、主体权利。改革开放过程和农村现代化治理的体系构建过程，应该说是一个成熟的进步。但是随着社会改革的深入，农村社会组织出现一些不可忽视的特征，包括组织碎片化、人口流动超常规化、村落共同体空心化、农村社会过疏化等。在这样的社会背景下，以"乡政村治"理念来主导农村社会治理，将面临非常大的挑战。将面临的挑战和国家构建现代国家治理体系的战略蓝图相结合，综合考虑农村社会化治理怎么走的问题。对此，我们通过大量的实地调研做了很多的思考。

从现代治理理论来看，所谓的治理就是一种管理行为，当然这种管理行为不仅仅是经济行为，更主要的是社会行为。昨天朱善璐书记在发言中提到一个很好的概念，就是中国现在追求的还是社会主义，目前还处于社会主义初级阶段，那为什么我们追求的是社会主义而不是经济主义？经济应该是社会发展的基础和动力，离开经济基础就谈不上上层建筑，也谈不

上社会发展。但是如果只有经济没有社会，也就不存在社会，我们的社会发展也就成为一句空谈。所以，中国始终坚持一个理念，它坚持的是社会主义而不是经济主义。改革开放三十多年来，我们的工作重心可能有所调整，我们之前提到在社会主义农村社会治理体系现代化进程中，特别是改革开放以来，推行"乡政村治"的目的就是要达到村民自治，给予广大农民个体应有的权利和享有的利益。

但是，随着改革的深入、改革的发展，农村的社会结构和经济结构都已经发生很大的变化。这些变化引发了一些不可忽视的特征，这些特征对于农村社会化治理提出了严峻的考验。由此，我们应该思考在当前的社会背景下，采取"乡政村治"的路径来推进农村治理现代化的方向是否正确？或者思考下一步在农村试行"善治"，从"仁治"变成"善治"。要想实现这种转变，以实现初衷，这是我们现在必须思考的问题。

从现代治理理论来说，乡村的治理不仅仅是经济的治理，而且是社会的治理；不仅仅是环境的治理，更重要的是以人为本的治理。这种治理到底是传统的控制型治理还是我们中国传统文化所追求的"善治"，这是摆在我们面前的两条重要的途径，需要我们根据当前的社会状况来做出选择。从现代治理理论来看，这种治理理念的主体不是传统的权威，应该包括治理体系内部的所有扶贫对象。

所有扶贫对象在治理体系中应该享有平等的权利，它的责任和义务应该与传统的治理体系、治理理念有天壤之别。所以现代治理理论里面提出诸如多元治理、整体治理、横向治理、协作治理、网络治理等一系列治理理念和治理模式。对于中国农村治理现代化的推进，我们认为仅有这些理论是不够的。十八大以后，在构建国家现代治理体系的战略目标和框架下，我们结合调研，有了新的思考。

我们认为现代治理体系应该是非传统僵化的、非传统层级结构的、非传统机械模式的治理体系和治理模式，应该是有机的生态体系。这个生态体系由治理主体和治理环境共同构成，并且生态系统内部的各个组成部分应该是相互和谐、彼此依存、相互影响、相互制约的，特别是相互和谐的动态系统。治理的主体包括政府、自治组织、私人部门、第三方组织以及村民。治理环境包括治理体系中所有治理主体所赖以生存和发展的自然、社会、经济、法制、信用和服务等众多因素构成的现实环境。其中既包括农村治理、社会治理以及农村社会治理过程中的服务，也包括农村社会治理的决策机构以及农村社会治理的监管机构，更包括社会治理体系所赖以生存的自然生态和社会文化等各种要素。实际上，治理产品和治理服务，它服务的主要对象实际上就是农村社会治理体系中的各个主体。

如此构建的治理体系，应该有什么样的特点？它要实现什么样的目的呢？首先，这是一个类似于生态的体系，是一个有机的、自下而上和自上而下的可调控的自组织系统。在这个体系里面，各个主体、各个要素形成彼此依赖、共享权利的自组织系统。它是以动态的网络系统替代机械僵化的层级结构。如何在层级结构构建这个网络体系？主要是体制和机制，体制是一个比较大的问题，在此我不展开论述，而是主要论述在这个治理体系中的保障问题。在这个体系中，最重要的就是要形成综合的调节机制，以确保如生态系统良性循环和良性运转。综合的调节机制应该包括开放的农村社会治理机制、有效的调控机制、整合机制、完善的治理本地机制、创新机制以及高效的耦合和协同机制等六方面内容。此种综合的协调机制是通过协同综合而发挥作用的，充分利用治理体系的各个主体，以发挥它的主观能动性。在这个体系中，最关键的是给予机制中各个主体充分的权力，充分地发挥作用和享用，以维持整个系统能够有机运转。

具体来说，农村生态治理的构建，需要我们秉承多元治理的理念，充分发挥政府、市场、社会和精神文化在社会资源配置方面不同的优势和功能，以实现和引领在农村社会治理不同领域中的相互支持。至于具体的农村综合治理方式和路径，由于时间关系，我就不多说了，在我向大会提交的论文里有详细的论述。

总而言之，对于广大欠发达地区和贫困地区，社会治理和建设好生态体系的根本目的在于能化解扶贫开发中的风险，提高扶贫资源的使用效率，以促进经济的可持续发展，顺利完成现阶段精准扶贫的任务，最后实现新常态下的减贫发展，圆广大贫困群体早日奔小康的美丽梦想。

生态文明建设与文化生态之间的区别与联系

吉首大学特聘教授 贵州民族大学教授　杨庭硕

今天回到贵州民族大学，也就是回到家了，很高兴！我就讲一个紧迫的问题和两个很敏感的问题。对于这三个问题我已经思考了很久，现在说出来请大家批评指正。

随着时代推移，随着国际国内的环境变化，随着自然生态系统的变化，我们对一些政策应该要考虑做出及时的调整，这是当代需要思考的问题，也是一个比较紧迫的问题。之所以紧迫，就我们的观察而言，目前大家还没有意识到这种调整、调控的必要性，所以说它很紧迫。

正好我们今天讨论的是乡村治理、反贫困，这恰好是执行政策的，而且大家如果这样讨论的话，很快就会回想起来。改革开放前的扶贫、农村社会治安治理，那个时候全国皆贫困。所以，在那种情况下要扶贫，当然得有补助，这是顺理成章的事情。改革开放以后，我们要搞市场化，当然就得考虑是"输血扶贫"还是"造血扶贫"，更重要的是要搞市场扶贫。扶贫理念虽然有变化，但变得不彻底，其实是我们在精准扶贫方面做了很多自相矛盾的事。

十七大以来，共产党提出要搞生态文明建设。这是大好事，但是大好事背后对我们的扶贫工作、给我们农村社会治理提出严峻的挑战。什么是生态文明建设？在建设的过程中怎么扶贫？这是亟待解决、亟待回答的问题。遗憾的是很难找到这样的答案，这就可怕了。所以我建议以后的扶贫都称之为"生态扶贫"，否则就和党中央不一致了。但这是我的杜撰，欢迎在座的各位，也欢迎全国的各位学者提出批评建议，我们总能给它起一个恰当的名称，这样我们的扶贫才能落实在点子上。

我这次参加生态文明贵阳国际论坛，总共坐了十次出租车，每一次都会问出租车司机。

"你知道什么是生态文明吗?""不知道";

"你知道中国的农业产值和美国的相比哪个高啊?""美国高";

我再问他"中国的亩产量高还是美国亩产量高呢?""美国高";

我问"美国人有钱还是中国人有钱?""美国人有钱";

"中国农民的补贴和美国农民的补贴有多大差异啊?""不知道"。

这一切都应该是开放透明的。如果我们的民众对于这些问题都没有一个常识性的了解,甚至不知道美国公民的农业补贴是1750美元/年,日本更夸张,达到2900美元/年。中国的三农是怎么补贴的?如果这些都不知道,那我们的扶贫工作该从哪儿着手呢?靠农民种粮食吗?我们要面临国际粮价竞争,中国的粮价都敢翻一倍,但是你要放弃,因为亚非拉还有人等着吃饭呢,不能这么做。那么中国的粮价能不能提高呢?也不能提高,如果提高就好像是中国共产党出现错误,不保证基本生活一样。这类问题如果不能以生态文明的视角给予一个全民性的普及教育,我看极为可怕。事实上生态文明不是党中央靠脑袋想出来的。几年以前,就已经提到生态文明的概念,澳大利亚还有学者专门研究中国的生态文明,和现在的生态文明到底是不是一回事,还准备办一本杂志,欢迎大家积极投稿,它正在办理当中。

生态文明的本质和工业文明到底有多大的差异?我们不清楚,在这种情况下,我们接下来怎样看待反贫困的问题呢?这是一个很敏感的问题,也是很现实的问题。"生态补偿"这个词,大家如果查一下互联网,看一下英文单词,就看到单词不是生态补贴,它是生态服务的支付,哪里来的补贴呢?这个概念不搞清楚,我们生态文明怎么搞呢?事实上很清楚,如果我们能够像美国那样补贴农民,那就根本不需要我们扶贫,所有的问题就都解决了。我建议在以后的研究工作中,能不能把生态文明当做一个专题去研究,先把这个弄清楚,再来谈扶贫可能会更好。

下面再谈两个问题。

一个是马克思主义理论政治经济学讲到的,任何东西它必然是价值和使用价值的结合,但是它忽视了一点,我们的农民在种地的同时,他也在维护生态平衡。卖东西都要用钱来实现它的价值,但是提供生态文明没有使用价值,这是亟待解决的敏感问题、必须着手回答的问题。

另一个是过去的自然工作者和社会工作者,总是把看到的自然生态系统认为是纯自然的生态系统，其实不然。湖南、贵州、云南、广西，为了生态文明建设，普遍种植竹子，种了竹子之后，不许砍、不许用、不准动物吃，结果不到七年，全部的竹林都枯死，为什么？没有人维护，劳动力没有进行投入，种了等于白种。这个例子就告诉我们，要维护的生态，是人类劳动投入的生态，而不是超自然的生态。按照这条路线，每个乡镇都可以拿到生态补贴，咱们扶贫就好做了。

通过"绿色减贫"带动乡村治理能力提升

北京师范大学中国扶贫研究中心主任、教授　张　琦

目前，一个普遍的共识是我国扶贫工作已经进入"啃硬骨头""打攻坚战"的阶段，未来一个阶段的扶贫工作并不容乐观。还有7000多万贫困人口，虽然2014年和2015年减贫人口超过1000万，但是2016年到2020年"十三五"期间，减贫人口每年500万左右的难度会增大。

当前仍有832个贫困县，12.9万个贫困村，全国人均年收入低于2300元的人群超过7000万，这些贫困人口主要集中在生态环境脆弱、生存条件艰苦的14个连片特困地区。这些贫困人口和贫困地区有以下四个特征。第一，自然条件恶劣，集中分布在山区、丘陵地区、限制开发区，592个国家扶贫开发工作县绝大部分分布在山区或高原山区，特别是群山连绵区。第二，贫困成因复杂。既有自然、社会的，也有民族、宗教的，既有历史、政治的，也有现实、体制的原因。第三，贫困程度较深。不仅贫困人口本身贫困，其所依托的财政也贫困。第四，贫困的持续性、代际性突出，具有很强的传递性。这些地区的扶贫开发工作突破在哪，是一个值得深入思考的问题。

我们认为，通过"绿色减贫"，带动乡村治理能力提升，是一个可能突破的方向。绿色减贫，重在解决新形势、新常态下的扶贫创新；乡村治理能力提升，重在解决减贫可持续效果问题。

（一）通过"绿色减贫"推动贫困地区经济发展

从2013年开始，我国经济开始进入新的发展阶段即"经济新常态"，经济增长速度放缓、产业结构面临重大转型。"经济新常态"给扶贫工作带来的重要影响主要有两个方面。一方面，经济增长速度放缓将相应地降低减贫效应。经济增长速度降低，通过区域经济发展带动扶

开发的能力相应会减少；投资增长减少，贫困人口就业能力减弱。另一方面，传统的依靠"高投入、高消耗、高污染"主导型产业扶贫开发模式，也面临经济结构转型的挑战。这两方面的合力必将导致农民收入来源结构随之改变，贫困地区如何适应这种新变化，是一个现实挑战。

我们认为：一方面，要发挥贫困地区的后发优势，实现产业绿色化；另一方面，要挖掘贫困地区的本土资源，实现绿色产业化；绿色产业化和产业绿色化的合力，实现"绿色减贫"。

第一，发挥后发优势，实现贫困地区的"产业绿色化"。2015 年 3 月 24 日中共中央审议通过的《关于加快推进生态文明建设的意见》，首次提出"绿色化"概念，并将其与新型工业化、城镇化、信息化、农业现代化并列列入"新五化"。绿色化，业已成为新常态下经济发展的新任务，就经济发展来说，绿色化是一种生产方式——"科技含量高、资源消耗低、环境污染少的产业结构和生产方式"，有着"经济绿色化"的内涵，而且希望带动"绿色产业"，"形成经济社会发展新的增长点"。贫困地区历史包袱少，经济结构转型代价小，具有可观的"后发优势"，完全可以通过产业结构的绿色化转型，"形成经济社会发展新的增长点"，避免走传统产业结构"先污染、后治理"的老路。

第二，挖掘本土资源，实现贫困地区的"绿色产业化"。贫困地区有着丰富的绿色资源，比如地方民俗文化、少数民族特色、旅游资源、绿色资源（草、木、林、地）等等。但是，绿色资源并不必然解决产业发展问题，如何将绿色资源转化成生产力？如何能够实现创新驱动推动特色产业、产业升级提升经济社会发展质量、生态文明与绿色转型的相辅相成？因此，贫困地区应当大力挖掘本土资源、绿色优势，通过创新驱动，利用绿色资源打造经济社会发展的新增长点，让贫困地区人口共享绿色发展的成果，实现扶贫减贫的效果。

（二）通过提升乡村治理能力推动贫困地区可持续发展

贫困问题从根源上讲是一个治理问题，大量的研究表明，一个地区贫困程度与公共治理的水平有着很强的相关性，贫困问题不仅仅是收入问题，也是一个公共治理的问题，制度的落后才是造成贫困问题真正的根源之一。

贫困地区的发展一直实现不了由"外源式"向"内源式"发展方式转型，甚至很多地区连外源式的扶贫开发项目也常常失败，其根源恰恰在于贫困地区公共治理水平的低下或者说公共治理的失败。贫困地区的公共治理水平，无法达到维系扶贫开发项目的水准，更遑论"内源式发展"与"可持续发展"。因此，如何通过构建现代化的乡村治理体系，提升贫困地区的公共治理水平，推动贫困地区的内源式与可持续发展，也是未来一个时期扶贫工作突破的方向所在。

我们认为，通过"绿色减贫"，也就是贫困地区"产业绿色化"和"绿色产业化"的发展，可以从以下两个方面提升贫困地区的公共治理水平。

第一，通过扶贫项目提高村庄参与水平。当前农村，特别是贫困地区，一个显而易见的事实是农村组织化程度低，政治冷漠，参与不够。实际上，在扶贫的发展过程中，除了消除最直接的物质贫困，提高收入、应对外部风险能力之外，还要充分培养和提高村庄的发展和治理能力。农村发展的主体终究是农民，政府或者其他组织在产业扶贫发展过程中不能包办一切，缺乏村庄和农民的需求基础和参与管理，很容易降低这些组织扶贫效率，使得贫困问题难以得到有效解决。这些都需要村庄、村民广泛而有深度的参与。因此，应当构建有效的绿色减贫的参与机制，包括产业扶贫的动员机制、项目决策机制、项目管理机制、项目监督机制，提升贫困地区社会主体参与的深度与广度，培养和提高村庄的发展和治理能力，最终达到乡村治理能力的提升和村庄的内源发展与可持续发展能力的提升。

第二，利用本土资源，优化乡村治理体系。首先，应当构建乡村治理的多中心扶贫新结构。无疑，扶贫工作是政府主导、社会参与的，但是我们认为一般意义上的反贫困计划应当是多中心的，毕竟反贫困计划是最重要的公共物品之一。多中心治理首先意味着在公共物品生产、公共服务提供和公共事务处理方面存在着多个供给主体，并且政府、市场、社会共同参与并运用多种治理手段。其次，重塑符合国家现代化治理体系和绿色减贫治理要求的现代农村治理体系，应当积极利用农村特有的社会网络结构，诸如血缘、姻缘、地缘、业缘、宗法等关系。这些乡村的传统因素不仅不是人们误认为的农村现代化的障碍因素或者随着现代化而自然消失，反而是当今和今后进行扶贫开发与乡村治理实践最可借用的资源。扶贫开发工作中，应当有意识地积极衔接或安排传统资源与现代资源的对接，也可以在改造和利用乡村治理的传统资源的基础上创造适合于中国乡村社会可持续发展的恰当方案。

社会治理背景下的开放式扶贫

武汉大学中国减贫发展研究中心主任、教授 向德平

我们受贵州省扶贫办和中国国际扶贫中心的委托，为本次会议完成一个有关贵州开放式扶贫的主题报告，报告内容已经发给各位参会者，在此我就不再赘述。今天我给大家汇报的是在一种什么背景中，如何理解开放式扶贫。对于开放式扶贫，我个人认为应该将其置于社会治理的背景中去理解。

众所周知，十一届三中全会以后开始改革开放，我们国家持续了30多年的经济高速增长。改革开放进行到今天，时代环境和社会背景逼迫我们进行新一轮的改革开放，即深化改革。这次比较注重"改革"，而忽视"开放"，好像我们已经足够开放了，其实并非如此，我们还面临着一个如何进行开放的问题。如果放在社会治理的背景中去理解我们的开放式扶贫，首先需要搞清楚社会治理到底是什么，社会治理最重要的元素是什么。我个人认为应该从以下四个方面来理解社会治理的内涵。

第一，从社会治理的主体来看，它是多元主体的参与。以往不管是新中国成立后30年，以社会主义建设为主的发展过程中，还是在改革开放以后，以政府为主导的经济发展建设过程中，政府几乎是我们这个社会唯一的一个主体。它在维护政权稳定、推动经济发展领域起到非常重要的作用。但是在今天社会治理的过程中，多元主体的参与成为我们必须重视且不能够回避的话题，对于反贫困工作也同样如此。

在过去的贫困治理过程中，政府是最重要的推动者、最重要的资源提供者。在探讨开放式扶贫的时候，我们应该重新思考市场在扶贫工作中到底能够起什么样作用？社会该如何参与到开放式扶贫中去？还有以往扶贫工作的受益者，或者现在仍然是贫困者，是不是也应该成为扶贫开发的主体？我觉得这些是我们在讨论开放式扶贫的主体性问题时需要

深入讨论和思考的重要问题。实际上，贵州在这方面已经做了探索，让市场机制进入不同领域，社会组织也已经在固定的领域发挥作用，扶贫对象也由过去的被扶对象转变成反贫困的主体。但是这一切，还只是刚刚拉开序幕。

第二，多元主体在开放式扶贫工作中扮演的角色问题。平等互动是社会治理的核心概念。在此，我们需要思考：不同的主体在参与的过程中，他们各自扮演什么样的角色，谁是主导者、谁是规则的制定者、谁是参与者等一系列问题。对这些问题的思考，并将其付诸实践的话，对传统扶贫方式和理念将是一个颠覆性的改变。在贵州，乃至中国既往的扶贫过程中，政府就是规则的制定者、主导者，但是在开放式扶贫理念的支撑下，政府能否由此转变成引导者、资源的提供者，从而给市场主体、社会组织腾出一定的空间，让他们在开放式扶贫过程中找到自己的位置？

第三，资源整合问题。资源整合应该包括两个方面内容：首先，是将各种资源整合到一块，整合到扶贫领域中来；其次，资源开放的问题，即扶贫项目资源是否向市场主体开放，是否向社会组织开放，是否向扶贫对象开放。

第四，协商共治问题。协商共治有三方面内容需要讨论。

（1）扶贫是满足谁的需要？很显然，以前谈到扶贫对象的需要，同时也满足了政府的需要，在此我觉得政府和扶贫对象的需要是完全一致的。除此之外，其他的有没有需要呢？第一个是市场主体，市场主体除了提供市场服务和市场资源以外，它可不可以实现市场主体和扶贫对象之间的共赢？再比如社会组织，社会组织一定有自己的社会需求，它是否能实现社会组织与政府、扶贫对象之间的共赢？

（2）行动问题，即政府该做什么，市场该做什么，社会组织该做什么，扶贫对象该做什么。刚刚王春光教授讲了，当我们把扶贫资源给扶贫对象的时候，扶贫对象只是一个接受还是参与？以什么方式去参与？我觉得这个非常重要。既往我们所有的市场、社会组织、农民的行动，都统一在政府的行动当中，这当然有它的好处和优势。但是有没有另外一种路径，能够让政府、市场、社会组织各行其职，相互配合，而不是由某一主体来统领。

（3）扶贫方式的问题，即该用什么样的方式去实践扶贫的政策，去落实扶贫政策，去满足扶贫愿景，去满足扶贫对象的需求。这一方面，贵州已经做了非常好的探索，如晴隆模式、盘县模式、三都模式等给我们很多启发和借鉴。

总而言之，我认为开放式扶贫，从以上四个层面来进行理论的探讨和实践的摸索，都会有益于开放式扶贫工作的推进。

中国穆斯林生态自然观研究

兰州大学教授　丁文广

　　刚才毛教授讲到开放式扶贫，近年来，我也参与过一些项目，也在农村社区做过多年的研究，发现有好多成功的生态扶贫案例。但是今天我更想分享中国穆斯林生态自然观的研究，为什么呢？因为有好多来自非洲的朋友，他们也是穆斯林，我们国家正在搞"一带一路"的建设，"一带一路"建设中非常重要的内容就是民性相通，即通过跨文化交流而达致相通的目的。

　　所以我今天主要从四个方面来讲穆斯林的生态自然观。

　　第一，中国穆斯林的来源、分布。

　　中国的穆斯林来源于两个方面，都跟丝绸之路有紧密关联。一部分是从海上来的，从广东省，历经福建泉州而来到中国；另一部分是沿着陆上丝绸之路到中国。从唐朝开始就有穆斯林来到中国，在成吉思汗征战时期，大量的穆斯林工匠以及武器制造者来到中国。穆斯林全国都有，但主要集中在西部，特别是甘肃、新疆等地方最多。

　　第二，研究中国穆斯林生态自然观的意义。

　　现在大家都在讲生态文明，主要就是讲社区、讲治理，很少讲宗教，其实宗教对生态文明建设非常重要。如中国九寨沟、云南西双版纳以及贵州的很多地方，主要靠的就是神山、神水，靠的就是信仰、宗教。如果没有信仰的宗教力量推动，生态文明建设的目标很难实现。中国的少数民族人口只占总人口的 8.5% 左右，但少数民族区域占所有国土面积的 46% 以上。从这个角度来看，如果不重视中国少数民族的文化和生态，生态文明建设的目标就很难实现。

　　第三，生态自然观的研究方法。

　　主要应用人类学、社会学的研究方法，第一步就是文献研究，《古兰

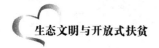

经》和前人的相关研究是重要的文献。第二步就是到西北地区做大量的社会调查。

第四，研究成果。

我们研究关于穆斯林在生产生活实践中如何践行伊斯兰教，最终研究成果为这本四十多万字的著作。最后就是强调动物资源、植物资源、水利资源的保护，以及防治大气污染和有害物质的妨害等等。如穆斯林的人们都用汤瓶和吊罐来控制人们洗浴时的用水量，他们一周沐浴的水资源不能超过7.5升，洗手洗脸的水不能超过2.5升，这是节约用水的情况。对于植物保护，《古兰经》里讲到：假如世界末日来临的时候，你手里如果有苗，一定要把它种下去。这是非常良好的自然观，但是当前社会过多强调经济的影响，给传统自然环境的传承带来巨大挑战。为传承传统穆斯林世界的生态自然观，我从2007年开始，在国家社科基金的资助下，做了大量研究，出版《中国穆斯林生态自然观》一书的黑白版，彩色版将于今年年底出版。这是中国穆斯林的生态自然观，希望能将中国做得成功的生态文明案例引到非洲去，和大家进行分享，做一个跨文化的交流，也希望和大家一起做好生态文明的建设和研究。

第五，结论和建议。

主要观点：人类是真主的代治者，代治者在管理人类地球自然的时候，要时刻履行五大责任，分别为：

（1）支持非人类中心主义；

（2）强调人类与自然是统一整体；

（3）强调要合理利用自然资源；

（4）强调合理消费；

（5）强调适度消费。

城市化背景下的政策与学习问题

澳大利亚国立大学教授　李秉勤

今天讲的内容是我在澳大利亚国立大学教《发展政策与实践》和《城市化治理》这两门课程时的一些感想。我的学生主要是来自南亚、东南亚、非洲还有拉丁美洲等国家的许多官员，上课的时候与学生有很多交流，了解到很多国家的情况。根据这些内容，我今天演讲的题目是"城市化背景下的政策与学习问题"。

现在发展中国家面临的城市化问题是人类历史上最大规模的城市化，速度不一定最快，但规模确实是最大的，包括中国在内的其他发展中国家都是如此。欧洲的快速城市化是在欧洲的工业化时期，在那个时候，城市化给发展中国家的城市和农村都带来了极大的挑战。这些挑战我们不要认为我们是与众不同的、唯一的情况，同时还要看到历史上欧洲城市化的过程和现在发展中国家城市化过程中的相似性，只有这样，才会保持一种互相学习的心态。

随着环境和气候变化问题的增加，人们对于城市化本身的理解也有很大的变化。我们在前些年学有关城市化课程的时候，可能会关注城市化过程中对进城工人的剥削、对城市化过程中带来的贫富收入差距的拉大，从而导致人们对城市化的抵触心理等问题。近年来，人们对环境和气候变化的认识越来越强，对资源控制的认识越来越强。我们可能注意到城市本身就是解决环境问题、解决环境资源约束的机制，这个机制所发挥的作用很重要。在这个基础上，我们对城市化应该有更多积极认识。当然中国在搞城市化的过程中，不一定是环境的改善，但城市化对环境是有好处的。即使如此，我们也可能会遇到其他问题，如农村人口流失带来的影响、城市人口迅速增加所带来的影响。发展中国家在解决这些问题的过程中，就必须要解决环境资源有效利用的问题，同时也要解决城市化所带来的社会问题。

　　一个有意思的现象是发展中国家在学习政策的时候，特别是精英群体学习政策的时候，往往是走到发达国家的城市里面，去看他们怎么解决城市问题，然后看待他们怎么解决农村问题。这里面就涉及阶段性的问题，比如我们现在看到国家的发展和规划，力求向着城市外观，向着发达国家的方向迈进。这是我第一次来贵阳，我觉得贵阳和很多发达国家的城市外貌是很接近的。那么我们就该思考，贵阳是否能够真正解决城市人口爆炸或农村贫困人口输入不平等加剧等问题。即使是到发达国家的城市，它本身对于问题的解决并不是最关键的，所以发展中国家的城市化本身就是带有一些特色的挑战。

　　我们反过来看发展中国家，如非洲国家对妇女有利的土地产权制度，在拉丁美洲的一些国家可以看到对贫困群体有效的基础公共教育设施的发展。还有就是有条件的现金转让制度，有一些政策已经开始在发达国家进行进一步的考虑，向这些国家借鉴和学习，就意味着中国等广大发展中国家在向其他国家学习政策的过程中，不一定只去关注发达国家的情况，也可以保持一定的好奇心，对其他的发展中国家进行一定的关注。

　　最后就是我们到底要学习什么？除了要学习先进的经验以外，还要了解很多政策所带来的问题，以及对这些问题的反思，避免将来犯同样的错误。

在生态文明贵阳国际论坛年会（2015）生态文明与开放式扶贫分论坛贵州民族大学会场第一阶段的总结

中国国际扶贫中心副主任、研究员　黄承伟

去年，在讨论确定今年论坛主题"生态文明与开放式扶贫"的时候，我们认为，开放式扶贫更多是一种理念，总感到在扶贫工作中需要进一步的开放，只有在开放中才能更好创新机制，推进扶贫开发工作，更能符合政府、市场、社会协同推进大扶贫格局的要求。从昨天晚上到今天上午的讨论看，尽管论题可能聚焦还不够，但是总体还是沿着同一方向，就是生态文明与扶贫开发结合、在扶贫开发中坚持开放式理念。本次论坛邀请了10个非洲国家46位非洲朋友参加，这是一个创新，也是开放式扶贫的具体体现。

今天研讨第一阶段的主题是：农村社会治理与反贫困。围绕这一主题，先后有八位专家精彩发言。根据大家提出的新发现、新观点、新建议，我想从以下三个方面进行简要评论。

一　本阶段的发言提出了四个方面的新观点

1. 农村治理需要更多尊重传统，包括传统文化、本土知识等

这些传统是我们走过来的根，也是决定未来走向的重要力量。但是，在现阶段的减贫发展工作中，这些传统很容易与外来干预产生冲突，从而被忽视或者弱化。

2. 用整体思维、系统理念讨论农村治理风险

农村治理不仅仅是农村本身的问题，还是国家社会治理结构的一部分，是国家整体治理的重要内容。如果单纯从农村问题谈农村治理，那很多应该考虑的方面就有可能缺失。农村贫困治理或者反贫困也是一个系统

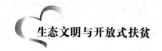

概念。反贫困必须纳入农村治理整体，因为贫困和收入问题，不是简单的经济与社会融合的问题，还包括生态、文化、赋权等方面内容，必须树立新的反贫困观念。

3. 农村治理与反贫困注重更加开放的意识

坚持开放式扶贫的理念，完善扶贫体系，创新扶贫机制，激发更多扶贫主体活力，协力构建大社会扶贫格局。

4. 关注生态在农村治理、反贫困中的重要作用

因为生态脆弱而贫困是一种常见的贫困形态。把生态保护和扶贫开发相结合是贫困地区发展的一个基本原则。生态文明与开放式扶贫结合更体现了未来反贫困的方向。

二 反贫困需要处理好四个方面的关系

一是过程和结果的关系。要把握好治理的过程，但也要追求好的结果。反过来讲，好的治理结果是更加科学、更加合理过程的必然。为此，需要不断反思、修正，使过程更加符合事物发展规律。

二是当前和未来的关系。近期的未来是 2020 年，贫困人口全部脱贫。但是，并不是意味着到 2020 年全国就没有贫困了，只能说是绝对贫困人口没有了，但是贫困问题依然存在，相对贫困人口的问题还需要解决。这就要求既要打好、打赢未来五年的扶贫攻坚战，还要与 2020 年后的减贫有机衔接。

三是战术和战略的关系。现阶段国家采用攻坚战的方式，但是从战略角度讲，当前战术上的安排，需要和战略融合起来。在顶层设计上，既要考虑当前脱贫的战术需要，也要考虑长期减贫战略需要。

四是继承和发展的关系。任何发展都不是空中建起的楼阁，是在地基上建起来的。这地基就是过去形成的基础。新的理念需要在各种传承中形成、完善。切忌讨论创新忽视过去好的做法、好的经验。

三 本阶段研讨的四点启示

启示 1：拓展视野。无论是未来的扶贫攻坚战，还是面向 2020 年的中国减贫，甚至是在"中国梦"进程中欠发达地区的发展，都需要不断拓宽减贫发展视野，这样才能用更宽的视野适应形势的不断变化，尽可能避免政策制定上的盲区和盲点。

启示 2：增强系统思维。在现代社会的发展进程中，各种问题是相互交织在一起的，解决一个问题可能会涉及其他多个方面，为此，需要树立系统的理念，系统分析、系统谋划。

启示 3：坚持开放意识和改革精神。完善政策和创新机制都需要开放、需要改革。特别是在经济主导发展的社会环境中，更需要以开放推动创新，闭关自锁的创新没有出路。

启示 4：更加包容的思维。农村治理和反贫困政策设计需要容纳不同文化、不同形态、不同社会类型，需要在政策体系中体现出更多的差异性，需要在体制机制创新中实现对更多主体的尊重。

讨论主题二： 反贫困、 农村社会治理中的社会参与

◎ 主持人：陈毅力　招商局基金会副理事长兼秘书长
◎ 发言人：黄　洪　香港中文大学教授
　　　　　张兰英　西南大学中国乡村建设研究院执行院长、北京梁漱溟乡村建设中心主任
　　　　　高小贤　陕西妇女理论婚姻家庭研究会创始人
　　　　　零　慧　友成企业家扶贫基金会副秘书长
　　　　　梁　军　河南社区教育中心主任
　　　　　杨　静　中华女子学院教授、"北京近邻"理事长
　　　　　陆德泉　香港港专学院副教授
　　　　　侯远高　中央民族大学西部发展研究中心副主任、教授
　　　　　孙兆霞　贵州民族大学社会建设与反贫困研究院教授
◎ 总结人：雷　明　北京大学贫困地区发展研究院常务副院长、教授

农村社会组织如何建设社会资本以消减贫困

香港中文大学教授 黄 洪

我今天发言主要集中在"农村社会组织如何建设社会资本以消减贫困"。我是一个学者,所以我就从学者的角度谈谈什么是社会资本?我也是乐施会的董事,所以我也会从实践的角度来谈乐施会在中国扶贫的经验,看看社会资本和扶贫之间的关系。

首先,什么是社会资本?从个人或微观的角度出发,社会资本是指个人透过与他人的社会联系而获得的经济资源、资讯或机会。社会资本令个人、小组或社区能够更容易去解决集体问题。这是很重要的集体问题,而不是个人的问题,这是提醒各位要关注社会资本。关于社会资本,最重要的看法源自美国学者 Putnam,他认为,若没有信任及网络去确保执行,个人倾向不与其他人合作,因为其他人不一定被信任会做同样的行为。所以在他的理论中,所阐释的最重要的社会资本即信任(Trust)、规范(Norms)、资讯(Information)三者是统一在一起的。在中国,信任是很重要的问题,信任是建设社区组织的基础,但是反过来讲,我们只有有了明确的组织,居民之间、居民与官员之间以及组织内不同成员之间才有信任。

关于社会资本与扶贫的关系有不同的理论来解释,不仅仅在贫困社区,在一些城市的社区之间,我们都会用社会资本的理论方法来扶贫。我在香港的经验也是借鉴社会资本来搞不同的社会社区组织,以促进不同项目的推进。

第一个很重要的概念就是在社区内部要建立起一个联结的社会资本,即 Bonding/Internal social capital。我们希望在小区内有强大的社会链接及有效的组织可以帮助穷人发展其能力用来对抗贫穷。在农村,我们对妇女会有一个组织,让她们内部能够有所接触。但是我在香港的经验告诉我,即

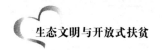

使是两个穷人，他们能够联结的社会资本也不是太差，甚至有可能会比有钱的人更好。所以他们内部集结的社会资本不是最重要的问题，最重要的是第二个问题。

第二个是桥梁——横向社会资本。这是与不同的社区合作，与不同的人合作，双方之间有所沟通、有所合作，这个才是非常重要的一个桥梁的作用，对社会有种对抗贫穷的意识。

第三个概念就是我们所说的联系——纵向的社会资本。这个贫困社区的平台是被物化的，很多时候是被主流的经济体系和政治体系边缘化，而没有参与其中的，所以要真正去解决贫困问题，就必须要跟金融机构和政府挂钩。所以，实际上我们最重要的看法是什么呢？建设社会组织用来发展小区经济是一项有效的方法，这个方法后面的目标是用来建设和重建，我为什么要用重建？因为传统下很多农村社区它的社会资本是蛮好的，但是受到现代化、城市化的破坏之后，我们要保护、重建它的社会资本才是我们后面要追求的目标。所以我们要用这种发展社会资本的方法来搞社区建设发展，但还是要以社区为本的。自下而上的参与及动员，发挥区内居民拥有未受市场利用的才能、技术与经验，强调社区的分享及共同拥有。

它的目标跟组织是什么呢？最终目标是改善居民的生活素质，它的过程目标是希望弱势社群重获生活的意义及尊严，所以它可以发展不同的社会组织。

谈一个例子。这个是我们乐施会在云南的一个项目，成立社区发展基金，向农户尤其是妇女，提供低息小额贷款购买牲畜，发展畜牧业增加收入，但是重点是希望农户可以通过选举采购小组、施工管理小组以及监督小组来组建社会组织，由他们自己来选举、参与，以促使他们最终形成项目共同拥有、共同管理的理念。我们看到这个社会组织的纯收入变化情况，从1998年的人均660元人民币/年，上升到2011年的人均2120元人民币/年，他们还接受了很多新的技术，社区中的许多基础设施都有所增加。

乡村建设与美丽乡村

西南大学中国乡村建设研究院执行院长、北京
梁漱溟乡村建设中心主任　张兰英

20 世纪 90 年代，我最初接触从事乡村建设工作的是一位前辈晏阳初先生，到现在已经了差不多 20 多年了。在这 20 多年的时间里做了很多的实践工作，我们现在面临着一个巨大的时代变化，可能在座的一些年轻人没有意识到。生态文明建设，是人类社会从农业文明、工业文明一路走来的自然而然的结果。中国在减贫过程中，很多农村人口都从解决温饱问题到提升生活质量，我们也强调"三生"融合的发展，就是强调生活、生计和生态的共同发展，也强调从第一产业单纯的生产，到第二产业的加工，再到第三产业服务行业的融合，希望通过此种融合发展的方式能够为农民增加收入。过去存在的城乡差别，现在正在采取城乡统筹、城乡一体化的理念来解决城乡差别的问题。当然我们也面临环境资源的退化问题，于是现在就提出环境保护与生态修复的观点来。

整个发展趋势给我们提供了一个很大的空间，这就要看我们该如何来建设我们的乡村，过去一百年的乡村建设创造了奇迹，让我们相信我们能够创建美丽乡村。某位著名学者曾经说过，乡土社会因客观上具有"风险对冲机制"和"稳定器"功能，因而仍然是当前应对全球化风险叠加的挑战下发挥"政府主导"和"人民主体"作用的最佳领域；当前亟须在构建乡村良性治理结构和创新乡村治理机制的基础上，强化乡村"外部风险内部化"功能，当然这个也是目前乡村建设的重要作用。

中国乡村建设已经有上百年的历史，从 20 世纪开始，当中国面对着外强的欺辱时，中国乡村有很多的仁人志士，也包括政府以及民间学术界的一些尝试。如张謇，他通过南通实业治理，从教育入手，发展村落主义；晏阳初从县的层面进行定州试验，在县级综合发展中进行治理；梁漱溟是

"以学代政",在村庄进行村治;卢作孚先生在重庆北碚进行镇治试验,他最早提出的乡村现代化。

20世纪初,当代的乡村建设也是由三农专家引领,现在已经发展成为多层面的、关注农民发展的合作社,以及如"爱故乡"之类的寻根活动。当然也建立了一些机构,如中国人民大学乡村建设中心、福建农林大学海峡乡村建设学院,这些机构主要进行理论和实践的研究。

我们在前一个环节中谈到的减贫、开放式扶贫,都需要乡村建设团队。乡村建设是一个很庞大的系统,它能够广泛动员社会的参与,同时推进城乡的互动,共同实现"中国梦"。所以它可以在人才的培养方面、在农民的主体参与方面,通过组织化建设、社会化的参与以及城乡互动来推动。

当代的乡村建设针对不同人群,包括大学生、农民合作社、城市消费者等,通过社区扶持农业的模式,参与支持农业发展。另外对于进城务工的新工人致力了更积极的文化建设、"爱故乡"的文化建设工作。

现在社区治理很重要的一点就是要进行文化建设,文化建设的成本最低,收效最高。在这个基础上,我们遵循多元文化为根——中国文化是五千年的农耕文明,我们的根在农村,所以我们应该思考怎样把乡村文明进行发扬和传承。另外就是互助合作为纲——综合合作社的推动和发展,在农民满足社会生产的同时,可以在农民居住环境的生活条件方面进行发展。最终是要实现人民生计为本——主要是实现社区资源主权、生态安全、可持续发展。在这样的过程中,党政主导、农民主体、社会参与、知识生产是相互融合、相互促进的。

我们希望通过历史上乡村建设,以及国际上乡村建设的比较及研究,对当代乡村建设提供启示和借鉴。

在过去的工作中,我们也相信乡村建设通过各方力量的融合,能够缩小城乡差别和不平等,获得共同发展和分享发展成果的权利。同时更重要的是能够持续地提升贫困群体可持续发展的能力,可持续利用自然资源,在社区中有自主权,并在环境保护的过程中获益。最重要的是发挥贫困群体的主体性角色,有效解决农村治理中的问题。

目前我们希望在推动乡村建设的进程中,在"生计、生活、生态"的框架下推动"三化"。第一,以合作社财产制度建设为基础的"农业三产化",以实现一产、二产、三产的融合发展。第二,以服务本地、绿色生活为基调的环境生态化,建立生态家园,将农村现有的文化资源、自然资源、生态资源,转化成扶贫生态的再生价值体现。第三,要培养以现代农民、建设美丽家乡为内容的社区人文化,能够引领大家促进合作,来培养美丽乡村建设的人群。

社会性别视角下的反贫困与农村社区治理

陕西妇女理论婚姻家庭研究会创始人　高小贤

非常感谢主办方、承办方，这是我第二次参加这个论坛。给我的感觉就是，从上一次参加到现在，就每次论坛的议程题目设计来讲，主办方在对目前中国扶贫发展领域存在的问题和未来发展的方向都有深入的思考。我来自基层的一个社会组织，而且借助这个组织从事大约二十年的相关工作，我结合自己的工作经验和个人的看法对这个论坛的题目做一点我自己的解读。

这个论坛的题目叫"反贫困、农村社会治理中的社会参与"，我们在各种文件中都会提到社会参与。在社会参与的层面上，通常会有两种不同层面上的理解，一个是广义上的社会参与，就是指除了政府以外的所有扶贫人员的参与，统称为社会参与，包括企业、个人等等。另一个是狭义上的社会参与，指的是社会组织的参与。社会组织参与的背景来源于20世纪80年代，那个时候对政府、对市场在扶贫发展领域的失灵表示失望。然后大家就寄希望于社会组织，希望能够带来新的东西，所以20世纪80年代就催生社会组织，并且在全世界范围内的农村蓬勃发展。中国的农村社会组织是伴随着扶贫开发工作而开展的。

从昨天到今天的所有发言，都谈到社会参与的不同类型、不同形式，那么我们该用什么样的形式归纳这个参与呢？我觉得可以取决于两个维度，就是参与的深浅问题。在浅度参与的维度中，最简单的扶贫参与就是捐款，投资或者是做志愿者，我个人去参与就可以了。但是在深度参与的维度中，它可以把反贫困的理念、模式再加以实践，最后产生出针对某个特定贫困问题去解决的一个方案、模式来，我将这种参与看成是深度参与。从20世纪90年代到目前的现代国际合作，积累了一些成功的案例。这是我讲的第一个问题，就是站在什么样的层面理解社会参与。

下面是我对目前参与扶贫工作的一些认识。从广义的社会组织参与机制来看，随着社会经济的飞速发展，随着公民社会意识的提升，随着社会个体关怀度的上升，我们可以发现，个人的捐款自觉度比过去要高得多，这是一个非常好的蓬勃发展趋势。我记得昨天也讲到，现在非扶贫系统的扶贫资金总投入已经达到四千万元，是扶贫系统投入的好几倍，可以看出扶贫资金积累的广度和深度，我觉得这是一个可喜的方面。但是从狭义上的社会组织参与机制上看，从2008年以后，有大量的公益性和非公益性的基金会产生，它也会动员大家积极参与和资金投入。我们现在可以看到有很多成功的基金扶贫案例，如"免费午餐""爸爸回来了"等一些有创意的商业策划，都是非常好的扶贫方式。但是还有一个现象，和过去相比，真正在农村开展扶贫工作的机构在不断弱化和减少。在深度扶贫的模式探索上，和过去相比，也有弱化的倾向。通过广义和狭义参与两个维度的讨论发现，政府、市场、社会组织三者交织在了一起。

我再讲一下新形势下我们的挑战在哪里？我觉得新形势下的扶贫发展已经进入了攻坚阶段，比过去更难，不是投入资金就能够解决问题。所以我才说今天的社会参与不仅仅是反贫困的社会参与，而且是反贫困加社会治理，没有社会治理就没有真正意义上的反贫困。在这个意义上来讲，在现在社会自主创业的背景下，我们的社会治理、反贫困研究，能不能有一些新的模式呢？这是我们所期待的，现在要有多元参与的展望，要探索更多的多元模式。我觉得多元参与的模式表现在两个方面。

第一，从理论上讲，将我们前辈的实践经验总结，然后在社会上进行组织推广。遗憾的是，我们基金现在有很多的社会创新、机制创新，但是在操作层面很少有自己的本土化研究。所以，中国国际扶贫中心提出的很多需求为本、权力为本、资产为本，从PRA到PID是非常符合时代需求的。中国的扶贫不仅自己要减贫，而且要走向世界，这就给中国的高校和知识分子提出严峻的考验，即如何将我们的理论、经验，提升为一个可以在实践层面应用推广的模式。

第二，我觉得所有的模式都要试点，这是我们党20世纪50年代做群众工作的经验，到今天仍然有用。但这试点怎么做，它恰恰需要跨界的合作，要把我们现在的社会组织特长、专业性能、结构性特点充分挖掘出来。所以，这个试点就需要资源提供方、政府、企业、学术研究在不同区域、不同文化背景下共同探索多元参与主体的问题，拿出中国自己的扶贫发展的理论和实践。

跨界中的反贫困创新

友成企业家扶贫基金会副秘书长　零　慧

非常感谢大会给我这个机会，我发言的题目叫"跨界中的反贫困创新"。

"友成"特别有意思的是名字当中有"社会企业家"字样，所以我们做事的方式会有很多投资和企业发展的视角在里面。基金会的两大使命是：第一，发现并支持新公益的领袖人才；第二，创建跨界合作的社会创新的网络知识平台。所以我们总结的就是"天使＋平台"的两个使命。基金会认为以人为本，全面的帮助人、理解人，提升人的境界，促进人的全面发展，是我们能够做到的最大公益。

在扶贫领域，我们也提出了三个新公益的理念：第一，精神扶贫与物质扶贫并举，其重要性就不再多说了。第二，将天人合一的系统思维方式用于发展和减贫；第三，爱心传递和授人以渔，这也是中国文化里非常优雅的传统，我们基金会对于慈善、公益和社会创新有一个框架性的理解。从我画的这个图来看，纵轴是议题的公共性和社会性，横轴是解决方案的专业性、系统性、协同性和可持续性，我们发现这两个维度的增加，会有从传统的慈善、到公益、再到新公益这样一个社会创新的递进，这样它所代表的是解决方案本身能够创造社会价值的能力及其所带来的影响。

友成基金会从 2007 年成立到现在，经历了八年的时间，我们在社会创新方面，从制定战略到我们开始试点扶贫志愿者计划，以及成立社会创新支持中心，举办新力嘉年华，然后有友成大学社会价值投资、社会价值投资联盟等等，以及包括我们的出版物、原则和评价体系的研发，这是我们在社会创新方面做的一系列工作，其实也是为中国社会创新的生态建设提供我们自己能尽的一分力量。特别是扶贫志愿者行动计划，我们从 2007 年的试点开始，目标是达到中国高校都有可参与的公益渠道，当然这也许是扶贫工作中最后一公里的问题。所以，我们就提出比较大的扶贫志愿者行动计划的方案，这个方案已经写入《中国农村扶贫开发纲要（2011～2020 年）》里，成为我们基金会的一个重要成果。志愿者行动计划目前已经累计有志愿者 122 人，动员支援者 2 万余人，协调涉外资金若干。还开展一系列的扶贫志愿活动，包括救灾、教育扶贫、小额信贷、社区建设、青年能力培养、科技扶贫和乡村医疗等多个合作项目，一共超过了 90 万小时的志愿时间。在社会扶贫体系里，政府、市场、社会组织这三方都在扮演着自己的角色，我们该通过什么样的模式将大家的参与都纳入整个社会扶贫的工作当中？为实现这个目标，我们建立了志愿者驿站的体系。在这个驿站的体系里，包括有志愿者体系、电商扶贫体系和教育扶贫体系。从全国来看，我们为这个志愿者驿站体系搭建三个网，叫人网、天网和地网，只有把这三网合一，才能把整个的资源动员起来。

我给大家举一个更具体的例子。我们最近一直在做的电商扶贫项目，有人说这是创新扶贫的一场革命。大家知道现在电子商务的发展是一个不可忽视的潮流，如淘宝、阿里巴巴、京东等都是举着大旗往前走的，这些电商企业的发展怎么才能够惠及贫困地区，这是我们要思考的问题。还有就是慕课，网络大型公开课的模式，在发达国家是通过哈佛、斯坦福这样的大学去分享他们的高等教育知识，那我们在农村扶贫进行农民能力建设的时候，有没有可能借助这样的模式去分享农村合作社的知识呢？还有就是"O2O"的模式，我觉得资本和技术一定要在扶贫工作中发挥力量。

我们在社会资源动员方面，已经形成这样的格局。首先，我们在政府指导层面得到国务院扶贫办、国际合作和社会扶贫司的指导，还有贵州省铜仁市政府的支持。在机构动员方面，我们发现包括诸多企业在内的社会各界对于参与社会扶贫的模式都特别感兴趣。如沃尔玛、旺信金融、招商银行、松下电器、贵州创桃商务有限公司、南长城集团、铜仁市电视台等等。这几类包括网络金融、传统零售方面的组织，还有很多国内非常顶级的电商、扶贫专家加入我们的团队中，形成"百人电商扶贫志愿者红色军团"。所谓"红色军团"，就是穿着红色的志愿者衣服，像汤敏老师也是红色军团的一员。还有很多比较大型的电商扶贫总监、技术开发的人员，也都在这个志愿者的行列中。刚才高老师讲到社会扶贫，不光是要捐钱，我们在整个能力建设方面都有创新，比如课程研发、教材开发，慕课学习平台的搭建，以及线下培训，还有跟学校结合、招募培训、做集中培训等。最后就是创业就业的扶贫机制。只有将整个环节全部搭建起来，才能够实现我们预定的目标。

村规民约与乡村治理

河南社区教育中心主任　梁　军

　　村规民约是产生于本土的乡村治理手段，在我国有着悠久的历史。最早可以追溯到宋代的《吕氏乡约》，在现在的西安境内，一直为后世所仿效，到清代的时候，渐趋成熟，在很长的历史时期中，维护着乡村社会的基本秩序。从1949年到改革开放以前，因为乡村自治空间被压缩，特别是在人民公社时期，高度的集权和军事化的管理，使村规民约不复存在。到改革开放以后，可以分为两个阶段，一个阶段是20世纪80年代的恢复期，联产承包制开始以后，人民公社解体，但是农村的自治组织又没有建立，所以有一些乡村，尤其是在广西的一个自然村，一个村民小组自发选举村委会，然后制定村规民约，以后他们的村规民约为其他村庄学习。但是这个恢复期的村规民约具有很强的自发性，甚至可以说是传统的历史上的村规民约的复制，比如里面有很多不合法的条款，像抓住小偷吊打屁股、牲畜下田打死不赔等等。

　　另一个阶段是在20世纪90年代《村民委员会组织法》颁布实施以后，村规民约进入规范期。这个时期的文本形式渐趋完善和成熟，但是存在着很多问题。一个是制定主体。主体主要是我们的政府部门，自上而下由政府主导，政府通过试点，然后经过讨论拿出一个范本来，之后在全国进行推广，因此它的程序是自上而下的，这样的村规民约常常不和村庄的实际发生联系，有一些村庄就是拿着这个文本照抄，只改一个村名，好多村庄的格式一样，内容完全相同，所以老百姓都把这样的规约叫做"墙上规约"，是贴在墙上给领导检查用的，中看不中用，因为这个不管用，他们还是利用民间的民俗惯例来治理村庄，因此就存在一些内容不合法的问题。由于村规民约从"民间法"发展而来，受传统观念、民俗惯例影响很大，许多没有贴在墙上的"潜规则"，却在现实生活中发挥着实际作用。特别表现在对妇女权益的侵犯与剥夺上。比如：出嫁女无论户口迁出与否，不得参与本村分配；女儿招婿上门需经村民组全体成员签字认可；多子户娶媳全部落户，多女户招婿只准一个落户等等。所以这就带来了农村妇女土地权益问题长期不能解决的症结，它就是一个源头隐患。

所以我们从 2009 年开始修订村规民约的实践，中央党校"性别平等政策倡导"课题组，选择河南省登封市大冶镇周山村为试点，于 2009 年第一次修订、2012 年第二次修订、2015 年第三次修订，我们花了长达七年的时间进行村规民约的修订，就是我手上的这本。

我们最早的切入点是推动性别平等，第一次、第二次都是侧重于性别平等的条款，但是第三次修订村规民约是在十八大四中全会召开以后，全面推进依法治国，这就给了我们一个非常有利的武器，可以在基层、在农村推动依法治国，我们取得的成效如下。

成效一：乡村治理的法治化与规范化。

我们现在拿出来的这本村规民约，包括了八个章节，村民权利义务、村庄事务管理、集体资源管理、村民自我管理、村庄环境保育、继良俗树新风，加上总则、附则一共八个章节，总共四十六条。它体现了法制建设和道德建设的结合，这样制定出来以后，促使了乡村治理的法治化，就是每个条款不得有违反国家宪法和法律的内容，不得侵犯村民的合法权益。还有就是规范化，使村支部、村委会、村民代表、村民小组等等都要行为规范，这是第一个成效。

成效二：集体资源分配中的平等权利。

第二个成效应该说是取得了突破性进展，就是所有的村民在资源分配中享有的权利平等，特别表现在性别平等。在村规民约中，常常是婚姻的流动而让妇女失去了一些权利，于是关于婚姻变化的影响就有很多详细的条款。比如，婚入男女，领结婚证并迁入户口；离婚以后，户口留村，尚未再婚；再婚后配偶及子女户口迁入，这是几种情况。婚出男女就更多，比如，户口未迁出在本村居住；户口未迁出不在本村居住，但又在男方家里没有享受到待遇；户口迁出不在本村居住；户口迁出愿意再返回本村；离婚丧偶返回本村居住；再次婚出子女留在本村，等等。对这些情况都有具体的规定，基本上解决了出嫁女和离婚妇女土地权益两头落空的问题。

成效三：推进农村社区的性别平等。

第一次、第二次修订的时候，还专门有一个篇章，这次修订把男女平等纳入所有的条款中，比如，"村民权利义务"部分，强调妇女权利、男到女家落户者的权利；"村庄事务管理"部分，鼓励妇女参政议政，规定女性参政指标；"集体资源管理"部分，强调妇女平等参与集体资源分配的权利；"村民自我管理"部分，反对任何形式的家庭暴力；"继良俗树新风"部分，提出姓氏改革、风俗变革、男女共担家务等。

成效四：探索村级民主协商。

三次修订村规民约，自始至终坚持充分的民主协商。民主协商的一个原则是协商主体多元化，包括干部群众各方代表、妇女、老人及其他弱势群体、权益受损者、持反对意见者等都要参与；而且强调了平等、公开、理性，等于在充分尊重各方代表意志表达与意见建议的基础上达成共识。民主协商形式有研讨会、村规民约大家谈、特定人群座谈、个别访谈、参与式培训等。这七年来，我们一直在推行村级民主协商的实践。大家在村规民约大家谈活动中充分表达自己的意见，然后起草小组全部是由村级各方代表组成的，由他们自己提出每一个条款，逐条讨论，大家充分地发表意见。之后就是担心妇女利益受损，与专门的妇女代表协商。最后我们这个村规民约出来以后是图文并茂的，有条款有顺口溜有插图，这个顺口溜是村民自己编写的，插图是妇女手工艺协会绘制的，村民在这里充分体现了他们的主体性。

成效五：改善干群关系，增强社区凝聚力。

这个村庄并不是有什么优越条件的村庄，而是因为我们原来在他们这里做过一个手工艺项目，跟他们比较熟悉，觉得在一个熟悉的村庄里修订，会降低一些风险。但是修订村规民约以后，村庄的面貌，干群的关系，尤其是村民的精神面貌，发生了很大的变化。5 月 29 日我们在周山村《村规民约》发放宣传誓师大会上，周山村的老年协会五十几位成员上台宣誓，一定要努力宣传推广村规民约，他们村庄的凝聚力增强了，这是社区治理的一个基础。九届人大妇女委员会代表彭珮云参加这个活动以后，给我们题词：把法治建设和道德建设结合起来，充分发挥村规民约在农村社会治理中的积极作用。

提升实践者的对话能力

中华女子学院教授、"北京近邻"理事长　杨　静

　　我选择一个非常小的题目。之所以选择这个题目是基于我在这个领域研究了多年，发现有一个问题，这几天我一直在听比较大的构建工作，反贫困怎么做，生态文明怎么做，可是最后如何落实，如何实践出来，我在琢磨如何把这些理论对接到具体的实践中去。如果生态文明、反贫困是一座大厦的话，那么我们这两天的发言就是从各自的不同角度，构建不同的大厦。我今天选择的这个"提升实践者的对话能力"，就是构建大厦的那些泥沙，就是如何把这些大厦用各种板块、用泥沙可以细致地对接出来。大家都知道如果泥沙的质量不好，就会影响到大厦构建的质量，所以对话就是一个泥沙。

　　今天早上王春光教授和向德平教授提出来增能赋权、平等互动、协商共治等，梁军老师提出在农村跟村民平等对话。所以我今天选择的对话也是起到构建大厦的泥沙作用。到最后的黄承伟先生，也注意到我们非洲朋友，我是到这边才知道有非洲的朋友参加，我不知道我们中国的扶贫开发模式，将来是否可以运用到非洲。黄承伟先生总结说，我们会议结束后回到北京，可以做更细致的沟通与对接，我觉得这就是对话的重要性。如果没有对话，我们中国这么多的经验，如何对接到非洲，那非洲人的经验是什么，基于他们本土的经验是什么，如果没有一个更细致的交流，将无法实现了解基础上的对接。我们的这些经验来源于我们的土壤，我们通过实践得出的经验，能不能移植到其他国家或地区，也需要经验的细致对话才可以知道。所以，我今天选择的主题就是对话。

　　为什么对话这么重要呢？因为我们从小习惯于听话，我们也是在训话的过程中长大的，也经常被找人谈话，但我们很少进行对话的学习。所以当参与式扶贫、协商共治这些我们非常熟悉的概念到实际操作的时候，参

与式、协商共治都可以变成一种操控和一种主宰式的结果。所以我觉得这个对话的能力是非常重要的。我们国家民主建设这么多年，发挥群众的主体性这么多年，但我们的主体性仍然表现不出来，民主意识仍然没有体现出来，因为我们在细致的操作中没有操作的人，没有人反省自己的操作方法。

是真的进行参与了吗？是真的进行对话了吗？我们没有这样的训练，也没有这样的反省，所以我认为对话不是简单地回话和沟通，也不是咨询治疗，也不是教师为了鼓励学生在课堂上进行的参与式讲授，也不仅仅是我们讲的参与式扶贫中的参与这么简单。对话是一种认知方式，是要进入两个彼此不同的文化中间去，是要在两个不同的社会、文化、背景之间形成交流、达成共识、相互理解的过程，实际上是两个不同认知方式的问题。那么灌输式和对话式使用的不同，会产生不同的结果。因为灌输式最终是强化人的驯化和顺从，人的固化和愚民，民众永远是等待着专家来解救和帮扶的角色。对话则可以破除这种神话。然后以民众真正的创造力为主体，把人放回到实践中。那为什么要对话？我刚才讲对话有很多的好处，它最重要的就是保持改变，对话的过程对对话双方来说都是教育过程，产生自己和对方一起改变的效果。只有对话才能产生对彼此的深刻理解，只有彼此理解才能产生尊重、民主和主体性发挥等。

所以怎样对话？我们所有做扶贫工作的人，要"谦卑"、"对对话的人有高度的信心"，不要觉得人家什么都不懂，愚昧无知，你有你的知识，人家有人家的知识，要对对话产生高度的信心。我们有可能对一个异文化或不同文化不理解，就很难进入对方的境界，但是我们要有信心。梁军老师有 20 多年的实践，他们就是带着这样一种爱和谦卑，最后让民众生产自己的知识。我觉得只有那种主体性真正体现出来，把乡村做成自己要做的事情，我们真正的社会治理和文明才可以实现。

从推进创新理念来看待社会的参与机制创新

香港港专学院副教授　陆德泉

我今天讲的题目是"从推进创新理念来看待社会的参与机制创新"。现在很流行讲创新，那么创新是在什么样的基础上来谈的？我们从原来理念中得到什么样的经验和教训？当前参与社会治理的障碍当中，有基层村民自治的行政化、干群关系恶化、干部与群众关系疏离等等问题。

在这个基础上，从20世纪90年代开始，我们参与了许多国际发展合作的尝试，当时比较流行的PRA农村评估很重要，在座的许多老师、专家都有研究，所以在这个基础上，希望通过农村评估的方法来解决贫困人群的需求。2001～2010年的扶贫规划中都将参与式扶贫作为其中一个重要内容。对于这个参与式的尝试，在2000年就已经开始有了明显的批评，在国内实践过程中都有一定的反思。在国外，西方国家有对参与式发展的反思，他们提出参与的暴政，正如刚才杨静女士提到的，在这个过程中不是真正的对话，只是你来参与我的程序，很多东西都是我事先设想好的。那么怎样对待这个反思和民主呢？2009年国际人类学大会，有一个反思参与性发展的主题会，用反思来阐述发展，提出很多的反思。民间实践反思主要包含以下几个方面。

第一，国际发展合作，强加于中国的伙伴。上次我们参加的培训，就有很多国际机构资助的强加。

第二，水土不服。水土不服指的是不符合国情，比如说很形式化和程序化，很多情况下都是参与式专家的主观与武断，表面上是说参与聆听，其实他的主观来源是非常强的。

第三，从政治的角度，关系村支两委。很多时候我们接受一个新的项目，主要是找乡政府到村支两委去聊，往往是不经过老百姓同意的。讲到行政主导过程，很多事情是不跟老百姓谈的，等到需要老百姓了再去谈，所以另起炉灶的问题可能引起合法性置疑。大部分炉灶根本支起不来，原因是村支两委背后操作，有些炉灶暂时建得起来，但之后被村支两委排挤。

第四，参与都缺乏持续性，项目结束，管理小组也就随之结束。

参与式扶贫规划在官方机构实践的反思也有一些，与行政主导文化相矛盾，比如一个月之内必须把全村的治理规划拿出来，这个是不可能的。

关于村庄的发展，主要有以下两种类型。

一个是社区主导型发展，像世界银行、国际扶贫中心，还有 NGO 等等。另一个是外源性发展与内源性发展，外部地区多不可靠，缺乏持续性，那么内源性发展，我们看到一些比如山西永济农民协会、安徽阜阳南塘农民协会，只能说这种骨干是可遇不可求的。最后我们也看到一些政策的机遇，从政策上可以看到很好的发展趋势，比如在民政部的三社联动推动社会治理创新的环境中，恢复与重建基层自治。可以通过农村社工协助社区成员主体性的发展，提高社会活力。在这个基础上，我们可以利用好政策环境，在扶贫政策中尊重扶贫主体，强调对社会参与机制的创新。社会工作人才建设规划中农村社会工作的发展，参与农村扶贫，以及民办社会工作机构的发展，都是比较重要的机遇。

在社会参与的领域和机制里面，可以提供农村社区公共服务，以避免出现毕节留守儿童自杀等现象。另外，还有如何促进社区成员的自组织、乡土或民族社区的社会组织（藏族的箭会、苗族的议榔等）；社区参与的社会互助：三留人员；经济生产的合作：农民合作社；文化生活方式：传统文化艺术与信仰；社区的参与式治理，等等。

最后我再谈几点挑战。

第一，无论是三社联动，还是扶贫联动，某种程度上都是一种由上而下的方法。我们如何把握这种由上而下和由下而上的度呢？

第二，民政主导的内在矛盾，民办农村社会工作、行政农村社会工作与扶贫机制的协同问题。还有就是现在农业试验区遇到很多空头话，在这种情况下，我们怎样来推动这样一个能动性？还有就是传统文化、宗族与少数民族社会组织的张力与矛盾，农村社区社会组织的自主性与村两委的关系，如何回到农村善治的机制等问题。

针对农村社会工作从扶贫到大扶贫的角色与实务要求转换，我们可以在这样一个时代把它做得更好。

艾滋病高发地区的反贫困实践与反思

中央民族大学西部发展研究中心副主任　侯远高

我想讲的是艾滋病高发地区的反贫困实践与反思。因为我们有很多非洲的朋友，和我们面临共同的问题，在艾滋病高发地区的反贫困问题。由此我是想讨论另外一个问题，就是精准扶贫的有效性和局限性。

第一，精准扶贫不足以从根本上解决中国的贫困问题。刚才主持人讲了我在四川凉山彝族自治州带领公益团队，在民族乡村做了十年乡村发展工作，凉山是中国最贫困的地区之一，也是中国毒品最泛滥的地区之一。我们作为学者，之所以能够回到乡村创办 NGO，就是因为这个地区艾滋病和毒品泛滥、青少年犯罪等一系列问题，使乡村发展陷入困境和发展出现危机，使相当一部分人的生活面临人道主义危机。比如在受艾滋病影响的社区，很多家庭破碎，越来越多的孤儿、寡妇得不到社会的帮助。所以回到乡村做的第一件事情，就是总结这十年来我们所做的针对孤儿、艾滋病感染者、吸毒人员和监狱服刑人员以及留守儿童和老人进行的一系列"个性化的精准扶贫措施"。

不同人群的处境是不一样的，需求也是不一样的，要满足他们的需求，就要采取不同的方法，要探索出一条有针对性、有个性的措施来帮助他们。实际上我们都在不同程度上做扶贫，改善他们的生活状况，提升他们的意识，增强他们的能力，让他们能够彻底摆脱生活困境，要做到这一切靠的是我们这些 NGO 的团队，愿意在乡村长期坚持开展细致工作的社会专业性训练的工作者。这种精准扶贫不是谁都可以做的，感情不到位，专业知识不到位，都是做不了的。所以精准扶贫的要求是要有能力、有意识的，我相信这种精准扶贫的模式，政府学不来，与其让作风不扎实、感情不到位、专业性不强的干部下乡扶贫，不如以开放的心态，用政府购买服务的办法，支持和培育越来越多的社会组织、乡村社工团队和农村新型合作组织开展扶贫工作。让扶贫工作的责任主体多元化成为一种常态。

第二，精准扶贫确实帮扶了很多人，改善了最贫困人群的生活质量，它的精准扶贫是有效的，但是问题在于忽视了一个问题，即精准扶贫针对的是个体和家庭，没有针对社区，没有针对整体的人群。也就是我们只针对个体的需求，而忽略了这个群体所面对的社会遭遇和文化问题。这十年来，我们在不断救助孤儿，但发现失去父母依靠的儿童越来越多；我们在帮助艾滋病感染者，但新感染艾滋病的人越来越多；帮扶一个家庭，又有若干个家庭因病返贫。所以说如果我们不能找到造成弱势群体产生的因素，不能够解决掉，那么还会不断有脆弱的群体产生。就是说我们的贫困问题怎么解决，什么时候解决，要找到从根本上解决问题的办法。那怎么做呢？我们希望探索出一条治理和综合扶贫的模式。最近我们在跟当地的县政府合作，我们选择一个乡，结合六组力量，用十年的时间，看能不能探索出一条适合乡村发展的道路，也是一条集民族文化、自然生态和社会公平于一体的乡村发展道路，我们整合六组力量，包括政府、企业、NGO、媒体、学术研究机构和当地村民的自组织，希望用这六组力量来创造出一种新的乡村治理模式。

我们想实现三个目标。

第一个是要普遍推广乡村治理模式，培养乡村社工，建立和完善乡村社会保障与社会救助体系，推动乡村教育和医疗卫生体制改革，全面改善乡村公共服务状况，也就是要给当地最脆弱最贫困的家庭提供基本保障，有饭吃，有书读，有疾病能够得到治疗，这是第一个要做的帮扶工作。

第二个是大力发展各种农村新型合作组织，包括农村文化传播协会、劳务输出协会、乡村艺术团等等，我们要让这个社区农民的原子化状态改变，提升他们的自组织能力。

第三个是要发展农业产业，乡村发展没有产业就不可能支撑起来，要推动发展乡村旅游业、有机农产品加工、发展彝族的手工艺产品，使这个地方能够成为吸引彝族人回乡创业的地方。社区把年轻人都吸引回来，重新充满活力。但是基础就是我们要有专业的团队，守住这样一个平台，整合各方面的资源，跨越整合，利用新媒体，利用互联网，让更多的社会资源投入这个地方来，吸引更多的人来参与。所以在这里我也希望各位专家以及NGO的成员一起来打造我们这个"少数民族乡村治理与综合扶贫创新示范区"。

建设反贫困智库，支持开放式扶贫

贵州民族大学社会建设与反贫困研究院教授　孙兆霞

谢谢大会给我们团队这个机会，让我代表团队跟大家分享我们最新的想法。我发言的题目是"建设反贫困智库，支持开放式扶贫"，主要有以下三个方面内容。

第一，开放式扶贫作为新的反贫困战略选择，需要智库支持。

（1）开放式扶贫内在要求智库型研究作为支持，即必然需要在基础研究、理论研究、行动研究、政策研究等不同层面开展大量的工作。

（2）开放式扶贫需要社会学、社会工作、人类学、经济学、管理学等学科力量开展跨学科、跨领域、跨区域研究的智库型研究整合。

（3）开放式扶贫作为一种新的战略选择，需要相对独立的智库定位，进行以问题意识为导向的深入调查研究，秉持客观、真实、科学的立场，为政策制定提供超越私利集团利益、部门和单位狭隘利益的咨询报告。

第二，开放式扶贫的多元参与机制必然包括智库参与。

（1）扶贫要走向专业化。刚才很多专家也已经讲到，开放式扶贫尤其是农村社会工作，一定要专业化。反贫困社会工作、农村社会工作是扶贫工作专业化的重要支撑；而智库则可以为以上维度之间的建构性提供社会工作本土化创新的支持平台。

（2）开放式扶贫要以经济、社会、生态文明目标并重，需要发展开放性的工作策略和开放的参与机制，建立多维度、多渠道的参与机制和支持系统，需要反贫困智库以系统化创新进行前期试验和经验探索。

（3）开放式扶贫要建立多元参与的监测、评估机制，专业智库在设计、监测、反馈、评估全过程中承担不可替代的角色。

第三，反贫困智库本身需要机制创新。

（1）组织结构创新：反贫困智库参与者不只是高校及科研部门工作人

员，还要包括有经验的扶贫工作者、地方政府、反贫困社会组织、市场组织人员。创新需要建立多视角、多维度工作机制。

（2）工作任务与目标创新：反贫困智库需要成为行动派，即不仅要解决"问题是什么"，"要做什么"的问题，更要解决"怎么做"、不同的工作方式会"有什么结果"的问题。要创新多项可选择方案的目标引导机制。

（3）工作机制创新：反贫困智库要建立任务导向的工作机制，在工作机制上要能支持智库自身向实践模式探索倾斜，要进行开放式扶贫创新知识系统的知识生产过程的机制化提炼。

中国已经走到需要智库支持深化改革，进行体制、机制创新的新的历史阶段，开放式扶贫新战略，更加迫切需要建设反贫困智库。

农村社区治理与反贫困理念创新主题
研讨阶段总结

北京大学贫困地区发展研究院常务副院长、教授　雷　明

很荣幸这个阶段分配到这个任务，对这一阶段的各位嘉宾的精彩讨论做一个小结。其实小结说不上，只是一个学习，因为这些专家都是我们国家反贫困实践和理论研究中非常知名的学者，我是来学习的。

在这个阶段，我们总共有 10 位专家，既有来自企业界的，又有来自国际 NGO 组织的，还有来自我们理论界各种学术机构的，各位专家的报告都非常精彩，我主要讲两点。

第一，提出很多不同的理论见解，如社会资本在扶贫、反贫困中的地位和作用，如何应用在社会治理和反贫困中，这是很有见解的思考。同时包括我们乡规民约、多元文化在民族减贫，特别是社会治理中的传承和发扬，当然也包括如何在新的阶段进行创新。还有就是建立社会智库，在扶贫、反贫困当中，社会智库和体制机制的创新，对农村社会治理和贫困地区返贫工作是很重要的理论见解。

第二，从实践方面，既有对乡规民约实践传承的创新，还有在推动电商、互联网等现代化平台，在社会治理和反贫困工作中的有效利用，针对我们理论的思考，是一个先行和重要的实践。中国有句俗话，就是"实践出真知"，理论最重要的基础来源于实践，没有实践的支撑，理论都是空谈。

这是对我们 10 位专家发言学习和自己的一些认识，在这个基础上，我结合这个阶段的主题，谈一些自己的思考。这个主题设计得非常好，是"反贫困、农村社会治理中的社会参与"，重点是在社会参与。社会参与，各位专家都从自己的实践、理论进行了非常深入的思考。对于这个主题的重点，我认为首先要抓三个问题。

　　第一，谁参与的问题。我们谈到很多社会主体的参与，多元主体在我们研究过程中，都是自上而下，或者是自外而内的思考。那么自身致力于贫困群体或者是扶贫系统之外的外来者，如何参与这个活动？实际上参与者是反贫困的一个系统，既包括外来人，也包括社区内部的人。刚才各位专家都已经提到外来人应该由外变成内，应该把自己视作这个体系的一部分或者是其中的成员。另外，在这个体系里，我们要特别关注最重要的参与者不是外来的因素，而恰恰是被帮扶的贫困群体。我们应该有这个认识，就是贫困群体在这个系统中是主人，而不是被动的接受者。

　　第二，参与什么的问题。社会参与很明确，大家就是来参与扶贫帮困、解决贫困人口的生活和发展问题的，这个群体有它的特殊性，我们必须要有一个清晰的认识。实践群体它的主体意识非常明确，应该是处于一个非常弱势的状态。我们国家致力于扶贫这么多年，对于贫困群体，从新中国成立以来通过组织化的形式，当然组织化形式在后来的一个阶段走得有点偏，在后来的发展中，就是以行政手段替代之前的手段，这样就割断了传统文化在乡规民约治理中起到的重要作用，这值得我们进行反思。但是改革开放以后，村民自治在现阶段的发展中也遇到一些问题，因为农村社会的发展变迁幅度非常大，有很多特点。村民自治在改革开放的前期实践中，存在很大的问题。在这样的情况下，我们怎样参与到扶贫机制中，这就回归到怎样利用组织的方式问题。实际上就是把贫困群体的主体意识激发起来，让他们成为扶贫的主体，而不是被动的接受者，这是我的一个思考。

　　第三，如何参与的问题。这里有两方面内容：一个是开放式，首先是环境的开放，只有开放才能吸引和真正推动社会各种力量的参与，使参与式扶贫项目从被动到主动，再到一种自觉自量。我们的开放不仅仅是这一点，更大的是环境的开放，还有就是生态扶贫、社会治理的理念。其次是资源的开放，包括配置资源、使用资源。再就是权力的开放，参与式扶贫应该是一种参与主体的平等互助的形态，并不是每一个主体都是被动的，或者是一个组长控制这些工作。另一个就是在参与式扶贫中相互尊重的问题，我们说扶贫体系、社会治理体系里面有多元的主体，多元主体里面既包括政府、企业，还包括第三方部门，更重要的是包括贫困群体，在这里相互尊重形成一种合力，真正的扶贫才能够实现。

农村社会治理与反贫困研讨会总结

贵州省社会科学院院长、研究员　吴大华

各位嘉宾、各位代表，去年我在"生态文明与反贫困"分论坛贵州民族大学分会场总结的时候用的是三个字"高、大、上"，即"高端、大气、上档次"，今年我用"六好"来总结。

第一个是"时机好"。时机选在中共中央总书记、国家主席习近平，刚刚在贵州进行考察之后，在贵州召开七省市自治区负责人座谈会，主题就是研究欠发达地区的扶贫工作，各媒体都有报道。前几天贵州省与《人民日报》、中国社会科学院共同举办了"学习贯彻习近平总书记视察贵州重要讲话精神研讨会"。我认为，本次分论坛是落实习总书记在贵州期间召开扶贫工作座谈会的重要指示的一个具体体现。另一个体现是国务院扶贫办和商务部门举办非洲官员培训班，有两个班，一个是精准扶贫培训班，一个是公共管理政策培训班，在座的嘉宾有 16 个非洲国家的官员，刚好有机会来参与生态文明贵阳国际论坛。第三个就是让国外来的朋友和在座的嘉宾，真正体会"爽爽的贵阳"的气候优势，所以我觉得这个时机选择得非常好。

第二个是"主题好"。我们选择的主题是开放式扶贫，之前我们和黄承伟主任也在不停地商量，因为贵州是"三欠"地区，即欠发达、欠开发、欠开放，关键是欠开放。首先，贵州省近年来提出来"开放式后发赶超战略"，所以我们今天的主题就是开放式扶贫。其次，我们在贵州民族大学召开这个主题的会议，效果非常好。因为这几年贵州民族大学成立了社会建设与反贫困研究院，孙兆霞老师、毛刚强老师的团队一直致力于社会建设与反贫困的工作。最后，会议讨论的内容既有概念又有机制，既有理论又有实践。今天上午提出了很多概念性问题，说明各位学者进行了思考，比如生态文明与反贫困两者是一种生活的方式，既然我们的主题是反贫困，今年是开放式扶贫，那么如果明年还开的话，是叫精准扶贫还是友成基金会提出的电商扶贫，或是创新扶贫等等，这些都需要我们进行思考，很多概念都需要我们学者搞清楚。

中共中央政治局在 2015 年 3 月 24 日会议中提出"四化变五化"，就是原本的新型工业化、城镇化、信息化、农业生产化，现在又增加绿色化。四化变五化，两者的区别是什么，这是值得研究的。还有很多新概念，像刚才黄承伟研究员总结的系统思维的概念，系统思维、顶层设计、开放历史、改革历史、创新历史、包容与尊重等概念都需要学者去弄清楚，我觉得这些理论有很深的领域高度，同时随着学者的关注，也研究了很多现实问题，如梁军、杨静、毛刚强、侯远高在实际中研究了很多，有绿化问题、电商问题等。如对艾滋病高发区如何搭建社工平台、少数民族地区如何改革，以及扶贫试验示范区怎么建设等问题都进行了思考。

第三是"嘉宾好"。生态文明贵阳国际论坛邀请的嘉宾都是"高大上"的，许多是在国内外有影响力的学者和实践者。我们这次邀请的嘉宾去年有人也参加了，今年又增加了一些新的嘉宾。这些嘉宾不管是在理论方面还是在实务方面，长期致力于扶贫开发工作方面的研究和实践，北师大、北大等大学一直积极参与，国务院扶贫办、中国国际扶贫中心、中央民族大学等均有深入的调研报告。

另外，嘉宾的体系构成，是官、学、商、研相结合的。官方有国务院扶贫办主任亲自参与。刘永富主任这个月已经来过贵州两次，国务院副总理汪洋最近为扶贫工作来过两次。主办单位领导的时间安排都很困难，像刘主任昨天下午的飞机到贵阳，晚上发言完之后连夜坐飞机回北京，只有几个小时来参与这个论坛，这是多么大的支持。北京大学党委书记朱善璐教授一直到 6 月 26 日晚上才确定，他本来身体就不是太好，但还是来了，也是会议结束之后连夜赶去广州。贵州省委、省政府也大力支持。学界、产业界、商业界等都积极参与这个论坛，如"北京近邻"理事长、友成基金会，以及招商局对本次论坛予以资助。

第四是"策划好"。本分论坛对嘉宾的邀请和主题宣传，在事前、事中、事后都进行了很好的策划。如前两天孙老师发短信说将张建、卯丹老师整理的嘉宾材料上报"2015 年年会组委会"新闻组，就引来各大媒体的参与报道。今年出席贵阳国际论坛的有 893 位媒体记者，他们都在争相抢着要我们"生态文明与开放式扶贫"会议的议题资料和发言提纲,所以在会议开幕之前各大媒体都有较多报道。

第五是"形式好"。形式比较活跃,我们在"生态文明贵阳国际会议中心"设有主题会场,座席500余个;在贵州民族大学和黔西南州的州府兴义市设有分会场,还有赴晴隆、兴仁等县实地考察扶贫项目等。当然也有缺点,刚才就有老师跟我说就是时间短了一点,想说的话都没有说完。因为我们遵循国际会议的惯例,每个发言人就是五分钟或六分钟,我们有主会场、民大分会场,还有接下来的万峰林分会场,在年会各分论坛中算是比较多的了,请大家理解。我们的生态文明扶贫方面的分论坛已经作为去年的重要分论坛,也将作为生态文明贵阳国际论坛的品牌论坛。

第六是"成果好"。我们昨天已经宣读了《促进开放式扶贫的贵阳共识》,我们已经把去年的会议成果汇编成《反贫困:社会可持续与环境可持续》一书由社会科学文献出版社出版了。今年我们将把各位发言材料与论文收集出版,把分论坛的成果固化。

最后我代表承办方之一贵州省社会科学院,感谢非洲来的各位嘉宾。你们也是马不停蹄的,昨天下午一下飞机就参加考察,晚上参加主题论坛,今天上午又参加贵州民族大学分会场,中午饭后即赶赴黔西南州,非常辛苦。不过,也说明扶贫工作是当务之急,是头等大事,千万不能停下来。贵州现在处于一种"弯道取直,后发赶超"的状态,俗称"5+2"(5天工作日加2天休息日)、"白加黑"(白天加晚上)。不过,我看到非洲官员们精神状态非常好。同时也非常感谢贵州民族大学各位领导对论坛的大力支持,也感谢贵州民族大学社会建设与反贫困研究团队长期以来的辛苦调研。感谢各位师生、志愿者以及外国留学生的大力支持。昨天我们在另外一个"绿色化与立法保障"分论坛上,贵州民族大学留学生穿着各国民族服装,一出现立即成为论坛的一个亮点。各媒体照相机不停"嚓嚓嚓",气氛十分热烈。分论坛举办非常成功。再次表示感谢!

黔西南分会场部分

主题：山区发展与绿色减贫

主办单位：国务院扶贫办
　　　　　北京大学
　　　　　贵州省人民政府
承办单位：
　　中国国际扶贫中心　　北京大学贫困地区发展研究院
　　中国社科院社会学所　贵州省社科院
　　贵州省扶贫办　　　　贵州民族大学
　　招商局慈善基金会　　黔西南州人民政府
　　中国新闻社贵州分社　普定县人民政府

会议时间：2015 年 6 月 28 日　9：00－12：30
会议地点：贵州民族大学 15 栋 1 楼圆形会议室

录音整理：刘丽萍　贵州民族大学硕士研究生
校　　对：陈　斌　安顺学院　讲师
　　　　　张　建　贵州民族大学社会建设与反贫困研究院　副教授
　　　　　王莺桦　贵州民族大学社会建设与反贫困研究院　副教授

"生态文明与开放式扶贫"分论坛
黔西南分会场的致辞

中共贵州省黔西南州委副书记　汤向前*

六月金州秀，盛情迎嘉宾。今天，我们相聚在美丽的兴义，隆重举行生态文明贵阳国际论坛 2015 年年会黔西南分会场——"山区发展与绿色减贫"主题研讨活动。在此，受州委书记张政同志、州人民政府州长杨永英同志的委托，我谨代表中共黔西南州委、州人大、州政府、州政协，向出席今天主题研讨活动的各位领导嘉宾、专家学者表示热烈的欢迎！

黔西南州地处云贵高原向广西丘陵过渡的斜坡地带，地势西高东低、北高南低，河谷深切、山势陡峭，是我国喀斯特地貌发育最完备的地区之一，具有世界陆地上除冰川以外的所有岩溶地貌，可分为低山侵蚀山地峡谷区、岩溶高原槽坝区、岩溶侵蚀高原区、岩溶侵蚀山地区、侵蚀山地河谷区等 5 个不同地貌区，属典型的山区。全州有 200 多万农村人口居住在山区，发展是解决黔西南所有问题的关键，扶贫开发是州委、州政府工作的重中之重，是全州推动加快发展、实现同步小康的关键所在。

党的十八大报告把生态文明建设提升到"五位一体"总体布局的战略高度。习近平总书记对贵州做出"牢牢守住发展和生态两条底线"的重要指示。我们认真学习贯彻落实党的十八大和习近平总书记关于贵州工作的重要指示精神，坚守发展和生态两条底线，牢固树立"既要金山银山、更要绿水青山、绿水青山就是金山银山"的理念，保持战略定力，坚持既要"赶"又要"转"的方略，统筹推进精准扶贫与同步小康工作，在发展中保护，在保护中发展，进一步深化农村改革，创新理念、创新思路、创新举措，努力促进农业增效、农民增收、农村发展，加快推进百姓富、生态

---

* 汤向前，2015 年 12 月调任黔西南州政协主席——编者注。

美的绿色小康建设。"十二五"以来，全州经济发展增速年均15%，累计减少贫困人口50.89万人，贫困发生率下降到18.48%，下降17.75个百分点；森林覆盖率提高了3.66个百分点，2014年达到48.7%。

推进生态文明建设，是本次贵阳国际论坛年会的主题，也是今天研讨活动的重要内容。我们相信，通过今天参加主题研讨的中外专家学者的科学研讨、思想碰撞，本次主题研讨必将结出丰硕成果。我们相信，有来自世界各地有识之士的大力支持和爱心援助，通过全州各族干部群众的共同努力，黔西南的绿色减贫和绿色发展步伐将走得更稳更快，天蓝、地绿、水清、人和、业兴的美丽黔西南建设将能早日实现！最后，预祝本次主题研讨活动取得圆满成功！

黔西南州晴隆县扶贫开发案例分享

贵州省晴隆县人民政府县长　查世海

晴隆县是典型的石漠化山区农业县，地表干旱缺水，岩溶地貌发育强烈，生态环境脆弱是该县最大的缺点。2001 年以来，面对贫困与石漠化严重的双重挑战，该县依托草地生态畜牧业产业化科技扶贫项目，采取"政府引导，企业运作，科学手段，以场带户，利益共享"的运作机制，实行"草地中心 + 农户"、农户集体转产的模式种草养羊，以草地畜牧业科技扶贫、岩溶地区石漠化综合治理为载体，以波尔山羊、杜波羊纯种繁殖和优质杂交肉羊生产为突破口，逐步以退耕还草发展养羊代替传统的农作物种植，找到破解岩溶石漠化难题的"钥匙"，探索出一条岩溶山区种草养畜、石漠化治理和扶贫开发相结合的路子，实现生态修复与扶贫开发、农民增收的有机结合，被有关专家学者称为"晴隆模式"。

截至目前，晴隆县已种植人工草地 48 万亩、改良草地 20.5 万亩，养羊 50 余万只，建成 81 个肉羊基地，11 个种羊场，2 个"晴隆羊"育种场，3 个胚胎移植中心，210 个人工授精点，筛选出适合晴隆种植的 11 种牧草，在全县不同海拔、不同土壤酸碱度的地区建立 17 万亩牧草标准化种植示范区，项目覆盖全县 14 个乡镇 96 个村（社区），受益农户 1.68 万户 7 万多人，2014 年为农户创收近 4 亿元。

经过十余年的凝练和创新，晴隆县按照"政府推动，农户主动，市场拉动，科技带动"的思路和做法，实现养殖方式由单一散养转变为散养和舍式养殖相结合、产权由农户拥有部分产权转变为拥有全部产权、管理方式由粗放式管理向规范化管理的三个转变。

（一）政府推动

县委、县政府提出"1238"工程（即围绕 100 万只羊的发展目标，发展 2 万户以上基本养羊户，每户饲养 30 只左右基础母羊，养羊户年人均收入 8000 元以上）。一是组织推动。成立以县长为组长的草地畜牧业工作领导小组，乡镇、村也成立相应机构。以养殖户为主成立 17 个养羊协会，在 5 个重点养羊乡镇成立产业支部，协调和帮助农户解决养殖技术、市场对接相关问题。二是政策推动。对按标准修建羊舍的农户给予 4000 元的一次性补助；对购买农机具、青贮缸、兽用器械、羔羊料等进行补贴；采取政府贴息的方式帮助养羊农户贷款购买基础母羊；对 2012 年以来实施退耕还草的农户，给予每亩 239 元的补助。并整合集团帮扶、"一事一议"财政奖补、烟水（路）配套等项目资源，大力发展水、电、路等基础配套设施。三是制度推动。建立层层包保制度、风险金奖惩制度，实行县级领导包乡（镇），县直部门包村（社区），逐级签订责任状，同奖同罚，层层传递压力，层层激发动力。

（二）农户主动

一是产权明晰。由县草地中心与农户的"产权共享，利润分成"转变成由政府帮助农户贷款购羊、资助建舍和种草，实现农民拥有全部产权，让养羊户从原来的为草地中心养羊转变为自己养羊。

二是效益明显。种植传统农作物亩产值仅为 500 元左右，种草养羊后亩产值高达 2500 元以上；外出打工基本只能解决吃住问题，种草养羊年均收入可达 2 万 ~3 万元，不仅便于照顾家庭，还可实现就近创业就业。如晴隆县大田乡 2011 年大规模启动草地生态畜牧业产业化科技扶贫项目以来，截至目前已发展养殖户 613 户，种植人工草地 2.5 万亩，羊存栏 3 万多只。2013 年，仅明珠、新寨两个村就有 400 多名外出务工人员回乡种草养羊，由于回乡打工人员素质较高，容易接受草地畜牧业方面的知识，思路明确，在整个草地畜牧业生产过程中出现"比、学、赶、帮、超"的可喜局面，户均收入在 3 万元以上。2012 年，董箐村村委会副主任李安珍从最初的 18 只羊开始发展草地畜牧业，到 2013 年 4 月纯利润 5000 多元/月。2014 年，她售出肉羊 40 余只，收入 4 万多元，纯收入 2.5 万元。目前存栏羊达到 48 只，在她的带领下，董箐村 120 余户农户参与种草养羊，户均收入 2 万元以上。

马场乡马场村村民黄东良，1998 年退伍回乡后被推选为村委会主任，当时，该村人均年收入不到500元，一直靠种植传统的农作物养家糊口。2010年，适逢县里大力发展草地畜牧业，出台一系列优惠政策，他积极动员广大农户种草养羊，并率先拿出多年的积蓄，利用自家房前屋后的空地修建羊圈，租用房前的稻田种植皇竹草。2011年6月，他购进88只杜波羊，开始圈舍养羊。到2012年底，共发展到206只，除留下30只外，其余全部出售，共收入28.6万元，他拿出净赚的10多万元，无偿补助村里20余户困难户修建羊舍、购买基础母羊，带动周边123户贫困户种草养羊，户均收入3万多元。2014年，黄东良售出肉羊300只，收入100余万，除去投入的30万元，纯收入达70万元。截至目前，羊存栏数量高达560只，在他的带动下，全村种草养羊户户均收入已达4万元以上。

杨珍龙是光照镇新益村猫猫井组的农民，黎族，全家7口人，劳动力4人，家住在北盘江沿岸，自然草山十分丰富，乡亲们世代以种玉米养猪和散养牛羊为主。由于土地瘦薄难以种植玉米，土地虽多而收成少，放养山羊不懂技术，羊经常由于生病死亡，靠养羊有时基本没有收入。2000年，19岁的杨珍龙抱着要远离家乡这片"累死也弄不出啥名堂的石旮旯"的想法，到广东、浙江等沿海地区打工，但几经周折收入也没有多少变化，2006年，杨珍龙在家人的劝说下，抱着"试试看"的心情回家养羊，2007年杨珍龙与县草地畜牧中心签订种草养羊合同，中心为其提供种羊、药品、技术服务等，发放给他的50只羊到第二年就变成120只，卖掉81只，获利3.6万元。初尝甜头后，他扩大养殖规模，2009年，全家卖羊200只左右，收入达12.8万元。今年，杨珍龙卖羊收入已达11.4万元，目前还存栏300余只。杨珍龙养羊挣钱后不仅修建新房，并且室内装修完全模仿城里人的样式，还购买冰箱、彩电等家用电器。养羊致富后的杨珍龙顿时感觉到遍地的石旮旯竟是如此珍贵，他放弃外出打工的念头，将家里几十亩过去一直种玉米的石山地里种上优质牧草，安心当羊倌，并利用县草地畜牧中心培训的技术，当上农民技术员，带领周边寨大湾、白岩、猫猫井103户农民种草养羊。自2007年以来，猫猫井组就有26户农民在杨珍龙的带动和县草地畜牧中心的指导下养羊，目前全组羊存栏量已超过3000只。靠养羊的收入，20多户养羊户家家修建新房，迅速摆脱贫困。

三是风险降低。通过人才引进、技术培训和县、乡、村三级技术服务，养殖和防疫技术明显提高，加之目前市场稳定，需求量大，进一步坚定了农户的养殖决心。四是示范引导。通过示范户引导、大户带动，周边农户种草有目标、养羊有方向、发展有信心，效益有保障，许多农民，尤其是外出务工农民积极返乡参与到种草养羊行列中来。

（三）市场拉动

我们瞄准肉羊终端产品的生产来拉长产业链条，瞄准高端市场来提升种植养殖的标准化水平。一是积极建市场。依托海权肉羊加工厂，为农户提供稳定市场，实现"种、养、加"一体化发展和"产、供、销"一条龙服务，解决农户成品羊销售问题。积极筹建以羊交易为主的西南活羊交易市场，以大市场带动大发展。二是全面找市场。通过农户自主组建专业合作社、协会等，提高组织化水平，主动寻找市场信息、开拓市场、占有市场，拓宽销售渠道。全县现有岚雨、兴方等15个标准化农民专业养羊合作社。三是努力稳市场。通过延长产业链、增加产品的附加值，减少中间环节，以质量和价格占有市场，掌控市场，提高市场交易的主动权、定价权，增强抗御和防范市场风险能力。

（四）科技带动

一是加强科技引进。实施"走出去、引进来"战略，与澳大利亚、新西兰等畜牧业发达国家及贵州省草科所、动科所、贵州大学等省内科研院所和大中专院校合作，签订人员培训及技术服务协议，不断完善山地生态畜牧科技服务体系。每年从新西兰、澳大利亚聘请专家12人次以上，晴隆县草地畜牧中心派到国外学习技术15人以上。二是加强科技转化。在品种选育、草种改良、结构调整等多方面进行探索。2011年起，晴隆县通过引智项目引进澳大利亚及新西兰胚胎移植技术，在赵有璋教授团队的指导下，应用人工授精、胚胎移植等技术手段完成世界优质肉用种羊的快速纯繁扩群和杂交组合筛选以及理想公、母羊挑选、集中、遗传繁育及相关性状收集工作，现阶段已进行到第五代横交固定，选育的"晴隆羊"集杜波羊的生长速度、澳洲白羊的肉质、克尔索羊的抗病、小尾寒羊（湖羊）多产的优良特性于一身，物美价廉，有力地提升了地方优势肉羊品牌。三是强化人才支撑。县级以草地中心和农业局工作人员为主，乡（镇）以草畜方面技术人员为主，村级以示范户和技术农民为主，组建了 500 余人的三级技术服务队伍，每年培训农户 5000 人次，确保随时全方位提供技术保障。同时，通过村（社区）远程教育平台、实地培训、专家讲座、实地参观等多种方式，在学校、田间、羊舍开设课堂，发放技术资料、实用光盘、挂历等，加强对农户种草养羊技术的培训。

兴义市则戎乡冷洞村扶贫开发案例分享

贵州省黔西南州兴义市则戎乡冷洞村村委会主任助理　柯昌盛

  冷洞村位于兴义市则戎乡西南部，是典型的喀斯特石山地区，辖 12 个村民小组 509 户 1879 人，居住着汉、彝、布、壮等民族。设有 1 个党支部、2 个党小组，共有党员 53 名。全村面积 7.3 平方公里，其中耕地面积 1320 亩，80% 以上的国土面积为石山半石山，群众收入主要靠种植、养殖。在历届村党支部的带领下，全村生产生活条件逐步改善，农民人均纯收入逐年提高。特别是近年来，冷洞村不断加快产业结构调整，大力发展中草药种植和特色养殖，群众收入快速增长，2014 年，全村农民人均纯收入达 7600 元，已基本实现全面小康。

  冷洞村是生存条件十分艰苦的地方，同时，又是一个出"精神"的地方。早在 20 世纪 70 年代以前，漫长的历史岁月中，这里山多、石多、坡多，土少、地少、水少，自然环境十分恶劣，因为生产生活条件极差，曾被联合国教科文组织喻为"不适合人类生存的地方"，不少村民举家外迁，远离故土，背井离乡，去寻求更好的生存环境。

  为让村民过上美好幸福的生活，历届村党支部团结带领全村群众向贫困宣战，与恶劣的生存环境做斗争。猛攻千古石、细抠万年土，通过炸山造地、炸石造地，实施"坡改梯"，在石旮旯里要粮食、要温饱，创造了"自力更生、艰苦奋斗、改天换地、自强不息"的"则戎精神"。在解决吃饭问题的前提下，为增加群众收入，村党支部在带领全村群众解决"粮，钱，水，电，路，气，校，室，讯，场"生产生活条件的同时，积极调整产业结构，提高群众生活水平。并于 2002 年引种金银花，找到既能治理石漠化，又能让群众增收致富的路子，探索出石山地区生存发展的重要经验。

乌干达扶贫开发经验分享

乌干达卫生服务委员会委员　Ruth Frances Atala

非常感谢今天能有机会在这里与大家一起分享关于反贫困的一些经验。首先，我谨代表乌干达、马达加斯加、加纳、喀麦隆、津巴布韦、南苏丹、赞比亚参会人员向会议主办方致以诚挚的感谢！感谢中国人民的热情，并感谢中国政府给予这次机会让我们学习中国反贫困的经验，包括反贫困的具体措施和社会组织方式，再次感谢他们的热情。

此次我要与大家分享的是一些关于反贫困的想法，集中于我们的反贫困经验和地方文明建设以及开放式扶贫。

首先，乌干达面临严重的劳工问题。乌干达缺少设备，缺少训练有素的工人去使用这些装备。其次，由于非洲各国的政治意愿不一致，以及意大利的支持，和平的诉求未有解决。这些都是我们面临的巨大挑战。再次，因为我们的国家在未来发展计划的宣传上，传统计划方式与新的计划方式直接存在矛盾。那么，如何才有另外一种更有效的方式，在时间和质量上达到一种更高水平的发展成为问题。又次，非洲国家社区中的工作人员，他们的工作态度没有形成一种爱国主义基础。非洲曾有茂密的森林，他们没有用可持续发展的方式开发资源，同时也没有意识到这种方式带来的后果与灾难。所以我们需要重视这些经验教训，在对传统发展计划思考的基础上，同时兼及其他因素。当然，最紧迫的是需要国家议会对这些问题引起足够重视。如为公正地利用自然资源、平等地对待乌干达的社会移民，我们正在形成共同的社会化网络，以应对国家间基础性的社会流动。非洲国家的领导人和有关方面的专家也在努力解决社会问题，非洲正在致力于反贫困与和谐社会建设。我们有丰富的自然资源，有一系列的计划，我们向贵州学习山羊和绵羊的养殖技术，同时我们有训练有素的农民，我们有社会化的生产方式。最后，我们将通过可持续发展的方式利用资源，实现非洲的反贫困。

　　女士们，先生们，非常高兴能够来到美丽的中国，爽爽的贵阳，在2015 生态文明（贵阳）国际论坛上，我们学习了贵州的经验。在未来，非洲与中国将共同进步，并预祝中国 2020 年全面实现小康社会的目标能够实现，也非常欢迎大家到非洲参观考察。

科学发展，绿色减贫

北京大学贫困地区发展研究院常务副院长、教授　雷　明

我们这几天一起在美丽的贵州度过了一段愉快的时光。我参加生态文明贵阳国际论坛三个主题论坛，这是我参加的第三个。我的演讲不能说是对扶贫的看法，只能说是通过这几天在贵州的学习和观察，谈一点对绿色减贫和绿色发展的见解。我这个题目是"科学发展，绿色减贫"。

我们知道明朝有个叫刘伯温的人在贵州考察时写道："江南千条水，贵州万重山。五百年后看，云贵胜江南"。大家对这首诗都耳熟能详。我之前到过贵州很多次，但是第一次来黔西南。2004年，我到毕节地区进行调查。至此，我始终在思考一个问题，如何才能实现刘伯温几百年以前提出的美好愿景，也就是说云贵如何能够胜过江南。今天来到有"水墨金州"之称的美丽黔西南，通过观看宣传片、实地调研等方式，了解到无论是黔西南州各级政府，还是普通民众，为改变我们的生活状况或者落后状况所做出的艰辛努力，深深感受到黔西南为我们实现刘伯温的美好愿景已走出一条非常有效的探索道路。并且，对于如何在未来实现刘伯温所说的"云贵胜江南"，习近平总书记已经给出答案，即"守住发展和生态两条底线"。对此，我们需要思考以下两方面问题，首先，如何守住生态和发展的两条底线？其次，如何实现脱贫和可持续发展的双赢目标？通过调研和学习，我个人有两个想法。

第一，"留得青山在，不怕没柴烧"。我们国家自从"八七扶贫计划"以来，中国扶贫取得巨大的成就，实现7亿多人的脱贫，并获得联合国千年脱贫目标的奖励，我们是第一个实现千年目标的国家。如果要实现总书记提出的"要守住发展和生态两条底线"，我个人认为如此还不够，那还缺什么呢？我们要在贫困地区实现造血，单纯提升贫困地区自我发展的能力也是不够的，更关键的是需要造好血，要形成一个良性的、可持续性发

展之路，而不是一个暂时和短暂的发展之路。那么要实现良性的、可持续性的造血能力培育，我们就应该摆脱传统扶贫和发展的理念，要把发展和扶贫的理念由传统狭义的收入提升、简单的生活改善提升到一种可持续发展、全面发展、科学发展的概念，这是未来脱贫和发展的真正的一条路。

第二，"靠山吃山，靠水吃水"。讲的就是要因地制宜地发展。因地制宜的基础是我们的山、水。如果没有山和水，我们的发展也就成了无源之本。要实现"靠山吃山，靠水吃水"，需要从经济学方面来进行解读。我们知道人类发展的基础离不开三个概念：资源；资本；财富。

从经济学的视角来看，所谓资源就是为人类发展和人类生活提供有价值的东西。它不仅包括经济资源，还包括社会资源。但仅有资源是不够的，我们经常在贫困地区听到："我守住了金山银山，端着金饭碗去要饭吃"。那么要怎样实现把资源变成改善我们生活和促进我们发展的根本动力？这取决于如何把资源变成资本。

在昨天的发言中，诸位专家、学者强调的不是资本主义，也不是经济主义，而是从社会全面发展的角度提出了各自的主张。但是在现阶段，如果要将资源变成有效的发展推动力，仍然无法离开资本。从广义的角度看，资本就是能够把资源转化为在人类发展过程中有价值的东西，能够实现资源的价值再生和价值增值。如此，我们的资源不仅是物质资本，同时也是经济资本，还包括人力资本、自然资本、社会资本。

财富就是我们在生活和发展的过程中，能够直接享用的、能够物化的东西，变成人类发展的有使用价值的东西。

从以上经济学的概念看，贫困地区的发展与否取决于资源能否转为有效的资本，再由资本变成我们生活和发展的财富，从而提升我们发展的根本目标。从昨天的现场考察，到今天两位县长和一位村主任助理的案例分享，我感觉黔西南正走在两条路上：一条是发展和脱贫、减贫双赢共赢的路；另一条是将资源转化为有效资本，进而转化为真正发展财富的路。从这两条路来看，黔西南的具体发展要注意以下几点。

第一，要实现由"输血"到"造血"到"造好血"的良性转变。这是一条发展脱贫的路子，首先是发展方向的选择问题，刚才宣传片里提到产业发展是实现脱贫的关键，如兴仁县、晴隆县的产业选择，都是将当地石漠化特殊的山地环境和现有经济发展状况相结合所做出的有效探索，适

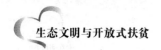

合当地的发展之路。产业选择非常关键，晴隆草地畜牧产业的选择既考虑石漠化地区生态的养护，同时也考虑石漠化地区贫困群体经济方面的状况，特别是打造一个全产业链的过程，而不是产业的某一个片段和某一个点，我觉得这个选择是非常重要的。另如兴仁薏仁米产业，它将一产、二产、三产有机地结合起来，这也是符合当地特殊发展情况的有效路子。总之，产业选择和发展方向是非常重要的，对中国广大边远农村地区来说，产业定位和产业发展不能只是产业的片段，而应做到产业全部。

第二，要充分利用市场倒逼机制，即利用市场倒逼机制来推动产业扶贫和绿色减贫的发展。目前我们处于市场经济阶段，市场经济阶段的任何经济行为，一个重要的指挥棒就是市场，没有市场的需求，我们要想实现自然资源的转化将非常困难。所以要充分利用市场导向。我刚才介绍到的产业选择是从全产业链的角度综合考虑的，市场在全产业链中起到重要的作用，黔西南州现在的发展模式恰恰把握住了市场的重要信号，从而使产业链迅速成长和发展起来。

第三，建立"政府引导、企业参与、社会组织参与以及农户自觉自愿的参与"的有效机制。

第四，发展模式的选择，模式是非常重要的，我们知道选择无论是产业发展还是经济运行，模式在运作过程中都离不开所谓的"四流"，即资金流；信息流；交通物流；商流，和市场对接的一个渠道。这"四流"决定模式的成败，而发展模式的选择是非常重要的，如果仔细分析薏仁米产业的发展模式，都会发现这"四流"在发展过程中重要的作用，以及企业对"四流"的精准把握。黔西南州在发展模式的选择上还要注意"独、特、优"三方面特征，当然，只注意这三点是不够的，还要加上一个"本"，即本土化。现在很多特色产品的标志不只是通过市场营销所营销出来的，更重要的是它的本土化。本土的特点是非常重要的，这个地方适合种薏仁，而薏仁又是本土的一个特色，那么这个产品在市场就有很大的优势，这是别人模仿不了的，别人也不懂，这会形成我们自身的发展核心竞争力。

远程教育的扶贫

西安交通大学天地网实验室主任　胡友林

我今天用十几分钟的时间来讲远程教育的扶贫。这个课题太大了，要想用十几分钟的时间来讲清楚这个事情非常困难。那我就倒着顺序来讲解。今天专门给黔西南的阳光书院、贵阳市实验小学送了两节课，这是基于互联网的专利课堂。我代表西安交通大学和中国电信选择了新疆等边远地区进行研究，已有十五年左右的时间，创造了我们这个项目的国际专利，也获得了国内两次课题金奖。今天到黔西南来，我希望能让黔西南大山的每个孩子都受到良好的教育，两个月前，黔西南州委、州政府就和中国电信合作，委托我们做方案。2015年6月17日，习近平专门到贵州贵安新区参观、考察，当时是我给习近平总书记做演示和切换的。总书记在指挥大厅看完向农村远程送教之后，表态说："志存高远，就应该以这样的方式将优质教育资源送到农村去。"

现在各方面的技术都很高，但是唯独教育有所欠缺，怎样做到可持续发展，让孩子受到真正的良好教育？我们过去采取过很多种方式，我也见到过很多。我经历过中国教育的几个跨越式发展阶段。

第一阶段，20世纪90年代中期到2005年的信息化阶段。这个阶段的主要抓手是"校校通"和"百一"工程。就是把资源送到每一个学校去，所以当时去农村的现象就是：到处都是卫星波，然后有一个小卫星站，这就是我们国家的五号卫星，专门为农村学校传递资源，比如同步课堂，各种教学之源等。

第二阶段，2005年到2011年进入互联网阶段，此阶段进入"班班通"时期，我到贵州以后才发现，贵州比发达城市整整落后五年，就是"班班通"工程在很多地方已经得到满足了，有些地方已经更新换代，但贵州省尚未完成，只是刚刚开始。

第三阶段，国家出台《2011～2020 教育发展的通航规划》，这个规划的出台意味着国家以农村为抓手推进城市教育，把大量资金和技术通向农村，要求到 2020 年，每所乡村学校实现"校校通""班班通"。为实现"两通"目标，必须将所有的装备投资到位。所以大家看到很多学校都有电视机、投影仪或者电脑。这也就是说信息点的建设，社会的"班班通"建设在加快。

所以，这三个模式在今天的绿色减贫会议中也有很重要的作用，实际远程教育已经成为一种手段。对老百姓来说，如果孩子没有知识，你给他再多的钱或者别墅，他都不能真正脱贫。我曾在新疆几个最贫困的维吾尔族地区工作过，这些地区路不通，交通不便，但是他们居然能把山东的教育资源引过去，而这些人又能驾驭这些事情，以使他们自己发展，这是我在四年前做的研究。

实践证明，通过远程教育的方式，无论是教育发达地区，还是教育落后地区的教师，都能在这个舞台上演绎自己的精彩，并且获得努力之后的成功。对于远程教育的方式，国家教育部袁贵仁部长在通过调研之后也是充分肯定的。很荣幸到黔西南来，如果没有黔西南，也许我这次就不会再来贵州，但是没有想到，再次来到贵州之后就决定不走了。我感觉贵州的远程教育扶贫，一定要跟信息化教育模式相联通。雷明教授刚才讲到，经济有经济的模式，教育有教育的模式。如果能做出一个好的模式，那么它就可持续很长时间。

我大概介绍一下兴义八中。他们的教室里装有电子白板，也就是说，不管你会不会做课件，你把你要讲的课程淋漓尽致地写出来，写完以后，我们都可以全部看到。这里有一个规律，就是推行员的教育，也就是说和录像、录光盘不是一样的。目前，关于教育的课堂分类，全国教育界公认的有：（1）同步课堂；（2）名校课堂；（3）名师课堂；（4）专利课堂；（5）微课程。这一切的发展，都离不开最近十年来互联网技术的突飞猛进。到今天"互联网＋"的时代，可以说互联网改变了人们的生活方式、学习方式和生产方式。所以现在的企业从来都没有库存，只有技术，拿着生产产品，然后到富士康订购。比如投影仪现在是淘汰的产品，日本已经发明激光投影，可使用两万个小时，和电视机一样的，整个就只有一个支架和配件，然后卖到全世界。这就彻底解决电视机的屏幕不够大和电灯泡不够亮的问题。欧洲也是这样，这是整个生产方式的变革，和我们过去的想象完全不一样。

中国电信跨界支持送教到农村，农村信息化发展的好与坏和扶贫紧密地联系起来。未来对黔西南来说，我认为要赋予实践教育的均衡，并汇集到每一个孩子，那么"三网视频"的应用将出现一个新的模式。这个模式在上海、北京都已经开始探索，越发达的地区使用率越高，越欠发达地区使用率就越低。而现在农村电视使用率比较高，互联网使用率较低。因为留守儿童和老人对互联网的依赖比较少。

我已经做了六年的跨区域送教研究，即河南向新疆原住地送教、北京向和田地区送教、上海向喀什送教等。送教的内容多为职业教育、教师培训以及骨干培训等。对于利用网络技术来进行跨区域送教，我希望黔西南所有的教育走向高速发展时代，每一个班都能够通光缆，确保送教百分之百成功，只要有好老师，一定能教好农村的学生。如果路修不好，就无法致富。如果信息之路建不好，那么优良的教育资源就传送不到边远农村地区。以前大家都说兴义八中有多优秀，我们怎么看、怎么听都没有觉得优秀，但是这次全省的状元都在这里。别的学校的状元都是引进来的，而他们学校是土生土长的状元，所以这让人非常感动。那天我还和王校长说，实际上当时的黄冈就是因为出了几个状元而变成了一流的教育基地，那么黔西南的八中是不是要像黄冈一样走向全国呢？要想教育到达顶峰，信息化发展是必经之路。受中国电信的委托，包括贵州省电信的委托，我们在为贵州省做全面的规划，也就是说信息时代电信、老师、老百姓、政府的位置都不一样，这叫和谐共生社会，共同发展。

重塑世界经济，构建黔西南生态扶贫

贵州大学教授　贵州民族大学社会建设与反贫困研究院
特聘研究员　曹端波

中国的扶贫和改革开放是同步的。1980年代出版了一本很重要的书《富饶的贫困》，讲的就是我们黔西南，贵州乃至中国的西南其实一直是富饶的。这个共识是大家都可以看见，但是最大的问题就是富饶而贫困。刚才有位学者提到刘伯温时代，看到云贵重要性的，其实不只是刘伯温，当时一批学者如王思训、徐霞客也看到西南的重要性。也就是说西南不是一直贫困的，它的贫困是一个历史时代产生的。

我认为这个问题有三个方面。第一方面是发展观，我们为什么会提出生态文明与开放式扶贫，就是我们如何扶贫，走什么样的发展道路。这是最关键的。我在黔西南调研过，我觉得我们最大的问题其实不是欠开发，而是过度开发。一些布依族村寨原来有九龙治水，水源相当好，而现在只有一龙治水了，成为严重的经济发展瓶颈。守住生态是很重要的，而生态不一定是自然生态，还包括它能构建的人与自然的理念和生活方式。

第二方面，中国乡村的衰落是自晚清以来最大的问题。工业现代化的过程中，我们的道路越来越死，边缘区和乡村社会逐渐地边缘化和弱化，即出现了乡土精英知识分子向城里走，出现了资金人才被抽空了的乡村社会。这些问题造成了所谓的空壳村，老弱病残，还有所谓的留守妇女，这些是最沉重的负担。政府发展产业的时候面临重要的瓶颈，产业一下去就没有人了，特别是没有能力强的人，这方面很严重。

第三方面就是文明问题。我们提出生态文明，我觉得是整个世界面临的问题，而不仅仅是中国问题。中国积极反贫困实现小康的意义很大，中国只要把自己发展了，黔西南只要用新的方式把自己发展了，这就是拯救世界、拯救中国。

　　中国一直有实现小康的愿景，习近平提出要实现全面的小康，这一小康对于西南这片富饶的土地来说，是有很大机会的。我们的贫困最重要的问题是阶段性的，因为西南一直是富裕的，秦汉时期，汉武帝要打通古夜郎道，证明我们这条道路是处于中心而不是边缘，特别是秦宋时期，是交往贸易的枢纽站。明清时期更加凸显这一片区的重要性。

　　贵州大学提出过苗疆走廊，现在又提出一个新的理念：国家民族走廊。在"一带一路"倡议下面，我们重新提出了一些想法。一是贫困地区最重要的是推进教育改革、医疗体制改革。根据我们的调查经验，大量的外出打工者去了沿海地区，很大一部分享受不到改革的成果，所以我们要进一步地思考。我们的贫困，有些是制度造成的，并不是我们天生贫困。一个制度的设计是非常重要的。二是政治体制改革。建设有效的政府要进一步深化改革，政府的有效不在于有多少权力和资金，而在于是否有强大的社会基础和社会的合作能力。三是文化方面，现在国务院特别重视古村落与文化产业。中国面临伟大的时代，并面临一个重要的机会，这就要看我们行动的主体能不能抓住。

推进新世纪扶贫开发，实现思维转向

贵州省社科院社会所副研究员　高　刚*

很荣幸能够在此和大家一起探讨，我今天想和大家分享的是"推进新世纪扶贫开发，实现思维转向"。

毫无疑问，我们中国的扶贫工作在国际上得到高度的评价，但是实践的过程中还存在一些问题。我认为，扶贫工作之所以存在这样或那样的问题，是因为在开展扶贫工作的时候存在一些思维误区。因此，要有效推进新时期的扶贫开发工作，必须实现四个思维转向。

第一就是从行政主导思维转向追求导向思维，主要从三个方面入手。

（1）对贫困户的识别应该从自上而下的指标分配转向自下而上的客观评判。当前的精准扶贫工作的原则是坚持贫困人口规模控制，自上而下层层分配工作，这是一种减贫的行政指导。识别贫困思维容易导致贫困识别不精准，其主要表现为：政府凑数贫困户，因而使真正贫困户不能被识别，要解决这些问题，应在国家已有自上而下的贫困人口的规模上，同时采取自下而上的贫困群体参与识别。

（2）对扶贫项目的管理，应从方案既定的固化机制转向市场原则的弹性机制。我们在实地调研中，很多扶贫部门发现，扶贫项目都要经历上报、调查批准、确定方案等程序，并且扶贫资金是固定的，但是这个市场是波动的，市场的波动导致了很多项目不能按时完成，这是扶贫部门反映比较集中的一个问题。我觉得应该改变这种方式，建立一种弹性的项目管理机制，尊重市场价格变动的机制。对于成本提高的情况，应该适当追加资金，然后使项目能准时完成。

---

* 高刚，现任贵州省社会科学院社会研究所副所长，研究员，望谟县人民政府挂职副县长——编者注。

（3）对扶贫资源的供给，应从供给主导型转为需求主导型，因为供给主导型存在严重的政府主导思维。在扶贫项目的选择和扶贫思路的确定方面都是政府说了算。供给模式容易造成弊端，在有限的资源条件下，贫困户生产生活急需的资源可能供给不足，而另外的一些设计达标和评比的工程大力改动，造成不好的影响，这就需要尊重农民贫困户的发展机缘。比如在实践中出现了一些"菜单式"扶贫。

第二就是要从当下发展思维转向综合服务思维，要从片面强调经济扶贫转向全面开展社会建设。我们知道，经济建设是扶贫工作的核心，但是在农村总体进入温饱有余、小康不足的大背景下，对于贫困户而言，养老问题、精神文化空虚比经济发展更紧迫，更令人焦虑。比如前段时间毕节出现的问题，我们拍了很多的留守老人，在我们的调查中确实有很多案例。因为家庭成员在外务工，经济收入对于他们来说不是最大的问题，最大的问题是他们的平时生活非常困难，所以说改变经济建设和发展模式，然后转变为中国的经济建设，首先就是要增加农村公共服务点；其次是注重培育农民的合作意识，让农村回到一个温情脉脉、守望相助的环境里。

第三就是从单向扶贫转向综合扶贫。目前贵州贫困研究中，发现大多的留守儿童、妇女很难完成很多项目，因此要跳出扶贫抓扶贫，在贫困地区要综合扶贫，提高贫困户的技能水平，改造贫困文化。

首先，需要改变现行各种政策主导的培训计划的不足。其次，要创新农民教育培训的载体，比如遵义目前在村内部开展农民会议。再次，要从单一手段转向综合指导，要改变扶贫部门单打独斗的格局，建立扶贫部门主导，其他的相关部门、高校部门综合扶贫机制。充分发挥市场在资源配置中的基础作用，以资源引项目，以产权引资金，以质量引增量。采用多种方式听取民众意见，整合各项剩余资金，不断完善"政府主导、部门支持、社会参与、市场运作"的多元化扶贫合作机制。最后，要构建扶贫能力资源，整合合作机制。还要从一劳永逸思维转向长期攻坚思维，注意加强对贫困对象的跟踪和后续扶持，加强扶贫开发的后期管理与评估，建立精准扶贫跟踪机制，加强扶贫工作的检测。把握好暂时脱贫与农村基础条件建设的关系，实施"一户一档"的精准扶贫，能够在短期内使贫困者脱贫，要彻底改变贫困问题，必须扎实推进区位经济发展规划，通过区位经济发展能力和水平的提升来支撑贫困户脱贫。

第四，要从政府杂乱思维转向政府规律思维。很多地方的扶贫工作上级要求做什么，下面就要落实什么，扶贫工作没有了自己的思路和办法，而扶贫有成效的地方大都是遵循扶贫开发的基本规律来开展工作的。在昨天的兴仁扶贫考察中，我们感受非常深刻。我认为晴隆和兴仁正是在把握扶贫开发的规律基础之上开展工作的。这个规律就是找准一个项目、形成一套机制、培养一批人才，形成示范效应。比如晴隆养羊项目是适合当地实际情况的，在找准项目的基础上，进而形成一套机制，这个机制包括项目总导机制、产业链条培育机制和利益分享机制，然后在这个基础上培养一批人才，最后成为示范效应。农村经济要有一个长远的发展，就需要一个好的效益和机制，并有一套健全的有效机制做保障，有一批专业技术人才做动力。除此之外，有好多项目要拓展发展空间，扩张带动能量，还必须形成示范效应，让农民分工明确，自觉参与，才能做到拓展产业，提高市场竞争力。

黔西南州生态智慧与开放式扶贫

贵州民族大学社会建设与反贫困研究院教授　孙兆霞

我发言的题目是"黔西南州生态智慧与开放式扶贫"。题目的确定也是考虑到我们这一次"生态文明与开放式扶贫"论坛的主题。开放式的扶贫有很多维度，其中一个重要的维度，我认为是向内生性的源头寻找资源。向我们的自然资源、我们的民族文化资源、我们的社会历史资源的深度伸发。所以，针对这个维度下的该题目，我准备从四个方面来阐述我的观点。

第一，自然资源的禀赋是自然发展的基础，也是黔西南州到目前为止，生态智慧生成的基础。黔西南的自然生态智慧首先是建立在水的流动上的。刚才曹端波教授已经讲了，中国还没有一个省建省是以一条路来建的，而贵州600年以前，永乐十一年间就是这么建的，黔西南恰好是这个主要通道的一段，但那是陆路。而水路，长久以来常常被忽略。我们今天谈开放式扶贫，千万再不要将这条水路忘了。南北盘江在这里交汇，是它从宋代到明代、清代把我们的人，我们的资源，我们的社会和文化通过珠江流向广东，进入大海，汇进世界。所以，以后反贫困要重视这个自然资源。

第二，黔西南有几个县处于地球上北纬23°到26°，而这样一个地理环境专家们认为非常特殊，珍稀香料只能在这样一个地域出产，比如黔西南的木姜子油，从桑苍子中提炼，它能提炼的紫罗兰酮，是整个香料中的精华，欧洲很多年前就在用我们的香料，比如他们的化妆品、蛋糕、鸡尾酒等都用到我们的资源。我们有更多的香料在这一带出产。

再有我们山地更广的是种质资源，比如我们的油桐，刚解放的时候，就是中国出口到世界的免检产品。这一带生产的桐油在世界上是品质非常高的一种防腐天然产品，多用于航海木船外漆的防腐剂。刚才曹端波老师也谈到富饶的贫困，"富饶"中的一个产品就是油桐。还有刚才专家与我们分享的资源是我们以后反贫困可以依托的财富，是我们走向世界的最好基础。

第三，悠久的民族社会文化，也充满了生态智慧。我们知道黔西南的布依族是最早的稻作民族之一，这个民族在特定的环境，即黔西南的喀斯特盆地和喀斯特峰林土壤资源基础条件下，将稻子的水田耕作和薏仁米的旱作这两个根据季节的结构和生计结构进行互补，形成一种耕作制度，继而形成了特有的农耕文明，也是农业文化遗产。在今天，依然是这个社会进步最重要的资源。怎么生产，怎么适应环境，怎么利用资源等，确实是人类生态智慧的杰作。与此相关的社会与文化，我还是以布依族为例。比如亭目制的社会结构，就是一种很深刻的社会合作和社会团结典范，以及社会公共利益分享的社会结构。以布依摩经为核心的宗教文化，也是非常经典的，这对我们的精神世界，我们的价值观，以及对我们的生活目标都存在在地化智慧生成的机制。村落公有制通过家庭主体凸显社会主体性，甚至跨越到区域性的通婚圈，多重社会关联、文化关联、婚姻关联，把整个社会智慧、资源利用的智慧、生态保护的智慧，内生性地结合在一起。开放式扶贫可以从这样一些维度来展开，会比我们仅仅停留在一个表层的产业扶贫收获多得多。

第四，当下我们面临的挑战很多。黔西南面临的挑战是比较明显的：一是石漠化相当严重；二是农村的空壳化现象相当严重。在这两个自然的和社会的挑战面前，我们怎么办？我提出四个方面的想法来和大家一起探讨：其一，我们一定要把山地资源利用与生态环境保护相结合。今年初，贵州省人大委托，包括王春光教授团队在内的研究团队做了一个重大课题，我们已经花了半年的时间在兴仁调研，王春光主任是课题组副组长，贵州省人大的龙超云副主任是组长。大家昨天看到锁寨村的枇杷，我第一次看到的时候真的很震撼，看到那些在喀斯特石缝里长出来的茂盛的枝叶有一米多高，三四米覆盖面积。它能够三四年扩展到两万亩了。在石漠化如此恶劣的环境中，能够长出这么一种新的种质资源，而且已经成规模了。他们采取的是"9＋1"的模式，种植的分享是农户可以拿到最后收成的90%，而公司只拿10%。公司的收益主要用于市场开拓、技术模式的开拓。这种市场、公司、农户的利益分享是很有意义的。其二，贫困人口的社会参与，利益共享机制和农村社会工作的机制，这个在前两次的论坛上讲得比较多，我就不展开了。其三，跟刚才胡老师的分享有关，也是我们昨天去调研才发现的。到兴仁县纪律检查委员会，知道黔西南州率先提出建立"民生监督信息平台"。兴仁县现在已经在做了，它把扶贫开发所有的项目，一类是涉农扶贫部门的项目，如某村养猪受益农户项目推进情况；另一类是社会保障政策实施项目，如低保、新农合的所有信息纳入进去，就可以避免长期以来扶贫工作中的腐败，如放水不到田的现象发生。它通过大数据来统计发布，这是令人非常振奋的。我们社会的前进因为有了这种大数据，才能够达到一种监督的有效性。其四，依靠内生型与外部资源的结合，可以把物质文化遗产和非物质文化遗产进行活态利用，甚至做试验区。去年国务院参事室徐嵩龄参事率队在贵州调研，结题报告中提出建申遗试验区。生态文明与开放式扶贫论坛前天刚刚通过的《促进开放式扶贫的贵阳共识》，与徐参事们的报告也有很多交集。

现在联合国和各国政府正在对 2015 年后全球发展议程展开磋商，其中，以本土知识促进减贫发展的思考，正引领包括世界银行在内的国际组织进行战略性的转换。从"二战"后，反贫困从物质财富生产，到 20 世纪 80 年代后为人力资本生产，又转换到目前社区社会资本的生产了。这就是以"知识银行"为载体的反贫困的战略性转换。所以，今天我们在黔西南分享和探讨的问题，使我信心大增。黔西南的探索真的能为人类的反贫困事业做出新的贡献。

山区发展与绿色减贫研讨会总结

中国社会科学院社会学所社会政策研究室主任、教授　王春光

刚才几位老师都谈到，我在贵州做了 15 年的调研，我跟贵州挺有缘分的。因为我是浙江人，贵州与浙江有着很久的历史渊源，从王阳明开始，还有刚才提到的刘伯温等，600 年后胜江南，他是我的老乡，当然他是大政治家。

在贵州的扶贫开发当中，我感受最深的一点是社会各界都在努力，都在发挥自己的智慧，都吐露了很多经历，做了很多工作。今天不管是视频也好，还是现场演讲也好，总体给我的感觉就是：穷没有关系，穷要有志气。穷要有动力去改变，这样也是非常重要的。在贫困当中有一个很强的问题就是贫困文化，要改变贫困文化是很困难的。贫困文化表现在什么地方呢？缺少自我改变的能力，缺少主动进取的能力和意愿。这个在贫困当中是很难改变的一个现象，叫贫困文化。

贵州人是勤劳的。这里的自然生态环境差，造成贵州人民敢于去闯，敢于去挑战困难，这些是值得我们去赞赏的。比如有些在很恶劣的环境中与天地斗，现在已经实现了与自然和谐共存的局面，这是我最欣赏的一点。我老家是温州的，温州人也是不怕苦的，走遍千山万水，只要世界上有人的地方，就有我们温州人。我想我们贵州人也有这种精神，从政府领导到普通老百姓，只要有这样的精神，再贫困都不怕，因为有各方的力量、各方的资源，这一点是我感触很深刻的。

第二点就是我们要有办法，只是精神的支持是不够的，所以我们今天的演讲，各位专家学者、政府官员从各个角度来探讨把贫困问题解决好，或者说是往前推进，这方面有很多实际的经验，也有你们的思考。让我感触有些深的就是制度层面的建设，贫困问题涉及制度重建的问题。我们改革开放几十年来，我们的制度创新能激发大家的动力，能够调整有效的资

源，只有制度的建设才能把资源和智慧调动起来，运用到反贫困里面去，这个很多老师已经谈到。

　　第三个就是观念和理念上的问题，制度背后是很强的理念。邓小平讲思想解放很重要，我们人的理念和行为是合一的，然而知易行难。我们要考虑理念上有个很大的改变，要站在人类的前沿。这与曹端波教授的历史视角、孙兆霞教授的本土文化观来看待这些问题密切相关，她提的"自然生态智慧"非常有价值。我们谈贫困的时候，往往把我们自身的优势埋没了，把我们的资源放一边了，所以导致更加的贫困。之所以我们是贫困地区，我们什么都没有，只能向别人学习，我们其实有种自我贬低的情况，这是一个很麻烦的事。我们讲的世界银行在国际扶贫当中很失败的一个原因是：往往把贫困人口的人格、价值压缩下去了，造成越扶越糟糕的局面。所以我们要树立贫困地区在文明文化的主体性是很重要的，我们是平等的，我们不是乞求你来扶贫的，但是我们可以学习，可以借鉴。我们自己不要否定自己，这一点非常重要。同时这是开放性的，这次总结就是开放扶贫。我们要吸引各方的资源和优势，比如我们利用最先进的科技，即刚才胡教授讲的利用网络把扶贫引进去，但是网络只是手段，我们要在手段里面把内容结合起来，这也是值得我们思考的。比如我们用沿海地区的教育方式来教我们贫困山区的孩子，这方面就存在消化、吸收的问题，由此产生脱节。曾经我遇到一个问题，我们经常把贫困地区的孩子通过夏令营带到北京去，好像给了他很好的机会，但是一个月后，那些孩子回去之后表示不满，你为什么把我带到北京去，这让我感到这个世界怎么这么不公平？他们没有给这些孩子一个过渡的解读，突然把他带到一个新环境就会形成很大的反差。反差对于正在成长的孩子来说，会产生自我的贬低，所以我觉得我们自身的主体性是非常重要的。

　　最后一个情况就是高刚同志讲的发展的反思，人类在前进当中都要反思，20世纪80年代我们上大学的时候，当时的罗马俱乐部出版一系列人类反思的丛书，在发展当中，我们以人为主体，现在已经实现了人与自然和谐共生，就是利用自然的时候，不是把经济当成一种手段，而是与自然共存在的，是互相依赖的。

　　我是学社会学的，我们经常批评经济学家过度经济化解读。追求人的全面发展、人与自然的和谐共处，这是我们今天绿色减贫很重要的主题。

我们不仅仅要利用自然，我们要使自然得到更好的发展，人类发展也才会变得更好。所以晴隆的生态养羊项目是一个很好的理念，把石漠化和生态搞好了，人类自身也就会变得更美好，这是相互依存的关系，我们不能只是利用自然，还要还予自然。

所以我对雷明教授的观点有点建议：从资源到资本到财富，我们还要反过来从财富到资本到资源，这不是单向的发展，而应是相互影响的发展模式。构建这样一个体系，我们的扶贫才有价值，我们的扶贫不只是解决有钱没钱的问题，还是要解决人与人的和谐共处、人与自然的和谐共处问题。我们要追求每个人的幸福。

生态文明与开放式扶贫论坛会议综述

张　建　孙兆霞

2015 年 6 月 27 日至 29 日，作为生态文明贵阳国际论坛 2015 年年会四个重点论坛之一的"生态文明与开放式扶贫论坛"成功举行。论坛由国务院扶贫办、北京大学、贵州省人民政府主办，由中国国际扶贫中心、北京大学贫困地区发展研究院、中国社科院社会学所、贵州省社科院、贵州省扶贫办、贵州民族大学、招商局慈善基金会、黔西南州人民政府、中国新闻社贵州分社、普定县人民政府共同承办。本次论坛共分三场：在贵阳国际生态会议中心的主会场及在贵州民族大学和黔西南州的两个分会场。

参加本次论坛的有国务院扶贫开发领导小组副组长、国务院扶贫办党组书记、主任刘永富，贵州省委副书记谌贻琴，国务院发展研究中心农村经济研究部部长、研究员叶兴庆，中国国际扶贫中心副主任、研究员黄承伟，黔西南州委常委、州人民政府副州长邓家富，安顺市普定县县委书记方东等领导，联合国系统驻华协调员诺德厚（Alain Noudéhou），联合国开发计划署驻华代表处政策与伙伴关系团队主管芮婉洁（Hannah Ryder）等国际组织代表，北京大学党委书记、校务委员会主任朱善璐，中国社会科学院环境与发展研究中心研究员、国务院参事室参事徐嵩龄，中国城市科学研究会首席专家、常务副秘书长、研究员鲍世行，中国社会科学院社会学所社会政策研究室主任、研究员，中国农村社会学会专业委员会理事长王春光等学者，互满爱人与人（NGO）首席代表迈克尔·海尔曼（Michael Hermann），云南连心社区照顾服务中心专家团主席、香港港专学院副教授陆德泉，招商局基金会副理事长兼秘书长陈毅力，友成企业家扶贫基金会副秘书长零慧等公益组织负责人等 350 余人。

本次论坛认为，开放式扶贫是减贫的重要理念，是开放和扶贫的辩证统一。在贫困地区发展道路上，开放和扶贫彼此融合，相互依存，相互促

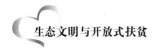

进，缺一不可。开放能促进区域发展的硬环境和软环境改善，促进发展的机制创新，促进社会治理结构完善。实践证明，开放是加快地方经济发展、完善社会治理、提高科教文卫水平的活力源泉，由此改善区域物质文化生活、促进社会就业、提升区域福利，同时为扶贫机制创新提供基础。开放和扶贫的辩证统一，是扶贫模式创新、提高扶贫效果、实现反贫困可持续发展的重大原则。实现开放式扶贫，将更有效增进社会活力、促进社区发展、增强社会稳定，为贫困地区形成更具开放性的经济、社会发展环境提供支持。

第一，反贫困工作领域与工作目标开放。充分认识贫困的本质和反贫困工作的根本目标，扩大反贫困行动的工作视野与工作领域。充分认识贫困问题不只是经济问题，更是社会问题，同时也反映于环境、文化、社区可持续，发展政策更具包容性和平等性等诸多层面。反贫困工作不只是单纯的经济发展和货币收入增加的问题，可持续、有效的反贫困工作，最终既体现于人民群众的现金收入增加、物质生活的改善、拥有的财产总额增大，同时也包括贫困群体作为反贫困主体资格的充分落实、其平等发展权利的更大程度实现、社会合作机制的可持续成长、社区可持续发展能力的永续提升、贫困地区社会政策水平的不断提高、社区社会资本的持续增强等，还体现为有尊严、有价值、有保障的生活得到支持。

第二，反贫困行动模式开放。反贫困工作的主要工作模式，需要从过往的政府完全主导扶贫开发工作，向政府、社会组织、企业、社区、贫困群体多元主体参与的反贫困模式转变；要考虑从主要支持产业发展，向支持贫困地区综合发展的方式转变；要考虑从主要支持大型项目，向在支持大型项目推动的同时支持贫困群体的综合能力成长转变；要在产业带动的同时兼具考虑支持社会合作、增加贫困群体的社会资本成长的方式转变；项目类型要从单一的支持产业发展、基础设施建设逐步向包括社区福利成长、社区建设、社区公共事务管理能力提升的项目组合模式转变。

第三，反贫困参与机制开放。重新审视反贫困行动过程中政府与社会的合作机制，区域反贫困战略和规划的制定，要充分考虑支持贫困群体和贫困社区作为反贫困行动主体；要考虑建设社会组织、企业便捷参与的渠道和机制；要在扶贫开发工作推进及区域反贫困行动中重视治理机制的建设，扶贫项目本身也需要建立良好的治理机制，要完善项目规划、实施、监测评估各环节中的相关群体参与机制，充分调动参与方的积极性并保障参与方的参与权益。

在 27 日的主会场上，会议的主题为"社会参与为基础的反贫困行动新战略"。开放式的扶贫，需要把扶贫开发工作置身于一个开放式的社会经济系统之内，要求视野开放、工作模式开放、机制开放，支持社会参与、多方协作的反贫困行动新机制。会议分为四个阶段。

第一阶段是论坛开幕式。由贵州省人民政府副省长刘远坤主持。

中共贵州省委副书记谌贻琴在致辞中说，生态文明与开放式扶贫，对于贵州来说具有特殊重要的意义。通过扩大开放加快贵州发展解决贫困问题，在发展中保护好生态、实现人与自然和谐共生是我们的中心任务。我们将加快推进城乡一体化，减轻农村的资源环境压力；大力发展现代山地高效农业，让大量留在农村的农民依靠土地脱贫致富；大力加强生态建设，增创生态环境的新优势；完善开放式扶贫机制，增强贫困地区和贫困群众脱贫致富的动力和活力，加快形成系统性、开放性、综合性、多样性的扶贫开发工作体系。

联合国系统驻华协调员兼联合国开发计划署驻华代表诺德厚代宣读UNDP 署长海伦·克拉克女士贺词并发言。他指出，保护生态系统实现扶贫是我们共同的责任，也是我们的根本目标所在。达此目标需要我们展开全球性的合作和创新解决机制，通过我们共同的努力，构建一个可持续的世界。

北京大学党委书记朱善璐教授认为，贫困的问题不是经济的问题，是一个深刻文明面临的挑战，如何在未来人类发展中实现新的文明整合，并创造新的文明模式是个重大问题。不抓物质条件的脱贫是无法脱贫的，只抓物质条件的脱贫是难以从根本上脱贫的。中国当今的政府和中国的执政党包括在贵州地区的群众正在努力奋斗，真心实意帮助穷人，这本来就是社会主义的原意，社会主义没有用经济主义而是用社会二字，非常深刻。大学是关涉人类文明、人类幸福福祉至关重要的富有深刻文化内涵的机构，它比一般的机构更应该思考一系列人类过去现在未来极为深刻的东西。大学在增强文明教育、培养高新人才上发挥重大作用，是扶贫队伍中一支重要的力量。大学应拓宽视野，关注贫困地区，关注百姓，关注社会的命运，以创新性、可行性研究成果致力于反贫困机制的研究和运行。北

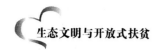

京大学从一开始就同国家和民族命运紧紧连在一起，最初北京大学的一批君子与学者奋斗的一个重要使命就是让贫困的人们摆脱贫困，让带着枷锁的人们得到解放，反贫困从本质上是所有大学的使命责任。希望北京大学更多地参与国家扶贫办主持在贵州的各种与扶贫相关论坛、研讨会和相关工作，愿意作为中国大学之一做出自己的贡献，也希望能和贵州的大学同仁们一起来联手，共同商讨怎样在当代共同做出大学应有的努力、作为。

国务院扶贫办主任刘永富在主旨演讲中说，中国政府高度重视生态建设与扶贫开发，减贫成就得到国际社会的广泛赞誉。把生态文明建设与反贫困相结合，处理好人与自然的关系，让群众在良好的生态环境中生产生活，是消除绝对贫困、实现可持续发展、进而共同富裕的根本途径。消除绝对贫困是中国 2020 年全面建成小康社会的底线目标。根据"四个全面"的总体部署和实现"两个一百年"奋斗目标的总体要求，中国正在实施精准扶贫战略，落实地方党政一把手、中央行业部门、贫困县的责任，实行最广泛的社会动员，完善政府、市场、社会协同推进的工作机制，加快精准扶贫六项机制改革，加快推进精准扶贫十项重点工作。刘永富在演讲中重点介绍中国正在实施的精准扶贫十项工程中，有三项为绿色扶贫工程。一是移民搬迁扶贫工程。实施移民搬迁扶贫工程，可以实现贫困地区绿色发展与减贫脱贫的同步推进。二是光伏扶贫工程。实施光伏扶贫工程，可以实现贫困地区产业结构调整、贫困群众增收与生态环境改善的相互促进。三是旅游扶贫工程。实施旅游扶贫工程，把绿水青山变成金山银山，可以实现扶贫开发与生态建设的双赢目标。刘永富表示，贵州是中国扶贫攻坚的主战场，也是生态文明建设示范区，国务院扶贫办将一如既往地支持贵州的扶贫开发与生态建设，实现扶贫开发与生态文明建设融合发展。我们愿与国际社会一道进一步深化交流合作，分享成功经验，共同推动生态文明与开放式扶贫有机结合，实现生态受保护、穷人能致富的可持续性发展。

第二阶段是主旨演讲。由中国国际扶贫中心副主任黄承伟研究员主持。

国务院参事室参事徐嵩龄教授发言的题目为"新农村与新文明"，通过文明的概念去观察反贫困的实践。他认为，我们国家反贫困最明显的成就表现在反贫困指标越来越高了，但是以收入为指标的反贫困是有缺点的，农民收入提高，52%增量属于外出打工。其副作用一是贫困农村的破败、农业的萎缩和凋敝、农村土地的缩小，农民家庭的破碎；二是农村的贫困差距加大了，社会保障体制不足；三是村官的腐败现象。因此现在的扶贫战略方针和目标应该摆脱过于单一注重农民收入而忽视其他的问题，要重新考虑扶贫工作思路。扶贫实际上是新农村建设，目标实际上应该是新农村文明的定位。从文明角度来看，新农村建设要达到三个目标，一是物质上的目标；二是必须把新农村建设维持下去的能力；三是要强调观念，有三个方面：一是价值观，二是伦理观，三是人文观。

互满爱人与人驻华代表迈克尔·海尔曼（Michael Hermann）介绍气候农业，关注适应全球变暖和扶贫工作。全球的气候变暖，农业占13%的排放量，但是同时，全球气候最能适应的是农业。同时，我们现在农业土壤的问题很大，很多专家希望通过改变耕作来减少几亿吨的排放量。健康的土壤才能生成健康的食物、健康的人群和健康的社会。土壤是一个巨大的碳汇，期望农民改变耕作方式，由国家给予补贴，让农民得到生态效益付费。

国务院发展研究中心农村经济研究部部长叶兴庆研究员认为，做好开放式扶贫，有两个问题需要深入研究。一是开放式筹集扶贫资源，在增加专项扶贫资金投入的同时，要增加并矫正行业扶贫资金的标准和机制，大量的资源掌握在扶贫部门之外的其他部门，但使用效益并不高。目前现有的一些扶贫攻坚平台确实存在效益不高、诚信度不高的问题，导致有扶贫意愿的贫困平台难以进入贫困地区。我们可以继续更加开放地分享国际的发展知识，来提高扶贫的效果。二是开放式的配置扶贫资源。特别是贫困地区多数生态比较脆弱，我们应加大扶贫攻坚力度，对贫困地区外出务工的劳动力在新型城镇化中间，要优先让他们在务工地能够退出贫困地区，让在贫困地区的农民有更多的发展空间。三是要认识、适应和引领贫困地区的发展新优势，随着互联网技术的普及、绿色理念的兴起、乡村旅游的发展，贫困地区很多以前的劣势，现在反而变成比较优势了，要利用优势来使产业扶贫更有针对性。

联合国开发计划署驻华代表处政策与伙伴关系团队主管芮婉洁认为，人类在面对气候变化的时候非常脆弱，我们必须保护好我们的地球，才能让人民过上更好的生活。联合国开发计划署希望把全球最佳的实践带到全球，让全球可以更好地应对贫困和环境的关系，希望可以实现绿色增长和减贫的工作，这样中国可以更好地带来更多的一些政策和发展。

第三阶段是主题对话。由中国新闻社常务副社长、副总编夏春平主持。中国社会科学院社会学所社会政策研究室主任王春光教授，陕西妇女理论婚姻家庭研究会创始人高小贤，云南连心社区照顾服务中心专家团主席、香港港专学院副教授陆德泉，贵州省普定县县委书记方东，招商局慈善基金会项目总监李海，友成企业家扶贫基金会社会价值投资联盟执行主席陈亮等参与了对话并提出几点建议：一要整合资源；二要扩展开放式扶贫的维度，把握开放的本质；三是通过理性的思考、实事求是的态度、创新可持续发展模式；四是推行反贫困、社会发展、可持续发展的融合；五是积聚各单位、企业、社会组织力量，实现绿色减贫。

第四阶段是发布贵阳共识。由贵州民族大学党委书记王凤友教授主持。贵州省社会科学院院长吴大华研究员宣布"生态文明与开放式扶贫"贵阳共识：第一，开放式扶贫是减贫的重要理念，是开放和扶贫的辩证统一。第二，贫困具有多维特征，开放式扶贫需要采取多元途径。第三，"绿色发展"及"绿色减贫"已经成为全球共识，是新时期反贫困的战略选择。第四，开放式扶贫需要政府、市场和社会的协同推进，需要贫困社区、扶贫对象的充分参与。第五，开放式扶贫要处理好传统村落历史传承及民族民间文化保护与发展的关系，注重在保护中促进历史文化资源的开放、分享和利用。

最后，贵州省扶贫办主任叶韬做总结发言，他指出，本次生态文明与开放式扶贫论坛主会场是一场令人振奋、充满智慧的交流，生态文明建设与反贫困结合，就是在贫困地区实施绿色发展与减贫相结合的战略。要在可持续发展和持续减贫的前提下，推动绿色发展，实现绿色减贫。绿色减贫的本质和核心是坚持以人为本，是转变发展观念、逐渐创新发展落实、提高发展质量的减贫理念新变革。

6月28日，贵州民族大学分会场主题是"农村社会治理与反贫困"。会议主旨为：扶贫项目本身要建立好的治理机制，可持续的减贫工作能推动良好的农村社会治理，反贫困工作的社会目标亦需要建立在农村社区团结与社区合作基础之上。

　　会议开幕式由贵州省扶贫办党组成员、副主任覃儒方主持，贵州民族大学党委书记王凤友教授致欢迎词。

　　会议第一阶段的主题为"农村社会治理与反贫困"，由贵州民族大学社会建设与反贫困研究院研究员毛刚强主持。

　　中国城市科学研究会首席专家、研究员鲍世行发言，他以贵州安顺鲍家屯为例，从传统理念、文化融合、遗产价值评估等方面讲解了屯堡文化与屯堡村落研究的现状，提出贵州在开展农村社会治理与反贫困工作中应牢牢把握生态与发展相结合的观点。

　　中国社会科学院社会政策研究室主任王春光教授围绕作为研究议题的"增能赋权"，介绍了当前农村扶贫开发取得的成绩和遇到的困境，探讨了扶贫项目与贫困人群的关系，并就农村治理与反贫困这一主题提出了自己的观点和看法。

　　北京大学贫困地区发展研究院常务副院长雷明教授提出要以农村社会治理现代化与开放式扶贫平台建设为契机，深入分析体制与机制的关系，并从制度、战略、机构等多方面探讨解决反贫困问题的调节机制。

　　吉首大学特聘教授、贵州民族大学教授杨庭硕介绍了生态文明建设的内涵，并列举了当今国人对生态文明建设的态度，他指出研究我国与美国、日本等国的生态文明建设的异同将给中国扶贫工作带来新的机遇和新的帮助。

　　北京师范大学中国扶贫研究中心主任张琦教授则就"绿色减贫"与乡村治理进行发言，提出通过"绿色扶贫"提升乡村治理水平，推动贫困地区经济发展。

　　武汉大学中国减贫发展研究中心主任向德平教授就贵州省开放式扶贫的探索与研究发言，从开放、资源整合、协商共治几个方面对贵州省的开放式扶贫做了详细分析和研讨。

　　兰州大学丁文广教授介绍当前我国穆斯林的来源与分布地区，解读了中国穆斯林生态自然观的研究意义，展示了中国穆斯林生态自然观的研究成果。

　　澳大利亚国立大学李秉勤教授则从城市化、消除扶贫与政策学习方面入手，总结了现代城市化进程加速对农村带来的影响，并就消除贫困提出相关建议。

中国国际扶贫中心副主任黄承伟研究员为本阶段的嘉宾发言做了总结，从三个方面进行了评论。第一，这一阶段的发言提出四个新的观点：①在农村治理过程中，我们要更多地尊重传统。②我们要约束体系，探索系统的理念，去讨论农村的治理风险。③要注重更开放的意识，完善扶贫体系，完善创新机制，让更多的扶贫主体更广泛地参与进来。④关注生态对农村治理、反贫困的重要作用。第二，反贫困是一个长期的过程，如何处理好反贫困过程中的各种关系问题是我们当前需要关注的。①怎么处理好过程和结果的关系。②怎么处理好当前和未来的关系。③怎么处理好战术和战略的关系。④怎么处理好继承和发展的关系。第三，八位发言人的几点启示：①扶贫攻坚战需要拓宽我们的视野。②要增强我们的系统思维。③要用更开放的意识和改革的精神，去完善政策和创新机制。④要用更加开放的态度，用更加包容的思维，去容纳不同的文化、不同的个体形态、不同的社会类型，在政策体系中体现出更多的差异性，实现对更多主体的尊重。

会议第二阶段的主题为"反贫困、农村治理中的社会参与"，由招商局基金会副理事长兼秘书长陈毅力主持。

香港中文大学黄洪教授从农村社会组织建设、社会资本促进农村社会组织等方面发言。西南大学中国乡村建设研究院执行院长、北京梁漱溟乡村建设中心主任张兰英，就当代乡村建设的实践、原则和理论做了介绍。陕西妇女理论婚姻家庭研究会创始人高小贤就社会参与的概念、农村扶贫现状进行发言。友成企业家扶贫基金会副秘书长零慧重点讲解了反贫困中的跨界创新。河南社区教育中心主任梁军则从村规民约与乡村治理方面进行理论和实践维度的本土知识介绍。中华女子学院教授、"北京近郊"理事长杨静着重解读了提升实践者对话能力的重要性。香港港专学院陆德泉副教授提出反贫困社会治理的社会创新机制。中央民族大学西部发展研究中心副主任侯远高重点研究艾滋病高发地区的反贫困实践，阐明"精准扶贫"这一理念。最后，贵州民族大学社会建设与反贫困研究院孙兆霞教授提出急需建设反贫困智库，支持开放式扶贫。

在此阶段的总结中，北京大学贫困地区发展研究院常务副院长雷明教授指出，第一，嘉宾们提出很多不同的理论见解，如社会资本在扶贫、反贫困中的地位和作用，如何应用在社会治理和反贫困中；建立社会智库，在扶贫、反贫困当中，对农村社会治理和贫困地区返贫工作是很重要的理论见解。第二，有很多实践方面的探索。"反贫困、农村社会治理中的社会参与"这个主题设计得非常好。对于这个主题的重点要抓三个问题：第一，谁参与的问题。贫困群体在这个系统中是主人，而不是被动的接受者。第二，参与什么的问题。要利用组织的方式，把贫困群体和主体意识激发起来，让它成为扶贫的主体，这要通过先行和创新的组织模式，包括我们互助合作的模式。第三，如何参与的问题。对于开放式，首先是环境的开放，其次是资源的开放，再次是权力的开放。

最后，贵州省社会科学院院长吴大华研究员做本次分会场的总结发言，他用"六好"来总结今年的会议。第一个是"时机好"。第二个是"主题好"。第三是"嘉宾好"。第四是"策划好"。第五是"形式好"。第六是"成果好"。并代表承办方之一贵州省社会科学院，对各位参会嘉宾、贵州民族大学各位领导、贵州民族大学社会建设与反贫困团队等表示感谢。

6月30日，"生态文明与开放式扶贫"论坛黔西南会场——"山区发展与绿色减贫"主题研讨活动在兴义举行。"绿色发展"及"绿色减贫"已经成为全球共识，在贫困地区实施绿色发展战略是生态文明建设与反贫困工作的有机结合。

会议首先由中共黔西南州委副书记汤向前、贵州省扶贫办党组成员、外资中心主任舒宇分别致辞。

随后，向与会嘉宾播放黔西南州扶贫开发纪录短片。

接下来，兴仁县人民政府县长袁建林、晴隆县人民政府县长查世海、兴义市则戎乡冷洞村村委会主任助理柯昌盛、乌干达卫生服务委员会委员科诺·France分别做扶贫开发方面的案例分享。

在下一阶段的学者发言环节中，北京大学贫困地区发展研究院常务副院长雷明发言的题目是"科学发展，绿色减贫"，他以刘伯温的诗为引子，认为贵州在实现刘伯温的设想过程中而走出了一条非常有效的道路，那就是"守住发展和生态两条底线"。如何守住生态和发展的两条底线？第一是"留得青山在，不怕没柴烧"。要实现总书记提出的"要守住发展和生态两条底线"还不够，还需要造好血，要形成一个良性的、可持续性的发展之路，应该摆脱传统扶贫和发展的理念，要把发展和扶贫的理念由传统狭义的收入的提升，简单的生活的改善提升到一种可持续发展、全面发展、科学发展的概念。第二是中国的一句古话"靠山吃山，靠水吃水"，就是要因地制宜地发展。贫困地区的发展取决于资源转为有效的资本，再由资本变成生活和发展的财富，从而提升我们发展的根本目标。

西安交通大学的胡友林教授做了题为"远程教育与扶贫"的主旨演讲，认为远程教育已经成为各行各业的扶贫手段，如果老百姓没有知识，给他再多的钱都不能真正的脱贫。贵州的发展，尤其在远程扶贫这一块，边远地区要跟信息化教育模式互连。

贵州大学的曹端波教授从《富饶的贫困》谈起，从历史的角度谈贵州的发展问题，认为不只是刘伯温，王思训、徐霞客也看到西南的重要性，西南不是一直贫困的，而是历史的产物。生态文明是整个世界面临的问题。中国反贫困实现小康的意义很大，把自己发展了，就是拯救中国、拯救世界。面向未来，中国一直有小康的愿景，这对于西南来说有很大的机会。我们的贫困是阶段性的，因为西南一直是富裕的，秦汉时期，汉武帝要打通古夜郎道，证明我们这条道路是处于中心而不是边缘，特别是秦宋时期，是交往贸易的枢纽站。明清时期更加凸显这一片区的重要性。"一带一路"把贵州带进了世界经济的核心区域，而不是边缘。在"一带一路"倡议下，我们重新提出：第一，贫困地区是流动性、全国性和全区性的，在改革上，最重要的就是推进我们的教育改革、医疗体制改革。第二就是体制机制改革，政府的有效不在于有多少权力和资金，而是有强大的社会基础和社会的合作能力。第三就是文化方面，国务院特别重视古村落与文化产业，我们的文化底蕴是很深的，应进一步去挖掘、思考、打造新型的阳光产业，只有从这个方面，才能够迎接更伟大的时代。

贵州省社科院社会所副研究员高刚发言的题目是"推进新世纪扶贫开发，去实现思维转向"，认为中国的扶贫实践过程中存在一些问题。要有效地推进新时期的扶贫开发工作，必须实现几个思维转向：第一是从行政主导型思维转向追求导向型思维。第二是对扶贫项目的管理，建立一种弹性的项目管理机制，增强对市场价格变动的识别。第三就是对扶贫资源的供给，应从供给主导转为需求主导。改变经济建设和发展模式，要增加农村公共服务点，注重培育农民的合作意识，由单向扶贫转向综合辅治。

贵州民族大学社会建设与反贫困研究院孙兆霞教授发言的题目是"黔西南州生态智慧与开放式扶贫"。认为开放式扶贫有很多维度,其中一个是向内生性的源头寻找资源,向我们的自然资源、我们的民族文化资源、我们的社会历史资源的深度伸发。当下我们面临的挑战很多,如石漠化,农村的空壳化等。在自然的和社会的挑战面前,我们怎么办?其一,我们一定要把山地资源的利用与生态环境保护相结合。其二,要培育贫困人口的社会参与,建立利益共享机制和农村社会工作机制。其三,建立信息分享与监督平台。其四,依靠内生与外部资源的结合,可以把物质文化遗产和非物质文化遗产进行活态利用。

中国社会科学院社会学所社会政策研究室主任王春光教授做总结发言,认为:第一是在贵州的扶贫开发中,各界都在努力,都在发挥自己的智慧。穷没有关系,穷要有志气。穷要有动力去改变。第二是我们要有办法,只是精神的支持是不够的,贫困问题涉及制度重建的问题,只有制度建设才能将资源和智慧调动起来,运用在反贫困里面去。第三是观念和理念上的问题。他充分肯定曹端波教授历史的视角和孙兆霞教授从本土文化观来看待贫困问题,认为我们谈贫困的时候,往往把自己的优势埋没了。如世界银行在国际援助当中有很多失败的案例,其原因就是把贫困人口的人格和价值打压下去了,造成了越扶越糟糕的结果。所以我们要树立贫困地区文明文化的主体性。扶贫不只是解决有钱没钱的问题,而且要解决人与人的和谐共处、人与自然的和谐共处。

本次生态文明与开放式扶贫分论坛经过近5天的议程,与会的政府领导、专家学者、行动研究者、公益组织负责人等来自不同领域的嘉宾进行了广泛的交流,部分嘉宾还赴兴仁县、晴隆县、兴义市等地实地考察了农村专项扶贫开发项目、农村社会保障扶贫项目、农村科技推广项目、农村精准扶贫项目、乡村旅游项目、农村教育扶贫项目、新农村建设项目、农村产业扶贫项目等多种扶贫实践。

本次会议还向各位参会嘉宾提供了2014年生态文明与反贫困分论坛嘉宾发言文集——《反贫困:社会可持续与环境可持续》(由社会科学文献出版社2015年6月出版),由贵州省扶贫办、中国国际扶贫中心、武汉大学联合课题组完成的《贵州省开放式扶贫调研报告》,由普定县政府出版的《普定生态档案》《普定反贫困的历史征程》等重要文献资料。

此外，会议还特别邀请了来自威宁县和兴仁县的卯昌举、卯昌永、彭佑伦、岑万嘉、王学文、岑昊6位农民代表，作为扶贫开发的典型来参加这一会议。

执笔人：张建，贵州民族大学社会建设与反贫困研究院副教授；孙兆霞，贵州民族大学社会建设与反贫困研究院教授。

中 编

专题研讨

◎ 农村社会治理与开放式扶贫研讨会

◎ 中国社会学农村社会学专业委员会年会（2015）暨第五届中国百村调查研讨会

农村社会治理与开放式扶贫研讨会

主办单位： 中国国际扶贫中心

贵州民族大学

承办单位： 贵州民族大学社会建设与反贫困研究院

贵州民族大学民族地区社会建设与反贫困 2011 协同创新中心

会议时间： 2015 年 4 月 17 日星期五下午

会议地点： 贵州民族大学第一会议室

参 加 人： 黄承伟 吴大华 张学立 杨昌儒 孙兆霞等

录音整理： 刘丽萍 贵州民族大学硕士研究生

吴 彪 中央民族大学硕士研究生

校 对： 孙兆霞 贵州民族大学社会建设与反贫困研究院 教授

张 建 贵州民族大学社会建设与反贫困研究院 副教授

王莺桦 贵州民族大学社会建设与反贫困研究院 副教授

在农村社会治理与开放式扶贫研讨会
开幕式上的致辞

中国国际扶贫中心副主任、研究员　黄承伟

张校长、吴院长、杨校长以及各位专家：

下午好！

这个会是我提议的，它主要的动因在于筹备今年的生态文明与开放式扶贫分论坛。在筹备的过程中，我们民族大学的孙教授多次对我谈到他们正在进行的一些农村社区治理和反贫困结合的调查研究与行动研究，积累了一些成果，我希望更全面地了解这些研究的进展，以及对今后的扶贫开发从理论、战略到政策可能产生的促进作用。我在开今年论坛的筹备会之前，跟孙老师提出能不能开一次研讨会，从更大的范围来交流主题和方法，这样，不仅仅是为准备这次贵阳的分论坛，更主要的是通过这种方式来加强这个领域研究者的交流。我知道开一个会还是蛮复杂，但是我们贵州民族大学准备的效率和速度，我是比较赞赏的。在两三天的时间，整个方案和邀请都落实了，所以使我在推动方面和合作方面都很有信心。

如果我们关注扶贫领域，今年应该是历史上从来没有过的热点、热量、热情的高峰状态。从总书记开始，大家注意到，从年初，他第一次去的是云南，考察的是扶贫工作；第二次国内的出差去了陕西，召开了陕甘宁革命老区的脱贫致富研讨会。这两次会议连同在此之前的经济工作会议，以及一系列的批示，反映了中央对扶贫开发进一步推进的高度重视。其中习总书记特别强调，扶贫开发是我们实现第一个百年奋斗目标的重点工作，是最艰巨的任务。这就为今后五六年的扶贫开发，尤其是"十三五"的扶贫规划定了一个调子，特别是对农村社区的发展和民族地区的发展，以及扶贫工作本身，提出了更高的要求、更高的目标，给予了更大的空间。我们可以预想，在"十三五"期间，对于贫困地区和民族地区，对于扶贫工作，对于贫困治理的研究，应该说是前所未有的高潮，所以从从事扶贫工作的角度来看，很希望在这样最好的历史时期，我们的理论工作者和实践研究者，能够为推动国家整个扶贫事业的发展、推动同步全面建成小康社会，贡献各自思想、理论、战略、政策方面的建言。所以我想我们今天的这个会可能目标不会太高，但是背景是对中央对扶贫工作高度重视、对扶贫开发领域和改革创新要求的一个回应，我觉得这个题目很有意思：农村社会治理与开放式扶贫。

分开来看，农村社会治理回应的是十八届三中全会提出的完善我们国家治理体系和治理能力的现代化，治理农村、社会治理是其中的治理体系很重要的部分，所以研究这样的问题，是全面建成小康社会一个非常重要的部分。开放式扶贫，我们一般不太关注，其实这是在 20 世纪 80 年代初就提出来的概念，但是我们多年以来没有把它当做一个很重要的概念来提，看起来是一种理念，也是一种战略的取向，但是从扶贫的本身来讲，它跟治理之间是有关系的。如果扶贫针对的是个体，是贫困人口本身，从原有扶贫中教育、卫生、基础设施等多元化的贫困来看，我们针对个体的扶持是单向的，都是一个一个地解决问题。但是很显然，当发展到一定阶段我们就会看到，贫困人口本身也是群体的一部分，生活在一个社区，有人与人之间的关系，就会涉及治理的关系。所以从扶贫的角度，我们怎么从原来的针对贫困人口本身到贫困群体本身来考虑整个扶贫与治理的问题，可能和农村的社会治理更具有匹配性。

所以，开放性扶贫很显然是一个限定词语。为 5 月份的会议主题来开展研究，可能包含更广泛的意义，如何使扶贫本身更开放，从它的主体、资源、区域、理念、体制、机制等方面都存在开放式扶贫的内涵，建构这种扶贫新的理念和理论体系，可能是我们推动研讨很重要的方向，所以将这两点结合起来，特别具有理论与实践很好结合的意义。

这次研讨会，我也希望贵州民族大学原有的研究成果能充分地展现和反馈，同时能够在推动开放式扶贫系统的深入研究上，有一个明显的改善。所以从这方面来看，今天的议题之前虽然没有很好地讨论，但还是很有意义的，有研究讨论的价值。

中国国际扶贫中心成立于 2005 年，根据时任国家主席胡锦涛同志的指示，它的成立旨在为消除全球的贫困事业做出贡献。实际上是当时的总书记，从全国的角度来建构这样的机构。这个机构主要是服务国家的外交援助战略，打造扶贫的牌子，树立大国的形象，履行大国的责任，把中国扶贫开发的经验更好地在发展中国家中分享，能够通过减贫经验的分享，把我们的发展理念、执政理念传递出去，能够产生一些影响。

这十年来，我们国际扶贫中心主要是进行国际减贫领域的培训、研究、交流、合作、知识产品的打造与共享工作。经过多年的建设和相关部门的支持，目前从交流来看，我们形成了三个纳入国家外交战略的会议机制，比如每年10月17日贫困日的减贫与发展高层论坛，每年都如期在北京举办。另外，有一个针对中国—东盟的减贫论坛，每年一届，举办地一年在中国，一年在东盟国家。还有中非减贫发展会议，也是每年一届，这几年都是在非洲召开。现在，我希望把贵阳的生态文明与反贫困分论坛，建成相对稳定的机制，能够继续办下去。这是从交流来看。

从培训来看，对100多个国家、2000名发展中国家的中高级官员开展了减贫发展专门的培训。今年，我们有18期援外的培训班，基本上都是一个月两期。减贫与发展，对于一些发展中国家来讲，是有吸引力的，我们慢慢地形成一个品牌。就是说把我们更好的理念通过这种途径分享，还有很多工作是需要做的。

从合作的角度来看。近几年，国家在外交援助上，也接受了我们的一些理念。以前国家的部委认为，我们对发展中国家的传播就是扶贫，经过我们这几年的研究和建议，他们接受了一些观点。从大的方面来讲，都是扶贫，但是扶贫要界定的一种含义，是需要更加关注民生，更加关注社区，通过赢取民心做工作。以前我们援助的都是一些行政的大工程项目，这主要是跟执政的政府来走动。但是往往因为换届，我们的工作又得从头做起。所以在过去的七八年时间里，我们在非洲国家建立一些社区，从中央到地方的这种减贫，注重从能力建设到社区的示范体系建设，国家相关部委很认可。去年克强总理在非洲，同非盟签署了《中非减贫合作框架》，去年底，在东亚的高丽会议宣布了与东亚合作的倡议。这两个协议和倡议都是在国家援外体系中，拿出专项的资金支持农村社区为本地减贫的示范。

除了这些工作以外，我们主要围绕总结、宣传、分享中国的扶贫知识和发展理念来开展国际交流与合作，所以很希望能够充分吸收国内各个领域、不同的视角减贫与发展研究的成果，以及对实践中总结出来的经验，能够转换成国际的话语，能够在国际上交流，服务于国家的外交与援外的战略。

今天研讨会因为时间短、研讨内容可能会不太充分，但我相信各位专家的意见和建议，基于已有的研究成果的展现，基于对这个领域问题的深入思考，对于完善我们国家的扶贫开发战略，形成中国的经验和中国的话语，会有很重要的启示和示范作用。

农村社会治理与开放式扶贫研讨会开幕式致辞

贵州民族大学校长、教授　张学立[*]

尊敬的承伟主任、大华院长，各位专家：

下午好！

今天，以"农村社会治理与开放式扶贫"为主题的学术研讨会在我校隆重举行。在此，我谨代表贵州民族大学对本次研讨会的召开表示衷心祝贺！向出席研讨会的各位领导、各位专家学者表示热烈欢迎！

贵州民族大学创建于1951年5月，是新中国创建最早的民族院校之一，是贵州省重点建设高校，是省政府和国家民委共建高校，是教育部本科教学工作水平评估优秀等次高校，是接受中国政府奖学金来华留学生高等院校。学校占地面积2825亩，其中花溪校区1325亩，党武校区1500亩。学校现有17个学院，74个本科专业，另有20个本科专业方向，覆盖九个学科门类，有1个国家特殊需求专业博士学位授权点，6个一级学科硕士学位授权点，42个学术型硕士学位授权点，4个专业硕士学位授权点，4个研究生工作站。现有教职工1392人，其中，正高职称人员158人（其中二级教授9人）、副高职称501人，具有博士学位人员191人，博士生、硕士生指导教师431人。学校面向国内外招生，现有全日制在校生15898人（其中，普通本科生14484人，研究生660人，预科生341人，专科生225人，留学生188人），另有联合办学三本学生7070人。我校坚持"三元融合"和"四维一体"的办学理念。"三元融合"就是以人才培养为核心，人文精神、科学精神、民族团结精神相融合。"四维一体"就是坚持育人为立校之本、质量为建校之重、人才为兴校之柱、特色为强校之径，把"育人""质量""人才""特色"四个维度统一于办学治校全过

---

　　*　张学立，现为贵州民族大学党委书记——编者注。

程。学校坚持立足贵州、面向全国部分省份，秉承传统、彰显特色，突出区域性、民族性、应用性、综合性特点，成为贵州民族地区人才培养培训基地、科技研发基地、民族优秀文化传承基地、民族团结进步示范基地和经济社会发展新型智库。我们的愿景是：至建校 100 周年时，将贵州民族大学建成国内高水平一流民族大学。

我校历来重视农村社会治理与反贫困研究工作，成立了社会建设与反贫困研究院，2014 年获批"民族地区社会建设与反贫困 2011 协同创新中心"称号。成功承办了生态文明贵阳国际论坛 2014 年年会"生态文化与生态文明"主题论坛和"生态文明与反贫困分论坛"。在已故的陆学艺先生带领下，我校社会建设与反贫困研究院同中国社会科学院、复旦大学、中山大学、华中科技大学、贵州大学、贵州师范学院及贵州社区建设与乡村治理促进会等单位和相关研究人员紧密合作，形成了较强的研究和实践探索团队，在反贫困领域的调查研究和实践活动中进行了有益探索，开展了大量扶贫开发方面的调研，在学术研究、政策研究、行动研究领域取得了可喜成绩。一是先后承接了国家社科基金重大课题"中国百村经济社会调查"贵州省子课题 5 项，贵州省人大、中共贵州省委统战部、贵州省扶贫办、贵州省委政策研究室、世界银行等单位委托的研究课题 5 项。二是开展了对贵州武陵山区、乌蒙山区、滇黔桂石漠化地区等区域的扶贫调研工作，完成调研报告 10 余份，调研成果获得中央和省有关领导的重要批示，以及专家学者的高度评价。三是该团队专家学者在国内核心期刊发表学术论文数篇，在《中国社会科学院要报》、《中国社会科学院（要报）研究报告》、《中国社会科学院要报 – 领导参阅》等刊物上发表政策咨询报告多篇，出版著作多部，多次获学术成果一等奖、二等奖。四是该团队专家学者作为中国民间灾害管理工作的主要推动者，支持、培育的贵州各工作团队在雅安地震救援行动中发挥了协调者和技术供给者的角色，并作为中国扶贫基金会雅安地震灾后重建评估领衔技术专家，负责灾后重建评估的分析及重建策略发展，评估报告获四川省政府及业内的高度评价。五是近年来，我校社会建设与反贫困研究院同贵阳市乌当区开展创新社会管理合作，完成了乌当区创新社会管理"十二五"规划；与贵阳市委群工委合作，为其提供社会组织发展规划、技术支持系统建设等方面的服务，2014年《人民日报》做了专题报道。六是在贵阳市政府的大力支持下，毛刚强博士带领的团队在贵阳市 100 余个社区中建立"友邻之家"社区治理组织。七是积极参与政府决策专家咨询工作。该研究院的两位教授为贵州省委服务决策智库专家，3 位教授为贵州省人大常委会咨询专家，1 位教授为中国社会学会社会政策专业委员会理事，3 位教授为中国社会学会农村社会学专业委员会副主任委员、常务理事。

本次研讨会汇聚了全国社会治理与反贫困领域的知名专家学者，规格高、影响大，在关注农村社会治理，回顾与总结中国反贫困经验，推动开放式扶贫的发展，回应新时期中国反贫困战略调整和反贫困工作机制需求，支持中国反贫困体制机制创新，促进区域内实施开放战略支持扶贫开发与发展模式创新等方面必将取得新的成果，为推动农村社会治理与开放式扶贫做出新的贡献。我们相信，本次研讨会的成功举办，必将为生态文明贵阳国际论坛 2015 年年会"生态文明与开放式扶贫"主题论坛的举行奠定重要基础。

为更好筹办生态文明贵阳国际论坛 2015 年年会"生态文明与开放式扶贫"主题论坛，今天上午，作为主要承办方的中国国际扶贫中心、北京大学贫困地区发展研究院、贵州省扶贫办、贵州省社科院、贵州民族大学召开了筹备工作会。今天下午的研讨会，是生态文明贵阳国际论坛 2015 年年会"生态文明与开放式扶贫"主题论坛的一次热身，我们有信心在论坛主办方领导下，与各承办单位共同努力，办好本届分论坛。

在此，诚挚邀请各位专家学者莅临生态文明贵阳国际论坛 2015 年年会"生态文明与开放式扶贫"主题论坛贵州民族大学分论坛。衷心希望各位领导、专家学者对我校的建设发展多提宝贵意见。

农村社会治理与开放式扶贫研讨会
开幕式上的致辞

贵州省社会科学院院长、研究员　吴大华

各位专家：下午好！

看时间比较紧，就三句话，六个字。

第一句话是祝贺。祝贺由中国国际扶贫中心和贵州民族大学联合主办的"农村社会治理和开放式扶贫研讨会"召开。这次也是黄承伟主任到贵州来和我们具体商量生态文明贵阳国际论坛 2015 年年会，其中有个分论坛，2014 年我们共同举办的分论坛是"生态文明与反贫困"，其实那个分论坛的筹备很仓促。某周六我在外地出差，孙兆霞教授打电话给我，说有一个会希望我参加，然后我就赶到民大，和曾芸、曹端波、毛刚强等几人座谈了半天，有了生态文明与反贫困论坛的萌芽。我提议把它列为 2014 年生态文明贵阳国际论坛的分论坛，最后得到省委领导的同意和论坛秘书处的批准，成为挤进去的 68 个论坛之一。

2015 年的分论坛砍掉了很多，只有 20 个优秀的保留下来，我们的"生态文明与反贫困"论坛是作为主题分论坛保留下来的，这说明我们 2014 年的合作是成功的，特别是国务院扶贫办、北京大学、中国国际扶贫中心，还有中国社科院社会学研究所及其他单位大力支持，举办得很成功。今天上午，省扶贫办和黄承伟主任对接了一下，今年的分论坛由国务院扶贫办、北京大学、贵州省人民政府主办，承办单位是中国国际扶贫中心、北京大学贫困地区发展研究院（因为厉以宁教授是名誉院长，一直关注这个领域）、中国社科院社会学研究所，以及贵州省内贵州民族大学、贵州省社科院、贵州省扶贫办、中国新闻社贵州分社以及黔西南州人民政府。今天上午确定分论坛题目叫"生态文明与开放式扶贫"，这是省领导的指示。

最近省委书记、省长召集小型会议，专门关注几个问题：第一个是"十三五"贵州的战略定位问题。"十一五"期间解决的是贵州发展的条件问题和基础设施问题；"十二五"期间解决的是"两加一推"主基调主战略问题；那么，"十三五"解决什么？最近我们社科院在研究，作为重大课题研究。第二个问题关心的就是扶贫问题，即精准扶贫问题，并提出了开放式扶贫问题。今年年会的主题跟省扶贫办商量以后，结合贵州的实际，定为"生态文明与开放式扶贫"。第三个问题是贵州省在经济新常态下的 GDP 增长问题，我们社科院正组织相关重大课题研究。今天上午黄承伟主任和几个教授专门从外地赶来，就为进一步策划"生态文明与开放式扶贫"分论坛，敲定了以后报到大会组委会，对分论坛主题，设三个分会场、四个议题，以及具体的分工要求，还有嘉宾邀请等都做了明确。因为生态文明贵阳国际论坛是中国目前保留下来的国家级的八个论坛之一，党中央非常关注，每年都有一系列的批示，包括总书记、省委领导都有批示。今天正好几家承办单位一起把这个基本框架定下来，这个研讨会恰逢其时。刚才张学立校长讲到了，这是一个"热身"，实际上也是为"生态文明与开放式扶贫"分论坛成功举办的预热。研讨的主题，与分论坛密切相关，在这里表示祝贺。

第二句话是感谢。感谢贵州民族大学这些年来校领导和老师们对贵州省社科院的友好支持，许多课题得到大家的积极参与和支持，包括杨昌儒副校长牵头的课题，得到省领导的批示。今年省委省政府领导给了我们几十个课题，前几天研究已经公示了，我看贵州民大申报成功四五个。省领导关注的是热点和难点问题，比如说开放式扶贫、精准扶贫问题。过去贵州处于"三欠"状态：欠开发、欠发达、欠开放，最根本就是欠开发，最基本的是欠开放，"开放式扶贫"把这两者结合起来了。我想这些课题完成的话，对贵州省的发展会发挥智库作用。

第三句话是表态。贵州省社科院同贵州民大以及其他单位的合作，我觉得是非常愉快的。当然，贵州社科院与民大的关系也是非常密切的，现在的书记和院长都是从民大过去的。还有和黄承伟主任，2014 年我到北京去与黄承伟主任等具体磋商，今天雷明院长、向德平主任、张琦书记都来了。我觉得，通过这样的研讨，为"生态文明与开放式扶贫"分论坛奠定了基础，我们社科院一定会起好穿针引线的作用。

农村社会治理与开放式扶贫

北京大学贫困地区发展研究院常务副院长、教授　雷　明

　　我在北京大学贫困地区发展研究院主要是做可持续减贫方面的研究，其他还包括绿色环保和一些角色机制的研究。下面我就发言的主题简单介绍一下。

　　我们贫困地区发展研究院是 2005 年的下半年由我们厉以宁老先生倡导成立的一个校级研究机构，围绕贫困地区、欠发达地区可持续发展和可持续减贫的主题设立的研究院。过去将近十年的时间，我们去了二三十个贫困地区和欠发达地区，根据调研报告出了一套丛书，即《可持续发展之路》。现在出版有二十本，其中包括在毕节有一个论坛，其他的除论坛的论文集外，还有一些专项调研，包括云南昭通的调研。我接到这个任务是在前天，就这个问题，我们没有专门形成报告，但是在调研过程中，也有些接触，所以我就根据调研的经验和感受，粗浅地谈一下农村社会治理的问题，结合黄（承伟）主任说的开放式扶贫，我主要讲几点。

　　第一点是目前的农村社会制度已经到或者面临一个必须改革和继续深化的阶段。从几个方面来简述，第一个从开放式扶贫的角度说。刚才黄主任和各位专家已经做出深入的解读和阐述，我的理解是从"八七攻坚"时期开始，开放式扶贫已作为一种概念提出，但是在后续政策推进的时候，好像没有关注开放式扶贫和精准式扶贫。原因主要有两个方面：一个是和改革开放联系在一起。大家也认为这是改革开放的必然，那么开放式扶贫也是一个必然；另外一个方面强调开放式扶贫，主要还是和开发式、救济式扶贫、精准式扶贫一样，重点强调扶贫方法。但是，目前的开放式扶贫和早期的开放式扶贫相比已经有一个质的飞跃。刚才黄主任已经说到，把改革开放和扶贫更加紧密地联系在一起，我对于这句话的理解是：一是体现把深化改革开放和我们的扶贫工作紧密地联系在一起。二是全面式的开

放，不仅是扶贫方法的开放，更加重视扶贫的机制和扶贫体系的开发，我们认为，一个开放式的扶贫，实际上就是要把扶贫开发工作置身于一个开放式的社会经济系统之内。当然这个社会经济系统从强调生态文明的角度看，还包括一个自然经济社会系统，它应该充分利用这个综合系统的资源和要素，积极借助内力和外力来推动扶贫开发，而它的实质是通过构建一种大扶贫的格局，以达到增强扶贫的合力，提高扶贫开发的总体成效，进而实现总书记所说的达到全面小康目标。

第二点，在扶贫的过程中，基层是扶贫工作离不开的基础，农村社会治理又是我们整个欠发达地区和贫困地区治理体系的重中之重。如果这个体系不是一个开放的体系，或者说它形式是开放，而实际运转过程中有诸多的不开放，它就不能满足开放式扶贫的要求。所以从这个角度看，我们感觉目前的农村社会治理体系自 1949 年以来，特别是改革开放以来已形成一个乡政村治的形态，强调的是村民自治。但是从我们的调查和观察来看，村民自治虽然和我们国家政府治理有一些分离，但是它们与原有的自治愿景还是有些差距的。原有的愿景是实施乡政村治，实际上是调动广大劳动人民的积极性，增强农村地区的活力，在这方面，我感觉还是薄弱的。第一，目前农村出现包括农民生活个体化、行为更加趋于理性、农村社会组织碎片化、人口流动超常规化、村落共同体空心化、农村社会过疏化等问题。在这种背景下，自改革开放以来原有的治理体系已存在一些问题。从这个角度来说，它还不能够满足开放式扶贫和开放式减贫的要求。第二就是从其具体存在的问题来看，目前乡政村治的体系有几个突出的问题，包括像压力体制下，虽然是强调村民自治，但是按我们国家的管理体系，政府是不能完全放任自流的，这样会形成一个压力，在这种压力之下，名义是放权，但实际上给了乡村一个很大的压力。第三就是我们基层政府，包括乡镇政府，实际上它给了村无形的压力，但在帮助乡村治理的层面上，它又存在一个虚化的现象，特别是我们取消农业税和各种税收，政府的角色就发生了一个很大的转变，以前乡村政府的重要职责就是各种税收和收费的缴纳，而现在是从农民那里要钱而转化成了给钱，这是一个很重要的转化。在这个转化过程中，它就形成了一个虚化，即对乡村的治理和管理形成了虚化。第四是村两委在实际的运行过程中，还是有些碰撞，而这个碰撞会影响我们所提的乡村自治的目标，从而在提高农民积极性和基层农民的稳定性上存在一些问题。从这个角度来看，我们现在农村社会治理，特别是欠发达地区，刚才有老师提到，包括在乡村民约的体系下，受到的一些制约和阻碍，同时反映了我们的社会治理，还不能完全满足开放的要求。

第三点是从生态文明建设来看，它实际上强调了，除了刚才向老师提到的政府市场和社会之外，在广大农村地区治理的对象和治理的主体，不能抛开自然主体，不能抛开自然对象，虽然它不会说话，但它应该是我们治理主体和治理对象的一部分，这方面也反映了我们现有的农村治理体系。

第四点是十八届三中全会提出的是国家治理现代化，农村治理作为国家治理的重中之重，特别是贫困地区和欠发达地区，整个国家的治理，特别是在共同发展和共同富裕的目标体系下，乡村治理或者是农村治理，它们就是国家治理不可或缺的一部分。国家治理的现代化要求乡村治理的现代化，现代化其中之一是法制化，法制化的同时还有一个治理体系的转变。从开放式扶贫的角度来看，目前农村社会治理体系还不能完全满足十八届三中全会提出的国家治理的现代化的要求，所以在这种情况下，我们认为无论是从开放式扶贫的构建，还是从国家治理现代化要求、从我们整个社会共同富裕和奔小康的战略目标来看，目前农村社会治理体系都需要经历一个改革，就是进一步的深化。在另外一个关于国家治理现代化的研讨会上，我提到一个观点是农村社会治理体系的改革和创新，即生态的建设，就是构建社会化扶贫生态。就农村社会治理体系的改革和创新，我们提出了一个构建农村社会治理及生态的概念。从治理的角度来看，无论从理论还是从实践、从国内还是国外，关于这方面的问题都有很多理论，包括整体治理、协作治理、协同治理，还有一些国外的经验。那么我们提出治理生态是什么呢？它就是要把治理体系和治理系统视为一个生态系统，在这个生态系统里面，它就是由主体和环境所构成的，主体包括政府、县乡镇、村两委和自治组织、合作社，还有我们下去的工作队伍、村官和私有部门，还有一些第三方的部门、民间的 NGO 组织、民间团体，最重要的还有我们的村民。环境指的是社会治理生态，主体所依赖的生存发展的自然、社会、经济、环境等所有要素构成了环境。当然它还有一个很重要的主体就是我们自然的主体，除了刚才那些之外，从我们说的发展绿色减贫的角度来看，治理体系里面有很重要的一块就包括我们的生态主体、生态对象，我们是不能把他们排除在外的，它和其他主体是一样的。在我们制定治理决策和治理过程中，我们要充分尊重他们的意见，这就是要充分尊重绿色和生态的一个概念。在这个生态体系里面，它是一个开放性的、满足我们开放式扶贫的根本需求的系统，是一个全新的系统。所以说协同机制的建立是非常重要的。刚才黄主任和各位专家都提到，在现有的治理体系中，各个主体和各个要素之间应该是一个协同共进的关系，而这里面最主要的一个保障就是协同机制的建立，相互制约、相互促进的关系，而不是我们传统的主导和被主导、管理和被管理的关系。这样就形成了一个有机的、自上而下的和自下而上共通的，可控协调的治理结果，同时它是一个开放式的结构。在这里面，我们具体到农村社会治理生态的构建应该是秉承现代治理理念的重要观念，即从单元到多元的主体理念，发挥市场和政府在经济社会、自然资源的配置方面的不同优势和功能，实现政府、市场、社会、民众、自然主体在不同领域的相互引导和相互支持，从而使这些主体在作用过程中，在广大劳动人民实现农民利益和村民自治上，有一个充分的保障，这就是我们要强调的。强调要构建社会治理和生态概念的提出，第一就是要建立一个更加开放的农村治理体系，同时要化解扶贫开发过程中的各种风险，提高各类资源的利用率，包括社会资源、人力资源、经济资源和自然资源，从而使得广大农村地区的发展和欠发达地区的减贫和脱贫，与经济社会、自然一起可持续发展，并顺利完成我们现有的精准扶贫的各项任务，最终实现新常态下减贫发展，圆广大贫困群体早日奔小康、实现美丽中国梦的这样一个战略。

传统文化保护、开发与减贫

贵州师范大学环境保护社区发展中心
贵州师范大学与花旗银行合作项目干事　杨　波

　　我来自贵州师范大学环境保护社区发展中心，代表我们的负责人简单介绍我们这个项目和一些看法。我们这个项目是与花旗银行的花旗金汇合作的。它在贵州的首个发展项目，就是支持在农村的民族手工业者，比如蜡染、刺绣、民族服饰、手工纸等营业者。我们做的也不是很复杂，基本上是促进他们之间的交流，提供他们去考察市场的机会，其中一个最重要的方面就是让他们有文化自信和市场开发意识。之前我们带他们去参加了很多的展会，认识了很多展会的人，他们就接受这些人的邀请去参加了更多的展会，当然其中的费用都是自费的。他们自己要租用摊位，在每个展会也会做一些表演。通过这个过程，他们也认识了一些商业者、消费者。

　　我们另外一个创新就是充分尊重和提升手工业者自身的地位，所以我们叫他们乡村艺术家，把他们的资料和作品都放到网站上。我们通过这样的一种方式来宣传，后来发现一些企业也是做这些的，他们也仿照我们的方式把他们手工业者的资料和作品放在网上。比如这个人来自什么地方，有什么故事，我们就会知道很多东西，这也是我们的收获之一。但是我们更加注重的是他们的文化故事和来源，这些都是我们社会最宝贵的东西。

　　我们的项目目标有三个，第一个是文化传承，第二个是经济发展，第三个是环境保护。我们通过获得经济收入来支持文化多样性，我觉得这些都是社会的财富。如果我们和贵州设计公司联盟做联合展览的话，我们会发现收益最大的是这些设计师，他们马上就吸收了图案和故事，还有各种在设计里面的东西，然后很多主流文化被宣扬、被重视。

　　还有一个是我们支持合作社。大家都知道，找到一个合作社是一件很难的事情。第一波合作社被外界推动起来以后，马上就垮掉了。现在又自发地形成了一些小的企业合作社，我们发现有这样的发展机会，就支持他们形成更有效的合作社。比如一两个合作社就会带动整个村的发展，这样就可以接很多订单，他们自己忙不过来就会分发给其他的人来做。在经济发展过程中，我们发现一些出路，同时也发现很多东西在衰落，比如东部对劳动力市场的需求很高，很多人就跑到那边去了，工资差不多都有五六千一个月，当然他必须有普通工人的三倍工作量才可以赚到这些钱，但是对于他们来说这是很宝贵的。他平时做手工活的话，赚不到这么多钱。所以农村年轻人去了东部，那些种田和照顾孩子的任务就落在老人身上，那么做手工的时间也少了。之后手工业者也少了，就像贵州以前到处都是牛，现在牛都杀掉，就剩下拖拉机了。可能这样一个例子不太合适，但确实是相似的。

另外有一个村都在造纸，他们的市场是很广的，因为后来有污染了，他们就投资两百多万元来建立污水厂，结果污水厂运作了两天就关闭了，可能是设计不合理，也可能是成本太高，那这个污染怎么办呢？后来是给了他们一点补偿，然后把所有的造纸厂都毁掉了。其实造纸技术是贵州很宝贵的传统手工业。在这个过程中，我们认为的扶贫大都是政府官员在做，他们的文化视角大部分是很弱的，除非是那些很出名的旅游点，他们就会重视文化元素，因为可以利用它们吸引游客。但是在非旅游点是相反的，比如我们春节的时候去参观花溪的一个村，他们那里有一个传统就是山歌比赛。于是当地政府官员邀请了很多人来，他们的评分标准里面就有两条是：不用汉语的就扣三分，不宣扬和歌颂主流价值观的又扣三分，所以政府官员在这些方面的认识有待提高。

产业扶贫制度末端困境

贵州大学教授、贵州民族大学社会建设与

反贫困研究院特聘研究员　曾　芸

我主要针对我们团队近几年来的调研情况，从微观的层面汇报农村社会治理和扶贫开发关切的问题。当然，如果有些观点有偏颇，那是我个人的责任，跟团队没有关系。

三十多年来，我们国家扶贫攻坚体现了社会制度的优越性。刚才各位专家都讲了，从刚刚开始的救济式扶贫到开放式扶贫再到今天推进的精准扶贫的过程中，扶贫资源如何有效、公平地达至贫穷群体，应该说一直是我们国家扶贫工作制度设计的逻辑起点。以今天主推的产业扶贫为例，经济导向的制度安排带来的负面影响已经有很多的讨论和研究，今天我是想讨论产业扶贫在自上而下的制度进程中存在制度效率递减的问题。产业扶贫设计初衷是通过产业发展来推动区域经济发展，从而实现扶贫工作质的飞跃。但是在实践过程中，我们却发现它陷入制度末端不匹配的窘境。我这里可能不是很准确的表述。那么从产业扶贫整个制度运作来看，它要在贫困地区社会空壳化的基础上进行项目制运作，客观上内部的劳动力、技术和社会合作的内生性资源是相对不足的，也就是我们一直在讨论的能力不足的问题。这样就必然给产业扶贫的经济目标带来很大的压力，进而使得扶贫资源投向了外来的公司和本地的大户，其后果就是套取国家优惠的资源，而贫困群体的发展机会和成果被剥夺，发展的能力没有得到提升，这就损害了我们扶贫资源的使用公平性和制度实施的效率。于是，在后续的精准扶贫实践中，虽然还是公司＋基地＋农户的模式，但是在设计中增加了利益连接机制来修正整个缺陷造成的灰色空间。也就是说，要获得国家的扶贫资源，项目必须辐射带动贫困户。然而，在中国的产业转型和区域发展的背景之下，我们提到的本土企业正在经历着奠定产业基础的探索和试错阶段，而目前的扶贫实践方式却忽视了市场的主体性，将企业起步探索式的试错和精准扶贫对象捆绑在一起，从而造成了将市场的试错风险传递给贫困群体的不利情况。

我们在调查中发现，某地产业扶贫项目正在推林下养殖，引进了一家企业提供种苗并回收鸡蛋，整个产业设计应该还是比较完整的。但是由于后续的技术服务无法跟进、市场渠道不成熟等一些原因，鸡苗的死亡率比较高，鸡蛋无法回收。在这个项目中，贫困群体无法收回养鸡投入的成本，还有一批参与大规模养殖的大户因此再度返贫，他们一般都是返乡的农民工。同时，在这个利益链中，还设计了以土地或者是扶贫资源入股、贫困群体分红的机制，但是不管是打工也好，或者是以这种分红的方式也好，缺乏了贫困群体主体性的参与，其后果都是贫困群体参与的动力不足，也就是我们讲的被动参与，消极对待。甚至有一些极端例子，某地要推广种茶，贫困户担心茶树突然死掉而追究他的责任，于是每天种田的时候就把苗拔出来一点点，让它慢慢地死掉，因为他们认为种茶会占自己的土地。

没有制度的约束，这也让与贫困群体利益捆绑的大户、企业，深陷发展的陷阱中。按照某县扶贫办主任的话，"这些年只要是接受扶贫资源的企业，都是帮一个倒一个"。因此这个制度呈现的结果不是我们预期利益的共享，而是一种风险的共生。这些年来，我们基层政府对扶贫事业付出了很多的努力。在调查中，我们也听到一个个令人动容的事迹，但是现实让我们必须重新理性思考，虽然制度不断地通过底层设计得到修正，但是制度末梢传递的过程，影响到整个制度的效能。制度末梢的不匹配，也是制度在运行过程中不断扭曲的重要原因，甚至是社会不公平冲突的源头。

当然，我们也可以看到来自地方的经验，它所蕴藏的社会机理可能是我们未来扶贫开发转型的取向。比如现在某县在大力发展种植枇杷，依然是公司＋农户＋基地的模式，依然有利益的连接，不同的是制度末端是不一样的内容。在那个地方，是政府来服务的，但关键是，企业深深地知道产业的发展和品牌塑造的基础是由农户提供的产品品质来作为保障的。于是企业提出它绝对不会去与农户在低端争利，而是由企业来负责技术、加工和市场渠道的开拓，而农户在得到充分利益保障的基础上，也希望能与企业保持长久的合作关系，所以他们考虑的也是品质的问题。因此他们建立了一套完整的自我管理制度，通过工分制的方式，每一个人都有明确的分工，然后进行合作。所以可以说，制度末梢的建设——农村社会治理，为扶贫开发提供了一个全新的思路，同时也是解决大量经济和社会问题的根本途径。

为了加强制度末梢的建设，我们可以通过一些自下而上的村庄规划等，来充分调动各方的参与积极性，尤其是贫困主体的积极性，来建立政府与社会的合作关系，而整个贫困群体嵌入社区整体的发展当中，社区在约束他们行为的同时，也降低了社区参与的成本和风险，其实质就是一个共同谋划、共同参与、共同监督的社会治理过程。这样一个过程能够实现利益的主张、合作的共识和风险的防范。而最重要的是它提供了制度主体和制度之间的耦合性，让这两者之间有一个更为密切的关系。在这方面，我们团队的毛刚强教授进行了十多年的研究实践，他有更多的发言权，后面他会给大家分享他的经验。

讨论：

黄承伟：你刚才的例子是哪个地方的例子？

孙兆霞：是兴仁的例子，是一个特别好的例子。

曾芸：它还和石漠化治理联系在一起。

孙兆霞：今年要达到两万亩了，他自己先探索了七八百亩，自己去试错。这次我们发现了一批在做企业和煤矿的老板，已经在转型。他们自己先试错，一开始的时候没有要国家的一分钱，到这个阶段之后，他就自发、自动地去做体量了，同时又把区域性的老百姓带着走，捆绑在一起。中央电视二台已经去拍了，真的就是在荒山上，发展起来已经有三年多了，到处是郁郁葱葱的枇杷林。

黄承伟：枇杷种起来不难，现在关键是村里制度的设计以及面临的风险。还有你提出末梢的概念，也就是中央提出的最后一公里，也就是怎样建构的过程。

孙兆霞：现在他们与农户的合作是9:1，土地还是农民的，最后按照市场价，农户拿九，公司拿一。当然，现在政府也在帮他们做一些基础设施，比如路、水。

孙兆霞：但是最重要的从治理结构上有一个保障的制度，因为我们也看了很多地方，很多都是公司＋农户＋基地的模式，但会出现很多问题，比如项目在就好，项目不在就不好，持续性不长，所以整个治理体系和治理环境还有很多缺位。

黄承伟：对，所以我们也在讨论就整个村和乡镇的一套保障。

开放式扶贫与农村社区协作

贵州民族大学社会建设与反贫困研究院研究员　毛刚强

首先什么是开放式扶贫？我有几点看法，归纳起来就是：一是理念和目标的开放，二是工作模式的开放，还有一个是社会参与机制的开放。十多年来，我一直是在做治理行动研究，从治理的角度看扶贫，扶贫开发其实就是在做乡村治理。特别是开放式扶贫的推动，一定要和乡村治理相结合。如果说开放式扶贫是未来扶贫机制转型的重要内容，那么治理和开放式扶贫的关系可以从以下几点来进行讨论。

第一点，我们要解决扶贫资源配置的问题。自上而下到自下而上相结合，更多的社会参与主体也会进来。在未来的资源分配过程当中，来自国家的公共财政资源和来自社会的公益扶贫资源在开放式扶贫过程中怎样重新配置，需要重建扶贫治理机制。

第二点，当我们讨论开放式扶贫或者农业产业发展行动等方面的问题时，一定离不开一个很重要的视角，就是必须在具体的社区或者特定的区域之内行动。离不开不同参与主体和贫困群体等的协作机制建立，而协作机制在当下农村恰好是最为欠缺的，也是中国乡村治理要解决的重要问题。刚才雷教授也说到梳理乡村人与人之间的关系，要重建社会公共性的基础。乡村协作机制建立的过程，就是治理重建的过程。

第三点，开放式扶贫是多方协作、多方参与的过程。政府、企业和社会组织，还有贫困社区的各种社区组织，都需要一个协作、合作的平台。怎样才能建立一个多方有效合作的平台，解决资源、机会公平有效的分配，各参与主体的角色和责任承担，包括刚才曾芸教授谈到的引进负责任的企业？这都需要建立一个开放的工作模式，这种开放工作模式建立和运行过程本身就应该是善治。扶贫开发和经济成长往往是共同推进的，以扶贫为主要目标的农村产业发展既涉及资源和机会的分配，还涉及不同群体的责任和义务的承担。如果没有好的治理机制，产业发展就一定会出现问题。

另外，在具体的扶贫开发工作的推进过程中，环境发展和社会发展的可持续，产业、经济发展的持续，社区群体的自我约束机制建设，都需要同步考虑。同时，扶贫开发需要推动社区积极回应社区福利的生产、环境的可持续、社区内部的公平性、有效的公共事务管理等等，这些都是在具体扶贫开发的过程当中必须解决的问题。对乡村社会而言，这也是其面临的重大问题。如果扶贫工作单纯地只是从产业发展方面来推进，忽视了上述视角，一定会面临失败。从我们调查的经验来看，这是被证实了的。

刚才黄承伟主任提到的关于扶贫的几个概念很重要，在扶贫领域，我们有很多概念还是没有搞清楚。比如我们讲的减贫、反贫困、扶贫、脱贫等几个重要概念，其内涵是很不一样的。说到减贫，我们都有这样一个共识，即改革开放三十年来，中国的减贫或者说反贫困成效是很巨大、有目共睹的。但是从我个人的调查研究经验来看，扶贫开发工作本身对于减贫的成效来说，贡献却不是那么大。我们曾经对一些大型产业扶贫项目跟踪调查了五年，经过五年之后，我们没有发现一个项目是成功的，但是这些区域的减贫成效却是显著的，所以从某种意义上说，这些减贫成效、反贫困的成效是不是能和我们的扶贫成效画等号，我想大家都是很清楚的。所以从这样一个角度，我们再来讨论开放式扶贫，在新常态下的中国显得尤为重要。通过讨论开放式扶贫，可以在操作层面，特别是在市、县，包括省级层面，需要重新认识反贫困、扶贫、减贫和脱贫等概念。通过对概念的辨析，不再简单地将扶贫工作看做一个发展问题，也不再将其简单化为一个经济增长的问题，更不要将其简单化为一个收入的问题。

如果单纯从收入的角度来讲扶贫，扶贫的工作就是简单化地、被理解为千方百计让农民增加收入。那么谁来让农民增收呢？就只有政府了。现在我们面临最大的一个挑战是，政府可以主导发展农业产业，可以安排很多基础设施建设，可以做其他很多事情。但是有一点政府是做不到的，即一定解决不了市场问题。从整个中国的农村产业发展和农业生产的角度来看，小生产、大流通、大市场这样的一个农村产业发展格局，是一种结构性的问题，不是任何一个地方政府能够解决的。所以说，如果我们把扶贫开发工作简单化为一个通过发展产业提升收入增长的话，在结构性问题面前，收入增长怎么才能做到？发展传统农业，大宗农产品种植，如果作为扶贫开发的项目，这肯定是不可取的，所以我们都通过农业产业结构调整来做扶贫，并且进行了各种各样的项目创新，但是从宏观上来讲，发展农村扶贫产业，我们最终还是解决不了市场问题。所以这就是我们调研的很多产业扶贫项目为什么没有发现一个成功的例子的原因。很多农产品的消费是相对刚性的，往往既不会因为你的产量增加而扩大消费，也不会因为收入增加而更多消费，贫困地区往往远离市场，本身农产品市场化率也不高，加之农业生产本身周期性长，脆弱性高，在这些区域以依赖产业结构调整促进农民大幅度积极增收的扶贫方式，注定会面临更大的市场风险，当然还有自然灾害风险、技术风险。

所以我们认为，扶贫开发工作必须从只重视经济目标转向经济目标和社会目标并重。经济目标与社会目标并重可以从这些角度去理解：比如农村社区服务的增加，农村公共品的供给能力增强，或者通过农民的社区协作和合作，促进住房条件的改善、促进社区公共生活的发展，促进社区服务体系的建立，提升农村社区安全能力，把劳动力物化为公共品和私人品，等等。如果从这些领域来推动农村贫困问题的解决，我们的入手点、切入点就可增加很多了，就不再只是产业发展这唯一路径。政府解决不了农产品市场问题，农业产业扶贫也就充满了风险。但是如果政府把着眼点放在推动社区的协作和合作能力提升，通过劳动力合作让贫困社区私人品和公共品都得到增加，享受的服务能够得到增加，文化经营生活也能够得到丰富，还包括农村社区文化可持续传承，生产、生活环境可持续改善，用更具开放的心态来看待扶贫的话，扶贫工作就更加大有可为。所以，开放式扶贫在未来不只是一种观念的转变，更是综合推进贫困地区经济目标、社会目标、环境目标、文化目标，还有治理目标实现的重要手段。这是扶贫工作领域与工作目标开放的问题。

开放式扶贫有个关键点，也是刚才各位专家都谈到的一个问题，即扶贫工作主体性开放的问题。从我们的实践经验来看，贫困群体的主体性最重要还是体现于扶贫项目的治理。扶贫项目治理要能支持贫困群体的主体地位得到重视，主体能力得到保障。从操作的层面讲，开放式扶贫需要在项目决策和资源、机会分配机制、项目推进策略方面转型。过去我们更重视自上而下的产业规划安排，更重视基础设施建设投入，但是现在我们要更重视贫困社区或者贫困群体能力的可持续成长支持。联合国可持续发展框架主要强调环境和资源的可持续，但是我们的可持续、开放式扶贫需要更往前走一步，要强调人的能力、社区的能力可持续增强和可持续提升，这也是贫困地区减贫成效可持续的保障。我们曾经在这一层面做过一些探索，尝试从社区发展、减贫的角度建立一套社区能力系统，从不同角度通过项目工作提升社区能力。第一个维度是社区治理能力，包括社区协作和合作的能力、责任分担的能力，以及公共事务的管理能力。除此之外，还有社区环境能力、技术能力、经济能力、文化能力、福利生产能力等等。扶贫工作从扶产业转向支持贫困群体、贫困社区能力全面、可持续提升，可以成为中国扶贫经验中最为重要的一部分，也可以成为中国开放式扶贫、可持续反贫困工作的行动策略。所以，从主体性推动看开放式扶贫，就是怎样把贫困社区的能力可持续成长作为一个重要的支撑方向，同时以人的能力成长可持续促进乡村社会的治理。贫困群体有能力，就能积极参与，就能在公共平台上建立合作机制，提升谈判能力和市场博弈能力；同时，针对农村产业发展，农村社区也要有能力与企业和市场合作，也要建立履约能力，包括控制产品质量的能力等。乡村社区、贫困群体的能力成长了，主体性自然没有问题，乡村治理、扶贫项目治理和开放式扶贫的关系自然也就清楚了。

这些问题都是我们这些年反贫困行动研究过程中一直思考的，也是过去我们在具体的农村社区发展项目当中一直努力尝试去解决的。

农村社会治理与开放式扶贫研讨会上的总结

中国国际扶贫中心副主任、研究员　黄承伟

我想这个研讨会虽然时间比较短，但是还是有很多的启发。我想从两个方面来进行总结，也提出一些建议。

一　十大关系

首先，从我的角度来讲，这个会议上听了10位同志的发言，主要收获是：总体上来看，这个会议有主题，这个主题本身就是开放的，很多是朋友们的成果与观点的提炼和一些思考，所以实际上也挺宽泛的，但是我觉得你们还是有共同的东西。这个共同的东西，结合国内国际目前对贫困问题的研究、对贫困治理的研究，以及结合我们国家下一步扶贫开发战略的一些趋向，可以将今天所有的发言基本上归结为如何理解、处理和研究，从理论和战略层面来厘清这十个方面的关系。

第一，扶贫的手段和目标的关系。每一位同志谈论的最终目标，就是怎么能够让贫困人群脱贫，怎么能够让贫困地区，尤其是让农村发展得更好。实际上，我们在工作实践当中，往往把手段和目标混在一块儿了。有些时候，我们分不清什么是手段，什么是目标。当我们在强调 GDP 是第一的时候，我们把 GDP 作为目标，所以我们唯一的指标就是发展，唯一的指标是扩大投资。如果我们把扶贫的目标定位为仅仅提高经济收入，那么我们可能会致力于想尽一切办法去提高收入，包含我们的产业扶贫。说产业扶贫不知道它有问题吗？在市场经济的体制上，使用行政手段去发展产业，这本身就是违背规律的，这应该从顶层设计上就清楚，但是为了提高收入，认为提高收入可以解决"两个一百"的目标，所以我们必须要使用产业扶贫。但是我们扶贫的目标是不是提高收入？显然不是。我们发展的目标在哪儿，实质上最根本是全体人民的幸福感。幸福指数高不高，并不在乎他是不是住在高楼上，比如像我们杨教授窗外的风景。所以，这里面是大家讨论的问题，这是一个很根本的问题。分不清最终的目标在哪儿，可能我们就会把手段当成目标了。当你把手段当目标的时候，这就会使顶层设计与基层情况之间产生问题。这个是今天听了大家讨论以后的一个启发。

第二，大家都谈到扶贫中的收入贫困、多维贫困与治理的关系。实际上，我们都知道，贫困不仅仅是收入少的问题。但是我们在实践中，特别是在政府系统，虽然构建了一种多维贫困和贫困多元性的认知，但是也形成一个基本的理念，如果不提高收入，其他的问题无法解决，就像我们的GDP一样。我们强调发展是解决一切问题的根本，在大道理上是没错的，如果套用，我们把提高收入理解为解决问题的根本，我觉得这肯定是有错的。但是，我们在设计上，实际推动上，这是比较流行的一种逻辑。今天大家讨论的，也反映了这个问题。也就是说，包括孙教授所说的贫困和治理贫困的三个层次，在还缺乏生活保障和基本的生存条件、缺乏基本的公共服务的前提下，就从发展层面只抓产业扶贫。这里面不仅仅涉及目前解决贫困问题的最主要的实施方法的情况，还涉及理念转变视角的反思。我觉得这是今天会议涉及的第二关系。

第三，扶贫中的物质资本、人力资本和社会资本的投入关系。现在我们所讨论的事情，往往还是一概而论来讨论，整个基础设施、公共服务以及产业的发展，再往上一点就是治理，这是一般性的讨论。但是问题在于我们国家千差万别，不同地方有不同的需求。不同的村，不同的社区，这几个资本的体现，是不一样的。这导致我们相同的政策在针对不同资本的多样性缺失、投入又不匹配的差异时，这种不匹配就导致了扶贫系统的僵化，或者说针对性不强，从而导致了这种效果，大家反映了不少问题，体现了这种内在的、实际的关系。这是第三个关系，是从大家的发言得到的启发。

第四，扶贫对象的主体性和组织化的关系。一方面，我们要体现出扶贫对象，或者贫困人口的主体性、他的参与。但是很显然，单是贫困人口本身的个体参与，很难形成一种主体性。所以难点在于贫困者如何在现有的农村发生某种积极的变化，以便在整个治理结构发生变化的时候，能找到更好的组织载体的问题。如果在扶贫上不考虑这个问题，那肯定还是想走近道的一种路径依赖，只能是针对一家一户，给你解决收入问题，如果你再不行，我就用保障的方式解决。但是我们都知道，这不能从根本上解决问题，所以这也是大家刚才讨论所体现的一个关系。

第五，本土知识（或者说传统文化）与减贫发展的关系。刚才杨老师就举了一个具体的案例，它反映的是，不同的贫困地区，特别是越到最后的阶段，贫困地区越体现出民族性、边缘性和传统性，这些边缘、民族、传统实际上体现它存在的特征，就是它的传统文化和传承的组织结构，这种传统文化和传统组织结构的传承与发展，有利于贫困的治理和减少贫困的环节。相反，如果倒过来，为了发展、减贫，忽略了这些因素的存在，显然是背道而驰的，这是从今天大家发言中体会到的一个收获。

第六，扶贫机制的创新理想和现实的关系。刚才特别是曾芸教授说的这个例子还是蛮有感受的，提出的概念是最后的一公里。我们国家从大的国家政策到具体的每个行业、每个具体的政策都存在这个问题。这就是克强总理老说的，顶层设计最先的一公里尽管说很艰难，难以走出中南海，从中间层来讲，也很艰难，但是到最后的一公里更是艰难。这种艰难体现出千差万别，体现出差异化的需求，体现出我们各级政府、不同的主体，对发展的理解和这种责任感、责任心的千差万别，扶贫是这样。六个到村到户的改革，从顶层设计上来讲，很理想，都觉得挺好的，建立精准扶贫公共机制、精准识别、精准帮扶、精准管理、精准考核，每一个都精准，最终你说精准脱贫，顺理成章。但显然，这跟现实的差距还是很大的，精准扶贫本身是没有错的，而且是扶贫中一个结果，但是不同的状态下、不同的情况下，我们的精准是有特别要求的。在相同的体系，在最后的一公里，怎么落实？得处理好理想与现实的关系，并不是说最先一公里的设计就意味着最后一公里可以取得较好的效果。那么怎么保障取得好的效果，就得从目标群体，从基层开始来评估、反馈机制创新最大的问题在哪儿？最后一公里的落实和评定在哪儿？这也是大家反映出来的一种关系。

第七，快速城镇化进程中贫困的固化和贫困的流动关系。一方面是村里的主要劳动力都流动了，处于一种空虚化、原子化加剧的状态。这给治理、社区治理本身和贫困治理带来很大的问题和障碍。这种贫困问题有一种固化的趋势，现在这一套的办法和体系，你说要产业发展、产业扶贫如果没有劳动力，你怎么去发展产业？所以在这种状况下，剩下的这些问题，贫困本身就有固化的趋向。另外一方面，走出去的这些人口，在新常态下，在调节过优化结构的这种基础上，在创新驱动的前提下，对于贫困的劳动力就业，机会成本都高，就业难度更大。这种贫困的流动性，从原来的农村流动到城里了。现在在我们国家城镇贫困问题的解决，实际上是没有一个体制性的设计的。这样的一种贫困，在这种环境的驱动下，和原有的固化一起，形成新的贫困。这是刚才大家反映的，有一个理念的规律性的问题。

第八，也是大家说得比较多的，就是政府、市场、社会互动关系的问题。实际上，我们在说这个词的时候，往往都是突出政府。在政府的框架下怎么去实现市场与社会的互动，而不是说这三者之间是一种互动、平等的关系。如果这个出发点不对，就会带来大家今天所讨论的许多问题，永远找不到这个互动的环节。现在，农村的社会治理的一个很大问题是怎么向社会开放？这种开放和政府的治理体系面临很大的冲突，这导致了农村社区治理的种种弊端。我想，这是一种观点。

第九，政治制度的标识和贫困治理规律之间的关系。"到我们很重要的攻坚阶段"，这是我们经常用的词，会强调我们有政治优势，我们有制度优势，这是没错的。但是我们这种政治优势和制度优势，如果超越了本身贫困治理和贫困发展的规律，这种优势就是要付出代价的。这也是今天大家讨论、反映的一些问题，它的未来的关系，我们研究也好，分析也好，要看到内在的实质。实际上，还有更多的例子。我们怎样去发挥政治优势和制度优势，需要研究。

第十，扶贫战略、政策、措施、方式方法的继承与发展的关系。一个很不容忽略的事实，一个传承共享事实。我们三十多年来减贫的成就是显而易见的、是巨大的，这就证明了我们支撑减贫的这套政策体系方式方法是成功的。这个成功不是否认里面存在很多问题。现在就是说，我们既不能用我们的巨大成就，证明一切都是对的，同时我们也不能因为研究调研发现这些问题，掩盖了这个成就，越是到这种关键的阶段，越是重要。我听了大家讲的失败的例子，也包括曾教授举的例子，这只是其中的一个例子。但是从例子中吸取成功的有价值的部分，这是从研究的角度更需要吸取的。当前必须要解决的和厘清的问题，就归结成这十点问题。

将这些问题研究、分析、厘清，我觉得对于解决现在农村社会治理和贫困治理，有效推动政策的创新和机制的创新，可能会更有价值。这是我想讲的第一个，是对今天会议的主要收获，从自身的角度梳理和总结，供大家参考。

二　两个倡议

接下来我想顺着这个会议，提两个倡议。

第一个倡议：看孙老师这个挺大的：社会建设与反贫困研究院、民族地区社会建设与反贫困协同创新中心。特别对这样的一个基地，对你们研究来说，也是有很多的资助的。为什么要开这样的年会？对贵阳的论坛，我们积极地推动。这些年来，我希望，通过不同学科、不同领域、不同视角、不同层次的研究，能够推动中国扶贫话语体系的构建，建构中国扶贫的理论体系。就说我们可能不能判定中国的扶贫就有一个完整的体系，但是很显然，我们几十年的重要实践，几亿贫困人口的减少，它的背后有很多值得总结的地方。总结地方排除制度的这种因素，从普遍性的角度来讲，它还是有规律性的，是可以挖掘的，可以供其他发展中国家分享和交流的，可以有利于提供整个全球的减贫和人类文明进步的东西。但是回到现在，包括我们本身，中国的扶贫、减贫等中国的反贫困和贫困治理，这样的一个概念，也是很混乱和模糊的，不清晰的，所以导致我们建构理论前提下没有一个基础。但是我们不能茫然就说，从政治角度来讲，中国的扶贫开发全球独一无二，但从更学理的理论性上来讲，那就不能这样说。中国特色社会主义是独一无二的，没有人跟你争，但是用普遍性的东西去交流和共享的话，就会体现我们的特色，就会体现一些共性，所以可能这是第一个建议，就是说我们能够拥有的中国扶贫话语，结合我们过去的研究，进行共同话语体系的建构，从而达到理论体系的形成。

今天有很多同学，你们都这样的，不能说是志向吧，是兴趣吧。因为减贫，每个阶段有每个阶段的目标，但是贫困永远伴随人类社会的发展和人类文明的进步，不管到哪个阶段，从现有的社会形态来看，贫困肯定还是存在的，这是一个永恒的话题。

第二个倡议：为了推动这种话语的建构和理论的建构，需要更多的联合、更多的合作、更多的整合。比如杨教授学的是人类学，他提供给我的一个观点是："一带一路"，这个概念确实是国家外交的一个重大布局，实际上也是我们发展的一个重要的布局。从减贫的角度来讲，从传承的角度来讲，怎样逐渐发展成更均衡的一个发展布局呢？从最大的发起上说，"一带一路"倡议和我们国内的两个减贫相关联，这实际上是很有启发的。我们的理念就是怎么配合国家的"一带一路"战略，能够推动沿线国家的减贫合作、交流。实际上对内来讲，也有这样的问题，这是一个概念，对内是这样的，我的意思就是说从多个视角、多个领域、多个层次、多个学科去看，因为贫困问题不是一个具体的扶贫工作，它是一个综合的社会现象，所以我一再主张，减不减贫，最终的扶贫，这不是扶贫办能够承担的事情，应当是地方政府承担这种责任。所以，我们现在这个体系的设计中，就是要把党政的真正责任要明晰起来。如果到县里边，县委书记不把它当一回事，就算你设计再好的制度也是很难实施的。在我们的这种体制下，包括农村的治理也是一样的，它不是说一个部门就能够解决的，它是一个综合性的问题和历史性的现象。

所以，我提出倡议，希望大家能共同去推动研究的联合、研究资源整合、研究成果的整合，也是我们今天下午开这个研讨会的目的。

中国社会学会农村社会学专业委员会年会（2015）暨第五届中国百村调查研讨会

主办单位：中国社会学会农村社会学专业委员会

承办单位：贵州民族大学、贵州省人大常委会研究室

支持单位：

中国国际扶贫中心

中国社会科学院社会政策研究中心

中共贵州省委政策研究室

贵州省社会科学院

中国移动贵州分公司

贵州省望谟县县委县人民政府

会议时间：2015 年 11 月 7 日—8 日

会议地点：贵州民族大学 15 栋一楼圆形会议室

录音整理：刘丽萍、翟　静、王　淞　贵州民族大学硕士研究生

校　　对：张　建　贵州民族大学社会建设与反贫困研究院　副教授

卯　丹　贵州民族大学社会建设与反贫困研究院　特聘研究员

孙兆霞　贵州民族大学社会建设与反贫困研究院　教授

中国社会学会农村社会学专业委员会年会（2015）暨第五届中国百村调查研讨会致辞

（2015 年 11 月 7 日）

贵州民族大学校长　张学立

尊敬的广智部长、培林副院长、超云副主任、承伟副主任，各位领导、同志们：

上午好！

今天，由中国社会学会农村社会学专委会主办，贵州民族大学承办的"中国社会学会农村社会学专业委员会 2015 年年会暨第五届中国百村调查研讨会"在贵州民族大学隆重举行，这是中国社科院、中国国际扶贫中心和农村社会学专委会对我校的信任。在此，我谨代表贵州民族大学向培林副院长、承伟副主任及中国社科院、中国国际扶贫中心和农村社会学专委会长期以来对我校建设发展的关心支持表示衷心感谢！向出席大会的各位领导和专家学者表示热烈欢迎！省委常委广智部长，省人大党组书记超云副主任亲自莅会，让民大师生倍受鼓舞。感谢广智部长、超云副主任。

贵州民族大学始建于 1951 年 5 月，是新中国创建最早的民族院校之一，是贵州省重点建设高校、贵州省政府和国家民委共建高校、教育部本科教学工作水平评估优秀等次高校和接受中国政府奖学金来华留学生高校。学校现有两个校区，占地面积 2825 亩，其中贵阳花溪校区 1325 亩，贵安新区大学城校区 1500 亩。学校现有 17 个教学学院，74 个本科专业，覆盖 9 个学科门类，有 1 个服务国家特殊需求博士点，6 个一级学科硕士点，50 个二级学科学术型硕士点，4 个专业学位硕士点。现有教职工 1459 人，其中，正高职称人员 170 人（含二级教授 11 人）、副高职称 517 人，具有博士学位人员 216 人，博士生、硕士生指导教师 431 人。

学校面向国内外招生，现有全日制在校生 17000 余人，另有合作办学独立学院全日制本科生 7400 余人，还有来自美国、法国、日本、韩国等 18 个国家的留学生 366 人。学校坚持服务贵州尤其是民族地区，服务国家特殊需求，秉承传统、彰显特色，突出区域性、民族性、应用性、综合性特点，以建成贵州民族地区人才培养培训基地、科技研发基地、民族优秀文化传承基地、民族团结进步示范基地和经济社会发展新型智库为己任。我校的愿景是至建校百年，建成国内高水平一流民族大学。

贵州省作为全国扶贫攻坚的主战场，肩负着反贫困的重任，亟须探索反贫困的规律及经验，为国家重大战略部署和政策体系的改革与完善提供参考。对此，拥有相关学科专业及反贫困研究机构的贵州民族大学理当有所作为。今年 6 月 18 日，习近平总书记在贵州召开部分省区市党委主要负责同志座谈会，听取对"十三五"时期扶贫开发工作和经济社会发展的意见和建议，充分体现党中央、国务院高度重视我省扶贫工作，为我省消除贫困、改善民生、在"十三五"时期全面建成小康社会明确要求、提供保障。同时，习近平总书记在 2015 减贫与发展高层论坛上的主旨演讲中强调"扶贫必扶智，让贫困地区的孩子们接受良好教育，是扶贫开发的重要任务，也是阻断贫困代际传递的重要途径"。

我校坚持服务贵州尤其是民族地区、服务国家特殊需求的理念。长期以来，学校高度重视反贫困事业，在反贫困研究领域取得了重要成效。近年来，学校已形成以多学科协作、多地区资源整合为主要特点，团队成员能在较短时间对研究对象展开基础研究、应用研究、政策研究、行动研究等"四维一体"的贯通式智库型研究，有力探索社会建设与反贫困"政、产、学、研、用"为一体的协同创新模式，积极培育具有影响力的反贫困智库。2011 年，我校成立了"中国西部社会建设调查研究暨实验中心"，聘请中国著名社会学家陆学艺先生为该中心的首席顾问，他也是贵州省候鸟型学者，2013 年中心更名为"社会建设与反贫困研究院"。同时，我校是中国农村社会学会六家副理事长单位之一，是西部地区唯一的副理事长单位，亦是中国百村调查模式创新的试点单位。

　　2011 年以来，我校先后承担并着力实施了"武陵山区（贵州）扶贫开发与社会建设协调发展研究"、"社会建设与武陵山区（贵州）扶贫开发模式创新研究"等课题，提出了"农民真老，农村真散，农业真脆弱"的"新三农"问题，并给出了"对策建议"，得到了时任中央统战部部长杜青林、时任中共贵州省委书记栗战书等领导的重要批示。我校社会建设与反贫困研究团队的多项研究成果被《中国社会科学院成果要报》刊载。今年6 月，我校成功承办了生态文明贵阳国际论坛 2015 年年会"生态文明与开放式扶贫"分论坛，国内外专家就反贫困问题提出了新思路新策略，切实发挥对贵州省扶贫开发战略决策的咨政功能，有力促进贵州省扶贫开发的理论研究和实践探索，对于推进全国扶贫领域的相关研究、开展国际减贫交流也会产生积极影响。

　　中国农村社会学专委会年会暨中国百村调查研讨会的召开，必将加强减贫发展领域交流合作，互学互鉴，共享经验，为社会建设与反贫困国家级智库建设做出新贡献，也必将推动我校大民族学学科建设再上新台阶，希望与会领导、专家学者对我校建设发展多提宝贵意见。

　　最后，预祝本次大会取得圆满成功。

中国社会学会农村社会学专业委员会年会（2015）暨第五届中国百村调查研讨会致辞

中国社会科学院副院长、学部委员　李培林

尊敬的张部长、龙书记、黄主任、张校长，各位领导、专家学者：

大家好！刚刚结束的十八届五中全会发布"十三五"规划建议之后，我们又召开中国社会学农村社会学专业委员会年会（2015）暨第五届中国百村调查研讨会，这个会议很有针对性，也很及时。现在中央把农村发展作为一个重点来强调，在全面建成小康社会的决胜阶段，没有贫困地区的小康就没有中国的小康。所以，我们现在把贫困地区列入全面小康的基本要求是很重要的。另外，我觉得从农村社会学发展的角度来讲，这个是做学问的一个基本点，是一个传统。陆学艺教授一生都奉献于农村，百村调查也是在他的建议下成为国家的一个项目。所以，我在此呼吁大家要认真学习"十三五"规划的建议，这与我们农村的发展有着广泛密切的联系。

我在这里说三个方面的观点，希望对大家在研究方面能有所帮助。

第一个是关于减贫。十八大报告提出大幅度减少贫困，这也是在向贵州以至全国发出号令，就是到2020年实现人均年收入2800元的标准，比之前的要求要高很多，这是这次中央做出的部署。大家都知道减贫不是一件简单的事情，所以希望大家在这方面能够做出贡献。

第二个是加快户籍人口城镇化的进程。我们要把现在35%的城镇户籍人口城镇化率提高到45%。到2020年的时候，10个百分点意味着一亿三千万人，这些人大多数属于大学毕业的农村户口，或者在城市生活五年以上的农民工，这也是一个非常大的事业，要我们做很多深入的研究。当然农村社会学已经是很大的研究了，但是这个不光是一个户口迁移这么简单，它需要医疗、就业、教育、社会保障等方方面面。我们不只是发一张户口证给他就可以了，是要让他们真正融入城镇。

第三点就是能力呈现。我觉得中国的逆城市化大潮即将到来，我们要密切关注这个事情。所谓逆城市化就是人口向城市大规模集中，城市快速郊区化的一个结果。实际上，这也意味着城市繁荣。文件里也提到城乡一体化，新型城镇化是放在城乡一体化大背景下的城镇化，而且在城镇化之后又加一句：需要推进城镇化，开辟农村发展的广阔空间。所以我们要深刻领会怎样来开辟农村发展的光景，现在农村的人都跑到城里面来了，那么农村社会怎么重新繁荣起来，我们不可能像韩国、拉美这样的国家一样把 90% 的人口集中到城市里面，我们能达到 75% 就已经是最大的极限了。农村重新繁荣起来，城市的人又想返回农村生活，这也是一种趋势。

最后我想说一下百村调查，我们之前也交代了希望大家能够长期坚持下去。我想提一点建议，就贫困问题来看问题。过去我们一直在想怎样来选这个村，因为我们一开始想用不同的类型来概括一个整体。但是我国行政村有 60 多万个，再加上自然村就有两三百万个，对于这些雷同的研究就算再多，可能也没有新的发现。过去我们是选发展富裕的个案来研究，但是，我想我们是不是能在贫困村里面多选个案，而且在贫困村里面建立一个分析框架，不同的类型有不同的问题所在，而且这样的调查一定要深入。因此，我也希望同志们可以在下面多住一段时间，因为一般的统计数据、一般的座谈会上写的东西已经很多了，但是这样深入的了解还很少。过去，费老先生就说过调查至少要待半年以上，现在人们已经很难做到，三个月的调研已经是很不错了。再一个就是要注意社会调查和社会学调查，这是费老先生强调的。社会调查就是把调查的材料描述出来，社会学调查是就问题而问题的调查，它的学术语言用"假设"一词。当然有的假设存在一定的危险，可能到最后为了证明你的判断而牺牲事实也很有可能。但是没有假设的调查就很难发现规律，所以就研究方法上我们要深入讨论一下，因为这个问题是个老问题。我们在调查的时候，我坚持有假设和问题导向，但是后来我失败了，我的预言被否定了，因为大家说我们做了很多农村的研究，就是因为有相同之见，所以我们就决定先整理资料吧，研究是后人的事情。现在我觉得这样做还是不行的，即便研究有风险，还是要拿出一些规律性的结论出来。我们现在管全国的地方志工作，除了省、市、县，还在搞中国名村志、名镇志，这个志要求笔笔皆书，不能掺杂科研的看法，所以在价值上的判断是不行的。比如改革开放取得了很大的成就，但是这个成就必须要用事实来说明，我觉得这不是用字数就能说明问题的。

总之，我希望大家认真学习十八届五中全会的内容，里面有很多值得我们学习的精神。这也是陆学艺先生强调的一定要吃透两头：吃透中央精神，因为中央的判断是根据各方面的材料和经验做出来的。再一个就是吃透下头；这就必须要深入调查。

中国社会学会农村社会学专业委员会年会（2015）暨第五届中国百村调查研讨会致辞

中共贵州省委常委、省委宣传部部长　张广智

尊敬的培林院长，承伟主任，超云主任，各位领导、专家、学者：

大家上午好！很高兴参加这个会议，在这里我首先代表省委省政府对远道而来的中央领导同志，各省专家、学者光临我们贵州表示欢迎，同时对中国社会学会农村社会学专业委员会年会（2015）暨第五届中国百村调查研讨会在贵阳召开表示热烈的祝贺。

我这个算不上讲话，面对这么多的学者讲社会学问题，我不敢也不会。在这里我就刚才民大张学立校长的致辞做一个补充，给大家再说一点情况，以便大家在贵州期间把会议开好，同时多给我们一些批评指导意见。刚才培林院长做了一个重要的讲话，尽管时间不长，内容也不算多，但是讲得很深入，特别是他围绕学习贯彻五中全会精神，对我们社会学研究所关注的重点方向和主要的研究方法提出了要求和指导意见，我觉得很有针对性，也为我们的年会定了一个基调，就是研究什么、怎么研究的问题，同时对我们年会能取得好的成果也提出了期望，希望大家按照李院长的要求来落实自己的工作。

刚才到会场之前，我们也在一起交流，讲到这次年会在贵阳召开，我看这是我们李院长和陈所长的英明之举，为什么呢？外面来的领导、专家同志可能也感受到我们贵阳气候温和宜人，可能比现在北京的雨雪交加要好一点吧！可能有些人还不想走了，不想走可以，我们欢迎李院长在我们贵阳建立一个工作室，如果其他学者有这个愿望，我们可以讨论。

总之，这个年会在贵阳召开是一个好的决定，因为这是一个好地方。说贵阳是一个好地方有三方面的原因。

第一，温度合适，不光是现在合适，一年四季都合适。夏天一般不超过30°，冬天一般不低于0°，所以贵州一年四季都是一个山清水秀的地方。

第二，湿度合适，有人说贵州很潮，这只是在特定的时间会潮一点。一年的时间里，大多数的天气是很好的。我们这里的生态好也是因为湿度合适。

第三，高度也合适，贵州的海拔是1000米左右。根据调查，800米到1200米的海拔高度是最适宜人居住的地方。我们刚好在1000米左右，所以这是一个好地方。我来这里一年多了，我也是切身感受。我们这里山美水美人也美，龙主任就是我们地地道道的贵州人，她比我年长两岁，但是她看着就比我年轻。所以说这里是一个好地方，具体怎么好，我也不多说，就让大家自己去感悟。

在这里开会的第二个英明就是这里很适合研究社会学，特别是农村社会学，也可以说是研究社会学的大课堂。贵州还是一个以农为主的地区，我们城镇化在全国来说比较低，因为我们历史上就是传统的多民族农业地区，目前还是这么一个状况。

这个地方不是一般的农业地区，它很特别，有三大特点。

第一个特点是历史悠久。贵州现在有54个民族，其中有18个世居民族，这样就形成了丰富多彩的文化，包括社会形态、社会治理的特色。

第二个特点是多山的地方。贵州之所以还是一个欠发达地区，在很大程度上是严重受制于交通问题，我们走不出去。我们的山地占了92.5%，山水相隔就呈现一个多样化状态，这就是一个很有意思的社会现象。既然不同俗，那这个地方的社会管理、治理就不一样了。地域的特殊决定了文化的特殊和社会现状的特殊，所以很有研究的价值。如果深入研究，我们的社会学家可以研究出很多东西。大家如果有时间可以去贵州的乡村走一走。地理的多样性，现在发展又呈现了一个很好的状态，我在后面还会说说这个情况。

第三个特点是生态良好。贵州省的生态在全国是比较好的，受污染的程度也不很大。前不久，总书记到我们贵州来考察，并提出贵州要建设"国家公园省"，他说贵州就像公园一样，这是总书记讲的，我就想传达这样的信息，我看还是符合实际的。

现在我们进行农村社会建设，生态环境的治理是一个重大的课题，在这方面我们做了很多探索，也取得和积累了一些经验。在我们发展的同时还保持着这样的生态环境，而且正在建设"国家公园"，我觉得这也是社会学和农村社会学值得研究的东西。因为这个问题在其他地方还没有很好的解决途径和办法。

我结合以下方面说一下我们贵州是社会学研究的一个大课堂和大平台。贵州是科学发展、加快发展、奋力赶超的热土。大家对贵州近几年的发展也略知一二，近五年各项主要指数在全国都是名列前茅，这个指数就说明与全国发达水平在缩小距离，所以现在的发展也是一个很好的发展形势。不光是我们传统的行业，还有工业、农业或者社会各方面，这几年新型产业可以说是风生水起。可能大家都注意到大数据的问题了，贵州在这方面走在全国前列，今年总书记和总理来贵州都给予了充分肯定，希望继续发展以大数据为首的新型产业。

贵州还是一个非常适合养生的地方，贵州的人口寿命较长，我想在不远的将来，贵州的人均寿命肯定走在全国前列。这不是吹牛，为什么会这么说呢？首先，交通的改善，以前在大山里，现在可以走出来了。那时候生病得不到及时治疗，很多年轻人都病逝了，寿命的长度就被拉下来了。现在我们县县通高速，各方面的效率都得到很大的提高。另外，我们现在发展大健康产业，发展医疗卫生事业，我们从村开始，各级的医疗卫生服务条件正在改善，一般的小病都可以得到很好的恢复，大病也得到及时的治疗，所以我们的寿命就延长了。

最后一点我认为这次会议在这两天开也是一个好时机，因为五中全会刚刚结束，有很多新的精神与我们社会学研究相关，还有我们全面小康要实现的问题。可能到 2020 年的时候没有贫困地区了，但是还会有贫困人口，这是我个人的看法。可能整体脱贫了，但是这个地方因为自然条件或者是个人原因，可能还有贫困人口。这个对社会学来讲是一个重大研究课题，怎么做到？怎么实现？实现了之后怎么办？我们不是建设美丽中国吗？美丽中国、健康中国都是与社会建设密切相关的。没有农村的中国就不是美丽中国，现在我们贵州也很美丽，但是农村这一块不发展起来就不算美丽。所以这些问题就给我们提供了一个大好的时机。

另外，总书记 6 月份到我们贵州来视察，概括他给我们提出的要求就是：守底线，走新路，奔小康。

守底线：就是发展和生态的问题，发展不能太慢，太慢的话就不能和全国同步，要保持一个合适的发展速度，要缩小与全国的差距，这里面有很多具体的指标和数据。在贵州发展的同时生态是不能破坏的。贵州的森林覆盖率是50%，我们力争在2020年的时候要超过60%，这就是守底线。

走新路：就是贵州要走一条不同于东部、有别于西部其他省份的一条路。这也是一个重大的课题，我想社会学的专家和学者肯定还是有兴趣的，就是贵州这条新路是条什么新路？怎么走？怎么走才与东部和西部其他省份不同？这是我们贵州自己的一个课题。事实上，我们已经积累了一些经验，我们的研究也有一定的特色。比如我刚才讲的大数据的发展，一讲大数据，大家都觉得是一个高大上的问题，好像与欠发达地区扯不上关系，事实上我们贵州已经做起来了，包括旅游文化问题，旅游是一个新型产业，我们贵州是把文化和旅游融合起来，结合成一个大的产业。我们要走新路，不能走别人走过的老路或者走弯路。所以，我们提出"多彩贵州拒绝污染"，这不光是我们的口号，也是我们的行动。总书记在我们贵州视察期间，除了给我们做指示，指明方向，还有重要的一点就是在我们贵州拉响了打赢扶贫攻坚战的冲锋号。在贵州还召开了部分省市的扶贫工作座谈会，在这个座谈会上，总书记有一个重要的讲话，他的讲话不仅对贵州，还对全国打好扶贫攻坚战，在2020年实现同步小康提出要求，这个意义很重大，他的很多精神都体现了五中全会的精神。最近听说中央又要召开扶贫开发工作大会，对扶贫开发做进一步的部署。贵州是扶贫攻坚战的一个大战场，也是全国的主战场之一，因为我们的贫困人口较多，所以这里面相关的课题是我们大家所关注的。再一个实际问题就是现在已经到"十二五"即将收官、"十三五"即将开局的时间，开展农村社会学研究会议也是恰逢其时，大家研究的成果将直接有助于"十三五"布局和思路的规划。我们贵州对大家的研究成果充满期待，同时也希望专家学者在贵州调研之后给出更多的指导意见。

全面建成小康社会的民生福祉目标

——学习"十三五"规划的建议

中国社会科学院副院长、学部委员　李培林

我的第一个问题是关于西部发展。这次建议提出来五大发展理念，当然这里面没说新的发展理念，说的是完善发展理念，这五大发展理念是创新、协调、绿色、开放、共享。现在我看大家已经写了很多文章，这个文件里有一句话，关系我们整个发展大局的一场变革。我在《人民日报》发表了一篇文章，但是我觉得还没有把关系发展大局的变革的意义解析到位，到底怎样才能理解发展观念新的转变的提出，大家也可以积极探索。

小平同志当时提出三个主题战略，特别是人均 GDP 达到 8000 美元的时候，我们就离小康水平不远了。我们当时确定了一个以人均 GDP 为核心的发展理念，这对当时来说无疑是一个巨大的进步。过去我们没有一套指标来衡量我们的发展，有工业总产值但没有 GDP 这个概念，特别是提出"人均"，让我们真正理解了我们在国际上所处的位子，我们泱泱大国人均一比较当时一下子世界排位 120 多位，跟低收入国家同一水平。它使我们的发展理念发生了革命性的变化，后来提到发展，我们也吸取了很多国际上的经验。贫富悬殊以及各个方面的问题出现以后，人们对发展观念随着国际上可持续发展观的提出等等，也在发展变化。所以，当年江泽民主席时期就提出了经济增长、社会发展，还有社会进步这些概念。

我们很早，大概 1986 年，全国人大通过决议把五年规划改成社会经济发展五年计划；最后到胡锦涛总书记当时提出了全面协调可持续发展理念，科学发展观，我们认为这比之前的发展观前进了一大步。这次又提出这五大发展理念，我在想现在这五大理念中的一些在科学发展观里也有，但是过去我们完善这个发展观基本上是按照领域扩展经济，经济不行就社会，社会不行就中国特色等五大布局，把生态这些都放进去，是沿着一个领域不断扩展这样的理念来完善这个发展观的。这次打破了那种专门的发展思想，加进去创新和开放。创新和开放等于发展的动力、发展的条件，特别是把创新排在第一，因为在经济等方面中国如果继续这样走下去，我们可能陷入更深的陷阱。我们 2014 年人均 GDP 是 7800 美元，拉美等发达国家达到发展水平是 8000 美元，8000 美元之前也是快速增长，达到 8000 美元之后停止了 20 年，中国能不能跨过这个槛，创新技术就是决定性的了。所以说我希望大家在这方面有个深刻的理解，把关系全局性变革的意义能够更好地阐释。

另外这里提出来一个大家都知道的坚持十八大提出的两个"翻番"，就是 2020 年比 2010 年 GDP 总量和人均收入翻一番。总量翻一番，现在来看当时我们做出承诺翻一番，实际结果比我们当时的承诺快很多。城乡居民收入翻番，这是和经济增长同步的，但是我们现在测算城乡居民收入翻一番就意味着，年均增长 5.8%，这个 5.8% 是合起来算的。大家知道我们过去城乡居民收入是分开算的，农村是农村的，城市是城市的。从 2003 年开始我们把城乡居民的收入合起来算。如果是分开算，农村能够达到并超过翻一番，城市达不到翻一番，但是我们合起来算勉强能达到翻一番。改革开放以来，绝大多数年份居民收入增长都低于 GDP 的增长，最近五年农民的收入增长大大高于 GDP 的增长，而城镇居民的收入只有一年高于 GDP 的增长，其他年份都是低于的。

当然，现在又有很多经济学家在批判，他们认为我们过去三驾马车的分析框架已经过时了，说这是一个短期的分析框架，长期的还是要靠劳动投资、资本投资，特别是生产率的提高，这三驾马车投资不行了，出口不行了，但大家都还寄希望于消费。消费本来就是民生改善、生活共享，现在把经济放在消费的身上，虽然消费现在拉动经济增长，但完全靠消费恐怕也不太现实。现在来看，2014 年全国人均 GDP 10000 美元以上的有 9 个省市区，但是 5500 美元以下的也还有 3 个，特别是农民的收入在数字上还有太多问题。发达地区农民的实际收入就被掩盖过去了，贫困地区的收入又比较虚，因为农民的收入里面有一种叫实物收入，实物收入不太好估计，有的地方树长出来也被折算成收入，树多长了一圈是不是可以当做收入来核算是一个问题。我们大概到 2020 年，全国人均 GDP 都要超过 12000 美元，那是高收入国家的门槛，当然这是全国，但是中国区域差距还很大，即便是到 2020 年的时候，我估计有半壁省份都要达到 20000 美元以上，但是低于 8000 美元的省份也还有一部分。那么，从这个增长率来看，特别是 2014 年、2015 年的上半年又出现了新的情况，中西部地区已经出现连续八九年快速增长，东部地区由于多年转型的压力现在增长基本上是稳定下来了。刚才我们也说转型遇到的最大问题，温州现在还增长 8%，但是还有很多地方，如东北三省、山西、内蒙古这些地方经济滑坡很厉害，特别是财政收入出现负增长的局面，这是一个很严重的问题。现在按照我们社科院对这个潜在经济增长率的预测，"十三五"平均是 6.5%，但它是逐年递减，这还是基准情况。预测 2015 年是 7.2%，但现在看来是不可能了，我们 2015 年能实现 7% 已经是最好的结果了。这是一个基本情况，如果增长较慢一些的话，平均增长还只有 6.2%，那么我们就实现不了翻一番的目标。我们现在强调改革开放以来，规划没有食言过，我们强调一定要加大创新。总书记说："我们宁愿咬着牙，企业也要加快它的速度。"否则大家都会越来越依赖国家的不断投资，现在很多地方生产过剩，比如宝钢说他们的生产能力只有 20% 的发挥，其他 80% 都是闲置的。各个省都要保持自己的经济增长，企业一倒闭就会下岗几万个工人，比如山西的煤矿，有 22 万工人下岗，煤炭从一千多一吨降到几百元钱一吨，后果是很严重的。

第二个问题就是实现贫困人口脱贫问题。贫困的标准是 2300 元，我们所说的贫困实际上就是绝对贫困了。我们大概算了一下，2300 元平均下来是每人每天购买力 2 美元，实际上要高于世行的绝对贫困的 1.5 美元。最近世行刚刚公布了贫困标准，将购买力提高到了每天 1.9 美元，当然，购买力平价也是一个有争议的算法，我们汇率是 6 元左右，但是购买力平价大概是 3.5 元。所以，我们现在的 2300 元是 2010 年的不变价了，到 2014 年就是 2800 元了，推算到 2020 年就是 4000 元左右了。虽然我们现在脱贫的速度很快，但减贫的人数逐年下降。我们从 2011 年开始脱贫有 4000 多万人，现在到 2014 年减贫是逐渐的递减，有 1200 多万贫困人口。以前我们有个"八七扶贫攻坚计划"，现在可以叫"六七扶贫计划"，就是要用六年的时间来扶贫。现在是用五年的时间来使 7000 万贫困人口脱贫，即一年就要减少 1000 多万贫困人口。这样的局势是不是能扭转是一个大问题。虽然我们说要精准扶贫，在精准扶贫里面用开发扶贫解决 3000 多万贫困人口，城镇化转移 1000 多万贫困人口，这是一个大数了。实际上，扶贫已经有很多不同的形式了，国家当然要大量投入，一定要实现这个任务，这个抉择是对的，因为全面小康事业公布以后，全面消除绝对贫困在国际上是一个非常大的事件，具有象征意义。按照我们的标准如期脱贫，并不是消除贫困，贫困是不可能消除的，就算没有绝对贫困了，也还存在相对贫困。一般说人均收入的三分之二以下就是相对贫困，有的发达国家人均收入二分之一以下就算贫困了。当然，我们贫困标准的步伐已经是很快的了，改革开放初期只有 200 多元。就我们现在的贫困发生率来看，按照过去的标准，我们是随着标准的提高，贫困率还不断地降低。但是，按照国际上的减贫规律，只要降到 10% 以下，这个减贫就进入一个瓶颈，剩下的贫困区的扶贫都是极其困难的，比如条件极端恶劣、疾病患者、残疾人等。据报道 7000 多万贫困人口中有 1000 多万是残疾人。总书记也说了，如果实在不行就用低保来托底，那我们也要大大提高低保标准，现在的低保根本达不到一年 2300 元。我觉得完全靠低保养起来也不是一个根本的办法。我认为这是农村社会发挥力量的关键时刻，我们应该给予高度的关注。刘永富主任也提议和中国社科院一起在明年的扶贫办成立三十周年之际联合发布中国蓝皮书，并委托黄主任与我们联系，我们也在紧张部署。

第三个就是加快户籍人口的城镇化。这次没有特别强调加快城镇化，而是强调加快户籍人口城镇化。此前，各级对这个问题的认识不太一致，比如有人说户籍改变了没有什么太大的意义。现在很多地方的人都不愿改户籍，因为户籍与土地是联系在一起的，上面也说了尽管户籍改了以后，他们还是拥有土地的权利，但是各地具体的做法不一样。但这次强调的加快户籍人口城镇化不仅仅是换户籍，而且说享有与城市一样的待遇。这个时候，各省省长书记就会计算了，一个地方的城镇化要花多少钱，各个地方就不一样了。所以，从社会学的角度来看，这不是钱这么简单的问题。从国际上来看，大量的人口进去城镇以后要真正融入进去是一个非常漫长的过程。

我们的产业结构相对来说不是很协调。我们是农业大国，农业产业只占1%～3%，再往下减也没有多少了，但是按照劳动力计算，农业占有28.4%，农业统计局也不一定很精确，只能说大概。在这么低的农业产出情况下，农村劳动力大规模减少的时候，城镇化就上升到55%。所以，这个结构上的协调在城镇化中还要进一步调整。

我一直想强调的是逆城市化，大家在调查的过程中可以关注一下。按照其他国家的发展经验，中国应该到这个发展阶段了，我一直在想为什么中国的这个阶段迟迟不到来，我觉得可能还是与土地、农村宅基地的流动性有关。其他发达国家是到农村去买第二住宅，大量人进入农村以后使农村生活开始活跃起来，比如开小饭店、游泳馆、学校、邮局等。现在我们总的趋势还是农村穷，大量的年轻人都出去了，农村资源也被浪费了。所以，可以开发农村广阔的空间。农村人口的劳动力70%都是40岁以上的人了，只靠这些老人和小孩来发展，怎么可能发展起来？但是有一些迹象，比如农家餐饮、观光农业、休闲农业、生态园区、乡村旅游等发展起来了。我之前去大理开座谈会的时候，有一大波来自全国各地的人，他们就在村里居住。这些人都不是无职业的，有的是靠网络，有的是画画的，他们在大理居住的"家"里什么都可以做，不仅生活环境好，生活消费也低。我觉得只要我们国家制定一些配套的政策，这些都是一种很好的发展趋势。另外，城镇居民开始越来越普遍异地养老。他们说三亚快成为东北人的世界了，大街上都是东北话，因为东北冬天冷，冬天就去三亚避寒。所以我希望大家来研究怎么改变乡村的空心化、乡村闲置和乡村衰败的现象。以前我们去乡村的时候，乡村的房子是一年一个样，今年三层，明年四层，大家都想着住房越来越好，现在没有人在农村盖房了，年轻人都跑到外面去了，其实他们的村离城镇也就半个小时的路程，但都没有三分之一在村里住，很多发达地区都是这种情况。那么，我们要怎么来解决这个事情是值得我们思考的问题。

第四就是促进就业创业。首先要着力解决结构性就业矛盾，特别是农民创业就业、高校毕业生就业创业的问题。就业问题与我们的社会学有着密切的联系。这个问题在国外的社会学是主打的研究领域，但是我们社会对这个问题的研究一直局限于经济学里面。所以，我希望大家对这个问题有更多的关注和研究。现在存在很多矛盾，高校毕业生找工作很难，工资很低。我有个在国外留学回来的朋友，他学的是电影剪辑，这个技术还是很缺乏的，回来就让我给他介绍工作，工作倒是不难找，但是入门的工资只有3000元/月。我就说："如果你想赚更多的钱，那就要由市场来决定。"现在一个保姆的月工资都是四五千，一个从国外回来的"海归"才只有三千多。实际上现在蓝领的工资都在不断上升，而大学生的工资越来越低。所以，我们现在强调创造大量的就业机会，改善有知识一代的命运。就是要扩大中产阶级，不能让大学生毕业以后再跌落到中产以下，农民工还没有上去，大学生就掉下来了。全国在经济下降的时候还出现"招工难"，劳动力成本上升。白领就业市场"就业选择难"，平均工资较低。农村劳动力高龄化，转移激励下降。以前是要求一年转1000多万人，现在是一年转500万人以下了，一个原因是没有多少转型的了，年轻人都跑出去了，留下的人年龄也大了。再一个就是农民的收入提高得很快，农村创业空间比以前大，有的人也不愿意出来，在外面打工太辛苦了。这些问题都值得我们深入研究。

我们社会学分析了这么多年，第一次出现这么复杂的问题：为什么经济下降这么厉害，失业没有加剧？当然也有很多的争论，政府掩盖了一些东西，还让大量的工人没有事干。但是也没有在统计上形成真实的结果，当然我觉得这也是一个方面。蓝领招工的市场价很高，有很多私有企业招工都招不到，招工人的要求还很高。市场主导的部门里面劳动力短缺，已经成为一个明显而且会逐步加剧的现象。私有就业问题就要考虑这种复杂的局面，只看就业率是多少，不能说明问题。而且，你可以看到为什么农村不愿意转移，农村雇工和农民工的工资差不多，就是我不进城，我在农村做雇工的工资与在城里是差不多的。我觉得劳动力供给这种大的趋势会给我们各个方面带来深刻的影响和变化。所以说劳动力绝对量下降已经是不可逆转的，而且会加剧对中国深远的影响。

第五是扩大中等收入者比重。我们社会学用于中产阶级或资产阶级，马克思就是资产阶级，这个中产阶级淡化阶级分析，好像是资产阶级提出的一个概念。我们社会学就这个概念是不好分析的，它确实显示着工人队伍状况从蓝领为主导、白领为辅的大趋势，这个趋势在所有国家的现代化中都一样。与中产阶级有联系的收入完全不是一个职业的给付，我们就中产阶级的考虑不光是包容性，还有职业的变化。当然，现在进入中央文件的有中等收入、中等收入集体、中等收入人口。现在国际上的经济学家都以"收入"和"资产"的标准来确定中产阶级。社会学的研究有它的好处,它的张力比较强,不好的地方是标准不统一,与最后算出来的比例不一样。所以,我们现在强调到 2020 年"收入分配差距缩小,中等收入人口比重上升",这是规划建议里面提出的目标。

在十八大之前,我们在中央会议上用到过,到 2020 年中等收入占多数。现在收入的差距在缩小,在 2014 年基尼系数是 0.469,可能会有一些争议,因为有其他的调查算出来的结果也很多,在抽样调查中都不一样,但是整个的趋势还是可靠的,因为现在我们所有的研究都表明收入差距是一个城乡的收入差距和地区差距。这两个差距现在在缩小,特别是城乡收入的差距在缩小,对全国的平均数影响才大。在缩小的同时,个人之间的差距是不是在扩大,这是另外一回事。我们对中等收入的群体也在不断研究,因为现在中等收入群体有绝对标准也有相对标准,我们的算法是用了一个相对标准,但是从算出来的结果看,与绝对标准的结果是差不多的。我们现在发现了一个问题,就是这些算法也有一定的缺陷,毕竟它不是一个跟踪性、连续性的调查,所以这些数据只能作为参考了。我们的一个假设是如果平均收入翻一番,低收入群体要翻两番,才能达到 2020 年中等群体占 42%。之前,我以为这个数据是可能的,但是现在很多数据表明,我们低收入群体的收入增长速度并不比中等收入群体慢,所以我们必须要去实现中等收入群体的快速增加,比例能够大幅度上升的话,就必须要求低收入人群收入翻一番才有可能。

第六是着力扩大居民消费。贫困差距的拉大带来我们消费率过低,因为消费率在我们国家呈现一个规律:收入越低消费率越高,收入越高消费率越低。如果你要从扩大消费改善人民的生活和拉动经济的作用来讲,培育中等收入者也是一个很重要的方面。我特别希望社会学能够加强对消费问题的研究,即便是在经济学里面,对这个问题的研究也非常缺乏。我想国家既然这么关注消费问题,那么是谁在负责这个问题,后来才知道是财贸局在管。财贸局最主要的任务是财政和税收,之后才是贸易,再之后是土地,最后是消费。过去的经济学也是围绕着生产、围绕着经济,消费的问题没有太多人去考虑。那些写关于消费的书的经济学家都没有好好研究过,所以我们要加强这方面的研究,特别是在我们消费率不断降低的情况下,在我们需要扩大消费成为拉动力量的时候,我们的消费率仍远低于世界的平均水平。而现在的消费率不高并不是收入的问题，这是政府的税收增长与居民储蓄的收入增长远远超过了收入的增长。

中国人不太愿意说收入，你看储蓄增长远远高于收入，本来是收入减去消费才等于储蓄，相当于一部分的储蓄不知道哪里来，要靠计算是根本算不出来的。我这样一说，可能经济学家就会说我们的消费是按照收入决定还是按照我们经济学原理的收入决定？我说这恐怕不只是收入的问题吧！现在人们的储蓄都是为了子女上学、买房养老、看病，所以这个消费肯定是与社会保障公共服务有关的。可能研究消费的人都认为中产阶级是引领消费的，不是贫困者引领。也不是富裕者引领，那为什么是中产阶级引领的？这不仅是消费理念的问题，同时还是消费行为问题。有着同样的钱，月光族与死活不花一分钱的人为什么不一样呢？所以，消费行为是不同阶层的表现差异。这个问题还是值得社会学来参与和研究。

最后，我讲一下社会保障改革和老龄化的影响。这个问题在我们"十三五"规划里也提到。全面实施一对夫妇生两孩政策出台，这个政策的影响就很大了。而且从国际上来看，政策转变得有点陡然，一下子就放开了。一开始也有一些上年纪的研究者有点意见，他们说："我们好不容易把计划生育控制住了，你们年轻学者一下子就建议放开了。当年为了维持这个计划生育采取了多少的措施和付出了多少努力啊！"但是，这也是一个很重要的问题，我们都有所考虑。放开单独的时候，大家做的研究有高估（300 多万）、有中估（200 多万）、有低估（100 多万），这些研究都是很重要的，因为他们的估算还是比较准确的。现在的估算是放开二孩以后，总人口到 2020 年 14.2 亿，增 3000 万，2030 年达到峰值 14.5 亿。现在有很多人都有生二孩的意思，但不代表要生，这关系人口的迁移、教育水平的提高、生活成本的增加，养孩子生活水平就会下降一半，西方就是这样的理念，你奖励他，他也不会生。以前大家以为生一个孩子就多一双筷子，想生就生，而现在不一样，要考虑经济水平的差距以及生活的成本负担。对于人口问题重视说明对我们国家老龄化问题的高度关注。

以前，我们一直在说社会学是让我们研究一些能快速解决的当前问题，比如群体事件、上访、维持稳定、社区网络化管理等，但是对于一些重大问题，我们很缺乏精确研究。总之，最近国家领导人对老龄化有很长的批示，总书记也高度关注老龄化问题。所以我们做农村社会学的也要思考这个问题。老龄化在中国也是很特殊的。以前农村的生育计划是可以适度放开的，城市一般都是独生子女，按道理说城市老龄化比农村严重，但是现在是农村严重了，因为年轻人都跑出去了。上海就说他们地方老龄化严重，我说不能按照你的户籍人口计算，你要年轻人也算进去，因为年轻人都跑城市去了。我们出台渐进式延迟退休年龄制度，这一点也是经过多年的讨论，最后中央下决心拍板在"十三五"期间出台。当然，这个政策也是逐步的，我们社科院也有不同的方案，比如先从哪里开始，不是说全国同步，现在的蓝领对这个抵触比较大，这是关系他们的切身利益吧！所以，我们社科院的专家呼吁延迟退休年龄，网上一片骂声，因为很多职工已经退休了，就等着领退休金了，然后这边又规定要延迟五年，他的利益肯定会受到损害。所以，我们现在也希望采取一些措施来弥补这些利益受损。我们这次还特别提出了要建设以居家为基础、社区为依托、机构为补充的多层次养老服务体系，我觉得这个也是社会学里的一个很重要的话题。中国的老龄化不仅仅是一个负担，还能开发一些老龄的红利，这个问题也不容易，因为其他国家达到我们国家的 GDP 水平时，他们还没有达到我们这么高的老龄化程度，像我们农村这么高的老龄化程度又处于低收入还是很罕见的。我看见很多在北京的人，他们都是产业的精英，怎么把分散的居家养老这种产业规模化、网络化等，还有一些家政服务、送餐等，这也是一个很大的产业发展。

总之，现在老龄化速度非常快，与那些最富的国家比，我们国家的老龄化程度还要低一点，但是就算到他们的老龄化程度，我们也达不到他们的发展水平。现在他们的人均 GDP 已经达到 60000 美元了，现在我们还不到 10000 美元，所以这个差距还是很大的。希望大家要认真研究一下你们的领域，围绕中心，以大局为重，发挥你们应有的作用，还要抓住你们学科的机遇。

习近平扶贫思想与"十三五"脱贫攻坚

中国国际扶贫中心副主任 研究员　黄承伟

感谢会议主办方的邀请，特别是孙兆霞教授盛情的邀请。刚才培林院长作了一个很精彩的演讲，这次演讲既是对十八届五中全会精神的贯彻和宣传，同时也为中国社会学，特别是农村社会学会专业委员会更有效地开展研究提出了指导、明确了方向。再一个就是从减贫的角度来讲，对我是很有启发的，特别是很多观点。倒回去想，年初起草的中央扶贫开发工作的视野可能更广一些，这也反映出我们社会学领域里研究减贫问题的重要性。中央已经把脱贫攻坚作为一项很重要的工作，总书记明确要求 2020 年实现消除贫困人口，所以针对这个要求，我就利用这一个小时的时间给大家解读第一个问题，为什么在这个阶段，从总书记的角度多次来讲扶贫，最终发出了消灭绝对贫困的目标，从他的论述来看形成了哪些指导？以便在今后的减贫工作中成为指导思想。这对于我们的研究和工作至关重要，对于我们学习贯彻十八届五中全会精神也是非常重要的。第二个问题就是从中央顶层设计的角度怎么去学习和贯彻落实十八届五中全会精神和总书记的扶贫思想。最后可能简单地从我们实践的角度就社会学研究的与减贫相关的问题提一些思考供大家来讨论。

十八届五中全会确定扶贫脱贫的新要求，可以归结为下面几句话。

第一，"十三五"规划作为全面建成小康社会的收官规划，必须紧紧扭住全面建成小康社会存在的短板，在补齐短板上多用力。比如，农村贫困人口脱贫，就是一个突出短板。"十三五"规划和总书记这次集中用"脱贫"一词来概括，我们以前说的都是"扶贫"。整个规划中明确脱贫，脱贫就如减贫，它还有它的含义。特别是从社会学的角度来讲，可能脱贫有更广的视野。我们怎么能够保障脱贫，实际上还没有一个完全的、清晰的界定。

第二，我国现行标准下农村贫困人口实现脱贫，是贫困县全部摘帽，解决区域性整体贫困。解决区域性整体贫困是一个新的概念，就是说总书记今年有三次比较全面的、系统的关于扶贫的讲话，但是都没有提出解决区域性整体贫困，在这次的五中全会中就很明确提出。所以我们要怎么来解决区域性整体贫困，怎么来界定，实际在中央文件上还是比较薄弱的一块。

第三，实施脱贫攻坚工程。农村贫困人口脱贫是全面建成小康社会最艰巨的任务。必须充分发挥政治优势和制度优势，坚决打赢脱贫攻坚战。这是五中全会关于扶贫确定的目标和要求。总书记就如何去推进这些工作在决议里就有这样一段话。他说："通过实施脱贫攻坚工程，实施精准扶贫、精准脱贫，7017 万农村贫困人口脱贫目标是可以实现的。2011 年至 2014 年，每年农村脱贫人口分别为 4329 万、2339 万、1650 万、1232 万。因此，通过采取过硬的、管用的举措，今后每年减贫 1000 万人的任务是可以完成的。具体讲，到 2020 年，通过产业扶持，可以解决 3000 万人脱贫；通过转移就业，可以解决 1000 万人脱贫；通过易地搬迁，可以解决 1000 万人脱贫，总计 5000 万人左右。还有 2000 多万完全或部分丧失劳动能力的贫困人口，可以通过全部纳入低保覆盖范围，实现社保政策兜底脱贫。"这段话已经很明确"十三五"的 7000 多万人怎么实现全部脱贫，怎么按照这个思路实现全部脱贫。在"十三五"规划里这是一个核心的内容。刚才培林院长也说了，这不是一个简单的数字，贫困是中国经济社会的问题，以及各种因素的交错。在这里，总书记提出了一个思想就是要我们更加精准地帮助这些贫困的人脱贫。

虽然我们研究社会学，但并不是对整个扶贫都了如指掌，所以刚才培林院长在致辞的时候也明确了研究方法当中把减贫放在第一位。我长期从事扶贫的工作研究，我们就一直希望有更多的人来关注最底层的人群，以及他们生存和发展的问题。因为他们的生存发展对整个社会的影响，以及它的附加值要比其他群体大很多。现在我就给大家介绍一下。

一　全球及中国减贫概况

（一）自 20 世纪 80 年代以来，全球减贫取得了巨大成就，但贫困人口规模依然庞大

联合国在 7 月份发布的报告《联合国千年发展目标（2015）》显示，

到 2011 年为止,除撒哈拉以南非洲之外的所有发展中地区已实现了将极端贫困人口减半的目标。作为世界上人口最多的国家,中国和印度在全球减贫进程中发挥了重要作用。由于中国在减贫方面取得的进展,东亚地区的极端贫困率从 1990 年的 61% 下降至 2015 年的仅 4%。南亚在相关方面的进展几乎同样令人瞩目,同期极端贫困率由 52% 下降至 17%,自 2008 年以来,其减贫速度一直在加快。在全球发展中地区,如果不包括中国,极端贫困率从 1990 年的 41% 下降至 2015 年的 18%,下降幅度为 57%;如果包括中国,极端贫困率则从 1990 年的 47% 下降至 2015 年的 14%,下降幅度达到 69%。

这是全球的总体情况,中国和印度的贡献在最近的报刊上都有详细的报道,大家可以去看看。同时,反映了发展中国家绝对贫困状况演变的趋势,从全球贫困人口分布的区域来看,南亚是主要的分布地区,再一个就是沙拉以南的非洲,中国主要是人口的数量大国。

(二) 与世界各国相比,中国取得最为显著的减贫成就

1. 1981 ～ 2009 年,中国每天消费低于 1.25 美元的贫困人口数量从 1981 年的 8.35 亿,下降到 2009 年的 1.57 亿,减少了 6.83 亿;贫困发生率也从 84% 下降到 11.8%。

2. 1981 ～ 2010 年,全球贫困人口减少 7.23 亿,94.2% 的贡献来自中国的减贫成就。

3. 2005 年以来,如果不包括中国,全球的贫困人口几乎没有减少。

4. 在全球发展中地区,如果不包括中国,极端贫困率从 1990 年的 41% 下降至 2015 年的 18%,下降幅度为 57%;如果包括中国,极端贫困率则从 1990 年的 47% 下降至 2015 年的 14%,下降幅度达到 69%。

5. 减贫是中国的软实力。

从以上来看,有两个最基本的共识。

第一,在新中国成立以来的各项成就中,这些都是举世瞩目和国际社会一直公认的减贫成就。在改革开放三十多年来,无论从什么样的标准,中国都是解决了几亿人的贫困问题,这对世界的发展,特别是扶贫事业是一个很重大的贡献。我们与统计局的算法不一样,很多数据都不一样。这次调整了 1.9 美元这个标准,我们给中央报了以后,也基本上是按照这个

口径。1.9 美元这样一个国际标准提出来，是按照低于全球 15 个最贫穷国家的贫困状况来分析的。它主要是用购买力平价，实际上用于国际的比较和分析，并不是各个国家都要按照这个标准。

第二，我们国家现行的贫困标准按照购买力来结算，我们每天是 2.19 美元，高于国际的标准。按照趋势来测算，到 2020 年，我们的 4000 元按照现行的购买力平价来算，也是高于 1.9 美元的，因为这个是根据物价指数来调整的，不是实际性的调高。所以，总书记在建议中也说了，现行的标准可以是技术专用的。

第三，在各种场合用的数据都要参照国际标准，我们还有 2 亿的贫困人口，到 2020 年把 7000 万人的绝对贫困问题解决掉，基本上是关于这些问题的差距化的成就。这个成就可以从各个角度来展示，比如从人均 GDP 在 1950 年与 2013 年的比较来看，其增长的幅度远远高于其他国家。从而也可以看出我们国家发展的巨大成就。

第四，从中国与世界绝对贫困人口变化来看。1981 年，我们的贫困人口占世界的 19.38%，到 2000 年占 12.12%，可以看出这个下降比例还是很大的。从全球来看，没有中国的贡献，贫困人口还是在增加的。不同时期来测算中国减贫的贡献都是巨大的。

（三）全球 2030 年的减贫与可持续发展目标

今年 9 月联合国峰会确定，2015 年后的发展目标是到 2030 年，消除一切形式的极端贫困，实现可持续发展，并为所有人构建稳定繁荣的生存基础。该发展目标应包括 12 个大目标、54 个子目标，其中第一个目标就是消除贫困，提出将每天收入不足 1.25 美元的人数降至零，并减少生活在各国 2015 年国家贫困线以下的人口比例。同时，该报告还就贫困人群土地权、财产权、社会保障和抵御自然灾害等提出了相关建议。如果我们国家在 2020 年实现 7000 万人全部脱贫的话，就意味着要比全球确定的消除绝对贫困的目标提早 10 年完成。无论从政治上还是从大国的影响来看，这都是意义巨大的。

联合国确定的可持续发展目标共有 17 项目标、169 个具体子目标。其中第一项目标是消除一切形式的贫困，包含 5 个具体子目标：

（1）到 2030 年，在全球消除每人每天生活费不足 1.25 美元的极端贫困；

（2）到 2030 年，根据各国标准，将各年龄段的贫困人口和贫困儿童比例减少一半以上；

（3）实施适合各国国情的社保制度，到 2030 年大规模覆盖穷人和其他弱势群体；

（4）到 2030 年，确保所有人特别是穷人和弱势群体享有获得经济资源的平等权利，享有基本服务，获得土地和其他形式财产的所有权、使用权，获取新技术和金融服务等；

（5）到 2030 年，增强穷人抵御灾害风险的能力。

这些目标都是与我们的发展领域密切相关的，也就是这些目标怎么来理解，怎么本土化，在我们国家的发展基础上来形成我们的发展理念，这实际上也很有研究的空间。

（四）我国贫困现状与扶贫面临新挑战

1. 与发达国家相比，我国的贫困人口规模依然庞大

比如用每天 2 美元的标准衡量，中国仍有 3.6 亿的贫困人口，贫困发生率高达 27%。仍然有 2 亿人口生活在每天 1.25～2 美元之间，这部分群体贫困问题复杂，成为易于返贫的脆弱人群。1981～2012 年，中国的基尼系数由 29.1% 上升到 47.4%。极端贫困人口在世界上的地区和国家分布很不均衡。每天生活费不到 1.25 美元的人口的绝大多数居住在南亚和撒哈拉以南非洲这两个地区，其总数占全球极端贫困人口总量的 80%。2011 年，全球 10 亿极端贫困人口中有 60% 生活在印度、尼日利亚、中国、孟加拉国和刚果民主共和国 5 个国家（排名从高至低）。

2. 我国同样面临跨越"中等收入陷阱"的难题

刚才李培林院长也说了，拉美国家之前有快速的增长，但停滞了很长的时间，这对我们国家的发展是很有警示意义的。也就是说针对收入最低的那群人加大帮助力度，对跨越中等收入陷阱的附加值可能更大。

3. 脱贫任务艰巨

据对全国 31 个省（自治区、直辖市）16 万户居民家庭的抽样调查，按年人均收入 2300 元（2010 年不变价）的国家农村扶贫标准，2014 年全国农村贫困人口为 7017 万人，比上年减少 1232 万人，下降 14.9%；贫困

发生率为 7.2%，比上年下降 1.3 个百分点。但是根据这几年的减贫趋势，特别是在经济"新常态"下要保持每年脱贫 1000 万，任务肯定是越来越重。所以在今后的五年里要攻坚，这不只是钱的问题，还涉及很多方面的因素，如涉及转方式、调结构、惠民生等一系列问题，包括整个过程中怎么兼顾新的发展理念来推动贫困人口的脱贫。所以脱贫任务比以往要艰巨很多。

我们对 2900 万贫困户建档立卡。2014 年，农村贫困发生率超过 10% 的省份有 10 个。刚才培林院长也说了，10% 从国际减贫的实际来看，是一个槛。农村贫困发生率在 15% 以上的省份有 5 个：贵州、云南、西藏、甘肃和新疆。在 10% ~ 15% 之间的省份有 5 个：山西、广西、陕西、青海、宁夏。在 5% ~ 10% 之间的省份有 13 个：河北、内蒙古、辽宁、吉林、黑龙江、安徽、江西、河南、湖北、湖南、海南、重庆、四川。在 5% 以下的省份有 8 个：北京、天津、上海、江苏、浙江、福建、山东、广东。

4. 扶贫脱贫面临诸多挑战

（1）贫困人口规模大，自我发展能力弱。根据国家统计局贫困监测，2014 年底，按照国家扶贫标准，全国还有 7017 万贫困人口，贫困发生率7.2%。其中河南、湖南、广西、四川、贵州、云南贫困人口规模均在 500 万以上；西藏、甘肃、新疆、贵州、云南贫困发生率均在 15% 以上。虽然过去的三年中每年脱贫 1000 万以上，但这并不意味着后面五年都能够完成脱贫 1000 万以上，但如果说每年达不到 1000 万，那后面的 7000 万就肯定完不成。所以这不仅仅对于扶贫系统，同时对于各部门各地方都有一个很大的压力。我们原来的减贫计划是每年 1000 万，但是根据现行的各种计算可能达不到 1000 万，从统计数和建档立卡最终的评估来看，每年都有差距。对于开展更为科学的评估实际上也是一个很大的需求。

（2）我国发展不平衡，城乡、区域发展差距以及不同群体收入差距扩大的趋势未得到根本性扭转。

（3）贫困村基础薄弱，瓶颈制约突出。大家从事这方面的研究就很清楚，特别是从事的百村调查，培林院长也提出了我们实际上应该考虑一些贫困村，以及到脱贫村看它的发展规律，我们可以发现它并不是仅仅靠扶就能富起来，这对于其他落后乡村的发展，包括解决乡村的空心化和衰落的问题，实际上对于贫困村来讲，更有特殊的价值和意义。

（4）特殊贫困区域问题突出，影响很大。这就涉及解决区域性的贫困问题，主要在于这 14 个连片特困区，扶贫工作的区域瞄准主要有 592 个重点县和 680 个片区县，不重复计算共 832 个县。这些地区自然条件较差，或缺水，或缺土，或缺温，或缺氧，生存尚难保障，更谈不上发展。我们理解到 2020 年解决整体性的贫困，当然贫困人口肯定还会存在，这是相对贫困的人口。刚才培林院长也展示了城乡收入的图表，充分反映了一种趋势。

（5）扶贫政策体系和工作机制不能满足工作要求。按照精准扶贫的要求，全面解决贫困人口、贫困村的精准脱贫问题，加快特殊困难区域发展，我们的扶贫政策体系不完善，工作措施还不到位。一是扶贫投入明显不足；二是行业规划和政策缺少特惠性；三是政策落实不到位；四是地方政府责任不落实；五是社会扶贫动员机制不健全。

但可以肯定的是在今后五年里的扶贫肯定不是钱的问题，我们要考虑怎么能真正让贫困人口受益，这对于各个部门都是一个挑战，对于我们研究来讲也是一个巨大的空间。

（6）城市贫困人口规模仍然较大。因为城市贫困人口在不同的标准下是不一样的。如果是按相同的标准线，城市是比较低的，但是如果是从城市贫困角度来衡量的话，无论是学者的研究还是国际组织的估计，大概都有四五千万人。如果加上流动人口的部分，可能还会多一些。

二 习近平扶贫思想

我主要是想系统地把学习习近平同志的扶贫思想的一些体会和大家做一个交流，因为这也是学习贯彻十八届五中全会的内容，也是学习贯彻习近平总书记重要讲话的重要内容之一。

我们在研究的过程中有一个很深刻的体会，他对于扶贫的这种讲话和论述，确确实实不是说作为总书记对这个问题做一个关注，我们深深感受到有一种深厚的为民情怀和扶贫的情结。在今年 10 月 16 日的讲话中，可能大家都关注到他的断句，并给国内外的人都留下了深刻的印象，展示了一位大国领袖的为民情怀和风采。他说："40 多年来，我先后在中国县、市、省、中央工作，扶贫始终是我工作的一个重要内容，我花的精力最多。我到过中国绝大部分最贫困的地区，包括陕西、甘肃、宁夏、贵州、云南、广西、西藏、新疆等地。这两年，我又去了十几个贫困地区，到乡亲们家中，同他们聊天。他们的生活存在困难，我感到揪心。他们生活每好一点，我都感到高兴。"我们作为扶贫工作中的人读到这段话都应该很受鼓舞，也感觉到责任很重大。

总书记在宁德担任地委书记的时候写的一本书叫《摆脱贫困》，到如今屡次强调"精准扶贫"，习近平对扶贫工作的思考不断深化、创新并与时俱进。习近平倡导的"看真贫、扶真贫、真扶贫"的观念，就是对"精准扶贫"的深刻诠释。所以他总是强调精准扶贫，这是他长期分析和思考的结果。不是说工作班子写出来，然后他就讲出来，我觉得他是经过不断的实践和理解得出的结论。

23年前习总在宁德担任地委书记时著书谈"摆脱贫困"：弱鸟先飞，因地制宜，扶贫先扶志。12年前在浙江担任省委书记时谈贫困地区"自力更生"：贫困地区发展要靠内生动力。担任总书记以来他多次强调"精准扶贫"：对症下药，精准滴灌，靶向治疗，这一条成为中国扶贫的方略。今年，总书记六次国内考察，有三次主要涉及扶贫，2月在延安召开陕甘宁革命老区脱贫致富座谈会，6月在贵阳召开部分省区市扶贫攻坚座谈会，7月主持召开财经领导小组第十次全体会议，专门听取扶贫工作汇报，做出新的重要指示。10月出席减贫论坛发表主旨演讲。7月20日也是一次长篇讲话，没有对外，因为他讲话的内容在月底的中央扶贫会上有一个详细的论述。我们可以从这个密度看出总书记对扶贫的重视。经过这两年多多次对扶贫的论述，我们和中央在做他的《论述摘编》。中央要求也很严，每一次都有批示。最近又在向上报，最终可能会根据中央领导要求在中央扶贫工作会议上报道，在报刊上发布。这也体现出中央对扶贫开发工作的力度。因为其他的论述很多，但像这样长篇刊发的是极少的。

经过对这些论述的学习，我就把它梳理成以下几个方面，这也可以完全体现出总书记博大精深的思想内涵。为了便于我们整个扶贫系统的领导单位小组的学习，我尝试着从八个方面来梳理。

（一）扶贫开发是社会主义本质要求的思想

这里面有很多重要的论述。

（1）消除贫困、改善民生、实现共同富裕，是社会主义的本质要求。

以前的领导们也说了这样一句话，但是习总在里面加了一个改善民生，更凸显了扶贫最直接的目标。

（2）贫穷不是社会主义。如果贫困地区长期贫困，面貌长期得不到改变，群众生活长期得不到明显提高，那就没有体现我国社会主义制度的优越性，那也不是社会主义。

（3）做好扶贫开发工作，支持困难群众脱贫致富，帮助他们排忧解难，使发展成果更多更公平惠及人民，是我们党坚持全心全意为人民服务根本宗旨的重要体现，也是党和政府的重大职责。

（4）贫困地区各级领导干部更要心无旁骛、聚精会神抓好这项工作，团结带领广大群众通过顽强奋斗早日改变面貌。

很多的论述我就不一一举例，在6月18日的讲话当中更能集中反映他的思想：消除贫困、改善民生、实现共同富裕，是社会主义的本质要求，是我们党的神圣使命。我们党一贯高度重视扶贫开发事业。新中国成立前，我们党领导广大农民"打土豪、分田地"，就是要让广大农民翻身得解放。现在，我们党要领导广大农民"脱贫困、奔小康"，就是要让广大农民过上好日子。这反映出了扶贫开发在总书记心中的位置，也反映了中央把扶贫开发摆在更突出位置的思想来源。

这些论述主要阐述四个方面的内涵。

（1）扶贫开发是中国特色社会主义制度优越性的重要体现。如果说我们绝对贫困问题都没有解决，那么在2020年要全面建成小康社会就没有多大的底气，而且我们走中国特色社会主义道路的自信都会受到影响，所以我们可以想想它的重要性。

（2）扶贫开发是中国共产党根本宗旨的重要体现。

（3）扶贫开发是党和国家必须抓好的重大任务。

（4）扶贫开发是密切党群、干群关系的重要途径。

（二）"两个重中之重"的思想

这也是阐述了扶贫开发的重要性，只不过我们要怎么去把握它的阶段性的重要性。他指出："三农"工作是重中之重，革命老区、民族地区、边疆地区、贫困地区在"三农"工作中要把扶贫开发作为重中之重，这样才有重点。我们农村的发展确实很重要，但是"三农"问题最重要是在哪里？在贫困地区和落后地区就应该是扶贫开发。所以，如果按照这个思想来指导的话，那么我们的"三农"问题就是重中之重。因此，我们的减贫研究、脱贫研究也应该是重中之重。他在 6 月 18 日的讲话中还讲到扶贫开发的重要性，并对其进行了重要的阐述。

他的思想实际上阐述了以下几个内涵。

（1）扶贫开发是"第一个百年奋斗目标的重点工作，是最艰巨的任务"。那么，最艰巨的任务就得付出最艰巨的努力。

（2）扶贫开发是"三农"工作的重中之重。

（3）做好扶贫开发工作要有大局观、紧迫感。要把扶贫开发工作摆在全国的工作大局中去思考，摆在加快全面建成小康社会的历史进程中去研究，摆在贫困地区人民群众的所急所盼中去谋划。

（4）"十三五"时期经济社会发展，关键在于补齐"短板"，其中必须补好扶贫开发这块"短板"。从"十三五"里就可以体现习总的建议和思想。

（三）科学扶贫的思想

总书记关于反贫困发表了一些论述，其中一个重要论述是：推进扶贫开发、推动经济社会发展，首先要有一个好思路、好路子。从这段话可以看出，贫困地区要全面发展，扶贫要从多角度去扶，不是仅仅增加收入，而是要从整个经济社会的各个方面去开展帮扶互动工作。

他在山东考察的时候有一段论述：一个地方的发展，关键在于找准路子、突出特色。欠发达地区抓发展，更要立足资源禀赋和产业基础，做好特色文章，实现差异竞争、错位发展。欠发达地区和发达地区一样，都要努力转变发展方式，着力提高发展质量和效益，不能"捡进篮子都是菜"。抓扶贫开发要紧紧扭住增加农民收入这个中心任务、健全农村基本公共服务体系这个基本保障、提高农村义务教育水平这个治本之策，突出重点，上下联动，综合施策。这段话就为扶贫政治设计以及扶贫开发方向提出了具体的要求。

他的这一思想阐述了以下几个内涵：

（1）厘清思路、找准路子是做好扶贫开发工作的基础和前提；

（2）贫困地区基础设施建设要继续加大支持力度；

（3）把教育扶贫摆在扶贫开发的突出位置；

（4）贫困地区要大力发展特色经济、扶贫产业；

（5）扶贫移民搬迁要做好工作；

（6）扶贫开发要与生态环境保护相结合。

这六个内涵要求从多个方面来制定扶贫开发的政策，以及推进贫困地区的发展。

（四）精准扶贫思想

这个是他说的比较多的、比较重要的一个内容。提法也是不断地发展，从开始的提出到精准扶贫再到四个精准，然后到六个精准，最后到最近 10 月 16 日的讲话中进一步阐述了精准扶贫。他对精准扶贫有很多论述，其中：扶贫要实事求是，因地制宜。要精准扶贫，切忌喊口号，也不要定好高骛远的目标。这说明了精准扶贫的思想无论是在国内还是国外，一直是扶贫追求的目标。但是从我们国家来看，提出精准扶贫完整的概念需要逐步去阐述，这确确实实来源于习近平总书记伟大的贡献。

精准扶贫在"6·18"讲话中说得比较完整，他指出：扶贫开发推进到今天这样的程度，贵在精准，重在精准，成败之举在于精准。搞大水漫灌、走马观花、大而化之、"手榴弹炸跳蚤"不行。要做到"六个精准"，即扶持对象精准、项目安排精准、资金使用精准、措施到户精准、因村派人（第一书记）精准、脱贫成效精准。各地都要在这几个精准上想办法、出实招、见真效。推进精准扶贫，要因地制宜研究实施"四个一批"的扶贫攻坚行动计划。一是通过扶持生产和就业发展一批。二是通过移民搬迁安置一批。三是通过低保政策兜底一批。四是通过医疗救助扶持一批。精准扶贫实际上是一个演进的过程，但他在一次讲话中也说了，提出这几个一批是一个指导，是不能形而上学照搬的。那么要怎样做才能不照搬呢？实际上就需要各种大量的实地观察，实证的研究为政策的执行提供基础。

这一思想阐述了精准扶贫精准脱贫的丰富内涵：

（1）精准扶贫就是要对扶贫对象实行精细化管理，对扶贫资源实行精确化配置，对扶贫对象实行精准化扶持，确保扶贫资源真正用于扶贫对象身上、真正用在贫困地区，实现精准脱贫；

（2）精准扶贫的内涵包含六个精准；

（3）精准扶贫精准脱贫的根本目的，就是确保党和政府的政策实惠落到贫困群众身上，确保贫困地区、贫困群众尽快实现稳定脱贫的目标；

（4）精准扶贫精准脱贫的思想为精准扶贫战略的不断完善指明了发展方向，为实现不断提高扶贫开发效果提供了行动指南。

（五）特惠扶贫思想

我们为发展制定各种各样的政策，关于在贫困地区和贫困人口的参与度和分享度要怎么去落实，怎么去贯彻，我们要有一种特殊的支持。他指出：对各类困难群众，我们要格外关注、格外关爱、格外关心，时刻把他们的安危冷暖放在心上，关心他们的疾苦，千方百计帮助他们排忧解难。总书记在6月18日也进一步阐述了：要加大中央和省级财政扶贫投入，坚持政府投入在扶贫开发中的主体和主导作用，增加金融资金对扶贫开发的投放，吸引社会资金参与扶贫开发。要积极开辟扶贫开发新的资金渠道，多渠道增加扶贫开发资金。

这一思想阐述了以下四个方面的内涵：

（1）在落实普惠政策的基础上做好对贫困地区和贫困群众的"政策加法"；

（2）资金政策项目进一步向贫困地区贫困人口倾斜；

（3）对建档立卡贫困户实施一系列特惠政策，如十项精准扶贫工程；

（4）把健全社会保障和公共服务作为扶贫开发工作的重要内容，作为保障贫困群众稳定脱贫的重要手段。

最近国务院也在调整充实整个扶贫开发领导小组，原来是38名，现在是40名了。原来是中央小组把中央的部门吸取进来，表明了对扶贫开发的重视。

（六）内源扶贫思想

这个思想对解决外在的帮扶和内源的发展，以及内生动力的建立有很重要的指导意义。总书记指出：贫困地区发展要靠内生动力，如果凭空救济出一个新村，简单改变村容村貌，内在活力不行，劳动力不能回流，没有经济上的持续来源，这个地方下一步发展还是有问题。这样的思想在中央民族工作会议上有这样一段讲话对其进一步的阐述：要坚持输血和造血相结合，坚持民族和区域相统筹，重在培育自我发展能力，重在促进贫困区域内各民族共同发展。扶持人口较少民族发展、少数民族事业、少数民族特色村镇保护等政策，深受各族群众欢迎，要认真总结完善，并研究"十三五"期间出台更加管用的专项规划。这段话就特别强调不仅仅要帮，不仅仅要扶，更重要的是增强贫困地区、贫困人口的内生动力。在外部制定政策，为我们培育贫困地区和贫困人口内生动力指出了要求。

这一思想阐述了三个方面的内涵：

（1）扶贫开发目标能否实现的根本标志，是贫困地区和扶贫对象是否具备了内生发展动力；

（2）不断提高贫困村基层组织带领群众脱贫致富的能力是做好扶贫开发工作的保障；

（3）要发挥驻村工作队在提高贫困村基层组织、各类合作组织以及扶贫对象自我发展能力等方面的作用，为贫困村、贫困户脱贫致富奠定基础。

（七）打赢扶贫脱贫攻坚战的思想

这个思想主要有以下四个观点。

（1）"只要有信心，黄土变成金"。这个很重要，因为很多贫困地区和贫困人口没有信心，无能为力。实际上总书记也进行了深入的阐述，有三个方面的内涵：第一，扶贫先要扶志，要从思想上淡化贫困意识。摆脱贫困首要意义并不是物质上的脱贫，而在于摆脱意识和思路的贫困。第二，越是落后的地方，越要树立战胜困难、脱贫致富的信念信心，越要坚定敢为人先、开拓进取的决心毅力。第三，既要清醒认识存在困难，更要正视这些困难。解放思想、转变观念，勇于跳出传统发展模式的路径依赖，正确辨识现实存在的难点重点问题，提出更有针对性的对策。

（2）"要大力弘扬中华民族扶贫济困的优良传统，凝聚全党全社会力量，形成扶贫开发工作强大合力。"这一思想有三个方面的内涵：第一，持续减少贫困、打赢全面建成小康社会的扶贫攻坚战需要形成政府、市场、社会的协同推进的大扶贫格局。第二，各级政府不断加大扶贫开发力度是扶贫开发工作强大合力的核心。第三，更加广泛动员社会参与扶贫是扶贫开发工作强大合力的重要来源。

（3）"把扶贫开发工作抓紧抓紧再抓紧、做实做实再做实。"这一思想是对各级干部，特别是扶贫系统的干部做好扶贫开发工作，从作风方面提出了更高、更明确的新要求。这一思想主要阐述了三个方面的内涵：第一，要进一步增强扶贫开发的紧迫感。采取时间倒排方式，以更加明确的目标、更加有力的举措、更加有效的行动打好扶贫攻坚战。第二，扶贫开发政策制定、项目资金安排要坚持因地制宜、科学规划、分类指导、因势利导。从实际出发，按群众意愿，量力而行，尽力而为。第三，要不断积累贫困地区发展"滴水穿石"的耐力，这是做好扶贫开发工作的根本。

（4）"扶贫开发是全党全社会的共同责任，要动员和凝聚全社会力量广泛参与。"对怎么来传达和动员也提出了具体的要求。

（八）共建一个没有贫困、共同发展的人类命运共同体的思想

我们既要解决好国家贫困人口的脱贫问题，更主要是从一个发展中大国责任的履行、形象的树立来展现我们的"三个自信"。习总书记指出：中国是世界上最大的发展中国家，一直是世界减贫事业的积极倡导者和有力推动者。改革开放30多年来，中国人民积极探索、顽强奋斗，走出了一条中国特色减贫道路。消除贫困是人类的共同使命。中国在致力于自身消除贫困的同时，始终积极开展南南合作，力所能及向其他发展中国家提供不附加任何政治条件的援助，支持和帮助广大发展中国家特别是最不发达国家消除贫困。

这些思想对如何推动国际减贫合作、开展中国的扶贫外交提供了指导思想。这一思想阐述了以下四个方面的内涵：

（1）中国减贫成就彰显了三个自信，成为国家重要的软实力；

（2）开展减贫合作能有效彰显中国人民重友谊、负责任、讲信义，中华文化历来具有扶贫济困、乐善好施、助人为乐的优良传统；

（3）全球减贫需要更加有效地合作，需要在发展与减贫中协同推进；

（4）以减贫合作推进扶贫外交意义深远。

这八个方面的思想是我们在对总书记的重要论述进行摘编和学习中得到一些初步的体会，它不一定完整，但是怎么学习，怎么理解，怎么运用这些思想来指导我们政策的制定和实践，具有很强的针对性。

三 实施"十三五"脱贫攻坚工程

"十三五"规划建议中很明确,就是要实施脱贫攻坚工程,坚持打赢脱贫攻坚战。

(一)指导思想

高举中国特色社会主义伟大旗帜,以邓小平理论、"三个代表"重要思想、科学发展观为指导,全面贯彻党的十八大,十八届三中、四中、五中全会和习近平总书记系列重要讲话精神,按照"四个全面"战略布局,以习近平总书记扶贫开发战略思想为根本遵循,坚持创新、协调、绿色、开放、共享发展新理念,深刻认识扶贫开发在全面建成小康社会全局中的重大意义,切实把扶贫开发摆在更加突出的位置,以扶贫改革创新为动力,以更加明确的目标、更加有力的举措、更加有效的行动,深入实施精准扶贫、精准脱贫,打好脱贫攻坚战,决不让贫困地区贫困群众掉队。

(二)总体要求

(1)切实落实领导责任,切实做到精准扶贫,切实强化社会合力,切实加强基层组织。

(2)不断完善政府、市场、社会协同推进的工作机制,形成专项扶贫、行业扶贫、社会扶贫三位一体的工作格局,实现经济社会的包容性发展,提升市场机制的益贫性,让发展成果更多地惠及穷人,走共同富裕之路。

(3)要采取超常举措,拿出过硬办法,按照精准扶贫、精准脱贫要求,用一套政策组合拳,确保在既定时间节点打赢扶贫开发攻坚战。这些领域不仅仅是从收入的角度来看,而且是从整个社会经济发展来看。

(三)重点任务

(1)我国现行标准下农村贫困人口实现脱贫,贫困县全部摘帽,解决区域性整体贫困。

(2)精准扶贫、精准脱贫的体制机制基本形成,扶贫开发重点工作全面完成,制约贫困地区发展的瓶颈问题得到解决。

（3）贫困地区基本公共服务主要领域指标接近全国平均水平，生产生活条件明显改善，社会事业全面发展，社会保障水平显著提高，特色支柱产业体系初步构成，生态环境持续改观，农村基层组织建设得到加强。村村通沥青（水泥）公路、广播电视和宽带，人人享有安全饮用水，户户享有安全住房并通电，每个孩子接受公平有质量的教育，医疗和养老保险对贫困人口全覆盖。

（四）主要路径

（1）实施精准扶贫、精准脱贫，因人因地施策，提高扶贫实效。分类扶持贫困家庭，对有劳动能力的支持发展特色产业和转移就业，对"一方水土养不起一方人"的实施扶贫搬迁，对生态特别重要和脆弱的实行生态保护扶贫，对丧失劳动能力的实施兜底性保障政策，对因病致贫的提供医疗救助保障。实行低保政策和扶贫政策衔接，对贫困人口应保尽保。

（2）扩大贫困地区基础设施覆盖面，因地制宜解决通路、通水、通电、通网络等问题。对在贫困地区开发水电、矿产资源占用集体土地的，试行给原住居民集体股权方式进行补偿，探索对贫困人口实行资产收益扶持制度。

（3）提高贫困地区基础教育质量和医疗服务水平，推进贫困地区基本公共服务均等化。建立健全农村留守儿童和妇女、老人关爱服务体系。

（4）实行脱贫工作责任制。进一步完善中央统筹、省（自治区、直辖市）负总责、市（地）县抓落实的工作机制。强化脱贫工作责任考核，对贫困县重点考核脱贫成效。加大中央和省级财政扶贫投入，发挥政策性金融和商业性金融的互补作用，整合各类扶贫资源，开辟扶贫开发新的资金渠道。健全东西部协作和党政机关、部队、人民团体、国有企业定点扶贫机制，激励各类企业、社会组织、个人自愿采取包干方式参与扶贫。把革命老区、民族地区、边疆地区、集中连片贫困地区作为脱贫攻坚重点。

（五）政策措施

（1）建设扶贫开发大数据。对建档立卡贫困县、贫困村、贫困户、贫困人口，进一步分析基本特征、致贫原因、脱贫需求，制定脱贫规划，确定帮扶措施，监测帮扶成效，出台贫困退出办法，建立扶贫开发大数据，做到扶持对象精准、因村派人精准、脱贫成效精准。

（2）建立分类施策政策体系。根据致贫原因，确定有针对性的措施办法，坚持分类施策，让扶贫资源和政策措施落实到村到户到人。坚持开发式扶贫，把扶贫政策与最低生活保障、教育、医疗卫生等社会政策相衔接，扶贫开发与产业发展、生态建设相结合。通过扶持生产和就业发展一批、移民搬迁安置一批、教育培训脱贫一批、生态保护脱贫一批、社会保障兜底一批，做到项目安排精准、资金使用精准、措施到户精准。

（3）发挥贫困群众的主体作用。坚持尊重贫困地区贫困群众的主体地位和首创精神，加强对贫困地区贫困群众的思想发动，加强贫困地区基层组织建设，发展村级集体经济，充分调动贫困群众的积极性，提高他们的知情权、参与度、获得感，激励自力更生精神，激发脱贫的内生动力与活力。

（4）增加扶贫投入。加大中央和省级财政扶贫投入。发挥政策性金融和商业性金融的互补作用。大力推广免抵押免担保扶贫小额信贷；发行金融债券，成立扶贫投融资主体，首先支持易地扶贫搬迁；设立扶贫贷款，支持扶贫龙头企业。下放资金项目审批权，整合各类扶贫资源。开辟扶贫开发新的资金渠道。

（5）实施更广泛的社会动员。坚持中国特色的社会扶贫体系，深化、细化、实化党政机关企事业单位定点帮扶、东西部扶贫协作、军队武警参与扶贫，提高针对性、有效性，加强帮扶成效考核。进一步动员民营企业、社会组织和公民个人广泛参与，形成人人皆愿为、人人皆能为、人人皆可为的社会氛围，帮忙别人，升华自己，凝聚扶贫攻坚强大合力。

（6）发挥政治优势和制度优势。坚持党的领导，省市县乡村五级书记一起抓，发挥政府的主导作用。落实贫困县主体责任，把主要精力用在扶贫开发上。落实相关部门的行业扶贫责任，把扶贫任务优先纳入行业规划并认真实施。落实贫困村第一书记和驻村工作队的帮扶责任，不脱贫不脱钩。形成政府、市场、社会协同推进的扶贫大格局。

（7）增强扶贫开发能力。加强扶贫开发领导小组决策能力和监督管理能力；提高各级扶贫开发领导小组成员部门的扶贫项目管理监测评估能力；建设基层扶贫部门和相关业务部门、乡镇政府的执行能力；发展村两委、驻村工作队、建档立卡贫困户的参与能力和自我发展能力。

最后，我简单总结一下，从实践视角对减贫发展理论研究中一些想法和大家交流一下。我们都知道贫困既是一个经济问题，也是一种社会综合征。经济学和社会学都是贫困问题理论研究的基础。我们在精准扶贫之前，更多的是从经济的角度来看问题，虽然这十年来也一直在拓展综合贫困研究领域，但是在社会领域去研究和提出更有效的政策还是很薄弱的。所以我们从年初开始考虑中央文件的时候就会感受到这方面的积累不足，当然也是我们学习和各种研究成果的应用。从研究的角度来讲，经济学和社会学都是贫困问题理论研究的基础。经济学强调从发展因素或经济结构角度探寻贫困的根源及减贫措施，社会学强调从个体要素或家庭、社会、人文环境角度描述贫困的成因与反贫困途径。当然这在过去的研究过程中形成一个普遍性的趋向，但并不代表它一定就是要这样，所以我们在研究上去拓展还是很有空间的。

从总体上来看，在 20 世纪 90 年代，我们对减贫的研究是比较丰富多彩的。但是在前几年，这方面的研究有下降的趋势。在未来的这五年，我们的扶贫攻坚战应该会形成新的研究高潮。夯实对研究的支撑、使用好政府的公共资源、更有效地促进整个社会更好地发展，是非常重要和不可缺少的。

从实践的角度来看，我们感觉有一些跟社会学领域密切相关的内容供大家参考。

（1）扶贫手段和目标的关系。我们在工作实践中，往往分不清什么是手段，什么是目标。发展的目标是什么？最根本就是全体人民的幸福感。当我们把手段当目标的时候，顶层设计与基层情况之间就会产生问题。

（2）收入贫困、多维贫困与治理的关系。我们前面主要的是关注社会贫困，近十年来我们关注多维贫困，在政策的制定上也纳入了这样的理念。我们很少把贫困问题解决同治理人口所在的或者社会关系形成的社区治理更好地结合起来。但是割裂来看，显然是很难脱贫的。

（3）扶贫中的物质资本、人力资本和社会资本投入关系。我们较重视物质资本的投入，而对于社会资本投入关注是不够的，我们的研究也是不够的。

（4）扶贫对象主体性和组织化的关系。我们一方面觉得要尊重贫困群体的主体作用，要建立内生发展动力；另一方面觉得应对整个市场组织化。因此，可研究怎么来体现贫困群体的参与性和它的特殊性。

（5）本土知识（或者说传统文化）与减贫发展的关系。我们在政策制定中，较多忽略了这方面。不同的民族、不同的社区，在长期的发展中存在很多值得尊重和珍惜的，而且很有价值的知识体系和治理体系。

（6）扶贫机制创新理想和现实的关系。什么是好的顶层设计？顶层设计如何打通最后一公里？贫困人口的主体性如何体现？建立机制创新的反馈机制。这些问题如何更好地反馈和同现实更好地结合起来，也需要大量的研究和观察。

（7）快速城镇化进程中贫困固化和贫困流动关系。我们今天一再强调逆城镇化，这跟千万个人口移民搬迁是密切相关的。比如贵州原来是很贫困的，但是在整个新的发展阶段和发展理念上，可能有它自己的优势，所以在这方面怎么来避免它的贫困恶化，在流动当中来解决新的问题，这确实需要更多的研究。

（8）扶贫中的政府、市场、社会互动关系。我们政府都很强势，我们也在关注市场的作用，但是社会如何去参与不同的群体，私人企业、过滤的社会组织等怎么去参与扶贫，在这方面的研究和政策的制定还是比较薄弱的。

（9）政治制度优势和贫困治理规律之间的关系。我们既有政治优势也有制度优势，但是贫困地区和贫困人口的发展本身存在内在的规律，怎么去更好地互动？否则你拔苗助长，可能会带来潜在的、长期的负面影响。

（10）扶贫战略、政策、措施、方式方法的继承与发展的关系。精准扶贫的提出，实际上是我们长期实践过程中的成熟发展。总书记提出的战略也不是说写出来了照着念，而是在长期的观察和实践中总结出来的。所以说我们一方面在新的形势下需要创新我们的理念，另一方面需要去传承，这也涉及方方面面，更需要开展这样的研究。

最后一分钟，我念一下总书记在10月16日的一段讲话：中国将发挥好中国国际扶贫中心等国际减贫交流平台作用，提出中国方案，贡献中国智慧，更加有效地促进广大发展中国家交流分享减贫经验。我主要是想代表国际中心指示怎么把中国经验在国际上有更好的交流。我在这里很诚恳地希望在座的各位，特别是在社会领域研究的同志们能够通过这个平台走向国际，同时我也很希望有更多的国际先进理念引进来帮助我们国家在扶贫攻坚战上取得胜利，在 2020 年以后的扶贫工作当中来完善我们的工作。我觉得这样是很有价值和意义的。

中国社会学会农村社会学专业委员会年会（2015）暨第五届中国百村调查研讨会第一阶段总结

贵州省社会科学院院长、研究员　吴大华

很荣幸有机会能做这个总结。李培林副院长和黄承伟副主任实际上是给与会者做了一个十八届五中全会精神的时势报告。当前，全国上下现在都在认真学习贯彻十八届五中全会精神。今天，我们有幸分享了中央候补委员李培林副院长关于五中全会核心问题的精彩报告。培林院长和承伟主任对贵州情有独钟，今年来贵州调研和出席重大研讨会好几次了，培林院长今年就来三次了。省委常委、省委宣传部部长还专门感谢李培林副院长对贵州的支持。承伟主任是晚上六点到的，培林院长是昨天晚上十一点才到。培林院长带来了十八届五中全会会议精神的精品展示，让我们对"十三五"规划有了更深的理解；承伟主任则带来了"习近平总书记的扶贫思想"，我听了以后很受启发。培林院长以社会学家独到的视野介绍了七个方面的内容，主要是他关注了七个热点问题。

第一个关注是发展。发展是十八届五中全会提到最多的，五大理念主要围绕五大发展来陈述。

第二个关注是标准。标准很重要，标准是制度性话语权。当然，标准的制定过程中有些也是动态的，标准也需要农村社会学家关注。

第三个关注是逆城镇化，开展开拓农村发展的广阔空间。逆城镇化问题一直在被强调，而且越来越凸显。

第四个关注是就业创业。再一个就是职业，职业蓝领职工的工作问题，农民工农村工作水平变化问题。

第五个关注是中等收入群体。这主要是根据收入差距调查的趋势来分析中等收入群体的比重和未来发展的情况。

第六个关注的是消费。这个问题学界关注发展的多，关注消费的比较少。

第七个关注的是"二孩"。这个问题需要社会学界更加精准的研究。

通过上述七个问题的阐述，培林院长希望我们哲学社会科学工作者紧紧围绕中心，关注大局，抢抓机遇。如果这个机遇抓住了就好了。

黄承伟研究员这个报告主要是围绕习总书记的扶贫思想和国家一些具体扶贫发展战略做了介绍。他的视野非常高远，是对总书记扶贫思想系统、深入的研究。他从全球的视野剖析贫困的状况，并与中国的贫穷来比较，以大数据说明脱贫，也介绍了中国扶贫的发展目标，提到了中国目前的难题和任务之艰巨。承伟主任关于这八个方面的主要观点阐述让我们对习总书记的扶贫思想有了一个系统的理解。

如果看一个顺序，十八大以来，习总书记25次考察了国内有关地区，其中有14次涉及扶贫，有7次是把扶贫工作作为主要的工作。习总书记连续三年第一次视察的都是贫困地区，关于扶贫的重要讲话达到20多次。今年（2015年）习总书记就到了陕西、云南、贵州等地，在延安和贵阳两次召开扶贫工作座谈会，发出了2020年农村全部人口全部脱贫的命令。承伟主任演讲中对习总书记的扶贫思想做了系统的阐述，介绍了"十三五"期间国家扶贫工作的指导思想、要求以及政策设计。他最后的思考也是基于他长期从事扶贫实务以及他深厚的学术功底，是一个学者的思考。他的演讲使我们对"十三五"期间扶贫攻坚指导思想总体要求有了具体的、更深的了解。

总之，听了两位专家的专题演讲获益匪浅，我们也分享了他们奉献的有关十八届五中全会学习宣传的精神大餐。李培林副院长和黄承伟副主任有事今天晚上就要回北京，但是，我希望他们带来的十八届五中全会精神的阐释和习近平总书记的扶贫思想留在贵州生根发芽、开花结果，希望把"爽爽贵阳"的空气也带到北京。

论坛：扶贫开发与社会建设

主题一：党建扶贫　光荣与挑战（贵州省人大常委会立项委托项目：《兴仁县扶贫开发二十年——注重体制机制的调查研究及对策思考报告》）

会议时间：2015 年 11 月 7 日　13：30～15：20

会议地点：贵州民族大学第五会议室

主 持 人：陈光金（中国社会学会副会长、中国社会科学院社会学所所长）

评 议 人：王春光（中国社会科学院社会政策研究中心副主任）

　　　　　林聚任（山东大学哲学与社会学学院社会学系主任）

总 结 人：黄承伟（中国国际扶贫中心副主任）

会议发言人员：

　　　　　龙超云（贵州省人大常委会党组书记、副主任）

　　　　　张学立（贵州民族大学校长，教授）

　　　　　黄承伟（中国国际扶贫中心副主任，研究员）

　　　　　陈光金（中国社会学会副会长、中国社会科学院社会学所所长、研究员）

　　　　　王春光（中国社会科学院社会政策研究中心副主任，研究员）

　　　　　林聚任（山东大学哲学与社会学学院社会学系主任，教授）

　　　　　杨昌儒（贵州民族大学副校长，教授）

　　　　　何正祥（望谟县人民政府县长）

　　　　　朱启臻（中国农业大学农民问题研究所所长，教授）

张乐天（复旦大学社会发展与公共政策学院副院长，教授）

毕大伟（中国移动贵州分公司总经理）

毛刚强（贵州民族大学社会建设与反贫困研究院研究员、
　　　　贵州社区建设与乡村治理促进会会长）

孙兆霞（贵州民族大学社会建设与反贫困研究院教授）

曾　芸（贵州民族大学社会建设与反贫困研究院特聘研究
　　　　员、贵州大学教授）

张　建（贵州民族大学社会建设与反贫困研究院副教授）

　　【陈光金】各位领导，各位代表，下午的会议现在正式开始。我和中国农业大学农民问题研究所所长朱启臻教授昨天上午因北京下雪，飞机航班被取消了，但是，我们很诚心诚意地来参加这次会议。我们想方设法，终于还是在昨天晚上赶到贵阳。于是我今天就在这儿充当主持人的角色。

　　我们这个会议的主题是"扶贫开发与社会建设"，参加我们这个论坛的有不少领导同志，还有一些知名教授、学者。下面，我首先向大家介绍一下参会的领导同志：贵州省人大常委会党组书记、副主任龙超云同志，贵州民族大学校长张学立教授，中国国际扶贫中心副主任黄承伟研究员，中国社会学会副会长、中国社会科学院社会学所所长陈光金，贵州民族大学副校长杨昌儒教授，望谟县人民政府县长何正祥同志。我们这个论坛主办单位是贵州省人大常委会研究室和贵州民族大学。中国社会科学院、中国国际扶贫中心、贵州省委政策研究室、贵州省人大常委会研究室、贵州省社会科学院、中国移动贵州公司、望谟县县委县人民政府也对这次会议提供了大力的支持。我们先感谢他们，没有他们的支持，我们的会议也办不了这么好。现在，我们以热烈的掌声对主办单位和支持单位表示感谢。

　　下面，我们进入正题：尊敬的贵州省人大常委会党组书记龙超云主任，中国国际扶贫中心黄承伟副主任，中国移动贵州公司总经理毕大伟，还有参加会议的省内外专家和学者，以及来自相关党政机关、人大、企业界的同志们，先生们，女士们，大家下午好！孙兆霞教授让我在论坛第一阶段开始之前先跟大家介绍一下，我们这个论坛的重要性和特殊性，主要有以下三点。

　　首先，就我们农村专委会年会来说是特别的重要，为什么会这么说呢？我们知道"扶贫开发与社会建设"作为年会分论坛一，在这个阶段主要是研讨贵州省人大常委会立项委托给贵州民族大学社会建设与反贫困研究院，以及中国社会科学院社会学所社会政策研究室实施的研究课题《兴仁县扶贫开发二十年——注重体制机制的调查研究及对策思考报告》，围绕着这样一个调查来展开的研讨。这份报告是我国第一次对一个县的长时段扶贫开发进行全方位深入调研的一个报告，而这次的农村专委会年会是将此内容专门作为一个论坛议题和机会，将全国扶贫开发与社会建设研究领域的专家和政策实践领域的领导、政府的研究机构以及望谟县，企业界朋友们邀请到一起来，研讨该报告所提出来的观点和对策，进一步提升报告的水准。除此之外，我们本论坛的第二阶段是从扶贫开发走新路的视角来安排的。贵州省在开放式扶贫领域推出了一系列举措，其中有 12 个国有企业对口帮扶 12 个极贫县，这是我们国家传统的扶贫路径和模式的推进。在新的历史时期，在全面建成小康社会的决胜阶段，这样的一种扶贫模式如何通过探索走出一条新路，这个问题是值得我们思考和探索的。中央的全面深化改革领导小组第十七次会议时，习总书记曾经提出过，要把鼓励基层改革创新、大胆探索作为抓改革和落地的重要方法。扶贫要探索一种新的思路，通过改革把产业的发展，以及其他各种形式的扶贫路径综合起来，把整个扶贫工作落到实处，实现到 2020 年全面消除极端贫困现象，所以说这是非常重要的。在这个过程当中，下一步就是中国移动将对望谟县脱贫工作提供有力的支持，通过移动怎样来支持脱贫？我想这也是我们这次研讨关心的一个大问题。我们也想利用这个机会听取贵州移动公司和望谟县委县政府，以及支持这次会议的专家们是怎样来思考这些问题的。同时，从行动的角度来讲，我们应该采取什么样的方式、路径和模式来开创新的脱贫方式方法。应该说，现在的任务还是非常紧的，我也在反复思考，虽然总书记和十八届五中全会提出来到 2020 年要实现极端贫困彻底脱贫，给予这么大的宏伟目标，但是，实际上要达到扶贫标准的要求是困难的。我们知道贫困是一个动态的过程，不会总是处在目前的状态下。所谓动态，比如说现行标准是按照这样实施的，但是，随着经济的发展，人民群众的生活水平不断提高，我们的扶贫标准也应该是动态的，我们根据以往的过程和实践来看，有的人富了，后来又返贫了；还有农村贫困人口转移到城镇以后，有一部分人在城里不容易找到工作，他们的生存状况其实是处在一种贫困的境地。所以说整个贫困是动态的。那么，如何在这样一个动态贫困和反贫困的过程当中既找到一个更好的办法来巩固和稳定地消灭贫困现象，同时也帮助相对贫困人口寻找获得新的发展机会，这是我们扶贫工作在当前的决胜阶段，特别要观照和重视的大问题。因此，我们借此会议汇集大家的思考，形成有效的思路来回应这些问题。所以说，我们这样一个研究报告是以基础研究、理论研究、政策研究、行动研究四位一体的方法为支撑来讨论减贫与发展，扶贫攻坚样板省如何走新路的研讨会，这是第一个重要性。

第二个重要性就是我们这次会议组织是比较特殊的，有其独特性。首先，在农村社会学年会中设置这样一个分论坛，说起来是级别不高，但是我们可以看到，参与组建这次会议的单位，参与这次会议讨论的学者相对来说，他们的影响很大，地位是很高的。我们在中午吃饭的时候，大家也在说这样的研讨会是唯一的，比如社会学会下面有三四十个专业委员会，还没有哪一个专业委员会在组织年会的时候，能够邀请到省一级的领导出席，还有贵州省人大研究室、贵州民族大学、中国国际扶贫中心等机构来参与，从国家级到县级，从科研机构到人大机关，大家聚集在一起，我们共议减贫发展问题，应该说是一个创举。在刚刚过去的"10·16中国国际减贫与发展高峰论坛"上，习总书记发表了主旨演讲，我也在场听了他的讲话，当时有8个国家级的领导人和负责人讲话，还有几个国家的总统和副总统，以及联合国机构参与了那次会议。孙老师还告诉我，贵州省人大研究室、贵州省社科院、贵州省委政策研究室的领导也帮助筹办这次论坛，我们觉得很感动，也再一次向他们表示感谢。

第三个重要是，我刚才已经讲过了，参与会议的嘉宾在中国扶贫政策实践研究领域都是举足轻重的领导和专家。其中龙超云主任专门为论坛致辞，黄承伟主任作为论坛两个阶段的评议和总结专家，他是国内专门作为评议人的专家。还有复旦大学的张乐天教授，他是我的师兄，长期从事农村发展研究，90年代初，他和曹锦清、陈中亚合作写了《当代浙北乡村的社会文化变迁》一书。他们三个都是我的师兄，这本关于农村的书在中国农村研究领域，结合了改革前和改革后的发展变迁，是一本非常有分量的专著，对中国农村研究的影响已经有一二十年了。所以，我们也非常荣幸能够请到他来到这次会议作为评议人。除了他之外，还有中国农业大学的朱启臻教授，山东大学林聚任教授以及我们社科院的王春光研究员、省人大研究室、省政府研究中心、省委政策研究室、省委组织部以及省社科院的领导和专家，他们都在这方面有着丰富的实践经验和很好的研究经验，并取得了很多的成果。尤其是龙超云主任在第一时间指示要支持开好这个论坛，并安排人大研究室做好服务协调工作。没有他们的支持和帮助，我们这个论坛就难以办得这么好。所以，我们在这里再一次表示感谢。

现在我们正式进入这个论坛。首先，我们请贵州省人大常委会党组书记、副主任龙超云同志致辞，大家欢迎！

【龙超云】各位专家、各位学者，你们好！能参加这样的会议，我感到非常的高兴。刚才主持人说感谢我们，但我认为我们应该感谢中国农村社会学年会给我们提供了这样一个机会，让我们能够对扶贫开发工作发出贵州的好声音。也感谢贵州民族大学多年来在扶贫工作建设的研究方面一直坚持不懈，并做出了积极的成果。我在省委当统战部部长的时候就跟贵州民族大学有联系，当时我们委托贵州民族大学的孙兆霞教授带领的团队做了一个课题，上午李培林院长也介绍过了，这也是对我们的一个表扬。这个题目就是"对武陵山贵州地区社会建设和扶贫开发调查"，写出了质量非常高的报告，并得到中央统战部杜青林部长和省委书记栗战书同志非常肯定的批示。我到人大工作以后，跟贵州民族大学又建立新的合作关系。我们在工作上是相互支持的，我们合作直到现在还在继续，等会我再给大家介绍一下。

今天的会议，我为什么会积极参加？第一，它跟贵州扶贫开发有关；第二，它跟基层建设和发展有关；第三，它跟贯彻落实五中全会有关。因此，我也是积极来参加这次会议。通过这样的会议，能与各位专家和学者进行交流，并探讨在扶贫开发工作中我们存在的一些问题，了解在今后要走什么样的路，使贵州扶贫开发工作做得更好一些，能够在2020年和全国一起步入小康，不拖全国的后腿。因此，我认为这次会议是非常有意义的。首先，我要代表省人大常委会向各位专家和嘉宾表示欢迎和感谢。省委中心学习组在前天和昨天开了两天的会议，昨天上午是省委常委发言，下午是人大、副省长、政协的同志发言。我在会议上也做了一个发言，就是学透精神、找准短板、从严从实、奋力前进。按照中央十八届五中全会精神和习近平总书记在会议上的讲话，其中就提出了我们在"十三五"期间，各行各业都要找准自己的短板。

昨天我在会场主要说了我们贵州的短板。中央的五中全会提出了"五大发展理念"：创新发展理念、协调发展理念、开放发展理念、绿色发展理念、共享发展理念。其中，我们最大的短板是什么呢？我觉得最大的考验就在于领导干部。为什么这样说呢？因为总书记说到改革的时候指出，"自己改自己"，这一刀切下去是最难的。所以，我们要按照这五个理念，重新来谋划和设计我们的工作，包括我们的扶贫工作。我们的领导干部习惯于旧的发展方式，习惯用超越法律政策的方式来制定特殊政策，比如，上税、土地零地价等。我们已经习惯用这些方法，但是，按照习总书记提出的这"五大发展理念"，我们确实要下狠心切这一刀。这是我说的第一个短板，首先是在观念上、思想上和工作上要避免这些短板。

第二个短板就是贫困问题，这是我们贵州发展最大的短板。省里也专门开了扶贫工作大会，当时有 8 万人参加，这个会议是贵州发展史上和工作史上具有里程碑意义的大会。在"十三五"时期，我们要补上贵州最大的短板。昨天参加了那样的会议，今天就来参加这个会议，从专家学者这里吸收更多的营养，有利于我们在讨论贵州整体工作和扶贫工作的时候，能够把这些意见反映出来。同时，对人大工作，特别是人大在立法工作和监督工作中，能够把大家的意见体现出来，这就是我今天参会的最大目的。省人大对兴仁这个课题，我想补充两句。省人大常委会对于兴仁县的帮扶工作已经整整进行了二十年，我到人大工作之后又到兴仁县去考察，首先就是要调整他们的工作布局。当时我的帮扶工作定点在晴隆县，人大常委会机关在兴仁县，我实在忙不过来，我有什么想法和要求，以及工作队在工作上有什么问题的时候，我们对接不上。后来，我就与组织部商量把我的点调到兴仁，组织部也非常支持，现在证明这样的做法是对的。以前我们派人大的干部下去，有很多具体困难，后来我就提了一个提拔干部的标准：没有下过乡的人不考虑。这个指挥棒一点，大家都积极地下乡。原来部门都不愿意，说什么这个人是骨干，走不了。而现在是不能不走了，不走还耽误了他们的发展了，现在大家都得支持。所以，第一就是要把工作的格局调整好；第二就是充实力量：派干部；第三就是举办联席会议。这个联席会就是由省人大牵头，将兴仁县社会发展的规划、方案、项目统筹考虑，科学论证，分阶段分步骤请省发改委、交通厅、财政厅和行业部门专家、领导等通过联席会议方式帮助兴仁县发展，会议之后该怎么支持就怎么支持。再一个问题就是：兴仁已经定点扶贫二十年了，随着改革开放有了很大的发展，但是，扶贫工作的成效不是很明显。所以，我们不得不想这二十年的扶贫效益到哪里去了？扶贫成果到哪里去了？扶贫工作到底存在什么问题？贵州民族大学的书记、校长都很支持我们人大成立这样一个课题组做深入的调查研究，这个课题就是这么来的。还有，我们请到了王春光同志，在这些工作中，春光同志给予我们很大的支持，还有中央的李培林同志，还有黄承伟主任，他们是我们专家的专家，是我们课题的引路人，他们对全国工作的把握是最准确的，也是最到位的。得到他们的支持，我们的课题很快得以展开。第一次课题研讨的时候，春光同志也在，大家汇报情况以后，我觉得这个指导思想是有问题的，去表扬人大常委做好人好事去了，给哪家多少钱了，自己掏了多少腰包等，我说不是要你们去表扬做了哪些好人好事，而是让你研究在这二十年里，这个体制机制到底存在什么问题，要从兴仁这个点看到我们全省扶贫工作中存在的问题。现在已经形成了这样一个成果，在这些成果中还是存在一些不是很满意的地方。但是，这个成果已经为中国扶贫工作做出了贡献，这是我们非常高兴的。今天，我也想借此会议，让大家给这个成果提出一些意见。当然，首先是我们要按照五中全会的精神来进行修改和调整；其次是要和我们的产业发展结合起来，包括传统产业，比如农业必须要和我们的加工业和制造业结合起来，也要和新型产业结合起来；再次是跟城乡一体化结合起来；又次是今天会议的主题要跟农村社会的治理和建设结合起来。也为我们贵州的扶贫工作提出更好的意见。最后，让我们再一次感谢到场的专家、学者、同志们，谢谢你们！

【陈光金】谢谢龙主任的发言，她的发言肯定了我们课题组所做的工作，同时也提出了新的期望，从"四个结合"视角重新提升了我们报告的修改空间。我想课题组一定会按照龙主任的要求来认真讨论，积极听取各位领导和专家的建议。我们也会进一步研究实地的材料、资料和案例，并为下一步发展所要解决的问题和面对的挑战做好规划，从而进一步完善我们的报告。下面就是关于我们课题的一些具体介绍，首先请贵州民族大学的孙兆霞教授介绍课题的概况。

【孙兆霞】多的就不说了，只能说感谢和接受检验，期望通过今天的研讨来提升最后结题报告的水平。今天早上，黄承伟主任说，习近平总书记已经讲了扶贫工作是党的使命，我想我们今天能坐在这里也是怀着一种使命感。那么，我现在就汇报课题概况。

整个课题的缘起是从20世纪80年代，这个研究就开始了。在80年代初，大家比较熟悉的陈锡文主任和杜鹰主任以及贵州人孙方明老师是中国农村发展问题研究组的核心成员，他们将中央宏观政策微观落地的调查首先放在了贵州。1981年和1984年两次组织规模不小的调查组到贵州贫困地区做调研，后来出了一本书叫《富饶的贫困》。在1980年的时候，新华社有一个《贵州瑶山纪实》的调研报告，当时的总书记胡耀邦同志就有一个批示，希望我们各级党委同志要关心贫困地区的发展，所以，才有了"富饶的贫困"等这样一些课题。1984年的时候，因为农村发展组承担中央更重大的研究任务，将他们承接的国家"六五"重点课题的子课题"山区经济发展战略研究"交给了贵州课题组。当时龙超云主任也参与了一些研究活动。我想说的是贵州和贫困地区的发展研究，与中国改革之初的农村改革、城市改革研究几乎是同步开始的。经过80年代的研究，2000年我参加了著名社会学家陆学艺先生主持的"当代中国社会阶层研究"课题，当时只有一个子课题在我国西部的贵州镇宁县，春光是组长，正因为这样的一个研究，在我们的研究视野上建立了不同类型区域之间比较对话的基础，开启了与中国社会科学院社会学所十五年的合作。其间的每一个调研都是我们共同实施的，我想这也是中央和地方团队合作时间最长的一种模式，以后还将持续下去。在陆学艺老师鼎力支持下，2011年我到了北京，当时超云主任在中央党校学习，超云主任、春光等我们一起商定了成立课题组，由贵州省委统战部来委托课题"武陵山区（贵州）扶贫开发与社会建设协调发展研究"，那时超云主任是省委统战部部长，她担任课题组长。2012年，我们又承担了省人大、省扶贫办委托课题"武陵山区（贵州）扶贫开发模式创新"课题，省人大陈华祥副主任担任课题组长。2013年，由联合国世界银行贷款的贵州省文化与自然遗产保护发展项目启动，这个项目启动的第二年，就成了世界银行最大的问题项目。问题出在哪里？张乐天老师推荐我们团队来做这个项目的社会参与评估，他也是其中的指导者。到了2013年，中国百村调查成为国家社科基金"十二五"重大滚动课题。在子课题申报评审会上，是陆老定的，以贵州为实验点来做中央团队和省级协作团队的科研机制创新探索，一下子给了我们这个团队5个子课题，在全国是首创。选点上，我们在黔东南做的是郎德村（苗族）、堂安村（侗族），安顺普定的屯堡村落号营村，威宁的回族、汉族各占一半的卯关村，黔西南兴仁县的布依族联增村。现在我们的调研基本上已经结束。正是在这样一些前期调研基础上，去年超云主任和省人大常委会研究室的盛荣主任就给我们提出来说能不能做一个兴仁扶贫20年的调研课题？经过将近半年的准备，今年的2月份我们就启动了田野调查。因为时间的问题，稍后会继续介绍它的内容。现在这个课题已经形成了一个初步报告，也是供今天专题研讨的"靶向"报告。报告以中国扶贫开发体系结构当中的专项扶贫、行业扶贫、社会扶贫、党建扶贫为框架，其中党建扶贫对于贵州来说是一个创举。这个子系统与一线调查情况相同。我们还加了教育减贫和低保减贫两个专题，最后形成了专项扶贫、行业扶贫、党建扶贫、教育与减贫、低保与减贫、成就与缺陷、政策建议等七个专项报告。就兴仁扶贫开发现状及体制机制问题、成就与缺陷、政策建议等方面提出相关的一些意见，并且完成了"贵州省扶贫开发条例"实施的调查与思考的专题报告。好的，我的汇报完毕！

【陈光金】好的，谢谢！看来这个课题研究的基础非常扎实，所以，孙教授的发言是非常有力的。下面是曾芸教授发言，她的题目是与专项扶贫有关的，大家欢迎。

【曾　芸】各位领导、专家下午好！我代表我们团队主要介绍一下扶贫开发目前存在的一些制度性困境的问题，以及未来制度建设的一些想法。秉持着找问题、解决问题的想法来提出问题，以找到问题的关键所在来探讨发展的路径。下面，我针对兴仁县专项扶贫的历程进行发言。

我想简单分析一下，目前最大的问题可能就是"制度占有"。可以从五个方面来分析"制度占有"模式给我们扶贫开发带来的深刻影响。第一个方面是扶贫开发制度的生成。各位专家也介绍了我国扶贫开发攻坚充分体现了社会主义制度的优越性。但是也应该看到从 20 世纪 80 年代到现在的精准扶贫过程当中，所有制度的生成都来源于资源的重新配置，但是这种自上而下的供给方式还是给予了我们某些集团在资源配置过程中更大的发言权和相关的利益分配权，其结果是："扶"成为主动者（施予者），"贫"成为被动者（接受者），也就是我们现在看到的重扶不重贫这样一个现象。我们现在看到的扶贫开发都以产业布局、基础设施建设为主要内容，项目分布和整合也是它主要的特点，但是这些项目的落地和相应的体制机制的实际操作其实还是有很大的问题的。当然在资源重新配置的红利中，兴仁确实获得了很大的支持，2001 年到 2013 年期间，除了中央财政资金和贵州省专项扶贫资金之外，我们省人大还协调了 42 个亿的项目资金。因此，我们可以看到这二十多年来的成绩，为今后兴仁县的发展提供了坚实的基础和保证。但是资源重新配置使我们的政府更关心项目落地的资金和物资资源，却忽略了在扶贫开发当中需要关注社会自主性因素。所以，按照这样一个行政逻辑的扶贫开发制度，我们存在着社会不平等的关系再生产，以及社会被遮蔽等结构性的风险。

第二个是在它的执行过程当中的问题。整个扶贫制度，包括科层的组织制度、管理制度、服务供给制度、参与制度等，在执行的过程中是控制性的，而控制性执行制度最大的问题就在于它存在着消极的制度安排，比如说，在科层制的组织推进当中，兴仁县和其他地方一样，都是以单纯的经济目标，甚至是以 GDP 的政绩目标框定主要的实现路径，所以，扶贫开发制度在执行过程当中就会通过这样的路程来分解指标、来保障实施。时间紧，任务重，压力大，我们现在看到的都是冲锋陷阵的政府，这是整个政府的工作状态。那么，政府的风险就陷入无限责任的泥潭当中了。在调查中，我们会经常听到老百姓讲的一句话就是说："你们的鸡生病了，你们赶快来看一下。"所以，我们发现扶贫的目标在实施过程当中有所偏移。

第三个问题是管理层面的放任自流。整个兴仁县的扶贫办只有七个行政编制，但是他们要管理 282 个村，每个村都有很多事务需要管理，现有的制度设计、资金项目管理等都需要投入大量的人力和物力，这在基层是不可能实现的，而且，自上而下的方式缺少专业性、项目落地的平台互动和责任机制。所以，在操作层面，我们看到的就是只问投入，不问过程，不问结果。这个成为整个扶贫开发和管理的主要制度安排。

第四个问题是公共服务的缺位。刚才说了，由于资源配置是整个扶贫开发的动力，因此，地方政府将区域发展作为主要的职能，产业项目只需要证明这个项目在形式上落地就可以了，政府的责任就到此为止，也就是说政府只管第一个环节：怎么种，种完之后怎么管？市场出口在哪里？这是他们管不了的问题。

第五个是参与的动力不足问题。整个扶贫制度的执行动力和资源配置的权力和机会都在政府手里。随着我们扶贫制度在完善，尤其是资金管理和项目验收这一块在完善，在2013年之后，很多基层政府都表示不想再申报项目了。扶贫项目管理机制的确极大减少了挪用和贪污公共资源的空间，同时也增强了透明性，但是不能够回应贫困问题的多样性和需求的灵活性。根据相关负责人的介绍，扶贫项目必须纳入上一级的规划当中才能得到支持，但是有时候它又与基层的实际相脱节，从而导致了社区参与的动力不足，我们有很多案例在报告中都有所呈现。在实施的过程中，扶贫项目实施时总会面临时间紧、任务重的状况，从而导致了扶贫开发实施一般都是强制性采取了"公司＋农户"的模式，在实践的过程中，说直率一点就是权力与权益、权力和资本交易的关系。另外，我们大量是在空壳村的现实上来实施项目，客观上，我们内心动力的确不足，老百姓的能力不足，那么在巨大经济目标的压力下，我们不得不将扶贫资源投向了大户和公司。有一部分公司的确是冲着套取国家优惠政策来的。在这个过程当中，贫困群体的发展机会和成果被剥夺了，而资本下乡的这种非生产再分配的活动的确导致了资源配置的无效。为减少这种不合理性，我们的制度也设计了"公司＋农户"的利益链接来修正之前的制度缺陷，但是，在中国发展以及产业转型的大格局之下，一批本土企业正经历着产业基础的探索和试错阶段。目前，扶贫的实践方式忽略了市场主体，其实他们本身也在经历产业起步阶段的试错风险，甚至将公司企业多方位的探索和试错与精准扶贫对象捆绑在一起，其实造成将市场的试错期风险传递到贫困群体的状况。因此，出现参与产业项目的大户（大多是返乡的农民工）再度返贫的现象。同时，我们在利益链接当中，还设计了一个制度，就是以土地或者以其他物质资源入股来让贫困群体分红，但是不管打工还是分红的方式，其实都缺少了贫困主体的参与，它的结果一定是贫困群体参与的动力不足，并且是消极对待。没有制度的制约，这也让贫困群体和大户、企业深陷到发展的陷阱当中。然后，我们才有了下一个阶段：变革。2013年，我们实施了精准扶贫，对贵州以往的扶贫开发工作，特别是专项扶贫和行业扶贫当中的目标偏移问题，有很大的修正，但是有几个问题导致我们的精准扶贫还存在着制度性的障碍。第一，因为既往制度的惯性，所以我们还是有一个政绩考核，而且十分强硬。现在是叫脱贫目标责任制，一票否决。所以，基层对精准扶贫的理解和操作依然是在资源配置之下建立了一套精准识别运作机制。其实大家都清楚，就是为了完成指标数，按照上面的要求和规定来完成，往往会脱离基层的实践，整个基层就陷入了应付式的行政陷阱当中。第二个问题是长期以来，我们扶贫形成了一种叫制度依赖，一旦我们脱离了母体，脱离了制度性的保障，它自身的能力难以成长起来。还有一个问题就是精准扶贫缺乏持续的制度安排。比如，扶贫对象的动态识别、落地机制以及贫困群体的权利如何实现，专业上的方法以及社会参与的合作机制等等都没有建立。基于这三个原因，我们现在的精准扶贫依然陷入了障碍循环之中。

最后，我想提出一个不成熟的概念，就是针对刚刚讲的制度占有方式的一些问题，从而建立一种新的方式来保证我们的扶贫制度构建。其实，扶贫制度应该是一项社会制度，绝不会是一项经济制度。我们社会主义扶贫制度应该是一个共建的过程，也即开放式扶贫的过程。所以，我在对这样一个占有特征分析的基础上是否可以提出一种新的方式，叫做"制度共建"，这个"制度共建"还是要从几个方面来说。第一，一定是自下而上的，这应该是一种权利和机会的保障。所以它不仅仅是资源的配置，而且应该是社会的自主性。第二是它的执行力，这个执行不再是强制性的，而是动机性的，这个动机性制度执行有积极的目的。我们的扶贫开发其实是存在强烈的制度整合动机的，比如，我们的行政性制度最大的问题就是要解决最后一公里的问题，比如地方探索了很多很好的地方性制度，要解决的问题就是常态性，就必须要有制度的保证。第三是市场性的制度，这些方面都有一个动力所在，并有一个制度设计，进行制度的整合。在实施的过程当中应该是一个自主性的，自主性规则是由这个群体自己的经验演化来的规则，而不是我们事先制定的规则。

兴仁的薏仁米产业有着400年的种植历史，老百姓的认知度非常高，整个薏仁米的核心竞争力除了在地性的种子资源外，还有它长期形成的一套生产支持系统。所以，它的发展经验其实就在于农业低端，农业种植的纵向化低端是以半劳动力就地就业和外出打工相嵌构的家庭社区经济来实现的。这也彰显出了在农业的产业化当中，小农社会基础的一种可能性。

最后，我想讲的就是变革，在变革当中能不能考虑制度参与的变革，在此介绍一下兴仁县的五星枇杷案例。五星枇杷有三个亮点：第一个亮点就是政府完成了陪伴成长，通过公共福利的供给陪伴成长。第二个亮点是公司正在经历向社会企业的转型。第三个亮点是农户通过一种开放性的制度设计即工分制进行分工合作，这其实是一个社会治理的过程。我想讲的制度共建其实就是一个共同谋划、共同参与、共同监督的过程。这个社会化的共存其实就是能够实现我们的利益主张、我们的合作共识、我们的风险防范，提高扶贫开发制度主体和制度之间的耦合性。好的，谢谢大家！

【陈光金】曾芸教授是位80后，报告的思路清晰明了，提出的问题也是很明确，同时也通过一些案例探讨了制度变革的方向和路径。其实就是一个制度供给的问题，刚开始我没有明白制度占有是什么意思，后来我想应该是制度供给的问题。我也翻了一下这个报告，其实就像超云主任讲的一样，里面有不少可以提升的空间，包括写作的逻辑和概括。我想通过后面的人的评论，可以提供一些好的建议。下面我们有请贵州民族大学张建副教授来给我们讲一下关于行业扶贫方面的内容，大家欢迎！

【张 建】尊敬的各位领导，各位专家，下午好！下面我将自己在团队中承担研究的部分给大家做一个汇报。我主要承担的是行业扶贫这一部分，主要想谈一谈在研究过程中总结出来的一些关于行业扶贫的体制机制问题。我的报告分成六个部分。

第一个部分是行业扶贫的制度设计。从中国政府主导的扶贫来看，第一个特点是以政府为主导；第二个特点是依靠政府的组织性；第三个特点是自上而下的治理性结构，其典型特征是多部门参与。作为一个发展型的政府，国家的发展资源分散在各个行业部门当中。行业扶贫从制度目的来讲，就在于最大限度地协调、整合分布在各个行业的发展资源，以最大合力来推动农村的扶贫工作。

第二部分是我们把行业扶贫分成了三种类型：第一，保障型，主要是保障贫困地区人民群众的基本生存和发展权利，包括低保、社保以及教育；第二，改善型，主要是以改善贫困地区人民的生产、生活、生态条件为目的，如交通、水利等基础设施；第三，发展型，以贫困地区经济发展为目标。这三种类型的行业扶贫的特点不一样，效果也不一样，存在的问题也不一样。现在我们从两方面来讲。

一是从保障型和改善型这两大类来看，它们的效果是最显著的，认可度是最高的，同时也是基层政府最希望得到的。在我们的调研当中，无论是从村来看还是从县来看，这两块的成就是最明显的。从村层面来看这些公路等基础设施确实有着非常大的改善。保障型和改善型的行业扶贫取得这么多的成绩，其中就在于它的特点：第一是专业性，专业部门做专业的事情；第二是直接性，做好之后直接作用于贫困群体的生产生活；第三是投入的持续性，国家几十年来长期持续大量的投入。但是这两部分依然存在着比较大的问题，或者说是挑战，特别是随着项目逐渐从区域性延伸到社区的末端，比如公路，不光是通村路，还要修通组路。到这个时候就不再纯粹依靠技术手段来解决问题，而是遭遇到了合作水平和社区治理的困境，并成为这当中最难啃的骨头，我们多次调研中都发现了类似的案例：国家投入了很多资源，修建了很多饮水的工程，但是由于缺乏社区的合作，往往无法正常使用，老百姓不得已又掏钱来安装自来水，最终导致了大量的工程被闲置浪费掉了。

二是作为发展型的行业扶贫，其最大的特点就是以市场为导向。它的问题也与此相关，第一就是所谓的大路货，项目选择大部分是大宗统货；第二是行业部门往往只能管到项目前端的实施，很难管到后端的市场出口问题；第三是政府为了解决市场的出口问题，大量招商引资，但是有一部分企业确实是来套取扶贫资源的，还有的企业想做好但是只懂市场不懂农业。所以，到最后造成了这些企业或多或少的靠吃政策红利而生存。

第三部分是行业扶贫项目落地机制问题。归纳起来看，行业扶贫项目在落地机制上，形成了乡镇和村两个层面在"最后两公里"的落地问题。

在行业扶贫项目达至乡镇区间时，存在项目与乡镇工作机制上的脱节。

第一，行业扶贫的项目都是一个自上而下的下达机制，这样就会缺乏基于乡镇实际情况的科学论证。项目的产生是自下而上的申报，实际上却是一个自上而下的下达机制。从省到县都有一个规划，下级要服从上级，这种统一性往往会导致对各个地方因地制宜需求的遮蔽。行业扶贫项目往往容易追求规模，对于集中连片、公路沿线等强调很多，这样就容易忽视复杂多样的具体情况，在乡镇实施过程中会遇到很多的阻力和困难。比如种核桃要勾斑图，要拿到州里面去卫星定位来规定哪个地方的种植情况。斑图一勾动不动就是上万亩，某镇长说这对于我们也是难事，因为我们的耕地一共才几万亩。

第二，跑项目带来的公正性和权力寻租的问题，刚才曾芸教授也讲到这个问题。我们现在的体制结构是自上而下的，同时我们的资源也是自上而下的一个流动过程。资源分配的权力被上级政府所独占，下级政府需要获取这些发展资源就要不断地向上级申报，在跑项目的过程当中产生了类似的腐败问题。

第三，项目实施的环节缺乏乡镇的能动性。对于乡镇来讲，很多项目是自上而下的下达项目，乡镇只能是被动地执行，在这样的情况下，乡镇就是在消极应对，积极性就不会很高，即使有积极性，服从的也是政治的逻辑，把它作为政治任务来执行。但是，即使乡镇政府意识到这个问题很大，在政治的压力下强行把它推出去，最后却造成了一些问题。比如我们在一个镇里面调查，这个镇长就告诉我们说，因为这样的项目失败，差点引发了群体打架事件，最后他们用救灾款把这件事给压下去了。

第四，乡镇缺乏机构和缺乏人员，项目落地是缺乏腿，没有腿就下不去，乡镇虽然有一些部门也有相关的设置，但是人员不够，而且在乡镇这个层面很难按照专门机构设置要求来使用人员，专业人员严重不够。几乎调查的所有乡镇，有技术能力并能在岗工作的，每个乡镇真正够用的不到十个人。

第五，公共服务供给不足，特别是发展项目实施下去之后，对于行业部门来讲，仅仅在种养项目落地阶段，验收完了就算完成了，但是之后的技术服务这些环节严重跟不上，而农民自己又不懂，这就造成了参与项目的农户容易受到损失。

在行业扶贫项目下达至村庄区间，存在项目与村庄的脱节。

第一，是对村庄特定自然环境的忽视，特别是对于贵州来讲，生态环境存在多样性、特殊性特点，但是我们的项目在设计的时候，对这方面的因素是考虑不周到的。

第二，缺乏社区的参与和决定权。部分改善型项目尤其是基础设施类项目主要产生于当地村民的主动诉求，但是实施过程缺乏社区的参与；发展型项目几乎都是自上而下的安排，缺乏项目实施地的村民们来选择和决定。多数项目是在被规划了之后，村民才被"做工作"，并没有太多讨价还价的余地。

第三，实施过程中缺乏社区参与。扶贫项目产生的外在性造成了村民对项目缺乏积极性，并形成了他们对扶贫项目的观念和行为上的偏差：在改善型项目方面，村民们认为资源是国家给的，不觉得自己应该负有什么责任；在发展型项目方面，村民缺乏参与的动力。自上而下的压力，使得项目的主导部门为完成任务，只能选择"做工作"或"收买"等"压"与"诱"的手段。对于被动参加进去的项目，村民也看不到项目的前景，而从短期的经济利益考虑，抱着"国家的钱（物），不要白不要"的心态，不会按照项目的实际需要去认真投入，而是尽快"套现"，甚至采用一些不正当手段，"套取"项目资源。

第四，缺乏对农村经济社会特征的了解。农村是以家庭为单位的生产方式，土地等生产资源的细碎化，大量劳动力外出务工形成的村庄空壳化、老龄化等特征，都对行业部门的项目在村庄中的落地产生直接影响。

第五，农户的技术培训跟不上需要。农村发展型项目以市场为导向，以技术为基础，超越了农户的地方性知识体系，需要一套专家－技术系统以及市场－信息系统为支持，除了外部的技术及市场体系，更需要农户自身的技术能力及市场能力的成长，这是农户发展能力的最重要内容。

最后就是技术跟不上，我刚才也讲了这些项目需要很多技术和信息的支持，农民就是缺乏这些。

行业扶贫项目落地，还存在监督不足的问题。

第一，行业部门的自我监督不足。行业部门的工作重点是项目的落实和验收；行业部门承担着繁重的行业任务，且行业部门专业性较强，很难有足够的人员去对具有综合性特征、有复杂性因素制约的项目实行充分的监督。对于改善型项目而言，虽然符合村民的需要，但是由于其过程不能得到村民的有效监督，如一些基础设施项目，由于层层转包，最后成了豆腐渣工程，无法满足村民的需要。

第二，自分蛋糕的体制造成行业部门利用自有技术力量和"知情便利"谋取灰色利益，甚至产生腐败行为。在项目的实施过程中，存在若干谋利的环节，由于行业部门对资金支配权力的控制性，以及对掌握信息占有绝对先机，这些谋利环节极易被部门甚至个人所利用，瓜分项目资金，牟取部门或个人利益。

第三，项目验收环节——"自我消化"。行业部门不断地争取和落实各种项目，但是并没有验收的动力，往往不验收，或者验收的要求相对简单，或者部门自我验收。且项目所在的乡镇和村都没有参与验收权力。

第四部分是行业部门之间的问题。

第五部分是行业扶贫与专项扶贫及党建扶贫的关系。我归纳了几种扶贫之间的关系：第一，行业扶贫和专项扶贫之间是相对封闭的，系统内部是强关系，系统之间是弱关系；第二，与党建扶贫造成了资源和人力的比拼。

第六部分是行业扶贫的完善对策建议。我们提出了四个建议：（一）尊重村社治理的自主性；（二）政府部门应该提供良好的公共服务，专业部门应该发挥其能力；（三）我们要提出一个整合的问题；（四）要加大保障型和改善型的投入，尤其是教育投入。

好的，我的发言就此结束。谢谢大家！

【陈光金】不好意思，你的内容很丰富，我的时间很紧张。我觉得这个演讲还是很重要的，现在习总书记提出来四大路径：产业扶持、教育资助、异地搬迁、社会保障。下一步还要走这条路，这些问题总结出来确实很有意义。不过我相信还是有成功的地方，我们听到的都是些失败之处，这是我的一些想法。好吧！下面请我们的孙教授来给我们汇报一下关于党建扶贫的内容。

【孙兆霞】首先我要补充一点，刚才太急了就忘了给大家报告，就整个课题，我们前后连续开展了三个月实地调研，今天早上培林院长说：

"社会学调研能做到三个月就不错。"我们是分四个阶段下去的,最后一次队伍最庞大,北京来了9个人,贵州去了5个人。最后整理出来的资料把我们自己都吓住了,500多人次,400多万字的访谈录音整理,其他的资料也是非常扎实。

下面,我给大家汇报一下关于党建扶贫的内容。在三大扶贫体系当中,我们调研以后才发现在制度设计上,社会扶贫没有公共财政资源,没有体制内的科层结构,没有配套的制度支撑。所以事实上,这么多年来的社会扶贫从体制机制整体上看是虚空的。刚才光金所长说从我们在行业扶贫和专项扶贫调研汇报中只听到失败的案例。确实,基础设施建设,扶贫是成功的,解决了很多大问题。但是对于产业扶贫,我们一直在追问寻找成功案例,一遇到在乡镇工作多年的领导我们就问到底产业扶贫三年以上有没有成功的案例,然而没有一个人告诉我们有成功的。在这样的困境之下,我们反而在兴仁获得了一个重大突破,就是党建扶贫的概念。党建扶贫真是贵州的一个首创,缘起于一件事。1984年,中央发出了关于帮助贫困地区尽快改变贫困面貌的一个通知。1985年胡锦涛同志到贵州来担任书记的时候,习仲勋同志将新华社关于毕节赫章县,包括海雀村的贫困报告转交给他,刚到贵州3天,朱厚泽同志就陪他开始调研。在1986年的中央一号文件刚刚下发,贵州省的文件还没有出来的时候,省委组织部就组织了3300人的扶贫工作队,这是贵州的首创。上个月,我们去给超云主任报告如何举办这个研讨会的想法的时候,她告诉我们说她就是第一批扶贫工作队员,而且地点就是望谟县。龙志毅同志曾撰文写道:锦涛同志在工作队下去半年的时候,他就总结认为,我们的党建扶贫不是学雷锋,不是做好事,不是跑项目(当时不叫党建扶贫,而是叫挂帮即定点帮扶)。我们要做的是:第一,调查研究;第二,帮助村里面找到切实可行的脱贫的路子;第三,我们要锻炼干部,让我们帮扶的干部在这里面成长(龙主任就是这么成长起来的);第四,我们要解决党的基层组织建设问题。在这过程当中,贵州省一直都在下去做这样的工作,到1996年的时候就把基层党建和挂帮结合起来,逐渐形成了党建扶贫这个概念。当时党建扶贫就成为全省机关事业单位参与扶贫的主要抓手。刚才曾芸教授和张建教授谈到在行业扶贫和产业扶贫、专项扶贫当中的整个体制机制的碎片化和没有落地平台的时候,它就起了很大的作用，后来栗战书书记在加强扶贫工作队力量、选派第一书记上又进行了创新。从 2011 年到现在，贵州在加强党建扶贫工作上有不断推进的探索。可以说，这是中央省委及基层共同创造的一种重要扶贫工作制度安排。贵州省人大帮扶兴仁二十年，其覆盖面包括了所有的乡镇，它的内容主要是在交通、水利、农业生产、村级党员活动室、教育等基础设施方面，这样就与产业扶贫和行业扶贫有很大的不同，因为它确实是在做基础，这是一方面。但是在另外一方面的机制上，特别是在县一级的党建扶贫上又存在制度困境，主要是我们自上而下的挂帮，又存在资源配置没有保障的问题，我们也将它分为三类。一个是社会服务行业，如行政部门、公安局、计生局等；二是综合权力机关，如县政府、人大等；三是管理资源的机构，如扶贫办、计划局等。这样就形成了有资源的单位挂帮不用去跑项目，没有资源的单位难以跑到项目，扶贫计划就会落空。关于党建扶贫的思考，我们发现，就是在这二十年的过程当中特别是在农村空壳化的情况下，首先计划生育一票否决的制度安排及实施在政府和基层老百姓之间还是形成了一定的隔阂；其次是我们撤乡并村，在权利收缩以后，边远自然村寨更加边缘化；再次我们外出人口很多，村里存在很多三留守人员，在基层组织也没有基础，行业扶贫、专项扶贫、社会扶贫也没有落地的情况下，党建扶贫是唯一的连接党、政府与弱势群体的一根红线，起码解决了他们的基础设施和一些困难问题。但是到 2000 年以后，由于压力的巨大，专项产业扶贫和 GDP 的追求将扶贫引向重产业甚于重基础的现状，党建扶贫也就变成了更多关注跑项目这样一种路径。党建扶贫工作中存在的体制机制障碍问题总结有三点。

第一是跑项目，抢夺扶贫资金成为党建扶贫一个考核的主要内容；第二是乡村社区治理的困境也跟扶贫项目的落地之间有很大的张力；第三特别是在县级单位，我们会看到他们既抽不出人来，也没有资源，所以他们认为下去就是搞形式主义，这个问题反映相当严重。调研中我们还发现两份非常好的总结报告，是黔西南州扶贫工作队做的，他们把这些深刻的问题进行了制度分析。确实，党建扶贫工作队也在思考这些问题，这是一种责任感和使命感。

近两年，省人大在精准扶贫新的目标下进行了一些新的探索：针对扶贫开发体制机制的碎片化问题，超越人大机关扶贫工作队的职能，由副主任、党组书记带队，组成调研组，经过调研，进行了重大的工作调整，针对乡镇以前没有发展思路、产业发展脱离当地实际、党建扶贫资金分散使用效率不佳以及贫困村空壳化、社会基础薄弱等四个方面问题进行了一个新的探索。即以县级为规划和整合扶贫资源的平台，省人大搭建多方主体参与的，以联会方式为县级平台服务的机制探索。当然，在这个探索当中也出现了不少的问题，如果体制机制没有健全的话，我们还是解决不了根本性的问题。

对于党建扶贫政策概括性的分析，我们认为它是新常态下扶贫开发的一个重要形式，是加强贫困地区党执政的社会基础的重要手段，也是推动乡村治理、实现善治的一个重要途径。在面对农村发展的巨大需求、解决结构性的社会问题和一些体制问题的时候，特别是新常态可能给解决三农问题带来新的风险的情况下，党建扶贫既作为践行党的使命的一种经验，也作为最后一公里脱贫攻坚的重要抓手和制度优势，应该加以极大的重视并进行创新探索。下一步的建议有：

第一，以党建来促扶贫，以党建来促治理，以党建来促发展；

第二，要建立统一的扶贫评价机制；

第三，综合性地考虑扶贫工作队的整个能力建设问题。

第四，在党建扶贫上建设一个治理支持和能力建设的工作体系。引入专业性的力量特别是大数据平台来加强我们党建扶贫队伍的建设，以及刚才曾芸讲的制度共建。

最后汇报整个课题的框架，第一要重新认识新常态下贫困问题和扶贫工作，今天早上培林院长和承伟主任已经说得很深了，我们针对这些问题的研究也是同构性的，已经有了一定的调查和梳理。第二要重新认识党建扶贫工作中存在的问题和挑战。第三是要探索扶贫新路，需要重点考虑以下几个视角：①治理的视角；②能力与脆弱性视角；③微观项目的视角；④福利社会的视角；⑤土地与劳动力的视角；⑥可持续的环境和可持续的社会的视角；⑦能力建设的视角；⑧行动研究的视角。同时，建议要建立省级扶贫开发实验区，实现六个重要战略转变，同时要抓好生态产业和两个服务体系。我的汇报完毕，谢谢大家！

【陈光金】按照整个流程，接下来有两个评论，一个讨论交流，现在我们请林聚任教授给予点评，大家欢迎！

【林聚任】各位领导，各位专家，大家好！参加这样一个研讨会，我收获很大，刚才各位汇报人的时间很紧，但是里面的信息量很大，他们所做的成果都很有意义。我主要就谈一点我学习的心得体会吧！因为我也是抱着一种学习的态度来参加这次会议的。

我有两点收获比较大。首先，做这样一个专题研究，应该说在关于扶贫研究上和相关研究方面是有现实意义的，因为他们关注的是兴仁县实施了二十多年的扶贫工作，以这样的实地点为工作基础做非常系统的全面调研，还有400多万字的录音成果，这样大的工作量和扎实的研究，在目前来说是非常少的。我们就是要去做扎扎实实的工作，获得第一手研究资料，但是有很多人没有这么深入和细致。

其次，就是对于当事人所做的扶贫工作从实践方面进行总结，是非常到位和具有创新意义的，尤其是刚才三个报告人主要从三个方面谈到的扶贫工作。课题组提出了贵州在党的特色和党建扶贫方面所做的工作很有新意，也是党首创的扶贫工作。所以他们所做的总结在这个基础上也提出了关于进一步开展扶贫工作的一些新的想法、新的思路和对策，我觉得这些对策也具有现实的针对性。

这个报告的内容比较多，有些内容我没有来得及看完，我想提出来进一步思考的问题也是从上午听各位领导的报告中得出来的，我们要进一步思考相关的问题该如何去解决，也就是说整个扶贫工作进行二十多年了，兴仁县扶贫工作的成绩也是大家能够看得到的，但是面对一些事情时，我们遇到很多的困惑，所以我们要思考如何来解决这些困惑。当然，这个课题组提出了自己的一些解决办法和思路，但是我觉得还要进一步去思考。比如，我们这里面最根本的问题是出在哪个地方？是制度需要完善的问题还是转换扶贫的思路和模式？作为有特色的党建扶贫是体现中国党建扶贫模式的特点，那么这个党建扶贫与其他扶贫的关系应该如何来处理？另外，扶贫涉及另外一些问题，比如扶贫对象参与性问题，帮扶各方与贫困主体参与的关系问题，以及项目执行方式的问题等，对于这些问题，我们应该在总结上更有针对性地提出相关的观点。我想这方面是不是还有进一步思考的空间，因为这个报告本身主要是从专项扶贫、行业扶贫、党建扶贫三个方面来谈的，还有低保和减贫也应包含在里面。

最后一部分是关于成就和挑战。作为一个完整的报告，我想几个部分之间的关系应该处理好，里面是不是也存在一定的交叉性，比如，我们强调党建扶贫具有重要性的时候，那与其他扶贫之间的关系应该怎样来处理。在报告里的相关部分，是不是也可以做进一步的调整，比如教育扶贫也涉及专项扶贫。还有低保也涉及一些制度，这些制度之间应该如何相互结合。报告人刚才也谈到了为了更好地推进工作就要进行制度的整合，那相关的内容是不是应该进一步整合，从而让我们更明晰地看到你们工作的亮点所在，然后你们提出自己的分析可能会更有自己的特色。所以，我们也希望这个报告进一步完善之后，对于相关的研究都是一个重要的成果和促进，也希望这个成果在将来成为对扶贫工作有实际意义的指导著作。

【陈光金】谢谢林教授的评论，而且他提的意见和建议具有启发性，对于我们完善这个报告还是很有价值的。不同的扶贫制度、不同的扶贫行动、不同的扶贫计划之间的逻辑在实践上是什么关系，应该都有自己的特点。哪怕是再不成功，它也有可取之处。对于下一步的扶贫，无论是在理论上还是实践上都是有意义的。下面，我们请王春光研究员做评论，大家欢迎！

【王春光】没有多少时间了，我就简单地说一下。我是课题参与者又是评议人，但是主要工作还是由孙老师他们做，所以我心里也很坦然。首先，我要感谢龙主任给我们这么多的机会来研究贵州的贫困问题。龙主任给我印象特别深的是我上次来启动这个课题，在我们汇报经验的时候，她就说我们要谈问题，这点确实很重要，我们要直面扶贫工作中存在的一些问题，并探讨分析问题产生的原因，寻找对策，我觉得这种精神是可贵的。在课题中，我与孙老师、曾芸老师他们保持着紧密的沟通。今天是一个契机，下一步要投入更多的精力和课题组一起修改、完善这份报告。

林聚任教授谈的一些观点，我是很赞同的。第一点，贵州的扶贫不只是对贵州本地有价值，对全国推进后面的扶贫工作也是很有价值的。大家都知道贵州是我们全国的贫困大省，贫困人口600多万，而且这些贫困人口有不同的少数民族，他们生活在不同的区域，因此，贫困的多样性还是很突出的。从兴仁一个县级扶贫二十多年的情况来分析，深度的调查研究后我们确实得到了很多体会。我们谈到有失败的例子，成功的例子也有很多，比如刚才曾芸教授谈到的薏仁米的案例就是非常成功的。这个项目很重要一点就是曾芸刚才讲的，把扶贫的政策、资源与当地的社会文化嵌合在一起，这个是很重要的。我们的扶贫开发不能脱离当地原有的文化传统、社会资源，我们很多的扶贫设计跟当地是脱嵌的，刚才曾芸讲到我们的专项扶贫与乡镇脱嵌、与村落脱嵌，甚至跟老百姓脱嵌。与老百姓脱嵌是非常严重的，老百姓需要的东西我们没有给，我们想给的东西，老百姓又不需要，这样就产生了很大的错位。有的政府官员就会说："我们每天白加黑地工作，国家投入了那么多的钱，老百姓根本就不说一句感谢的话，还骂我们，不断找我们上访。"那么，这里面有一个很重要的问题就是我们资源的配置，政府的目的、动机、需求资源跟贫困对象的需求和想法是脱节的，这个脱节是非常严重的。你现在投入越多，问题就会越来越大，老百姓也会越来越不满，这是我们扶贫工作中最大的困境。所以，曾芸教授提出来共建主体性，这个是非常重要的，至于主体性要如何去发挥，我们虽然是有些经验的，但是还不很成熟。所以，我们把我们成功的经验跟外面所做的一些经验能够进行总结，来规划适合我们贵州的扶贫开发的一套东西，这个也是需要我们深入去探讨的。曾芸教授还谈到了要共建自上而下的制度，要上下结合，这样才是共建，我们不能只强调自下而上，贫困人口也需要党与政府的帮助，非常强烈地需要，只是我们的方式、制度、手段可能存在一些问题，这是我想谈的。

第二点是不是能够找到一个路子？孙老师就发现了一个很重要的党建扶贫，在这里面我们需要做什么？党建扶贫的界限在哪里？刚才林教授也谈到过与专项扶贫、行业扶贫之间是什么关系？比如党建扶贫有没有把我们社工的东西好好挖掘出来。我小时候，工作队住到村里面，建立了很深厚的党群关系，老百姓就很相信他的。而现在的党建扶贫就是官员来视察一下，当然我们也有驻村干部，但是这个驻村干部现在存在一个很大的问题，就是驻村的很多人都回来了，他并没有动力在那里住下去。那我们要做什么呢？党建扶贫需要树立一个干部下村的价值观理念，这个价值观非常重要，没有价值取向的话，完成政府布置任务的主动性和积极性就会很少，所以就需要社工的理念进来。应该树立助人自助社会责任。党建扶贫是非常有价值的，这里面可以进行改造，我们在总结上可以进行一些提炼，这个还是很有意义的。我们为什么只是讲问题？更多的想法是把问题提出来，找准问题，寻找更好的解决办法。所以说如果之前我们的工作都是失败的，这是不成立的。

最后一点与林聚任教授谈论的问题相同，这个课题的框架还需要做些调整和整合，框架存在一些逻辑性问题，特别是分析框架要调整好，才能充分地运用调查得到的材料。好的，谢谢大家！

【陈光金】春光教授的点评，我认为很有针对性，应该是一针见血的，对于党建扶贫我在想是不是要围绕一个核心主线，应不是单单讲扶贫上的类型。无论哪个类型它其实最关键的就是资源，就是资源的使用，这是最关键的问题。刚才讲各个环节都造成了资源使用效率的损失，我们可以围绕这几个方面找问题，比如说教育成本究竟占多大比例，这个教育成本产生的体制机制和社会原因是什么？这是一块。

然后，这个资源投入下去以后有多大比重是因为脱离农村的经济社会现实，而带来了多大的效率损失；有多少是脱离了市场没有考虑市场的购需出口问题，由此带来了损失；还有多少是由于其他问题造成的效率损失。我们把资源使用的各个环节建成一个链条，然后把每一个环节上的问题拿出来，分析这些问题背后的体制机制、文化、社会等方面的原因，这样可能会形成一个比较清晰的逻辑框架，就像刚才春光教授提出来的应有一个比较完整的统一的逻辑安排，现在可能还是有点分散。

我们现在就请黄主任做这一环节的总结。

【黄承伟】今天下午贵州省人大党组书记、副主任龙超云同志出席会议、讲话并听大家发言，我非常感动。我认为，她是真正身体力行关注扶贫、思考扶贫、推动扶贫。作为从事扶贫工作的一名工作者，我自己觉得更有理由用心研究扶贫、用心设计扶贫的政策、用心实践好扶贫政策，让广大的贫困人口、贫困地区真真正正地受益。

我的阶段总结和大家交流几点意见，供参考。

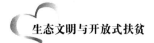

一 对研究报告的总体评价

第一，研究选题很有意义。本选题有意义突出体现在两个方面：一是以县域为研究的对象，总结一个县贫困治理的历程、经验、问题、挑战、对策。这是我们治理体系中比较薄弱的环节，也是我们需要加强研究的环节。二是以多年的党建扶贫为切入点，尝试总结在传统扶贫方式中党组织在基层的作用，以及我们执政党在农村治理中如何探索出一种更好的模式，我觉得非常有意义。

第二，课题研究报告很有特点。一是实用性。以问题为导向，整体看像都是问题，以研究问题为导向这是对的，然后用大量的资料来支撑。二是历史性。总结的时间长度是 20 年，从研究角度难度会相对大一些，整个报告体现了一定的历史感。三是创新性。比如说两线合一，就是低保和扶贫两线合一，这实际上是习近平总书记在贵州考察时先提出来，明确要求研究的。本报告有些观点是可以吸收的，比如说，报告中提出的扶贫视角，提出对策建议的视角，还是能反映出最新的五中全会的要求的，也反映出贫困演变的一些规律。四是理论性。形成了一定的理论性观点，提出了一定的理论建议。五是前沿性。所谓前沿性，就是以后要推进的一些做法或经验。比如说党建扶贫，在共产党的执政体制下，怎么把党的作用和社区的治理很好地结合起来，这是一个发展方向。一方面，需要关注党的基层组织建设，另一方面基层组织建设如何与党的建设、社区治理，特别是在未来脱贫攻坚中与贫困县贫困村怎么更有机地结合，这是需要研究的重要问题。

上述特点可以反映出本研究的价值。

第三，本研究报告的不足表现在五个方面。

一是全局性欠缺。看完以后没有一个整体感，没能完整呈现县一级的整体扶贫。因为扶贫是经济发展中的一部分，在这样一个大的背景下，才能更好判断、更好分析。另外，可以尝试从几个专项或者社会、行业、教育、卫生、低保等几个角度提炼扶贫开发经验，总结扶贫开发一些规律，必须对全国的这些领域有一个总体的把握。总的看，目前报告看起来单薄，没有形成总体感。

二是系统性不够。报告及各部分在逻辑上有一些混乱，比如说专项扶贫含不含教育、文化、低保？系统之间也不关联。每部分之间也有一些零散，没有构成一个完整的系统。

三是思想性不足。报告资料很丰富，但每一个部分要反映的思想观点，包括整个报告要体现的最终思想，看起来还不是很清晰。

四是针对性较弱。针对性比较散，不够系统，带来了对有些问题的判断容易陷入就问题而论问题。贫困问题是整体的、是互动的，加强针对性就要跳出来考虑建议，才会更有针对性。

五是指导性需要加强。报告提出很多对策建议，有不少也很有新意，但问题是，如何具体操作？研究的是一个县，基于这个县我们要怎么去改进工作？从一个县提出一揽子问题可能底气不是太足。

二　修改的建议

第一，建构分析框架。建分析框架就要把整个的研究各个部分之间的关系理清楚。比如，几种扶贫模式、党建扶贫如何定位？党建扶贫是从社会扶贫中萌芽的，这可以说，但不能简单把党建扶贫归到社会扶贫中去。讲党领导一切，这是一个成功的经验，现在看可能是成功的。要建立基层扶贫工作平台，主要靠驻村工作队、第一书记、村两委组织发动村民，这实际上就是党建扶贫在新的形势下的一种新扶贫要求和安排。所以，党建扶贫是从原有的历程演化而来的，党建扶贫在贵州扶贫中做了什么贡献，这需要总结，产生了哪些模式哪些做法也需要总结。再有，从未来贵州在脱贫攻坚阶段落实贵州民生第一工程，推进扶贫攻坚实验，党建扶贫需要重新定位，扩充内涵，确定边界，这样才能在扶贫开发新阶段更好地发挥党建扶贫的真正作用。这个在逻辑框架中必须真正分析清楚。

第二，完善篇章结构。在分析框架确定以后每一个部分之间一定要衔接好。每一个部分之间分析的结构应该是一致的，但现在基本不一致。比如每一个部分分析应该包括总结20年历程是怎么样的，是怎么演进的，有什么样的成效，存在什么问题。这肯定要有，这是历史过程，不能割裂开来，仅仅分析问题，让读者看起来不完整也不真实。

第三，分析问题挑战。不一定要面面俱到，主要侧重体制机制，分析哪些是体制机制问题，根据这些问题再来分析怎么解决。从结构上讲需要补充完整。另外，附录冲淡了调研。目前，所附的几个附录看不出到底有什么用。建议第一个可以作为历程融进来，其他几个作为参考文献就行。

第四，充实相关内容。每一个部分相关文献的引用是需要的，要提高报告的质量。已经有了大量的资料，再加上一些理论性的梳理、总结很有必要。另外，要研究兴仁县扶贫治理的演变，扶贫开发的历程，对中国以贫困县为基本单元的贫困治理的历程及政策演变应该有所分析。兴仁县作为一个贫困县，国家的主要支持不在于扶贫资金每年增加的几千万，最核心的是贫困县的这个帽子给它带来了各种政策上的好处，这个基本没分析，这就难以总结兴仁县 20 年扶贫的历程。从 2014 年计算看，贫困县和非贫困县的全部财政转移支付收益比较相差三到五个亿。显然，这对于整个全局的发展是至关重要的，为什么以前不愿意摘帽子？它主要的含金量在这里。但是，这也带来了我们在 2020 年以后如何解决整体性贫困，整个扶贫的方式、支持欠发达地区的方式转变问题，它是有积极作用的，缺了这一块你们在分析县的扶贫开发时就不完整。这个可能在内容上要有所补充。

第五，分析更准确。里面的有些概念不是太严谨。严谨主要是逻辑的关系，不能这个问题分析以后绕不回来，一个问题的产生不仅仅是问题本身，它还是一种联动的关系，所以分析上可能要进一步改进。

第六，观点提炼有空间。目前观点有点凌乱。对策建议要考虑它的可操作性，从专家的视角可以提很多，但报告要结合现行的政策、经济发展的状况、现实的能力和发展的趋势去提建议，太理想化等于没有提。

三　研究成果运用

成果的运用有三个方面。

第一，党建扶贫在现有的调研基础上进一步提炼。刚才龙主任提出了不少办法，在这方面很有想法，大家可以广泛讨论。我建议应该据此形成一些观点，通过龙主任、扶贫办以及组织部的协调进一步完善、扩充、拓展。

第二，以县为单元的贫困评估、总结、分析并提出政策建议，再进一步修改以后进行提炼。

第三，提出的视角要更进一步地具有可操作化，还要有一定的前沿性。

比如，报告中最后两句话说明，我们的研究需要深入学习、领会习近平总书记关于扶贫开发的一系列论述，这些论述理解以后，你就是代表了对贫困问题最前沿的理解。如果对照这些思想回过头看需要解决问题可能不是理念的问题，而是我们在工作中，政策制定和执行的问题。另外，五中全会对扶贫开发进行了新的部署，在这些新的部署上，我们怎么对照要求解决现存的问题，今后的政策导向就是按照这些部署去做的，研究其他的可以做基础研究，可以讨论。但做这类的研究我觉得这两方面需要更好的结合。

主题二：社会扶贫，担当与新路（中国移动对口帮扶望谟县实验区研讨）

会议时间：2015 年 11 月 7 日 15：30～18：00

会议地点：贵州民族大学第五会议室

主 持 人：杨昌儒（贵州民族大学副校长、教授）

评 议 人：张乐天（复旦大学社会发展与公共政策学院副院长、教授）

朱启臻（中国农业大学农民问题研究所所长、教授）

总 结 人：陈光金（中国社会科学院社会学所所长、研究员）

论坛总结人：黄承伟（中国国际扶贫中心副主任、研究员）

会议发言人员：

黄承伟（中国国际扶贫中心副主任、研究员）

陈光金（中国社会学会副会长、中国社会科学院社会学所
所长、研究员）

王春光（中国社会科学院社会政策研究中心副主任、研究员）

林聚任（山东大学哲学与社会学学院社会学系主任、教授）

杨昌儒（贵州民族大学副校长、教授）

何正祥（望谟县县委副书记、县人民政府县长）

朱启臻（中国农业大学农民问题研究所所长、教授）

张乐天（复旦大学社会发展与公共政策学院副院长、教授）

芈大伟（中国移动贵州分公司党组书记、总经理）

毛刚强（贵州民族大学社会建设与反贫困研究院研究员、
贵州社区建设与乡村治理促进会会长）

孙兆霞（贵州民族大学社会建设与反贫困研究院教授）

曾　芸（贵州民族大学社会建设与反贫困研究院特聘研究

员、贵州大学教授）

张　建（贵州民族大学社会建设与反贫困研究院研究员、
贵州民族大学副教授）

【杨昌儒】各位专家，时间到，欢迎大家回来！下面我们开始"社会扶贫、担当与新路"议题的讨论。

反贫困是国家和社会的共同责任，需要构建政府部门、市场部门、社会服务部门多部门协同参与的机制。党的十八届五中全会也再次强调发展人民的主体性原则，扶贫工作如何支持贫困群体成为反贫困、社区发展行动的主体？是我们在扶贫新路探索中必须认真探索的问题。今年5月，贵州省委召集十二家国有企业研究讨论国企参与扶贫的问题，各国有企业纷纷响应省委、省政府的号召，积极履行企业社会责任，各自与相关贫困县签订了帮扶合作协议。中国移动通信集团贵州公司帮扶望谟县，创新工作机制，邀请我校社会建设与反贫困研究院参与，确立了"资源众筹、智力众筹"工作模式，三方协同，在工作机制、工作领域创新方面作了很多有益的探索。

下面有请中国移动通信集团贵州公司党组书记、总经理芈大伟同志代表移动公司发言，介绍作为国企参与地方扶贫开发工作的思考与机制创新探索工作，有请芈总经理，发言时间为20分钟。

【芈大伟】非常感谢大家，让我有这个机会站在这里发言。刚才听了很多，对我来说是一个学习的机会，黄主任、各位专家也说到总书记对扶贫的要求，当然内容很多，我认为有几句话对未来的工作具有指导性作用。消除贫困，改善民生，实现共同富裕，是社会主义的本质要求，是我们党的重要承诺，所以我们要做好这份工作，深刻领会总书记提出的要求。

从我们公司成立至今，投资在望谟县基础设施、公共设施总共有3.8亿元，接下来我会讲为什么望谟还会贫困。首先有党中央、国务院的关怀，有省委、省政府的鼎力相助，同时有贵州移动9000多名员工的共同努力，做好贵州的信息化建设，未来是互联网时代，我们一定要把它做好。大家都知道"扶贫先扶智"这句话非常关键，授人以鱼不如授人以渔，这些将是未来我们扶贫工作要做的事情，刚才有几个专家从政策上，从大方面分析理论上的东西，作为企业，要做实际的内容。新时期的扶贫，一是基础设施改善；二是对人才队伍的培养；三是基础产业的培育；四是基本素质的提升；五是基本保障的构建。具体的内容在文教、通信、科技、信息里面，到底应该怎么做？我们移动不仅仅是扶贫望谟，望谟是省政府指定的贵州移动公司扶贫对象县，之前我们也扶贫了很多县，也投入了资金、装备等等，但到现在基本上没什么改变。刚才有位专家讲到，为什么要驻村，驻村人员总是留不住，这一系列都是有问题的，所以我们公司想要通过这些做下来。望谟有个小学，这里的教师都非常年轻，但一到周末，这些教师都迫不及待要赶到县城，这个小学不在县城在乡里，为什么？因为上不了网。这个很关键，连老师都留不下来，何况更多的人才，所以我们要做的就是这些工作。

中国移动贵州公司将尽力跳出传统"输血式"救济扶贫的思维模式，发挥信息化力量，激发贫困地区内生动力的"造血"功能，并不是扶贫"输血"的方式，我们一定要"造血"，"输血"输一辈子是不行的，"造血"才会产生内生动力。帮扶工作"造血"重于"输血"，"滴灌"优于"漫灌"，发挥移动信息化的优势，帮助结对帮扶的对象，创新方式，激发活力，这才是帮到点子上，扶到人心。下一步如何做，我们先定位好，这是非常关键的，如果定位不好，再怎么帮扶都不行。我发言的题目就是：贫困、责任、创新。

我们扶贫的团队包括前面演讲的几位专家的团队，特别是孙教授团队（贵州民族大学社会建设与反贫困研究院学术及行动研究团队），我们已经和他们联合起来，他们也指导我们做很多方案及思考，也与我们探讨下一步工作怎样来做，所以第一个团队就是反贫困专家团队。第二个就是望谟县委、县政府，第三个是我们公司的扶贫机构。省委、省政府给我们下达任务以后，我们就形成了以我为组长对整个望谟县扶贫的工作组，但是望谟给我们提出，让人到下面挂职关注扶贫工作，但我认为这个事情不一定，关键是要做到位，要落地，光人去了事情不落地不行，关键要做实事，所以我认为形式主义的事情没必要做，我们企业就是要真真正正做些事情。这些就是我们整个扶贫团队的介绍，最重要的就是孙教授他们这个反贫困研究团队，还有就是依托县委、县政府，我们就是干实事，所以先把扶贫团队的架构搭起来。有县委、县政府的支持，再加上我们的努力，相信下一步工作会进行得非常好。

接下来，我讲一下望谟县的现状。通过这些数据可以看出来，目前望谟的基础设施与其他县相比较还是相当差，虽然行政村是全覆盖，但移动普及率才60%，还有40%的人没用上，甚至没有用这些信息化工具，为什么？每个数据后面都有大问题，它可以折射出每个地区的发展和经济状况，可以看到我们的宽带渗透率是17%，相比较省内其他县，望谟县很低。

接下来大家看一下望谟农副产品的情况。通过资料查找，发现这些农副产品并没有都形成规模，但也有部分形成规模。贵州省委书记赵克志、省长陈敏尔来这里召开现场会的时候，我手上有份资料，是望谟县领导发言讲稿，上面有些农副产品还未列在其中，但未来如何使望谟县富裕起来，把这些农副产品做起来，是关键。农副产品做起来，以后的销路怎么办？我了解到美国、新西兰、澳大利亚的农民卖的是农副产品的半成品，自己需要用的再去市场上把成品买回来。而我们的农民是自己养殖自己种植，包括粮食，都是自己先留存，多余的部分再拿出去卖，这就是现状。在望谟县的养殖业，像养殖牛、羊、家禽等等，出产率很高，但数量不一定真实，咱们做事情一定要实事求是。既然要搞扶贫，一定要掌握真实的数据，才能精准滴灌，我是有信心的，关键是需要大量的信息，今天望谟的领导也在，我建议回去后理清楚哪些东西可以形成规模。

再看一下望谟的旅游。省委、省政府提出要"生态发展"，原来搞工业园区是不对的，贵州不适合。但搞"生态发展"，望谟有这个条件，望谟是喀斯特地貌，可以搞野外旅游、山地旅游等，我发现望谟的旅游还是蛮丰富的，关键是交通问题。何县长也说，今年12月20日，到望谟县的高速路就开通了，这样就有故事可说了，旅游就是包装故事。云南为什么旅游搞得好，因为云南会包装，一个城市地区想要旅游搞得好，首先故事要编好，但这故事不是虚构的，要有来源依据，这些搞起来才会谈下一步致富的问题。这些就是资源，但资源我们又知道多少，而且是否形成规模非常关键，所以我认为可以在这上面做些文章。

这些是我们的策略，也是孙老师的专家团队帮忙做的。建立协同的机制；重视社会建设；推动能力建设；建立人才队伍的体系；重视市场机制建设，做好这些工作，是我们的策略。专家团队提出的这个策略，我是非常赞同的。接下来是我们的"一二三四五"计划，这也是专家团队提出的，建立一个协作工作平台，建立两个工作团队，设立三个基金，搞好四个试点，实施五个工程，我认为这些都具有可操作性。

为了"十三五"基础设施建设，每年网络治理投资占三千万以上，第二个间接投入这块，我们的目标是，行政村实现100%村村通宽带，自然村覆盖率达到96%，移动普及率达到100%，宽带渗透率达到40%，这是"十三五"期间的工作目标。接下来要建立大数据发展模式，打好标签，进行推送；"互联网＋农村电子商务"这块，我们的农副产品、养殖业产品如何销售出去，可以在整个黔西南州建立一个APP，电子商务农副产品销售网，使农民的产品动起来，扩大需求，有需求才会有生产，这样农民才会富裕起来，所以首先要把基础设施建好。第二块就是做好这个工作。这块工作是未来把大数据能力开发起来，这样每年来到望谟的人，全国各地，甚至全球的人来望谟有多少，来做什么，这些就可以通过大数据开放模式，研究面对的所有群体需要什么，现在还不得而知。如果是来黔西南州旅游的人，我们给大家设立一个APP，省政府，包括州委、州政府给我们鼎力相助，把所有的商圈进驻到APP里，类似于唯品会，旅游的人来这里游玩下载APP，需要购买什么土特产可以点击选择，晚上什么时间送到所住酒店，货到付款，这样就节约了旅游人的时间，也可以买到称心如意的农副产品或土特产，只有把这些做起来，农民才会动起来，加工业才会起来，如果没有销路怎么会起来。我们除了网络，就靠技术众筹、资金众筹、资源众筹三个众筹。这样不仅仅是望谟，包括整个黔西南州，每个县都会互动起来，我们按照党中央的要求，按照总书记的要求，要全民富裕起来，要脱贫，不仅仅是一个县的问题，所以这也是我讲的责任。

我们的扶贫路径，对望谟县的帮扶力争做到，当年起步，两年推开，三年见效，五年实现目标。最后，我们相信有党中央、国务院的关怀，地方党委、地方政府的有力领导，只要我们精诚团结，合力干事，我们的目标一定会实现。

【杨昌儒】芈总的演讲很精彩，可惜时间有点短，以后给你稍微长些时间请你再来我们学校讲。芈总经理的发言，深入讨论了国企发挥自身能力特长，履行企业社会责任，协同政府、研究机构、专业社会组织共同探索扶贫新路的工作案例。这种方式，在中国是不多见的，让我们为中国移动通信集团贵州公司的有益探索和创新精神再次以掌声表达敬意！

作为面临艰巨减贫任务的地方党委、政府，是如何从创新角度推动地方的减贫发展工作的？在与企业、研究机构和专业组织合作的过程中，又是如何处理协同关系、共同探索扶贫新路的？下面我们有请望谟县委副书记，县人民政府县长何正祥同志进行发言分享！有请何县长，发言时间请控制在15分钟。

【何正祥】尊敬的各位领导、各位专家，大家下午好！非常荣幸参加今天的年会和研讨会，今天上午和下午分别聆听了张部长、龙主任的重要讲话，也听了几位专家的精彩演讲。刚才芈总带着真心、深入调研思考，给我们提出了帮扶望谟的思路，说实话，给我上了非常生动的一课。对基本情况的了解，提出工作以及帮扶的思路非常切合目前的实际，听了以后很受启发教育。下面我简要汇报一下我县扶贫工作情况。

首先介绍望谟县的基本县情。望谟县处于贵州南部，南面是广西，东面是黔南的罗甸，西面是我们州的册亨和贞丰，北面是安顺的镇宁和紫云两个县。总面积是3005平方公里，现在有15个乡镇办事处，总人口32.6万人，其中少数民族人口占80.2%。望谟水热条件非常好，年平均气温19℃，降雨量是1241毫米，年均日照是1409小时，无霜期是348天，素有"天然温室"之称。望谟县由于受交通、自然条件等限制，目前是国家重点扶贫开发县，也是贵州省发展困难县，可以用几个字来概括基本情况。

第一个字是"深"，即贫困程度深。目前有贫困乡镇12个，贫困乡镇发生率是70.6%，贫困人口有13.7万人，贫困人口占农业人口的46%，贫困发生率是42%。早上听到专家介绍，现在全国是7.2%，贵州是18%，我们县的贫困面很大，程度很深。

第二个字是"差"，基础设施差。目前还有40%的建制村没有通油路，刚才芈总在介绍的时候，我们移动普及率是60%，宽带渗透率是7%，现在包括水利等其他基础设施，都挺滞后。

第三个字是"弱"，产业发展弱。现在产业培育不够，三大产业的比

263

重是34：14：52，产业结构相当不合理。

第四个字是"少"，人才资源少。由于交通不便，部分专业人才和特殊人才引进之后留不住，每万人当中的人才资源数只有621人。刚才芈总也讲到有些乡镇老师到周末就想走，还有其他专业人才也是这样。

第五个字是"低"，开放程度低。干部群众思想不够开放，观念较为落后，农村组织化程度偏低，应对市场风险能力不强。

最后一个字是"难"，实现小康目标比较难。我们现在人均GDP是14545元，实现程度还达不到50%，总的小康实现程度76.1%，排在全省倒数第一。

近年来，在中央和省委、省政府的关怀下，按照习近平总书记提出的"四个切实""六个精准""四个一批"的要求，坚持扶贫开发，由"输血式"向"造血式"、"开发式"向"参与式"、"大水漫灌"向"精确滴灌"转变，我们主要采取了以下几个措施。

1. 科学规划引扶贫

我们提出树立大扶贫理念，认为如果基础设施不完善，想要脱贫是不可能的。包括产业发展、农民增收、大家居住条件改善等等，我们提出几个重点：第一个是以"三高两铁一港口"为重点的交通扶贫规划，年底瓮安高速公路通车，在建的罗甸到望谟高速公路通车之后，到贵阳是180公里，到兴义140公里，还有铁路、水路；第二个是以"水库建设"为重点的水利扶贫规划，现在水库库容是480万立方米，已经建了6座，总共要建18座，库容是1.4亿立方米，是现在的30倍；第三个是以"布依城特色"小城镇民族村落保护为重点的城镇化扶贫规划；第四个是以"山地生态农业农副产品加工、民族文化旅游和港口物流"为重点的扶贫规划，这个主要是一、二、三产业；再一个是以"精准识别、精准帮扶、精准脱贫"为重点的精准帮扶规划；还有刚才芈总提到以"互联网＋电商"为重点的大数据扶贫规划。

2. 统筹城乡推扶贫

结合灾后重建、扶贫生态移民、保障住房等项目，抓好城乡推扶贫。

3. 特色产业助扶贫

要实施好"68331"工程和"52231"工程。

4. 整乡推进带扶贫

也就是一个乡镇一个乡镇，一个村一个村，做好四年推扶贫。

5. 创新机制保扶贫

结合精准扶贫工作实际，把机制抓好，采取干部"一对一"帮扶措施抓好扶贫。

6. 夯实基础促扶贫

这是目前县里党建扶贫工作情况。下面我简单汇报一下社会扶贫情况。今年5月，省委、省政府召开了全省扶贫工作会议，明确了省内12家国有企业帮扶12个发展困难县，其中有中国移动通信集团贵州分公司帮扶望谟县。5月下旬，省移动公司就安排专人到我们县进行调研。7月下旬，芈总负责召开专题会，专门研究了望谟县帮扶事宜。8月18日，省移动公司、县政府、贵州民族大学社会建设与反贫困研究院三方签订了帮扶工作的合作框架协议，开展相关工作，我们在工作中达成了初步共识。

达成的第一个共识是：作为国企帮扶地方扶贫工作，既要把帮扶资金发挥最大的效力，又要给地方扶贫开发带来一些引领性变化，积极探索、机制创新、方法创新，以前是给项目、给资金，现在是要做好规划，有计划地推进。

达成的第二个共识是：国有企业在支持具体产业扶贫项目和基础设施建设项目的同时，更要多支持我县的专业人才队伍建设，激发和提高农村发展的活力与能力。就像刚才芈总讲的"授人以鱼不如授人以渔"，由"输血式"变为"造血式"。

达成的第三个共识是：在开展社会扶贫工作中，既要注重经济发展，更要抓好社会服务体系建设，加大农民合作能力培育、提高社会服务水平。按照刚才龙主任提的要求，就是要抓好社会建设和社会管理，提高社区服务水平，实现社会建设推进扶贫开发工作的目标。

形成的第四个共识是：在做好"资源众筹、资金众筹、技术众筹"的基础上，发挥示范带头作用，在望谟县建立一个乡镇示范点和村级示范点，之后向各个村逐步推开，将望谟县打造成中国开放式扶贫的试验区。

基于以上共识，省移动公司提出先请一个团队作为课题研究，提出帮扶的方案和计划后，再推进工作的模式。刚才芈总提出的，一年打基础，二年见成效，五年实现目标，现在已经邀请了贵州民族大学社会建设与反贫困研究院作为专家团队，深入望谟县开展了课题研究。今天这个研讨会又将我们县的扶贫开发工作作为研讨的主题之一，我们倍感荣幸，深受鼓舞，在此恳请各位领导、各位专家给望谟一些指导和帮助，提出宝贵意见。我的汇报完毕，谢谢！

【杨昌儒】谢谢何县长的精彩发言，何县长的发言，全面分享了望谟县扶贫工作的成效与举措，让我们看到在新时期基层党委、政府在反贫困、惠民生中的创新思考和积极探索精神，很受鼓舞。望谟县在中国移动和专家团队的帮助和协同下，以开放创新态度寻求行动共识，探索民族地区扶贫新路，非常值得肯定，我们也期待未来这种多方协同的社会扶贫新格局能出大成果，形成重要经验！

中国的贫困问题需要深入研究，扶贫新路的探索也离不开专业研究领域内理论、方法的积极探索，高校研究机构，专业扶贫社会组织在扶贫攻坚中如何发挥作用，如何以理论研究、政策研究、行动研究经验参与、支持社会扶贫大格局？下面有请我校社会建设与反贫困研究院研究人员毛刚强教授发言，发言时间为10分钟。

【毛刚强】我给大家首先介绍一下我和孙老师我们这个团队。我们有十多年的合作，但直到在四年前，我们还都是各自做自己的事情。2011年，我到贵州民族大学之后，组建了特别紧密协作的这个团队，每个人都有一些分工，我以前是做农村社区发展和扶贫工作，以社会组织的身份去做，一直在探索反贫困社会工作，就是社工专业领域中的一部分。

这两年一直有个感受，追溯我们国家扶贫工作和社会建设领域的发展，非常欣喜地看到党委政府的一些领导，不管是在农村发展还是社会建设上，该做什么很多人都很清楚了。我一直认为，中国最大的精英群体是公务员群体，在新时期现实情况下，中国农村扶贫开发该做什么，也基本上都清楚了。但现在整个社会建设与扶贫工作，包括城市的社区治理，在方法、工具、技术层面上还是比较欠缺的，这是第一点。第二点在我们的调研工作中发现，包括扶贫工作、社区服务、社区治理等这些公众领域里面，我们的专业能力还是比较欠缺的。一方面我作为社会组织从业者、作为行动者来看待这些问题，同时作为社工领域的教学科研人员也在看这些问题，当中我们也有过十多年的经验，我快速跟大家做个分享。

反贫困行动研究，我们从十多年前就已经开始了，当时我们叫发展行动研究。需要澄清的是，我们所讲的发展行动研究不是指作为学者去研究、研究者去做行动或者行动者做研究，而是推动多方协作探索新的机制生成的一个行动过程，同时，行动研究者在这一过程中会去不断反思并探索回应这些问题的技术和方法。一直以来我们都认为，某一种具体的成长模式要直接复制照搬是很困难的，但如何让这件事情成功的做法以及后面的工具方法系统恰好是可以传递的，我们经历过的行动研究主要就是基于这样的判断。在多年的发展行动研究过程中，我们也开发了一些基于中国现实可用的规划分析工具，也形成了一套相对系统性的规划策略，这个策略一方面与理论研究有结合，同时也反过来指导社区的行动。

当下中国扶贫工作面临新挑战，又有新任务、新目标。比如黄承伟主任所在的中国国际扶贫中心就承担了中国的国际扶贫责任，需要将中国本土的扶贫问题解决和对外开展扶贫援助的工作任务相结合，需要在习总书记"三个自信"的前提条件下，就中国扶贫领域开展道路和方法自信的探索，行动研究策略框架也能较为支持这一新任务和新要求。

从我们反贫困行动研究的经验来看，扶贫行动是全社会、整个国家承担责任的扶贫国家举动，是反贫困策略中最主要的一个部分。但从社会参与的角度来讲，我更愿意从理解全社会承担反贫困责任的情况下去开展工作并进行行动研究尝试。在这里，作为行动研究本身要解决的问题，我就不一一阐述了。

从我们的经验来看，反贫困行动研究，总体上我们一直进行的是新的策略、方法和路径探索。扶贫和反贫困这两个不同视角及基于这两个视角的社区行动，对于相关群体而言，其角色差异是很明显的，行动结果也是不一样的。基于过去多年来反贫困社会工作及发展行动研究的实践，要持续推进中国的扶贫机制创新和成效可持续，需要重新建立行动视角。一是要反思过去政府完全主导的模式，刚才孙老师也做了分享。需要有扶贫策略的创新，要重点考虑协同工作机制建设，要从单纯的重视经济目标转变为重视社会发展目标，要把农村社区作为一个综合的工作对象来考虑，支持社区的能力成长。

扶贫新路探索，首先非常重要的是，要有专业的人才体系来支持，还要重视市场机制和社会活力的建设。过去的产业扶贫项目往往只重视推动了多少种植面积极、多少畜禽养殖数量，但是生产出来了怎么卖，怎么确保贫困群体的技术、信息和市场能力提升却是比较欠缺的。扶贫新路探索新策略就是要解决这样的问题。其次，扶贫新路探索要考虑社区能力建设的基础，需要的一个重大转变是要重视扶贫项目的治理。现在都在谈国家治理能力现代化，扶贫项目治理的转型也非常重要。

扶贫新路探索要实现一些重大转变。过去主要计划发展农业产业，现在要转向区域能力提升；过去强调能人带动，现在需要强调农村社区团结合作；过去习惯上大产业项目，一个种植项目动辄要搞上万亩，现在要落实到小项目，支持每个社区的能力成长、社会活力的成长、社区福利能力的成长、社区服务体系建设等，这些都是小项目；过去主要重视经济目标，现在需要经济、社会、环境、文化、治理多目标共同推进。

可持续推进扶贫新路探索，很关键的一点是要做系统性能力建设。过去产业过于强调能人带动并形成路径依赖，现在要采用新的策略、新的方式，使得能人精英可以服务于村庄发展，从能人带动转变成支持他们在村庄发展领域的角色发挥，所以需要将社会建设与扶贫行动相结合。我们开发了基于反贫困社会工作需要的社区能力系统推进框架，一方面希望它能支持扶贫可持续，同时针对扶贫行动项目规划的需要，提出建议性项目规划支持框架。社工或者政府的反贫困行动，就可以瞄准这些能力的系统提升往前走。社区能力系统中，社区治理与社区合作组织能力排在第一位。

在这样的逻辑下，我们团队和中国移动、望谟县委县政府讨论形成了诸多共识，最重要的就是刚才中国移动贵州省公司芈总讲到的"授人以渔"，就是要考虑好怎么推动社区团结合作的能力，怎样做强产业发展的当地社会活力来支持望谟县的减贫和同步小康工作。从社工角度来讲，社区能力系统框架回应一定要有可操作性，一定可通过项目运作的方式实施，这些内容必须能通过项目设计，一步步安排实现能力建设的内容。

不管是中国移动，还是望谟县委、县政府，都非常关心以经济成长为基础的扶贫工作，产业发展是必不可少的。从产业扶贫的角度来看其与社会建设的关系，我们认为产业扶贫本身也必须是社会建设的一个过程。第一，发展农业产业一定要让社会有一定的合作机制，让产业发展的收益尽可能留在农村社区。举个例子，前段时间在望谟，当地板栗卖一块八一斤，贵阳的板栗卖七块钱一斤，农村产业发展的多数收益都在零售市场这个环节，如何让贫困地区农民更顺着产业发展链条参与零售环节利润的分配，农村社区团结和合作的方式可以解决这个问题。第二，以社会建设为基础发展生态产业，贵州因为资源禀赋和农村产业发展的现状，扶贫产业要更加重视生态产业，重视高品质的农产品生产。但高品质农产品是需要品牌建设的，在于良好的生产过程控制。品牌、品质的基础在于它的生产过程管理，需要农村社会协作，靠外部力量是解决不了的，所以说社会建设推动社会协作，建立扶贫产业发展的社会支持基础是第一位的。第三，要做面向外部市场的出口建设，要加强同外部社会和企业合作的机制建设，要在解决生产方面的过程控制的同时，通过农村合作提升产业的规模能力。现在我们都清楚大规模搞土地流转，一些个别公司和个人目前对扶贫工作的介入方式就中国乡村社会来说是有风险的。农村发展需要产业规模，需要通过农村参与农户的增加而实现，这里面合作和协作的机制就非常重要。还有一点很重要，发展产业要有技术和信息可获得、可传播的基础，扶贫工作有可能农村今年种白菜，明年就要养羊，每个新项目都需要新技术，而新技术怎么可以得以使用和储备？需要农村层面有能力去获取这样的技术，同时通过农村内部分享利益、分担成本的机制去实现。要达到这一目标，就需要很强烈的乡村社会团结合作意识。从这样的角度来讲，我们做产业扶贫工作也要把农村社区建设放在首位。

【杨昌儒】谢谢毛教授，毛教授的发言，既是我校社会建设与反贫困研究院在反贫困理论、方法的一个综合性汇报，也为研究院作为新型反贫困智库如何参与、支持地方反贫困工作提出了很有益的思考。我提议再次用热烈的掌声感谢上述三位同志的发言。

下面有请复旦大学张乐天教授作评议。张乐天教授是中国农村社会学研究知名专家，期待他做出精彩点评。

【张乐天】谢谢贵州民大请我来，也谢谢农村社会学专业委员会，还有百村研究请我到这里。听了下午的两场发言，说实在的，我心中特别感慨贵州各级领导对反贫困的重视，包括芈经理的报告，毛刚强他们团队做了那么多工作，那么积极的热情投入的工作经历，在这里我又看到中国扶贫的希望。不仅是各级政府重视，许多人以不同方式参与，它是中国反贫困的希望。开场的时候主持人就讲到这次发言的主题，他说如何发挥贫困人口的主体性是值得我们反复探讨的一个问题，我觉得本场的主题是放在这里的，就是反贫困、脱贫，我们应该把我们的重心和关注力放在贫困人口主体性的问题上，否则我们的大会是有问题的。芈总给这个大会提出了一个很惊讶、很感叹的问题，他说他们公司这几年来投入了 3.8 亿，但是望谟县的人们还是贫穷，为什么？这个问题很震撼，一个县投入 3.8 亿但照样贫穷，我不知道为什么，因为你没给出答案，这个问题提到这个点上和我的一些经验是吻合的，因为 1998 年我参与了联合国国际发展项目，我到南亚地区，这个考察和大家比较熟悉的一本书的结论差不多，著名社会学家斯科特写的《国家的视角》，副标题是"那些试图改善人类状况的项目是如何失败的"。实际上我们考察的时候是下去和村民们坐下来谈，有一个非常令人感叹的结论是，投入了那么多，但是没有改变那些人的生活方式。那边的人不想干，那边的人没有发展的意愿，那边的人给我的印象就是吃完饭上茶馆，你怎么办？我自己没有真正参与过反贫困的调查，但这两年，我去海南的一个贫困县住过相当长一段时间，很感慨这边贫困县的人，一天两顿茶，他们就去山里搞点野菜去卖，卖完之后就炖茶，女人们不出去工作，他们认为挺好。我的点评如下。

第一，从我的经验和你们的发言中，我会支持你们所有人提出的核心思想，也许我们会提出这样一个说法，规划一种以人的发展为中心的可持续脱贫战略，请注意，我认为只有以人的发展为中心，才是可持续的。应该提出这样一个发展战略，应该把所有关于贫困问题的思考和工作方式放在这样的战略背景下去做，这样的背景就会有几个问题要思考，这些从你们的报告中可以看出来，比如望谟，它的贫困到底怎么回事？是因为资源的问题吗？还是资源使用的问题？但更重要的还是望谟的人。我们知道温州的资源很差，但温州人挣那么多钱，我对望谟的问题不知道，但它的贫困问题到底是什么，我猜测望谟的贫困肯定和望谟的人相关，这是需要定位的，我们根据人的状况设计发展战略。回到人群主体性问题上，我们会问一个问题，今天在社区内部可能有的主体性动力是什么？当我问这个问题的时候，我的心里很明白，马上会提出一个答案，内部最重要的人和组织系统是党组织，我们共产党花了那么多年建立起来的党组织，还是很有战斗力的。从这个意义上说，也许发挥贫困地区的党建，把党政组织的活力调动起来，我觉得能够做到这一点，贫困就能解决。沿着这个问题去想象，我再提出以人的发展为中心的可持续脱贫战略可能会延续。有两个问题是你们没有讲到的，这是我自己的思考。一个问题是在这个战略当中，要把价值观和道德的培养作为扶贫工作中的重要方面。原因是我们做过很多村落调查，村落在发展过程中有个很奇怪的故事，没有发展起来是贫困，但人家很淳朴化，日子过得挺好的，幸福感还挺高的，结果后来发展导致小流氓出来了，然后建成旅游区，人们不来旅游时很淳朴的，建成旅游区后变成宰客人的一个地方。开个玩笑，这是什么问题？是价值观和道德的问题，所以我认为把贫困战略放在贫困主体上的时候要重视价值观和道德的培育，这是我提出的第一个问题。

我提出的第二个问题也是和人的发展主体性相关。大家都知道今天我们提出反贫困的问题是处在全球化网络的背景下，换句话，现在的反贫困是什么？是要把一个孤闭的社区，一个封闭的、文化程度很低的传统社区，突然开放到一个国际化的系统中去。我们要考虑在这样一个开放，突然改变的时候，如何把贫困地区的人们培养成现代意义上的公民，如何让贫困地区的人们具有那种民主意识，具有那种社会意识。换句话说，当我们以人的发展为中心考虑脱贫问题的时候，我们要把这个过程同时看成把这个社区建构成一个现代性的社区，其中的关键是人的重新塑建。

因为自己没有做过具体的扶贫和脱贫工作，所以我的建议也许是不对的，仅供参考。谢谢大家！

【杨昌儒】谢谢张教授的点评。下面有请中国农业大学朱启臻教授接着点评！朱教授不仅是农村社会学研究专家，还是农村发展研究专家！朱教授，现在还有些时间，陈所长已经把他的时间挪出来了，你自己把握时间。

【朱启臻】参加了这么多论坛，我今天非常激动，而且收获非常大。上午领导的讲话给我们传达了中央的精神，提出了很艰巨的任务，下午学者们的发言非常深刻，我也受到很多的启发。让我评议这一组，我是浮想联翩，这一组有政府领导、企业、学者，让我点评，那我就说说这三者的关系。

我们中国有句话，做任何事情有了成绩，都会讲这是在领导的正确引导和大力支持下取得的，这句话在中国绝不是客套话，它是实实在在的。我们的资源和体制都在政府手中，没有政府的领导和大力支持，可以这么说，可能一件小事都做不成，所以政府起着非常重要的作用。企业更重要，你看总书记出国都带着企业家，而省长、县长一般去北京也带着企业家，有句话叫做"只有想不到，没有做不到"，其实指的就是企业，它可以让一片荒地几年就变成一座城市，可以让一个贫困的村庄几年就暴富起来，企业的力量之大已经超出了我们的想象。但话说回来，权力和企业的力量结合在一起如果是正能量，将给人类造福，如果是负能量，将祸害无穷。那么如何增加正能量减少负能量？学者的作用很重要。学者的重要作用在于揭示事物的本质和发展规律，我们讲的可能是脱离实际，所谓脱离实际是离操作层面还有距离，但一定符合规律。很可惜，这十几年来，我们的学者离这个目标差得太远，换句话说，学者没有给政府决策提供过可供参考的符合事物发展规律的足够的科学依据，很多学者还等着中央文件下发后才敢说话，这样的学者太多，文件下发了还好，文件不发的时候，什么都不敢说，也就是说他没有把握事物的发展规律。所以未来的扶贫面临最大的挑战，是学者是否能够揭示反贫困的有效路径，否则的话，我们的决策还是没有依据，还是人云亦云。有时候我们看一个决策，可以把各个学者的观点结合在里面，尽管这是相互矛盾的。

今天下午收获很大。芈总展示了在一个县里有政府、有企业、有研究团队构成的扶贫团队，这个应该是在组织构建上的一个创新。我们也很欣喜地看到孙老师这个团队研究成果非常明晰，问题意识很强。特别是那两个年轻学者，一个叫曾芸，一个叫张建，两人讲得都非常好，问题意识非常明确。刚才专家也建议还差最后一公里，在分析问题的基础上，提出解决问题的有效对策，那就是非常有用的研究。我的个人意见就是在未来反贫困的研究中，我们能把学者、政府部门、企业紧密地结合起来，让学者的研究成果在反贫困的实践中真正发挥作用，避免各种各样的负面事件发生。刚才谈到的事件我都很有感触，投进去水声都不响，然后再接着投入几千万，钱都这么花掉了。如果有好的企业，比较有责任心，而且有专家团队，那么就可以避免这种现象。

最近也在做扶贫的研究，所以也很希望将来能给贵州黔西南做出点贡献，今年我都到黔西南两次了，太迷人了，参加过一次新农村论坛，前段时间的山地旅游，他们也带我看过很多地方，它绝对是个金饭碗，捧着金饭碗要饭的局面应该结束，很多人都盯着这块地方。我要说的就这么多，谢谢！

【杨昌儒】谢谢朱教授的精彩点评，刚才张教授在点评的时候讲到，以人的发展为中心的可持续发展的扶贫战略问题，我认为这是我们应该认真思考的问题。这些年贵州也做了不少事，美丽乡村建设、传统村寨建设、特色村寨建设，投入了不少钱，所以今年5月份贵州省文化厅在榕江开了一个会，关于特色村寨建设文化保护的问题，我就叫我的学生写了篇文章，所有的东西必须要考虑人。因为在我的知识和经历里面，我这几年在村庄里面行走，发现很多村庄在沦陷，城市在不断地把很多农村精英抽走，农村剩下的就是空壳，所以我们的扶贫问题还是人的问题。我叫学生去写保护一个传统村寨，可能要去考虑生活在这个屋檐下的人，他们的生计方式究竟是什么，比如说一个人在农村种田每天可以挣二十块，但出来贵阳打工背背篓，每天可以赚一百块，那肯定会出来背背篓，哪怕寄人篱下，哪怕没有住所，但还是愿意到这里来，因为这个钱来得快。所以我们更多的是要考虑他们的一种生计方式问题，我认为张教授的点评是提醒我们在以后的扶贫中，要考虑人的问题，所有的问题应该都是围绕着人发生的，我个人认为没有人什么问题都没有，有人就会有问题，这是我听完之后的体会。朱教授讲的这些也在提醒我们这些知识分子该干什么，我们的那些知识除了拿去评职称、评奖以外，我们应该思考给我们脚下的这片土地做些什么事情，我也理解朱教授的点评，是提醒专家学者们，要和政府、企业结合，怎样为我们脚下的土地贡献我们的知识，我受益匪浅。也不知道诸位听了以后，对这个问题有没有想法，如果我刚才讲的这些体会能够在你们心中引起共鸣的话，我建议我们用掌声来感谢两位教授。

下面还有一点时间，按照议程的安排，接下来还有自由交流的环节，我们用十分钟的时间交流讨论。

【芈大伟】我先说一下，刚才主持人给我的时间太短了，有很多东西还是想把它说完。讲到党建扶贫，我们贵州移动建立了一个"数字党建平台，最后把它改名为"党建平台"，现在这个平台有贵州的其他企业连接上在用，还有当地的党委也在用，我们自己也在用，包括刚才黄主任也讲到党建这块，党建职能这块一定要抓好，这是非常关键的。我们贵州移动在整个市场占有率是80%，为什么我们的员工有这么高的积极性，这么强的动力，我们就是依托数字党建平台。这个平台上不仅仅是党建工作，这只是其中的一个模块，在市场的条件下要激发员工创新、解决困难问题。我们员工的手机上都装有自己的 App，随时都可以看，员工可以在上面建言献策，还有好的经验在上面传递，我们希望望谟县委可以大力支持这个平台，开发出更多功能，而且各村各寨的党员、党组织发挥他们的战斗堡垒作用，每个党员发挥先锋模范带头作用，把政治的优势转化为市场力，这是非常关键的。

另外，我们专门带队到中国移动党建局给他们汇报情况，他们要听汇报，因为他们找来中央党校，由我们建立试点，搞完以后给他们汇报，他们认为非常不错。同时总指挥也与贵州省委联系。我认为农村扶贫工作党建扶贫是关键，党建要靠什么传递，就要靠信息化传递，每个人都可以在党建平台上展示他的技能，或者教会别人怎么干，这完全就是互联网时代的做法。所以这就是我讲的为什么要数据转变，为什么公司有创新，员工有活力，就是在这个平台上发挥了先锋模范带头作用。我就讲这些。

【王春光】芈总，我想请教一个问题，我们在下面的调查过程中，发现一些企业参与扶贫的问题，刚才曾芸也谈到这个问题。有的企业参与扶贫，结果给扶贫造成一些困难。比如之前说得好好的，产品一落地，也推广了，农民也参加了，最后告诉老百姓这些产品不符合他们的要求。比如绿壳蛋鸡，这也是我之前一直在想的，企业跟权力结合做好的话，会产生很大力量。所以现在就有很多企业利用扶贫的政策寻租，虽然他们的出发点不对，但已经做了，我们应该怎样从政策上堵住这种寻租，使我们的扶贫更落地，落到贫困人口身上。

【芈大伟】这个就涉及企业产品问题，我们知道绿壳蛋鸡负责人的一个联系点是在安顺，有个小伙子在外面打工八年左右，有了一定的资金，然后就搞了这个养殖基地。这个基地每个鸡笼里大概有六只至七只鸡，都是分散在山坡上的，原来是这种情况，收鸡蛋的时候是一个人满山遍野去收，现在不用了，我们给他安装了信息化平台系统，他只需要看到哪个鸡下蛋了，就进去收蛋。这就是问题，因为他生产出来的东西说是很好销，但实际上都滞销了，鸡蛋时间长了，要建立一个很大的冷藏库，还要保鲜，这是第一个。第二个价格昂贵，一般的鸡蛋和绿壳鸡蛋的品质有什么区别，不知道，仅仅是谣传，大家传来传去的，没有请来专家进行鉴定，所以造成产品滞销。就是这样一种情况。我们去看了，然后投入了信息化管理系统，包括在淘宝网上卖，通过邮政 EMS 来卖，这块是物流方面。

【王春光】这个是企业问题还是政府问题，或是谁的问题？

【芈大伟】这个应该说都有问题。

【王春光】企业扶贫不像学雷锋，也有它的利益取向，但首先利益取向要说清楚，政府的利益取向也要说清楚，制度要求上也要说清楚，这样才能够保障利益。我想你们公司帮扶望谟，也要考虑到你们公司的发展。

【芈大伟】我们移动宽带渗透率40%，望谟地区是负增长。

【王春光】所以这点非常重要。

【张乐天】我也说一点，现在企业和政府结合是一个潮流，我建议在贵州省成立一个评估的第三方平台，并不是说有钱就可以保障利益，所以在贵州凡是要到贫困村做项目的企业，提出项目以后，要经过第三方机构的评估通过，才可以开始实施，要不然很多事情就会以一窝蜂的方式建立地方保护机制，这是我的建议之一。

第二个建议就是，我觉得芈总他们企业的扶贫可能会有一些机会，这个机会在于提出扶贫过程需要查询，因为它的互联网企业把贫困人口最前沿的产业联系在一起，这里面存在很多的创新机制，所以我给芈总的建议就是永远把创新放在扶贫里面。

第三个是我期待召开脱贫方面的会议，但遗憾的是没有贫困的主体来参与其中，因为我想起解放初期，建立整个农村秩序的过程主体，都是农村的人来执行和建构，所以我更期待非常清楚贫困问题解决关键的主体参与其中，这是我的第三个建议。

　　【杨昌儒】张教授提的这些确实值得我们思考，这些问题到时候会通过我们反贫困研究院和省委、省政府这边沟通一下，能够把张教授的这些意见反馈上去，我认为第三方评议是非常好的东西，即使每年投入不少钱，但每年都没有怎么冒泡，这就是缺少第三方的评价。下面的时间我们给黄承伟主任，请他对这次的论坛做一个总结，大家欢迎！

以更强的责任感协力推进"共建、共赢、共享"社会扶贫模式的探索

——在"中国社会学会农村社会学专业委员会年会（2015）暨第五届中国百村调查研讨会论坛之扶贫开发与社会建设"上的总结发言

中国国际扶贫中心副主任 研究员 黄承伟

根据议程安排，我对今天下午的分论坛做总结。下午论坛形式很好，有发言、有点评，点评的教授讲得都很好，有闪光点，这给总结带来了难度。我想从三个方面做简要的回顾和点评。

一 论坛开得好主要体现在四个方面

一是主题有意义。下午论坛分两个主题，共同点都是如何更有效地实现减贫。能够把减贫主题作为社会学农村专业委员会年会中心议题进行研讨，一方面表明了大家对减贫的重视，也体现了农村社会学专业委员会的社会责任感，更表明了大家对减贫历程研究的关注以及对社会更加和谐、更加美好的期待。我希望，这样继续和深化讨论会进一步加强对减贫领域的研究。

二是发言汇报准备充分。今天下午的第一阶段，孙兆霞老师团队专门准备了一个系列专题报告。因为时间关系，报告的时间受限，没有充分展现。但从他们简要的报告，我们看到很多闪光点，也看出他们团队扎实的工作，为这次会议的讨论打下了基础。在第二阶段，从中国移动公司贵州分公司芈总经理的介绍，我们可以感受到作为一个国有企业对履行社会责任的担当以及深度思考，因为如果仅仅是表面形式上的履行社会责任，那就是给钱，一年给一千万对于一个国有企业而言，特别是对于移动这种有

较强垄断性的企业，这是最简单的办法，根本就不需要进行思考。但从他的介绍，可以看出他在深入思考如何做好扶贫工作，怎样高质量地履行好企业的社会责任。他的发言，让我们感受到作为国有企业的社会责任感以及企业发展到一定程度对目标价值的追求。正如刚才张教授的点评所言，扶贫要以人为本，扶贫最终扶的是人，而不仅仅是收入的增加，基础设施改善了多少，最终还是人的感觉，也就是他们的幸福感、存在感能够改进多少。我们为什么要扶贫，就是因为他们的存在感被剥夺了，他们生存感、幸福感达不到最基本的要求，所以我们才需要去扶，最终的目标是需要得到改善。

三是点评人呈现出了丰富的研究积累。几位评论专家都是信手捻来，从不同角度对扶贫主题进行点评。尽管他们不是扶贫研究者，但他们对扶贫、对贫困人口的关注，对贫困地区发展的忧虑和思考都有较深的积累，他们的发言对我有很多启发。从这个意义上说，参加农村社会学年会的专家、学者对贫困地区、对扶贫、对中华民族传统中的扶贫智慧都有很深的情怀和情结。

四是互动比较充分。就是今天参与论坛的老师、专家、同学尽管没有全部参与到互动过程中来，但我观察到各位都认真地参与其中，特别是从参会名单看，不管是相关的，还是不相关的学院都有老师学生参会。因为扶贫本身就是一个全国性问题，每一个领域、每一个行业都会和贫困人口、贫困地区相关，我们的每一项工作可能都会对贫困人口、贫困地区的改善产生影响，在帮助他们增强拥有感、存在感、幸福感方面，我们都可以做出应有的贡献。但前提条件是，必须有所了解，知道怎么去做。

总之，我认为，今天下午的论坛开展得很好，效果很好，加上两位主持人，时间控制得也很好，几个发言、汇报得到很好的评价，给我们很深的启发。

二 扶贫脱贫需要更强的责任感

我觉得扶贫确实需要各方面的人都有一种责任感，都要有一种成就感，都要有个人的价值关怀。刚才张教授说得很对，扶贫是我们追求的方向，确确实实我们扶的是人，但最终的目标是一个具有传统优秀特质、同时具有现代性的人，也就是这个人既要接受现代性，同时又要保留好的传统，从而避免价值空虚。所以，如果没有这种情感、没有这种情结，如果没有帮助他人就是成就自己的认知，我们很难做到真正地关注贫困问题，真心投入七千多万人脱贫行动中。

2020 年以后，我们国家肯定还会有一定数量的贫困人群。比如张老师所在的江浙地区，虽然我们标准以下的，包括江苏 4600 元以下的才是贫困，但是，只要相对而言普遍存在剥夺感，作为一个有良心的人就不应允许其存在。特别是我们走的是中国特色社会主义道路，如果我们在这点上还比不上其他制度国家，那么我们的优越性在哪？另外，我们总说中华文明有着五千多年的传承，是世界上一直在传承唯一没有中断的文明，那么，这种文明最闪光的地方在哪？我认为就是对人的关怀。我们扶贫致富的根本目的就是要体现出人的本性——追求最终全面的、自由发展的终极期待。所以，如果我们缺乏应有的责任感、成就感，就缺乏帮助他人、升华自己的认知，就很难发自真心、发自内心参与扶贫，就难以确保各种政策、各种资源真正管好用好。如果我们能够用一种负责任的态度，认真客观评价某一问题，找出它的规律性，就像刚才朱教授所说的，很能说明我们的研究是真正有价值的。

三　扶贫需要政府、市场、社会的协同推进

政府、社会、市场是社会构成的组成部分。从人类社会发展的历程来看，无论是过去还是现在、未来，这三个方面如何融合、如何互动，都是做好任何工作必须考虑的，因为它们是一个社会能否和谐的最核心的三个方面。

受过去计划经济体制的影响，我们的各级政府非常强势，无所不在。在市场方面，从十四大开始提出要发挥市场在资源配置中的基础性作用，到十八大提出要发挥市场在资源配置中的决定性作用，同时发挥好政府作用。因此，扶贫开发怎么发挥市场的作用，实际上还有很多工作要做。如果没有市场机制发挥作用，仅仅依靠政府，那么政府和社会之间的刚性会越来越大，资源的投入和产出效果不会太理想，甚至有些情况会很糟糕，因为毕竟有许多领域只有市场才有可能实现更加合理的配置，这不是以人的意志为转移的。另外，社会参与是另一个独有的环节，没有大量的社会组织，公民个人的自愿服务行为很难构成共同发力的整体。下一步需要按

照习近平总书记的要求,不断完善政府、市场、社会协同的体系。市场的参与,比如像中国移动贵州公司的计划,是一种参与扶贫的形式,但肯定不只有这种形式。那么,企业参与或市场参与扶贫最大的特点就是要体现市场的特征,不能用政府的理念要求市场按照政府的方式运作,否则肯定是要失败、不可持续的。当政府扶贫的义务和企业的市场本性发生碰撞的时候,如何去协调?如何创新更好的机制?我认为,国有企业应该进行更多的探索,因为国有企业本身就有其特殊性,应该承担政府的部分功能、履行部分政府责任。如何开展探索,我认为最核心就是体现"共建",各相关方面共同参与共建。也就是,"共建"是企业参与扶贫的基本原则之一。

企业参与扶贫的第二条基本原则是"共赢"。就是政府的扶贫责任通过企业的参与履行,企业参与扶贫能够实现其价值,并且可持续。比如,中国移动贵州公司如果仅仅拿点钱就很简单,但是,通过拿钱建构各种模式实行共赢,尽管困难,但是探索建立政府、企业共赢的模式是很有价值的。

企业参与扶贫的第三条原则是"共享"。对于贫困人口来讲,简单的给钱给物意义不大,因为仅能解决短期问题,因此要建立穷人参与市场的能力,提供参与共享的能力,这才是最重要的。一方面,企业或市场参与扶贫所产生的经济利益,一定不能仅仅是企业的盈利,也不能仅仅是政府减贫的义务,更不仅仅是让贫困人口增加了一定收入、改善了基本生产生活条件,甚至换句话说就是脱贫了还是不够的。只有建立了贫困人口的可持续能力,具有现代文明社会的意识和基本素质,这才是我们追求的"共享"。

综上所述,以中国移动贵州公司为例,我们需要在上述的"三共"上着力共同探索建立良性机制。贵州移动参与的意义不仅仅是在望谟县和学者、智库、政府间共同建立一种新的企业参与扶贫模式,我更期待的是,能够在这种模式的探索中,建构出更多具有普适性的模式,可以为其他企业参与、其他市场主体参与、多种不同形式经济主体的参与提供有价值的借鉴。

社会的参与更是如此。社会实际上也包含在座的研究者。减贫研究实际上是研究整体的一部分。如果我们认真思考就会发现,减贫研究的问题具有"横切面"、综合性的特点。因为它研究的是整个社会中一个特殊群体、一种特殊的社会，在社会经济运行中具有特殊性的群体和区域。扶贫就是要有效地消除这种特殊性，帮助这些区域、群体融入社会。这部分区域群体的问题解决了，整个社会的结构问题很大一部分就能够解决了。所以我希望，我们在研究中更多的关注贫困问题，更多的关注如何让扶贫资源管理使用更加有效，特别是为政府资源更加有效得到利用提供更多的可行方案。作为研究者，作为社会参与扶贫的一部分，学者们应更多地思考、更多地自觉、更多地积极作为。

总之，今天下午的讨论让我深受启发。我相信大家也会有同样的感受，也会从这些观点分享中受益，并与大家所在研究机构、研究领域实现融合。我希望，在减贫领域，特别是社会学减贫研究领域，在社会治理和减贫的结合上，能够出更多的成果，能够为政府的决策提供更好的参考，为推动贵州的扶贫、推动全国扶贫提供更多更有借鉴价值的经验。乃至为国际减贫提供中国方案，贡献中国智慧。

下编

专题论文

新农村期待新文明

徐嵩龄[*]

生态文明国际贵州论坛对农村社会治理的最有意义的启示是，应将这一治理置于文明概念上，以农村文明为目标，以文明建设为标准。

我国的反贫困一直是以增加农村收入为目标和标准的。多年来的实践表明，它如同经济上的 GDP 一样，导致新农村建设中的负面效应。现在我国农民增收的主要途径是外出打工，农村土地流转，包括农民进入城镇化中的非农用转移，尽管都能提高农村收入，但负面影响相当严重。主要有：

——农村破败，农业凋敝，农业用地萎缩，农民家庭裂解；

——农村贫富差距加大，社会保障严重缺失；

——村官腐败，村匪村霸亦不是个别。

这样，三农问题，依然是当代中国发展中的最薄弱、最突出、最严重的环节。因此，应重新思考我国的反贫困与三农战略，应由单一的收入增长目标，转变为新农村文明建设。应从新农村文明建设角度制定完善的农村治理战略，即反贫困战略。只有立足于新文明基础上的增收，才是真正有效的无负面外部性的增收。也只有在新文明建设的指引下，才能发现反贫困的正确途径。

一 如何理解新农村文明：兼谈联合国反贫困目标

在讨论我国的新农村文明建设之前，有必要评论联合国反贫困目标。

我国一直重视并强调，我国的反贫困是一直与联合国的反贫困目标接轨的。"反贫困"无论是在 21 世纪初期（2000~2015）的联合国 8 项"千

---

* 徐嵩龄，中国社会科学院研究员，国务院参事。

年发展目标"（Millennium Development Goals）中，还是在现阶段（2016 ~
2030）的联合国17项"可持续发展目标"（Sustainable Development Goals）
中，都位居第一①。我国接受了联合国的反贫困目标，并将我国的反贫困
标准也提升至1.25美元/人天。但是，这是否意味着联合国的反贫困目标
与战略能够成为我国的反贫困目标与战略呢？显然不能。理由有三。

第一，联合国的反贫困目标反映的是全球反贫困状况的最共性、最基
础、最起码的要求，它可以作为各国反贫困目标的一部分或参考，但不能
替代各国自身反贫困目标的制定。

第二，联合国——特别是由世界银行推动的——反贫困战略以及举
措，基本上是按发达国家捐资国的观念和思路制定的，并不能很好地适合
发展中国家。千年发展目标固然取得相当成绩，但不能说目标基本实现。
连西方学术界也承认：由华盛顿共识与新自由主义经济学主导的非洲发展
的实践是失败的②；1990年代以来撒哈拉以南非洲（SSA）的发展，还不
如1950年代至1970年代③。因此，各国的反贫困战略应针对各国的具体
情况与需求。

第三，我国不仅是世界最大的发展中国家，而且是发展最快的现已居
世界第二位的新兴经济体。如果我国的反贫困目标与战略拘泥于联合提出
的目标与战略，将是降格以求，更有负于国际社会对中国更好的反贫困经
验的期待。2006年诺贝尔经济学奖获得者指出，中国已是"别人模仿和学
习的对象"，应当"转变成向外输送创新和繁荣的经济体"。我国在反贫困
问题上，同样应有这一自觉。

因此，我国的反贫困目标与战略应当高于与优于联合国。在当下，既
然反贫困与农村治理问题是生态文明国际贵阳论坛常设的核心主题之一，

① 在"千年发展目标"（MDGs）中，第一项目标是"Goal 1: Eradicate extreme poverty and
hunger"（消除极端贫困和饥饿）。在"可持续发展目标"中，第一项目标是"Goal 1.
End poverty in all its forms everywhere"（消除世界上任何形式的贫困）。
② 一篇有影响的评论，见 Dani Rodrik, 2006, "Goodbye Washington Consensus, Hello Washing-
ton Confusion? A Review of the World Bank's Economic Growth in the 1990s: Learning from a
Decade of Reform". Journal of Economic Literature, Vol. XLIV (December 2006), pp. 973 -
987。
③ Benjamin F. Jones and Benjamin A. Olken, 2005. "The Anatomy of Start - Stop Growth."
NBER Working Papers, p. 11528。

将它们提到"新农村文明建设"层次，是再恰当不过的了。

党的十八大报告突出提出"生态文明"概念。尽管它主要是针对生态和环境领域提出的（参见其英文翻译"ecological progress"），但同时还指出，应将生态文明"融入经济建设、政治建设、文化建设、社会建设各方面和全过程"。这完全符合对"文明"概念的科学处理。"文明"是指在特定的时间和空间，特定种族人群的行为、工具、知识、观念、制度的有机集合；它体现于人们的生活方式与生产方式，体现于包括经济、社会、政治、文化、环境保护等在内的一切活动。

因此，新农村文明建设应将反贫困与农村治理，即三农问题，纳入农村整个经济、社会、政治、文化、环境保护事务之中。

二 新农村文明建设是一个继承、学习和创新的过程

继承，是指对我国数千年历史上形成的伟大农业文明的继承。这是一个在历史上人口最多的民族中，在自然地理气候最复杂多样的地区，在长达五千年以上的历史尺度上，形成的农业文明。它所建立的种质资源库、耕作与养殖技术、产品加工技术、工具与工程、为之服务的自然科学与技术科学知识、由此延伸的医学科学知识，以及以此为基础发展起来的文化体系、政治制度、生活方式和社会习俗、军事谋略等等。在工业革命前的时代，我国农业文明长期处于世界文明的巅峰，主导着东亚文明的发展。至今，它仍影响着我国与周边国家。新中国成立后，我国的三农问题在社会主义方向上进行了新的探索。其中既有教训，也有经验。农村合作医疗曾经是我国加入联合国后，对联合国事业的第一个制度性贡献。总之，从神农到毛泽东，这一笔农业文明遗产应当继承，应在新农村文明建设中得到扬弃。

学习，是指学习国外先进经验。它包括一切物质性的、观念性的与精神性的，知识性的、技术性的与制度性的。这样的学习是相当广泛的，不仅有发达国家，还应包括发展中国家，不仅有最现代化的技术与制度，还应包括渗透着古老文明与民族传统的知识与产品。当然，这种学习是有选择的，包括学习对象的选择、学习方法的选择、学以致用的选择。就此而言，再以"与国际接轨"的提法主导学习国外，将是不恰当的。现在强调"与国际接轨"，意味着承认落后，意味着放弃自身创新，甚至意味着削足

适履，反而对我国有害无益。

创新，这是新农村文明建设中的方法论核心。上述继承与学习，最终应落实到创新上。只有这样的创新，才不是历史文明的复制，也不是外国文明的移植，而是真正适应我国特点的、适应我国当代发展需要的，

三　新农村文明建设中需要优先解决创新问题

我国新农村文明建设，不能一言以蔽之为"提高农民收入"。它应包含一系列紧迫需要解决的问题。这些问题可概括为以下五个方面。

1. 新三观

自十八大以来，党中央高度重视以核心价值观为主题的精神文明建设。事实表明，一切社会乱象，均与价值观、伦理观和美学观的缺失或误导有关。没有正确的价值观，一个人将不能辨识自己行为与动机的好坏对错；没有正确的伦理观，一个人将不能符合道德地处理各种人与人、人与自然界的关系；没有正确的美学观，一个人将不能提升物质享受、文化享受和精神享受中的品位。如果这三观发生误导，则上述一切更是走向反面。因此，在新农村文明建设中应将新的价值观、伦理观和美学观建设放在并列优先位置。核心价值观应具体落实到新三观上，并且应从发展实践和前景中不断总结、提炼与丰富新三观的具体形态和要素。将新三观建设与新农村文明的其他方面建设并举与并行，不仅会使得新农村文明建设少走弯路，而且能大大降低发展的经济成本与社会成本。

2. 农村产业结构与发展

农民收入根本上是由农村产业发展决定的，而不是依靠外援补助等外部因素决定的。在当代我国，则是由我国新四化的农村现代化决定的。我国传统的农村经济，从来都是一个大农业，经济上包括农、林、牧、副、渔；社会上包括工、农、兵、学、商。在当代新四化的形势下，传统农村的社会结构与经济结构都需改变。但这一改变并非由传统大农业变为单一农业，而是以新型大农业替代传统大农业。这一新型大农业，其农、林、牧、副、渔将不再是以产量为目标的"量农业"，而是以质量和品位为目标的"质农业"，将是以绿色、有机和功能为特色的"质农业"。为这一农业服务的还有农用物资和农产品营销、配送的物流体系，以及依托于农村自然环境、生产环境、生活环境和文化环境的村落

旅游休闲业。这样的农村产业结构与发展，将是确保农民收入持续并大幅度提升的真正基础。

3. 教育

教育在新农村文明建设中特别重要。它决定着新农村文明建设中人力资源的品质，从而决定着物质文明与精神文明建设的命运，决定着农村经济发展、政治发展、社会发展、文化发展和生态环境保护的命运。因此，应将教育与新三观和农村经济发展并列优先。在当代，农村应首先实施普及高中与职中，再高等教育方面，应做到农村与城市机会平等。由于教育条件的差异，在一时不能实现平等的地方，可通过行政措施向着平等倾斜。

4. 社会保障

社会保障，首先是医疗保障，其次是社会保障。农村医疗保障，应尽可能达到相应城市或城镇的标准。在贫困线下的农村，可免费提供常用药。对于其他社会保障，应尽可能与同一地区的城市或城镇拉平。对贫困地区，应达到反贫困线标准。

5. 社区管理与文化

社区以稳定、和谐为目标。在加强法制管理的同时，还可顺应不同地区、不同发展水平的农村社会的特点，依托乡规民约并成立相应民间机构，进行辅助性管理。应发展当地传统的民间民族文化活动，作为活跃社区、和谐社区的纽带。

贵州开放式扶贫的实践与探索

黄承伟　向德平　等[*]

贵州，地处我国西南地区东南部，为典型多山地区，全省地貌可概括分为：高原、山地、丘陵和盆地四种基本类型，其中92.5%的面积为山地和丘陵，素有"八山、一水、一分田"之说，是全国唯一没有平原支撑的省份。长期以来，受自然地理条件限制，基础设施薄弱等因素影响，贵州是我国贫困问题最突出的欠发达省份。2014 年，贵州省人均 GDP 为26414.70 元，低于全国平均水平（46531.20 元）43%，位列全国倒数第一；农村居民人均可支配收入 6671 元，[①] 仅相当于全国的 63%，位列全国倒数第二。按照人均 2300 元的贫困标准，2014 年全省仍有 623 万农村贫困人口，属全国贫困人口最多、贫困面最大、贫困程度最深的省份。

一　贵州"开放式扶贫"历程

自"八七扶贫攻坚"以来，贵州始终坚持"开放式扶贫"的理念，并且在实践中不断丰富其内涵。

1994 年，八七扶贫攻坚的开局之年，贵州省率先提出了"开放式扶贫"的理念，强调"把山里开发与山外开放结合起来，把贫困地区的开发与省内外经济发达地区的发展结合起来，在更大范围内寻找脱贫致富的途径"。在开放式扶贫思维的指引下，提出三个方面的具体举措：其一，在积极引导农村劳动力搞好山区综合开发的同时，加强对劳务输出的引导、服务和管理，县要建立健全劳务输出组织，提供信息，介绍职业，实施培

---

* 黄承伟，中国国际扶贫中心副主任，研究员。向德平，武汉大学社会学系教授，武汉大学中国减贫发展研究中心主任。

① 资料来源：宜居城市研究室"2014 年贵州各市 GDP 和人均 GDP 排名"，常住人口数据采用 2013 年末最新数据。

训，开拓输出领域，提高输出效益，实行有计划的异地开发。其二，引导没有办企业条件的贫困乡村，自愿互利，带资入股，带劳从业，到投资环境较好的城镇和工业小区兴办企业。在省内异地办企业的实行"一统四分"，即统一经营，按股份分利润、分税收、分产品、分劳动就业指标。其三，对极少数生存和发展条件特别困难的村寨和农户，有关县要在上级的支持下，组织移民开发，异地安置。

2005 年，《贵州日报》撰文，强调"开放式扶贫"在第一个农村扶贫开发规划纲要实施阶段的战略意义。认为贵州的扶贫开发除了从改变客观条件、改善基础设施、完善政府政策等方面着手外，还需要引入并整合新型的扶贫开发资源和要素，更需要建立健全全社会参与，多元化、多方位的新型扶贫开发平台和制度体系，使扶贫工作真正"扶到贫""开而发"[①]。文章还专门对政府在开放式扶贫中的角色进行了阐释，提出"新阶段扶贫开发"，必须确立新型的开发战略及目标取向，通过新的扶贫机制及制度体系设计，使扶贫工作迈上新台阶。目标设计应着眼于充分发挥政府的主导作用，建立贫困地方及贫困户开放开发的机制。政府的主导作用在于建立创新机制，进行制度设计；建立贫困地方及贫困户开放开发机制，则在于资源整合及观念、管理和实现方式的创新。

新时期，贵州"开放式扶贫"的内涵不断丰富，体现在几个方面。其一，扶贫目标方面。致力于为贫困人口提供更多的发展机会，提高贫困人口可持续生计能力，强调贫困社区和贫困农户在扶贫开发项目开展过程中主体性的发挥。其二，扶贫主体方面。以政府主导、企业参与、社会帮扶的网络式扶贫兴起，在政府引导下，鼓励贫困人口、企业主体和社会力量自发参与，整合多方面的资源，有序参与扶贫开发事业。其三，扶贫方式方面。综合运用龙头企业带动减贫、社区治理助力减贫、普惠金融服务减贫、基层民主促进减贫等多方面的治理工具。

二 贵州"开放式扶贫"的经验总结

总体来看，贵州"开放式扶贫"的治理结构在二十多年的时间中不断完善，我们大致可以从如下几个方面概括其基本经验。

---

① 韩军：《开放式扶贫：新阶段扶贫开发的战略选择》，《贵州日报》，2005 年 7 月 7 日。

1. 完善贫困治理开放式结构

对象瞄准上，直接到户，通过"靶向疗法"，实施个性化扶贫；扶贫方式上，根据贫困户的实际情况进行发展式扶贫，注重扶持和改善生产条件，提升自我发展能力；扶贫主体上，推动以政府主导、社会帮扶的网络式扶贫，鼓励贫困人口和社会力量自发参与，不断提高社会组织参与扶贫帮困的能力。

2. 打造多元参与的开放格局

充分发挥贫困群体在扶贫开发中的主体作用，逐步提高贫困农户自我发展能力，增强扶贫开发的可持续性；重视地方政府的"合理主导者"角色。改变政府绝对主导的单向度扶贫运作模式，推进龙头企业、农村经济合作组织以及农户等与地方政府结成平等的互动合作关系；发挥龙头企业"致富带动者"角色。充分利用龙头企业搜集信息、开拓市场、引导生产、产品经销、市场服务等功能，将千家万户的小农生产与千变万化的市场连接起来，提高贫困农户收入水平。引入社会组织"组织倡导者"角色。用经济利益作为纽带在社会经济组织与贫困群体之间建立起合作关系，引导经济组织特别是发达地区的资本、技术到贫困地区开发建设。

3. 努力营造开放的资源环境

实现政府资源与社会资源的相互补充。以政府资金投入为基础，积极引导企业投入资金发展养殖生产，带动农户，扩大了政府资金的效益。实现内部资源与外部资源的有效对接。积极争取上级资源和外部资源支持，除了每年从上级扶贫系统下拨的各类专项扶贫资金外，还积极申请和获得如集团帮扶项目、革命老区彩票公益金等项目，结合地方优势自然资源进行扶贫开发。实现物质资源与其他资源的有效结合，各地应特别注重科技扶贫、金融扶贫、劳动力转移培训等措施。

4. 形成科学严谨的监督机制

完善扶贫机构的统计监测机制，形成县、乡、村三级贫困人口档案数据库；完善群众参与识别机制，规范农户申请、民主评议、公示审批、调查登记等关键环节；强化动态管理机制，做到应进则进，应退则退。完善信贷扶贫激励政策。完善贷款贴息、税费减免、定向补贴、增量奖励等优惠政策，积极探索群众互保、公务员担保、企业担保、财政资金担保等多种担保方式，降低贫困农户的信贷门槛；扩大贫困村的村级互助金试点规模，完善小额信贷扶贫到户形式；加大对扶贫龙头企业的支持力度，健全其与贫困农户的利益联结机制，通过订单农业带动贫困农户实现稳定增收。健全扶贫资金和项目监管机制。加强财政扶贫资金监管，实行专户管理，封闭运行；采取项目直补、项目覆盖、技能培训、移民搬迁、贷款贴息等方式，使扶贫对象直接得到有效扶持；全面推行重大扶贫项目法人责任制、招标投标制、建设监理制和合同管理制；加强审计，严防违规违纪，由各级扶贫办和审计监察部门共同构成监督体系。

三 贵州"开放式扶贫"的地方探索

"山地"减贫，不同于一般性贫困问题，主要表现为自然地理条件的复杂性和经济社会文化的多元性。因此，很难借用同质化的推进模式，贵州推进"开放式扶贫"的一个基本坚持恰在于尊重地方政府、市场主体、社区和农户的主体性和首创精神，呈现"一省多模"的治理景观。限于篇幅，仅列举数例，权作管窥。

1. 晴隆：生态治理与扶贫开发结合

晴隆县地处黔西南，是西南石漠化山区贫困的典型。当地山高坡陡、土地贫瘠、生态退化、农村贫困、石漠化严重，"人、地、山、水"矛盾极为突出。2001 年，晴隆启动了以石漠化治理为主的科技扶贫项目。历时十多年，晴隆地区逐步以退耕还草发展养羊代替了传统的农作物种植，并找到破解岩溶石漠化难题的"钥匙"，探索出一条岩溶山区种草养畜、石漠化治理和扶贫开发相结合的路子，"晴隆模式"也受到国家和社会各界的广泛关注。发展至今，晴隆全县种植人工草地 48 万亩，改良草地 38 万亩，羊存栏 52.8 万只，已辐射带动全县 14 个乡（镇）、96 个村（社区）、1.68 万户农户 6 万多人发展种草养羊，户均年收入 3 万至 5 万元，2014 年最高的达到 86 万元，产值近 4 亿元。① 基于此，晴隆石漠化趋势得到有效遏制，生态环境明显改善，逐步从"环境脆弱－生活贫困－掠夺资源－环境恶化－贫困加剧"的陷阱中挣脱出来。时下，晴隆人不断深化和拓展了"晴隆模式"，实现了养殖方式由单一散养转变为"散养"和"舍式"养

---

① 张大权、刘树军、伊亚莉等：《深化拓展"晴隆模式"，续写石漠化致富神话》，《第十一届（2014）中国羊业发展大会论文集》，2014。

殖相结合，产权由农户拥有部分产权转变为拥有全部产权，管理方式由粗放式管理向规范化管理的三个转变，打造了升级版"晴隆模式"，构建产学研一体化运作模式，推进石漠化地区扶贫可持续发展。

2. 盘县：农村社区治理与产业发展相结合

盘县地处滇黔桂结合处，位于六盘水西南部，是贵州的西大门。2014年，全县实现生产总值426.3亿元，增长16.1%；财政总收入达70.29亿元，增长2.58%。虽然盘县经济总量入列全国县域经济百强，但盘县可称得上"微缩版的中国"，城乡差异大、贫困问题依然突出，截至2014年，建档立卡贫困人口仍有19.18万人。盘县在开放式扶贫中，形成了"三变"机制，不仅发展壮大了农村集体经济，也促进了农村社区的综合发展，对于农村减贫产生了显著影响。从运作模式看，一是资源变股权。政府推动将土地资源、林业资源和劳动力资源转变为股权，利用农村土地承包经营权确权登记颁证的契机，以土地（自持土地和集体荒山）入股合作社获取股权和分红，或者转租给企业。村集体也可以林业资源为抵押进行银行贷款，用以发展村级企业和乡村旅游等产业建设，农民还可到周边农业园区务工，将劳动力资源变为股权。二是资金变股金。为了发挥资金长效作用，盘县将县财政扶持资金、农民自筹资金和信用贷款资金变为股金。三是通过资源和资金入股，农民变股民。通过建立企业、合作社和农民之间的利益联结机制，农民参与发展的积极性提高。通过"企业（公司）+基地+农户"、"合作社+农户"、"种植养殖大户+农户"、"企业+村集体+农户"等多种模式，按照入股份额比例及双方约定比例承包经营、固定分红，企业按照纯利润10%的分红划拨到村委会，由村委会负责分配到所涉农户手中等利益分配机制，在企业、合作社、大户、村集体、农户之间进行分配。

3. 三都：内源发展与政府推动的互动式扶贫

三都水族自治县位于贵州省东南部，是全国唯一的水族自治县。2014年总人口36.7万，少数民族比例达96.9%，其中水族占65.9%。[①] 交梨乡曾经是典型的贫困乡，全乡15个行政村中，一类贫困村占9个。如今却成为三都水晶葡萄的发源地和种植核心区，被誉为"中国水晶葡萄之乡"。

---

① 三都水族自治县政府网：走进水乡，http://www.sdx.gov.cn/zjsx/。

整体来说，三都交梨乡水晶葡萄产业基地是在群众内源发展的基础上，由政府外部推动以及能人带动产生的一种互动式扶贫典型。交梨乡自上个世纪就开始种植水晶葡萄，最初主要是前进村大坪寨的一些农户在自家房前屋后和石缝山坡试种了几亩，几年时间就产生很好的经济效益，周边村寨群众见到收益后，纷纷效仿尝试种植。2005 年初，前进村村两委总结了前进村大坪寨群众自发种植水晶葡萄的成功经验，确定了"向荒山要钱、种植葡萄、做大产业、致富群众"的山地农业发展思路。为动员和带动广大群众的积极性，村党支部采取"以绩示范"方式，推选出能力较强的 13 名党员带头种植。通过典型示范户的带动，农户种植葡萄的热情和积极性被调动起来。为了把产业做大，抱团发展，形成规模，支部实施了"133"工程，即 1 个党员带动 3 户农户种植 3 亩以上水晶葡萄，并组建党员服务队，定期入户开展技术指导。在一些大户和能人的帮带作用下，水晶葡萄种植逐渐形成规模，成为该村的主导产业，形成了"一村一品"产业发展格局，并实现了"合作社 + 基地 + 农户"的运作模式。在县委、县政府牵头协调下，进驻交梨的党建扶贫工作队整合各种资源，进行集中式扶贫，以"集团帮扶"为平台，以 1000 万元财政扶贫资金为基础，整合农业、水利等项目 55 个，整合部门资金 9445 万元，进行产业培育和基础设施建设，打通村寨断头公路，加强水厂、水库建设，极大程度地改善了基础设施，改善了山区群众的生产和生活环境，为水晶葡萄产业的持续发展创造了有利条件。当前，水晶葡萄种植已成为交梨乡经济主导产业，是山区群众脱贫致富、促进增收的主要手段。

四 贵州开放式扶贫的政策建议

仅从具体案例来看，由于各地贫困成因差异显著，案例的具体细节很难在其他地方复制。但从开放式扶贫的理念，以及开放式扶贫的治理体系建设方面，其他地区或许可以从贵州"开放式扶贫"的经验中有所借鉴。

1. 树立"开放式扶贫"的政策理念

贫困的成因是多元的，因而减贫的方式应当能够对具体情境下贫困村、贫困户致贫因素组合的差异具有敏感性。贵州"开放式扶贫"综合运用政策机制、市场机制和社会机制，突出充分调动市场机制推动减贫的能力，增强产业发展对贫困社区和贫困农户的吸纳能力；强化社区治理体系完善对于扶贫开发项目可持续能力的认识，将加强基层党组织建设与扶贫开发工作结合起来；此外，处理好"扶户"与"扶片"之间的关系，突出扶贫开发政策以及区域发展对贫困户可持续发展能力的带动作用。

2. 擅于运用多方面的减贫资源

全面建成小康社会，最艰巨最繁重的任务在农村，特别是在贫困地区。新时期，扶贫开发工作得到全社会的广泛关注，各种积极力量共同参与到扶贫开发事业之中。然而，各种资源如何有序进入，精准对接贫困社区和贫困农户的需求还需要相关体制机制不断完善。政府主导的开放式扶贫，是中国政府减贫事业的基本力量，但扶贫开发工作不仅仅是政府专门扶贫机构的责任。尤其是在全面建成小康社会的总体要求下，需要凝聚专项扶贫、行业扶贫和社会扶贫多方面的资源，才能更好地帮助贫困社区和贫困农户脱贫致富。为了更好推进减贫事业的前行，需要明确各扶贫开发主体的责任，建立科学合理的激励机制，促进各方积极性的发挥。此外，还应看到，扶贫开发政策在基层的落实，除了县一级党委和政府的领导、协调职能发挥，还需要乡镇、村两委、村社会组织，以及农户的积极配合。

3. 形成多元主体合力推动的治理格局

社会合力机制形成，要把握三个问题：其一，政府作用的发挥。毫无疑问，过去的二十多年间，政府主导的开放式扶贫始终是中国减贫的基本动力。这一过程伴随着对政府角色认识的不断深化，新时期在市场主体和社会主体积极参与扶贫开发的背景下，政府要更明确作为的边界，不缺位、不越位。大致而言，新时期政府应着力通过政府扶贫资金和项目，以及相应的政策体系，引导企业、银行等市场主体参与扶贫开发，帮助贫困社区和贫困农户提升融入市场、形成可持续生计的能力。其二，市场主体参与扶贫开发，一方面市场主体以资产的增值为核心，但需要找到与贫困社区和贫困农户利益对接的平衡点，增强产业发展对农户的带动能力，另一方面，企业积极参与慈善的行动，应得到更多地肯定和支持。其三，对口帮扶、干部驻点、社会捐助是扶贫开发重要的活跃领域，未来需要为社会扶贫积极搭建平台，创造环境。

4. 因地制宜探索扶贫开发的地方模式

从贫困人口的多元性、差异性需求来看，相应政策扶持方式也应是多层次的，"靶向治疗"的。对此，习近平总书记要求："要坚持因人因地施策，因贫困原因施策，因贫困类型施策，区别不同情况，做到对症下药、精准滴灌、靶向治疗，不搞大水漫灌、走马观花、大而化之。"要因地制宜研究实施"四个一批"的扶贫攻坚行动计划，即通过扶持生产和就业发展一批，通过移民搬迁安置一批，通过低保政策兜底一批，通过医疗救助扶持一批，实现贫困人口精准脱贫。换言之，在开放式扶贫工作开展的过程中，要坚持差异扶持机制，对于每个贫困村、贫困户，深入分析其致贫原因，找准着力点，选择有针对性的政策帮扶方案，综合运用产业扶持、移民搬迁、保障扶贫、公共服务供给等多种手段，充分调动金融、社会组织等多重积极力量。

（本文为贵州省扶贫办项目"贵州省开放式扶贫研究"的成果之一。参与调研、撰稿人员：黄承伟、向德平、高飞、苏海、胡振光、周晶、刘欣、左璐璐。吕方参与报告的压缩与修改工作）

农村社会治理现代化——农村社会治理生态构建

雷　明[*]

　　十八届三中全会首次提出"国家治理体系"概念，提出"推进国家治理体系和治理能力现代化"。农村社会治理作为国家治理的一部分，是中国现代化进程中的重要一环。中国的农村社会治理经历了60多年的发展，取得了一定的成就，但随着改革的进一步深入，农村地区也日益出现新的治理危机。尤其是农村税费改革以来，国家与农村间的关系发生了重大的变化。国家不再向农村提取资源，代之向农村输入大量资源，提供公共服务。在这一背景下，研究农村社会治理和农村公共物品供给就具有必要性和紧迫性。

一　农村社会治理现状

　　改革开放时代中国农村社会治理的"乡政村治"图景。改革开放后，国家为了从根本上释放农村社会的发展能量、搞活农村经济，决定废止人民公社，建立以乡镇政府为基础的农村基层政权来行使国家治权，而在乡镇以下实行村民自治，由村民自行选举村干部组成村民委员会来自行管理农村社会事务。

　　从国家制度设计的初衷看，这种以"村民自治"为核心的"乡政村治"的治理格局，体现了国家对农民政治参与权利的尊重，它"改变了新中国成立以来农村组织化的进程，标志着国家行政权与农村自治权的相对分离"。然而，国家治权与民间自治的分离并未使农村社会走向"善治"，农村自治的理想图景与社会现实之间存在着巨大鸿沟，"乡政村治"在实

---

　　*　雷明，北京大学贫困地区发展研究院常务副院长、教授。

践过程中出现了名实分离。

在农民生活个体化、农民行为理性化、农村社会组织碎片化、人口流动超常规化、村落共同体空心化、农村社会"过疏化"背景下，以乡政村治为基础的农村社会治理模式面临着前所未有的挑战。甚至可以说，这种较为僵硬的治理模式已无从应对和适应当今急速变迁的农村中国，它所制造的治理问题远比它所能解决的问题多。

将农民社会权利置于乡村治理的核心，重建农民主体，通过社区组织能力建设实现国家治权与乡村治权间的协商共治，是破解乡村治理困境的重要思路。当我们将农民的主体性需求嵌入农村社会治理逻辑中，将实现公民基本的社会权利视为农村社会治理的目标时，就无疑跳出了"就治理论治理"的思维陷阱，进而从更广阔的社会视野中来探求中国农村社会治理之道。

然而，中国农村社会治理何去何从、缓解当前农村危机的出路何在、能否找到一种更合理的社会治理新模式来替代现有的乡政村治模式，这依然是一个在理论层面，特别是实践层面没有得到很好解决的重大问题。

二　乡村治理的体制性困局

从已有的调研来看，关于对影响村民自治发挥应有作用的论述主要集中在体制性方面。村民自治的制度设计事实上受到现有体制性的掣肘，影响了村民自我管理、自我教育、自我服务的自治功能。

尽管村民自治已经确立了广大村民治理乡村的主体地位，村委会相对独立地行使治权，但在"压力型体制"下，出于行政绩效的考量，乡镇政府其实不愿意放权而使农村实行真正意义上的自治，可以说是"压力型体制"阻碍了基层自治政治空间的拓展。

另外，虽然实行村民自治制度以来，国家行政权力逐步退出了乡村社会，但是国家不可能放弃也不应该放弃对乡村社会的管制。然而，由于农业税的取消、各种惠农政策的实施以及乡镇综合配套改革等一系列措施的推行，乡镇政府原有职能大大收缩，其行为模式由过去的"要钱""要粮"转变为"跑钱"和借债，基层政权从过去的汲取型变为与农民关系更为松散的"悬浮型"。这种"悬浮型"基层政府无法保障村民自治的实施。

可以说，党的领导、人民当家做主与依法治国的有机统一是中国社会主义政治建设的最大特色。继《中华人民共和国村民委员会组织法》确定了村委会这一基层群众性自治组织之后，《中国共产党农村基层组织工作条例》又明确了村党支部在乡村群众组织中的领导地位。村委会在村党支部的领导下实行民主选举、民主决策、民主管理、民主监督。从理论和制度上看，两委的地位和关系是明确和协调的，但在实践中，两者关系的协调"仍是一个尚待解决的问题，并影响着村民自治的运作"。

总之，从纵、横两方面来看，现有的体制性冲突影响和制约了村民主体性的发挥，缺失了村民主体性的农村基层自治运转困难，难以形成有效的乡村治理。在大多数情况下，村委会组织和协调村民治村的无力与上级政府引导和监督村民自治的虚化，事实上导致了相当地方的农村陷入无治理的自发状态，即使乡村传统的公序良俗也在空心化中遭到严重侵蚀，致使诸如乡村社会治安和生态环境保护等基础性的治理竟也成为令人担忧的普遍问题。

三 农村社会治理生态：面向公正发展中国农村社会治理现代化的逻辑选择

现代社会的发展催生了现代治理理念与治理实践。如今治理理论已成为一种引人注目的国际性浪潮和趋势，并在公共管理的理论研究中日益凸显出其理论核心地位，同时也为中国农村社会治理结构的重塑提供了理论支撑和智力支持。

1. 现代社会治理

"治理"一词溯源于拉丁文中的"Gubernare"、希腊文中的"Kubernetes"，意为"古代的船长或舵手"。按照柏拉图的释义，"Kubernetes"意即"掌舵或操纵的艺术"。"西方的政治学家和管理学家之所以提出治理概念，主张用治理替代统治，是因为他们在社会资源的配置中既看到市场的失效，又看到国家的失效。"

全球治理委员会在《我们的全球伙伴关系》(1995) 中对"治理"给予了权威定义："治理是各种公共的或私人的个人和机构管理其共同事务的诸多方式的总和。它是使相互冲突的或不同的利益得以调和并且采取联合行动的持续的过程。它既包括有权迫使人们服从的正式制度和规则，也包括各种人们同意或认为符合其利益的非正式的制度安排。"

治理理论强调的"多中心"理论、变"划桨"为"掌舵"的政府职能理念转变以及将竞争引入政府的公共服务等观点，为构建农村公共服务治理机制提供了理论基础。

根据西方学者的定义，地方治理是一套包括正式与非正式的规则、结构以及过程。它包含下列四项意涵：①多元治理；②正式与非正式的规则；③除了新公共管理所强调的市场机制外，也重视政府固有的核心权威以及协调合作的网络关系；④基于政治运作传统，考虑各利害关系人间权力互动以及促进自身利益的情境，不能交由管理主义者或精英来掌控治理。按照公民的生活轨迹整合服务职能，建立纵横交错、内外联结的协作机制。

从一般概念上讲，治理指的是管理的行为，既可以发生在私人部门，也可以发生在公共部门。其主体不仅包括传统的权威主体，即国家和政府，而且涵盖村民、社会组织等新的治理角色。为了实现公共利益最大化，满足公众日益增长的物质文化需求，治理要求综合运用行政、市场和社会动员等多种手段，建立呈网络化布局且上下、左右、内外联动的权力结构。

随着实践的不断深入，治理逐渐发展出了协同治理、整体治理、横向治理、协作治理等模式。

协同治理模式。英国1997年开始的协同治理改革，充分利用了公共部门和私人部门的优势，在不取消部门界限的情况下，按照共同目标的指引实现了政府跨部门的"上下"、"左右"和"内外"合作。

整体治理模式。澳大利亚整体政府建设由来已久，其特点就是重视实现跨越组织界限的共同目标，反对在组织内孤立作战，认为在采用整体政府模式的时候，应该认真考虑建立支持性文化和技能基础；建立适当的治理、预算和责任性制度框架；最大限度地提升信息互通能力，提高个人和社团的参与能力，建设快速有效应对新兴问题和未来危机的能力。

横向治理模式。加拿大提倡协作性联邦主义，强调各级政府是相互平等的伙伴。横向治理重点集中在联邦政府内的横向性，尤其重视中央机构的作用，提出利用横向管理进而是横向治理的方式，针对共同的问题寻找集体的解决办法，并在行政层面实现更多的合作与和谐。

协作治理模式。美国整体政府和跨部门协同的改革重点是在进一步的市场化和民主化进程中，强调所有利益相关主体集体参与决策、执行和监督，在综合复杂性问题上突出跨部门、跨地区、跨领域的协同合作，逐渐形成了多元共治的协作性管理或协作治理模式。

2. 农村社会治理生态提出

对于十八届三中全会提出的国家治理体系，我们理解它的核心还是执政党的领导，人民当家做主还有一个是依法治国三位一体的有机统一。针对这个提法其根本是在新的社会发展和变迁的过程中，执政党领导怎么能够维系和保障，人民究竟怎么能当家做主，还有一个是怎样依法治国，我们这里提出社会治理生态这个概念就是依据三点来考虑的。

所谓农村治理现代化，其本质特点就是治理体系的科学化 + 治理体系的民主化，抑或说就是治理体系的健全、规范和可持续性 + 治理体系的耦合和协调性。

我们知道，计划经济时代，强调社会管理由掌握公共权力的政府机构部门通过行政命令，要求被管理者服从其管理。强制性、命令式的管理是那个时代国家管理的重要特征和集中体现。改革开放三十多年来，我国的国家治理体系经历了巨大的转变，取得了重要的进步。中国农村的治理体系从以"权威和个人魅力"为基础转向以"广泛参与 + 提高效率"为基础，在治理职能转变、加强公共服务和反腐倡廉等方面都取得了巨大成就；如法治、德治、自治等。同时，社会组织蓬勃发展，国家管理体系不断健全。这些发展对中国改革开放的成功起到重要的保障作用，如自治中的乡规民约等。强制性、命令式的管理已不适应社会发展要求，作为新的配置资源的一种主要机制的体现，管理被提升到治理层次。

但是应该看到，随着市场经济的深入推进，我国的农村社会正由结构单一具有鲜明层级化结构特征的社会，向具有复杂网络结构特征的社会转变，我国农村治理形态也正由单一政府主体形态发展成政府、市场、社会和自然环境，以及全体民众多主体形态，如治理环境已由单一政府治理发展为全民治理。治理模式也正由一维模式转变为多维模式，治理体系正由结构单一主体主导的刚性体系进化为具有复杂大系统结构的多主体并存的柔性体系。因此，现代治理体系建设仍然任重道远，成为影响中国农村进一步发展的"掣肘"。

在治理理论的众多研究途径中，为规避政府管理途径和公民社会途径相继陷入盲目的"国家中心论"和"社会中心论"的困境，合作网络途径另辟蹊径而意图整合上述两种研究途径，认为治理是"政府与社会力量通过面对面的合作方式而组成的网状管理系统"，"是一种以公共利益为目标的社会合作过程——国家在这一过程中起到关键但不一定是支配性的作用"。在治理的诸多用法中，无疑"只有网络治理才有新的特征"。网络治理不仅为多元的治理主体提供了一个互动的平台，更重要的是，它需要彼此在这个平台上发挥各自的优势，共同协作。因此，在塑造新的中国农村社会治理形态的同时更需要构建一个治理主体的结构模式和多元主体间新的关系模式。

另外与传统管理中单一的、自上而下的权力流向不同，治理的权力向度是多元的、相互的，它是多元的治理主体之间上下互动的管理过程，通过合作、协商、伙伴关系、确认认同和共同目标等方式形成集体行动而实施对公共事务的管理。

这里，借鉴生态学理论，我们提出农村社会治理生态概念。

这里所谓农村社会治理生态，是由社会化扶贫生态主体和社会化扶贫生态环境构成的，彼此依存、相互影响、相互制约的动态系统。农村社会治理生态这一概念类似生态系统的建立。农村社会治理生态体系是由农村社会治理生态主体和农村治理生态环境所构成的，系统的要素包括了主体和环境要素，是彼此依存相互影响和制约的，共同形成了动态的生态系统。

这里，农村社会治理生态主体是指政府、自治组织、私人部门、第三部门与村民。这个主体包括了生态产品，包括了政策法规条例，还有农村社会治理的生态服务，包括司法服务、行政服务、市场服务、公益服务，这些供应者和提供者，主要是农村社会治理的主体中的机构部门、团体和个人。

农村社会治理生态环境，是指农村社会治理生态主体赖以生存和发展的自然、社会、经济、法制、信用、政府服务等因素综合构成的环境，其中既包含农村社会治理产品和农村社会治理服务，也包括农村社会治理决策机构和农村社会治理监管机构，更包括自然生态和社会经济中各种环境要素。这里的农村社会治理产品和农村社会治理服务的对象主要是指贫困户、贫困村和贫困县乡村等。

我们知道，农村社会治理离不开治理主体（如政府机构部门、组织、个人等，乃至全体村民）的支持，而治理主体的支持都需要有一个良好的治理生态环境，这是保证治理主体稳定有效的决定性因素，也是农村社会治理体系建设中，一个亟待解决的实践难题。

经济学中，政府与市场一直被视为根据不确定性、交易频率以及资产专用性三个维度在程度上的差异而可供选择的、相互替代的资源配置方式。而随着社会发展过程中顾客需求的多样化、主体化以及个性化等趋势的不断加强，一种更复杂并能与其内部资源相互补充的外部关系网络应运而生，由此实现了"看不见的手"（市场）与"看得见的手"（政府）之间的握手（形成组织间的协作）。

在农村社会治理领域，随着社会的发展和民主化程度的不断提高，政府与社会、政府与市场同样已不再如我们先前所预设的那样是两种完全对立、相互替代的协调方式，两者在很多情况下可以、事实上也必须实现彼此间的握手而形成协作关系。

因此，新形势下农村社会治理已经不仅仅是政府部门对社会的管理，还应包括正确处理政府部门之间、政府与社会之间、政府与市场之间、政府与公民之间及公民与公民之间的关系。如环境治理。农村社会治理要求遵循社会发展客观规律，管理者与被管理者是平等的，要共同构建社会秩序，管理者自身也要受到规则约束，接受监督，与被管理者形成良性互动，形成有效的协作关系。而农村社会治理生态理念提出，正是试图解决这一难题。

3. 农村治理生态系统特质

我们要构建这么一个体系有什么样的特点？要实现的目的是什么？

按生态学理论，生态是指在一定时间和空间范围内，生物与非生物环境通过能量流动和物质循环所形成的一个彼此关联、相互作用并且有自动调节的有机统一整体，其存在的条件：包括大气、水、土壤；而有效的运行法则和机制则是其运行的保障，如物资不灭法则，能量守恒法则，天人合一法则以及万有引力机制、物竞天择机制等等。

农村社会治理体系首先是类似生态系统的，一个有机的，自下而上可控协调的自组织系统，在这里面各个主体、各个要素相互形成一个彼此依赖共享权利的自组织的系统。它是以一个动态网络的结构替代了机械的僵化的层级结构。这是我们所提到的治理的概念。

实质上，农村社会治理生态就是一个围绕共同的目标而形成的彼此依赖、共享权力的动态的自组织复杂生态系统。它不仅仅是由系统各个要素形成的静态网状实体，更是一个在信息的互动与传播过程中不断建构、解构与重构的开放性系统。

这一系统中虽然各个要素之间在空间上呈离散状态，但在治理生态平台上频繁互动并实现资源的整合与协调，由此以动态网状的结构取代了机械、僵化的层级结构。同时，在这种广泛包容性与参与性的基础上所构建的生态系统，更能利用自身的信息和优势而形成一整套深入社会各个层面，广泛解读环境变量，并迅速做出相应对策的整体联动系统，从而在很大程度上增强了系统结构的动态适应力。

我们知道，任何组织都不可能长期拥有某种核心优势资源。尤其在现代社会中，各种环境变数具有了高度的复杂性和动态性特征，更需要与之相关的各方面的资源整合，需要不同组织与个体共同努力与协作。农村社会治理生态将系统各个要素所具有的核心优势经过主动优化、选择搭配，相互之间以最合理的结构形式相结合而形成了一个优势互补、相互匹配的有机体，呈现出核心优势爆炸的格局，并必将带来核聚变式的巨大能量，从而在整体协作中收到 $1+1>2$ 的协同效应，突破单一政府组织自身的能力缺陷而提高治理系统处理问题的能力。

农村社会治理生态容纳了众多的决策主体并赋予其独立的行动权，而建立起以政府组织为核心、以决策主体的多元互动为基本特征的治理体系。它将政府组织内部以及社会中先前的那些支离破碎的部分重新整合，而采用一种新的整体、全盘的思维方式来分配社会治理的职能与权力。同时塑造了一个信息开放的组织系统，增加了公共决策的开放性与透明性，在多元的决策主体相互配合基础上做出的决策更能得到社会的认可。

农村社会治理生态的决策过程中，决策主体在各自的核心领域都拥有独立自主权和相应的决策权，彼此在这种动态的相互配合与协调过程中，自觉调整自己的行为而做出协调一致的决策。它们打破时空的限制，在治理生态所塑造的平台上进行广泛的信息交流与探讨，在核心决策机构的协调和引导下，在各自的核心优势范围内做出决策，最终整合成整体决策，从而保证了这种决策流程的动态适应性。

可以说，构建良性发展和动态平衡的农村社会治理生态系统，根本目的是化解农村社会治理中各种风险，提高治理效率，提高农村社会治理的可持续性，实现国家长治久安，最终将伟大的中国梦变为现实。

构建农村社会治理生态，对于改善生产生活生态条件，建立治理的长效机制；提高治理主体素质和自我发展能力，确保顺利实现治理目标，具有重要意义。同时，构建农村社会治理生态，也是促使各级政府机构部门和全体其他社会成员，都能够把参与农村社会治理作为自身的一个重要职责，进而形成一个由多方共同体有机构成的、高度有效的农村社会治理实施系统。

应该说，建设一个建立在高度法制基础之上，以政府主导、市场推动、道德调节、民间自主创新、各主体积极参与，"一体多元"的中国特色农村社会治理生态体系已迫在眉睫。

可以说，农村社会治理生态构建，就是秉承多元主体理念，发挥政府与市场在社会资源配置方面不同的优势与功能，实现两者在引领农村社会治理的不同场域的相互支持与补充，使政府、乡村社会组织和村民在实现和保障村民自治制度顺畅运行方面各司其职，彼此配合，形成政府监管与服务到位、社会组织力量广泛参与和村民自觉自愿依法自主治理的有机治理体系，以有效克服基层政府在农村社会治理中的过度控制或不作为的既有弊端，最大限度地实现村民自治的价值和制度效能，尽可能地达至实现乡村社会善治的状态与格局。

构建良性发展和动态平衡的农村社会治理生态系统，根本目的是化解扶贫开发中各种风险，提高扶贫资源使用效率，促进扶贫与经济的可持续发展，顺利完成现阶段精准扶贫任务，最终实现新常态下减贫发展，圆广大贫困群体早日奔小康美丽梦想的伟大战略。

4. 农村治理生态系统构建

作为一个动态的体系，农村治理生态系统更加注重系统各主体之间的互动和参与，改变单个行为方式，以增强治理的凝聚力和组织性，发挥各主体互助性和利他性，通过系统有效的耦合和协同机制，提升系统各主体的自主和合作意识。

在这样一个治理生态系统中，各主体之间不是主仆、治理被治理的关系，有的只是平等、包容、协同、合作的和谐关系。在这里，要我做已被我要做所取代。共通的理想、包容的目标构成整个生态系统赖以生存的土壤，而一个集包容、协同、和谐为一体的综合运行机制及其坚实的法制体系，则是整个生态系统赖以持续稳定高效运行的保障。

那么应该如何构建农村治理生态系统？重要的还是体制和机制。制度的安排这里不展开，关键则是要建立一个需要综合的调节机制。

生态学有一个很重要的议题就是生物多样性，生物多样性是在保证生态系统运行的前提下的生物多样性，这里究竟是什么样的治理体系，使其能够在没有人干预的过程中运行得很好，究竟什么支撑了这个体系在运行？其中最重要的是，有一个能够充分保障生态系统运行的综合有效的协调机制。

构建农村治理生态系统最重要的是应该包括一个开放的农村社会治理机制，而一个有效的农村社会治理机制具体应包括农村社会治理整合机制、完善的治理稳定机制、发展的农村社会治理创新机制，还有高效的农村社会治理耦合和协同机制，它是一个综合的机制。这个机制是通过协同综合发挥作用，治理体系的各个主体能充分发挥它的能动性，为了治理共同的目标，维系生态系统能够有效正常持续地运转下去，贡献出自己的力量，发挥自己的作用。

因此，我们认为构建农村治理生态系统的关键就是要有一个建立在高度法制基础之上的，能够充分保障农村治理生态系统运行的综合有效的协调机制，换句话说，农村治理生态系统的形成过程，可以通过建立在高度法制基础之上的、有效的综合治理协调机制来达成。这一机制包括：①开放的农村治理机制；②有效的农村治理调控机制；③统一的农村治理整合机制；④完善的农村治理稳定机制；⑤发展的农村治理创新机制；⑥高效的农村治理耦合协同机制等。

这些机制的协同、合作，综合发挥作用，自发地搜寻、发现影响农村治理的各种因素，并发挥调节作用；整合农村治理各部分、各主体及各种力量，使农村治理体系自发形成自我约束、调节功能，共同通过协同效应产生秩序，使农村治理结构获得相对平衡，进而促进农村治理在良性的状态下正常运行。

为构建这样一个有效的综合机制，从宏观方面上讲，就必须对农村治理体系进行制度创新与流程再造，对农村治理进行政策引导和行为规范，赋予农村治理生态系统以高度的适应性、效率性、稳定性和政策性等方面的重要系统功能特征。

具体来说，农村治理生态体系的构建，需要充分调动政府、市场和全社会力量，充分发挥看得见的手、看不见的手以及法制、道德力量四重调节机制，理顺政府、民间团体机构、村民个人之间的关系，健全制度，优化机制，充分满足农村治理各主体的各种需要与农村治理生态体系正常运行的各种需求，最大限度地降低农村治理过程中的整体风险。

首先，应将农村公共服务视为一个复杂的开放系统，以政府为主体的单中心体制使政府在农村公共服务的全过程垄断了决策、生产、供给的各个环节，系统长期处于封闭状态。伴随着市场经济的发展，私人部门、第三部门、农村自治组织发展迅速，农村公共服务这一系统的封闭格局趋向开放，系统已达到远离平衡态条件，需要各种变量竞争与合作的相互作用。

其次，应重塑农村公共服务的治理结构。治理理论认为，公共服务的多元化供给是现代社会发展的必然要求和现实选择，这就要求我们打破政府独家垄断局面，由政府单一主体向政府、私人部门、第三部门、村民自治组织多元主体转变，达到开放系统整体功能的最优能效。

再者，应赋予多元主体以清晰的定位及职能分工。依据"序参量"原理，政府在其中占主导地位，主要发挥"主导协调"作用；自治组织主要发挥各级政府和群众的沟通桥梁作用；"市场是一部运作精巧、成本低廉、效益最佳的机器，有效地调节着经济运行和各个经济主体的活动"，私人部门在能够获利的同时使农村公共服务达到成本最低与效果最优；第三部门是农村公共服务其他治理主体的有益"补充"，并发挥组织的专业性与独立性；作为公共服务的消费者、供给者，村民的积极参与"不仅会促进社会的进步，而且会促进他们自己作为积极负责的人健康成长"。

最后，还应将农村公共服务治理全过程细化为"表达"、"决策"、"筹资"、"生产"、"评估"与"问责"等具体环节，依据"竞争与合作"、"控制参量"及"反馈"原理，设计"合作"、"竞争"与"制衡"机制，多元主体在上述环节中遵循合作、竞争与制衡机制有序运行。至此，笔者构建了一个"农村公共服务多元主体协同治理系统"，这一开放系统由政府、私人部门、第三部门、村民自治组织等多元主体共同治理，在"表达"、"决策"、"筹资"环节依据合作机制运行，在"评估"、"问责"环节依据制衡机制运行，而"生产"环节则既可能存在合作，也可能同时存在竞争与制衡。

5. 农村社会治理生态与开放式扶贫

开放式扶贫是指将一定地域（县域以上）经济社会发展作为一个开放的系统，并将扶贫开发置于这一开放的系统中，充分利用促进这一系统发展的各种资源和要素，积极借助外力推动扶贫开发。开放式扶贫的实质就是通过构建一种"大扶贫"格局，以达到增强扶贫开发合力、提高扶贫开发成效、加快扶贫开发进程的目标。

为此，农村社会治理生态一定为一个开放系统，无论是在制度层面还是在执行层面，必须把握和清楚划分农村公共服务全过程，促进治理主体（五大主体或者更多）在各个环节（我们划分的六大环节但实际中仅供参考，可以根据实际情况的不同作其他划分）形成合作、竞争与制衡的良性关系，主动投入公共服务（不仅仅是村级）治理中来。

四 打造农村社会治理生态系统之建议

针对我国发展进入关键期，改革进入攻坚期、深水区，增长进入平缓期，社会稳定进入风险期，习近平总书记提出："社会管理面临新情况新问题，必须通过深化改革，实现从传统社会管理向现代社会治理转变。""社会治理是社会建设的重大任务，是国家治理的重要内容。""治理和管理一字之差，体现的是系统治理、依法治理、源头治理、综合施策。"这一论断，解析了社会治理的内涵。

为了全面贯彻党的十八届三中、四中全会的精神，适应经济新常态发展，应该在坚持和发展各地改革创新实践的基础上全面深化改革。纵观历史发展，一个关键就是要坚持深化扶贫改革与创新农村社会治理体系相结合，深化农村社会治理改革、推进机制创新。具体说，就是进一步推进开放式扶贫，打造农村社会治理生态。构建由基层党委和政府、村级组织、社会组织等多元主体协同参与的具有地方特色的农村社会治理创新体系，建立健全"党委领导、政府负责、社会协同、公众参与、法治保障"的社会治理新格局。

为打造农村社会治理生态系统，总体上讲应从体制机制上入手，重点抓住以下几个方面。

1. 建立健全高度完善的法律体系和制度

法律是治国之重器，法治是国家治理体系和治理能力的重要依托。同样，农村社会治理创新需要运用法治思维和法治方式，做到科学立法、严格执法、公正司法、全民守法，在建设法治国家、法治政府和法治社会中促进社会既充满活力又和谐有序。

具体来讲，构建农村社会治理生态体系，应进一步建立健全高度完善的法律体系和制度，农村社会治理制度化、规范化、程序化运行的法治程度，是构建农村社会治理生态、实现农村社会治理体系和治理能力现代化的重要保障和关键指标。

2. 加强和完善"法治、德治、自治"有机结合的多元主体协同共治的农村社会治理组织结构体系

十八届四中全会《决定》明确指出要坚持依法治国和以德治国相结合，要推进多层次多领域依法治理。因此，在农村社会治理实践中，必须要正确处理好依法治理、基层自治、村民德治与社会共治的关系，综合运用法律规范、道德约束、舆论引导等多种方式和手段，加强和完善以党组织为核心、村民自治为基础、村民广泛参与、各类社会组织互动合作等多元主体协同参与的农村社会治理的组织结构体系。

具体来讲，构建农村社会治理生态体系，应在法制建设的基础上，进一步将政府治理与社会治理相结合，政府治理与公民治理相结合，政府治理与市场机制相结合，政府治理与道德调节相结合，最大限度地调动各方力量、汇集各方资源，推进农村社会治理生态构建。

党委、政府、社会、基层组织、个人形成一个多元主体系统，建立平等的合作型伙伴关系，通过政府引导、平等协商、利益分享、责任共担的方式，良性互动，形成符合整体利益的公共政策，共同推进社会治理。

另外，社会治理需要运用多种规则体系。现代社会纷繁复杂，社会治理规则体系也不是单一、同质的，而是由不同类别、不同层级、不同效力的社会规范构成的集合体，除国家法律法规外，市民公约、乡规民约、行业规章、团体章程等多种形式的社会规范，对其效力所及的组织和成员个人具有重要的规范、指引和约束作用。因此，在社会治理创新中应更加重视运用其他社会规范，引导和支持不同方面的群众通过制定完善市民公

约、乡规民约、行业规章、团体规章，进行自我约束、自我管理，规范成员行为，发挥多种社会规范的积极作用。

3. 推进农村社会治理机制创新，促使有效的农村社会治理机制早日形成

构建农村社会治理生态体系，有赖于有效的农村社会治理机制形成，包括：①社会服务资源配置机制；②经济资源配置的市场机制；③决策的协商机制；④行为的激励约束机制；⑤学习机制；⑥创新机制；⑦整合机制；⑧协同机制；⑨监督机制；⑩持续性机制等。

因此，构建农村社会治理生态体系，应大力推进农村社会治理机制创新，将机制创新与建立现代农村社会治理制度相衔接，将机制创新与健全公民治理制度相对接；创新治理组织结构、治理方式方法和具体手段，包括：①层级化向扁平化转变（组织）；②直接向间接转变（方式）；③传统的刚性向柔性转变（手段）；④强制性向诱致性转变（政策）；⑤命令式向诱导式转变（方法）；⑥单项向双向转变（行为）；⑦猫捉老鼠向协商合作转变（策略）；⑧充分发挥社会舆论的监督作用。随着经济的发展，包括新闻舆论监督在内的公民的民主监督，是扩大公民有序政治参与的手段，也是依法治国基本方略的必然要求，更是构建农村社会治理生态的主要保障。

4. 正确处理好基层政府与村级组织的职能定位与分工，加强和完善农村社会治理的领导组织体系与公共服务体系

在农村社会治理实践中，必须要正确处理好基层政府与村级组织的职能定位与分工，切实解决党务、政务与村务不分以及村级组织行政化等问题，加强和完善农村社会治理的领导组织体系与公共服务体系。

（1）组建区域化村域共同体，实行农村社区协同治理模式。组建以区域化党委为核心的新型农村社区，探索实现以集体经济强村带动薄弱村经济发展、以先进村级组织带动后进村级组织发展，实行"组织共建、资源共享、干部共管、事务共商、难题共解、发展共促"，从而实现区域内村域共同体的协同治理与发展。通过引导区域内村域共同体抱团合作，统筹整合区域资源实行难题共解互帮互助，解决了以前以一村之力办不了的事情，一批老大难的基础设施、公共服务以及利益纠纷和矛盾得到强力推进和有效解决；通过搭建区域化公共服务平台，让群众在家门口就享受到便捷完善的服务；通过以强村带弱村，有力地带动了软弱涣散村的整顿转化，有效地促进了基层干部和村级组织自治能力的提高，实现了农村社会的协同治理。

（2）政府主导多主体协同开展农村社会治理的模式。随着城市化、工业化快速发展，面对农村土地大量征用、农村经济急剧转型、流动人口大量涌入等新情况新问题，实施以"网格综合管理、全员全科服务"为核心，形成源头治理、各方联动、综合服务的农村社会治理新模式。首先，由镇党政主要领导负责成立镇级全员全科网格管理领导小组，加强领导组织治理机制。通过社会管理服务中心、片区、网格三个层级的人员、工作及制度等资源的整合，建立以职责为依托、以网格为管理单元的多主体参与网格管理模式。其次，组建和依托综合服务团队、专项服务团队和社会服务团队开展组团式服务，全面推进组团式功能服务，强化基层社会管理与服务。最后，通过加强技术支撑，社会管理中心、指挥中心、服务窗口、片区、职能办公室、网格及服务团队之间实现信息资源的互通互享以及智能化的管理服务，从而有效地实现基层治理能力的现代化。

（3）建立村务监督委员会促进村民参与民主管理与监督。为了加强和完善村民自治以及缓和、化解农村社会矛盾，必须要建立健全真正由村民参与的民主监督制度和民主监督平台，只有这样才能把农民的知情权、决策权、参与权、监督权真正落到实处。设置村务监督委员会，建立健全村民参与监督的组织平台与制度体系。村务监督委员会由村民代表会议表决产生，经村民代表会议授权实施监督，并对村民代表会议负责。通过加强村务监督委员会建设，实现了村民对村务管理进行事前、事中、事后的全程监督，有力地促进了村级自治以及农村和谐稳定。

5. 推进农村集体资产股份制改革，加强和完善农民权益保障体系

十八届三中全会《决定》指出，在社会治理中要坚持源头治理，标本兼治、重在治本。针对目前一些村村集体资产产权不清、主体不明、管理不力、分配不公、监督欠缺等导致农村利益纠纷和社会矛盾激化等问题，积极探索试点农村集体资产产权股份制改革。

首先，要明确村经济合作社作为村集体资产产权管理的主体地位，加强规范化的组织建设。其次，要建立健全村经济合作社集体资产资源的登记清查制度、民主管理制度、公开招标制度、合同管理制度和责任追究制度，加强村经济合作社对村集体资金、资产、资源的规范化管理。最后，通过清产核资、评估与量化资产、界定股份成员及股权、制定和规范管理制度，有序推进农村集体资产产权制度改革。

6. 积极探索农村集体经济的有效实现形式，为有效开展村民自治提供经济保障

首先，要充分挖掘整合村级资源、区位、产业等优势，拓宽村级集体经济发展路径。城郊村、城中村、园中村等在实施完善农村集体产权股份制改革的基础上，要进一步深化和完善村经济合作社股份制改革工作，建立健全产权清晰、股权量化合理、经营机制灵活、资产保值增值的村集体资产管理新体制。

社区治理存在诸多问题。一是社区定位不够准确。社区的本质是"共同体"，即人们在一个共同地域范围内经常交流互动，是共同的利益和兴趣爱好把大家团结在一起的"小社会"。但是，现有社区居委会体制把几个很少有联系和交往的小区和单位划定为社区，不仅治理范围过大，而且内部缺乏有机联系，难以形成真正的"社区"。二是社区自治没有能够有效开展。居民对社区的认同感不强，参与社区建设的热情不高、渠道不畅，社区治理人才匮乏。除此之外，社区治理中还存在"重区轻社"、对不同类型社区采取"一刀切"政策等问题。

7. 加强和完善农村社会治理的多元化模式体系

十八届四中全会《决定》指出要推进多层次多领域依法治理。在农村社会治理中要正确处理好治理方式的普适性与特殊性关系。在贯彻落实党和政府关于社会治理创新体制的精神指导下，探索不同情况下基层治理的有效实现形式，加强和完善农村基层社会治理的多元化模式体系。

8. 更加重视互联网治理，建立农村网络治理平台

互联网治理是社会治理的新领域、新内容。互联网既是社会治理的对象，也是社会治理可以利用的重要手段。新世纪以来，互联网技术迅猛发展，网络已经成为绝大多数中国人须臾离不开的工作手段和生活内容，它为人们的社会参与和社会表达提供了极大的便利，改变了传统的生产、生活和社会交往方式。

十八届三中全会以来，国家正按照"积极利用、科学发展、依法管理、确保安全"的原则，建立和完善互联网管理体制机制。在加强互联网管理方面的立法工作的同时，构建政府、社会与公众共同参与的互联网管理体制，整合相关机构职能，强化互联网行业监管，运用支持手段建立科学有效的监管机制，形成从技术到内容、从日常安全到打击犯罪的互联网管理合力，确保网络正确使用和网络安全。

农村社会治理生态是一个复杂的大系统，农村社会治理生态的形成是一项复杂的系统工程。在现代信息技术对现代社会广泛渗透给农村社会治理带来巨大挑战之时，大数据这样的先进信息技术也为农村社会治理体系提供了革命性的改造工具。这就需要我们充分利用新技术，大力推进现代网络、电子商务、电子政务在我国农村社会治理中的应用，为农村社会治理生态的形成提供强有力的技术支持和保障。

现代社会中，网络与信息技术在塑造一个全新的社会形态——网络社会与信息时代的同时，也从社会生产力的层面对政府改革提出了更为迫切的要求，并为之提供了坚实的技术支撑，电子政府的建设由此被世界多数国家纳入国家发展战略的高度，而正在世界范围内如火如荼地进行。但是，当今电子政府的建设由于过于崇尚电子技术的工具取向，而忽略了其最为本质的、比技术更高层面的价值以及由此蕴涵的塑造新的治理结构与治理形态的契机，因而迫切需要重构与之相符的新的关系与权力结构模式，电子治理由此成为电子政府发展的必然趋势。而利用网络与信息技术所塑造的虚拟平台并构建一个柔性化、电子化的动态性网络治理结构，必将以其所具有的各种核心优势而成为电子治理主体的现实选择。

我国农村社会治理的基础制度建设与一个现代化的农村社会治理体系相比差距还很大。例如，公民及社会组织的基本信息的采集整理、身份认证、社会宏观信息的提供、基本信息的公开和保护等都存在很大问题，影响了很多相关产业的发展。这种差距也影响了政府的有效管理和政策的合理制定。另外，现在各地已有的各种农村社会治理信息系统和信息资源，呈现出早年企业信息化曾经出现的"信息孤岛"现象。为此，整合现有资源，尽快搭建全国性综合性国家网络治理平台已势在必行。

具体来说，构建全国性综合农村网络治理平台，就是要充分发挥现代网络技术优势，推进社会治理参与机制，真正建立一个全社会各个主体都能参与、都能看到，清晰度很强的、围绕农村社会治理的网络支撑体系。在此基础上，发挥网络平台、大数据和电子政务治理功效，为构建农村社会治理生态提供重要的支持，将智慧农村的基本特征"互联网＋"，互联网＋智慧交通、智慧医疗、智慧社区、智慧教育、智慧政府等，打造成为农村社会治理常态，最终推动农村社会治理生态形成。这对于降低农村社会治理成本、进一步完善农村社会管理与运行功能、缩减政府规模、提高决策能力和执行能力，以满足经济社会发展的要求，让广大农民生活更方便、出行更便利、环境更宜居，具有重要意义。

9. 更加重视人民团体和社会组织的作用

现代社会治理要求农村社会治理在坚持党政主导的前提下，更加注重培育、支持和引导多元主体参与社会治理。党的十八届三中全会提出，建立科学有效的社会治理体制，要加强党委领导，发挥政府主导作用，鼓励和支持社会各方面参与，努力实现政府治理和社会自我调节、居民自治良性互动。人民团体是党领导下的群众组织，是党联系人民群众的桥梁和纽带，它们在社会治理中肩负着重要责任。在党的领导下，教育和组织团体成员和所联系群众依照宪法和法律的规定，通过各种途径和形式参与管理国家事务，管理社会事务。社会组织是政府与市场之间、政府与社会之间、政府与公民之间的桥梁和纽带，是社会治理新的重要主体。

需要政府与第三部门协同进行"合作式治理"。"合作式治理"是一种基于共同参与（co－operative）、共同出力（co－llaboration）、共同安排（co－arrangement）、共同主事（co－chairman）等互动关系的伙伴情谊的治理形式。第三部门不仅可以增加供给总量，而且能够满足多层次、多样化的需求，对于填补政府失灵和市场失灵的空缺具有重要的作用。

我国目前在民政部注册登记的各类社会组织达到57万个，覆盖科技、教育、文化、卫生、体育、扶贫、环境保护、经济发展、权益保护等多个领域。但是，与发达国家相比，我国社会组织发展存在种类偏少、数量不足、能力较弱、行为不规范、作用发挥不充分等诸多问题。要激发社会组织活力，清理和规范现有社会组织，改变"吃财政饭、当二政府"的现象；鼓励和支持行业商会类社会组织、科技类社会组织、公益慈善类社会组织以及城乡社区服务类社会组织大力发展；转变政府职能，建立健全政府购买社会组织服务机制，把适合由社会组织提供的公共服务和解决的事项交由社会组织承担，建立健全社会组织发挥作用的机制和制度化渠道；完善社会组织管理相关法律法规，构建法律规制、政府监管、社会监督有机结合的监管体系，完善社会组织内部治理结构，提高自我管理、自我约束能力，确保社会组织有序发展、规范运行。

10. 更加重视社会治理人才培养

现代农村社会治理是一项新的工作、一门新的学问，领导干部要学习社会治理的知识，了解社会治理规律，熟悉社会治理的相关法律法规，在实践中注意积累和提高社会治理能力。党的十八大以来，各级党校、行政学院和干部院校加强了对领导干部相关知识和能力的培训，着力提高领导干部发展社会事业、化解社会矛盾、维护群众利益、组织社会动员、网络社会管理等方面的能力。

农村社会治理需要一批专门人才，社会工作人才队伍就是其中的主力。社会工作以专业化方式提供社会服务，在服务弱势人群、预防和化解社会矛盾、协调家庭和社会关系等方面发挥着独特的作用。我国的农村社会工作人才不仅十分紧缺，而且得不到合理使用。社会治理创新为农村社会工作开展和社会工作人才培养使用提供了难得的机遇。各地应按照《社会工作专业人才队伍建设中长期规划（2011—2020年）》的要求，加快建立和完善社会工作人才培养、使用、评价、激励保障的制度体系，以人才培养和岗位开发为基础，以中高级社会工作人才为重点，培养造就一支职业化、专业化的社会工作人才队伍。

志愿者队伍也是社会治理的重要依靠力量，是政府履行社会管理职责的有益补充。近年来，志愿服务正在兴起，越来越多的人参与志愿服务。但是，我国社会服务志愿者队伍建设基础还比较薄弱，公众参与志愿服务的氛围还不够浓厚，志愿服务组织和志愿者队伍数量还不多，相关政策法规体系还不够完善。习近平总书记曾经专门给参与志愿服务的青年人回信，鼓励和支持他们积极投身到志愿服务工作中去。志愿服务不仅需要热情和奉献精神，还需要配套的政策和制度支持。

各级政府应加紧建立健全社会服务志愿者法规、政策、制度体系，加快志愿服务平台建设，畅通志愿者参与社会服务的渠道，营造人人愿为、人人能为、时时可为的社会服务志愿者发展环境。同时，积极推动建立专业社会工作者与志愿者联动机制，努力构建社会工作者引领志愿者、志愿者协助社会工作者的服务格局。

围绕服务村民自治的指导性、监督性的乡镇政治体制，官治与民治相互调适的管区中介机制，村民普选的两委自治模式，各地在农村社会治理实践中，应结合本地实际情况，充分发挥基层党委、政府和广大农民群众的积极性、创造性，探索实践出各具特色的农村社会治理创新模式。

六　值得注意的问题

在打造农村社会化治理生态过程中，现有农村社会化治理出现的一些问题，还需要引起特别重视。

1. "网格化"治理效果虽好，但总让人感觉防控色彩较浓

目前农村社会化治理中的最大特点，就是借助"网格化"把党委、政府、社会、公众协同起来治理。这张横向到边、纵向到底，上下联动、左右协调的大网，全面整合了社会管理与服务资源，夯实农村社会化治理基础，创新基层社会管理格局，具有重要创新意义和推广价值。

但这张"网"同样备受诟病，虽然认为"网格化管理只是手段，服务群众才是目的"，"综治网格化管理"已经包含了丰富的服务内容，但终因"娘胎里带来的不足"和"名称的缺陷"，难以真正脱胎换骨。导致外界对"综治网格化管理"的理解，一直停留在"搞防控"的认识上，这有观念"先入为主"的因素。

2. 党委政府虽高度重视，但关注点仍在社会治安综合治理

改革开放以来，成名于社会治安综合治理的经验，导致党委政府产生惯性思维，把农村社会化治理工作中心和宣传重点都放在综治方面，这在新一轮社会管理创新试点工作中也不例外。但社会治安综合治理主要是满足群众安全需求的一种经验，无法满足群众日益增长的多元化公共服务需求，必须加以创新发展。所以中央决定将社会治安综合治理委员会更名为社会管理综合治理委员会，从"治安"到"管理"的更名，意味着原来单纯的农村社会治安管理功能已经向农村社会管理综合治理功能转变，其内涵更加丰富。在这种背景下，一方面应该将农村社会治安问题与社区服务、民生改善、民主发展等进一步有机结合，以与"社区制"的到来相契合，另一方面应充分挖掘已有的公共服务、民生元素并加大宣传。

3. 社会组织虽数量繁多，但缺乏有效引导、管理和整合

从目前来看，社会组织数量并不少，但存在几方面问题：一是体制内的社会组织偏多，体制外的社会组织偏少。体制内的社会组织带有自上而

下的 NGO 行政色彩，明显影响了组织功能，难以深入社会；二是社会组织对政府资源依赖性强，资源不到位时，运作无力；三是社会组织缺乏组织化、制度化，领导个人特征突出；四是社会组织存在功能单一、专业服务能力有限、社会资本缺乏整合等问题。这些问题除了社会组织本身的原因所致，还因政府缺位所致。政府没有加强引导、管理和整合，导致社会组织无序发展。今后建议恢复设置社会组织管理科或至少有"专人负责、专人管理"，对农村社会组织实行备案、登记管理，使农村社会组织管理日益规范化，使政府与社会组织之间、社会组织彼此之间的沟通合作、信息反馈更为畅通。

4. 公众参与率虽高，但缺乏志愿组织作为有效支撑

目前主要依靠"网格化"来提高公众参与率，这种方法的实际效果虽好，但"行政化"色彩太明显。今后应鼓励村两委干部、村民代表、党员、团员、妇女组织、各类协会成员、热心人士等组建各种类型农村志愿者队伍，尤其是要组建一二支带有特色的志愿者队伍。

另外，还要加强农村社区志愿者组织注册登记，争取注册志愿者占常住人口的 5% 以上。同时通过建立社区志愿服务档案制度、优秀志愿者表彰制度、志愿服务项目申报及津补贴制度等方式，强化社区志愿服务激励机制，鼓励居民就近参加志愿服务。

5. 多元但未协同

"政府主导、多方参与"，这与农村公共服务多元主体协同治理的"多元主体"是相一致的。但前者的"多元"，与本文农村社会化治理生态的"多元"尚存在差异。

首先，"多元主体"的范围不广。其一，多元应涵盖了政府、自治组织、私人部门、第三部门与村民，而突出了"政府"与"自治组织"，对村民的权利与责任也有一定的主张，但对于"市场"主体的作用，仅表述为"支持和引导市场主体参与农村公共服务和社会管理"，在此，市场主体的地位是被动的，是"政府"这一"主体"引导的"客体"，说明并未真正将私人部门视为可以建立"公私伙伴关系"的平等主体。其二，对于第三部门，仅仅停留在"鼓励和吸引各类社会组织共同投入和发展公共服务事业"的层面。应该重视第三部门在农村公共服务建设中的地位与作用，不仅争取第三部门的资金投入，还应引进与其合作的先进经验与模式。

其次，"多元主体"的"协同度"不够。农村公共服务多元主体协同治理机制要求的五大治理主体"协同"，是在确立政府"主导协调"、自治组织"承上启下"、私人部门"互利双赢"、第三部门"补充共享"、村民"参与实践"的角色定位基础上，在表达、决策、筹资、生产、评估、问责六大环节，根据农村公共服务具体实践的需要，形成不同的角色组合，形成合作、竞争、制衡的协同关系，共同完成农村公共服务协同治理的目标与任务。

"协同"的合力，基本上都是政府唱主角，对自治组织要求过多，自治组织的公共服务压力包袱仍未解脱，而市场与社会主体的参与很少。在村民参与度上虽较之其他省市有优势，但村民的利益表达、监督评价体系尚未真正建立，且村民参与未能得到其他主体的配合与支持，则其参与能力与素质无法与农村公共服务的决策需求相匹配，也不能达到促进科学决策与有效监督的效果。

最后，"政府主导、多方参与"实践效果不佳。如《成都市公共服务和公共管理村级融资建设项目管理办法》对村（居）民委员会向成都市小城投公司申请项目建设融资做出了具体规定与安排，但此处的融资实际上融的还是国家的、集体的资，并没有社会资本投入农村公共服务的建设。"政府主导、多方参与"这一基本思路在现实中难以得到执行，一定程度上牵制了村级公共服务只能过度依赖于区域财政，从而造成村级公共服务建设水平的参差不齐。

参考文献

Commission on Global Governance, *Our Global Neighbourhood：The Report of the Commission on Global Governance*, Oxford University Press, 1995.

高兆明：《制度公正论》，上海文艺出版社，2001。

〔英〕戴维·米勒（David Miller）：《社会正义原则》，应奇译，江苏人民出版社，2001。

〔美〕丹尼斯 C. 缪勒（Dennis C. Mueller）：《公共选择理论》，杨春学等译，中国社会科学出版社，1999。

丁长发编著《农业和农村经济学》，厦门大学出版社，2006。

窦玉沛主编《社会管理与社会和谐》，中国社会出版社，2005。

恩格斯：《家庭、私有制和国家的起源》，中共中央马克思恩格斯列宁斯大林著作编译局译，人民出版社，1972。

樊丽明：《中国公共品市场与自愿供给分析》，上海人民出版社，2005。

费孝通：《中国绅士》，惠海鸣译，中国社会科学出版社，2006。

〔美〕富勒（LonL. Fuller）：《法律的道德性》，郑戈译，商务印书馆，2005。

〔美〕弗里曼（Edward Friedman）等：《中国乡村－社会主义国家》，陶鹤山译，社会科学文献出版社，2002。

郭正林：《中国农村权力结构》，中国社会科学出版社，2005。

〔法〕H. 孟德拉斯（Henri Mendras）：《农民的终结》，李培林译，社会科学文献出版社，2005。

〔英〕哈特：《法律的概念》，法律出版社，2006。

〔美〕黄宗智：《华北的小农经济与社会变迁》，中华书局，2000。

贺雪峰：《新乡土中国》，广西师范大学出版社，2003。

何增科等：《基层民主和地方治理创新》，中央编译出版社，2004。

〔美〕吉利斯（Malcolm Gillis）等：《发展经济学》，黄卫平等译，中国人民大学出版社，1998。

卞利：《明清徽州社会研究》，安徽大学出版社，2004。

梁漱溟：《中国文化要义》，上海人民出版社，2005。

李凡主编《中国基层民主发展报告》，东方出版社，2002。

李广：《中国乡村治理中的政治传播与控制》，山东大学出版社，2011。

李培林：《村落的终结》，商务印书馆，2004。

李曙华：《从系统论到混沌学》，广西师范大学出版社，2002。

李图强：《现代公共行政中的公民参与》，经济管理出版社，200。

罗平汉：《村民自治史》，福建人民出版社，2006。

鲁鹏：《制度与发展关系研究》，人民出版社，2002。

卢现祥：《西方新制度经济学》，中国发展出版社，2003。

〔法〕米歇尔·福柯（Michel Foucault）：《规训与惩罚》，刘北成、杨远婴译，三联书店，2003。

彭澎：《政府角色论》，中国社会科学出版社，2002。

荣兆梓、吴春梅主编《中国三农问题》，社会科学文献出版社，2005。

〔英〕亚当·斯密（Adam Smith）：《道德情操论》，余涌译，中国社会科学出版社，2003。

薛汉伟、王建民：《制度设计与变迁》，山东大学出版社，2003。

〔美〕塞缪尔·亨廷顿：《变革社会中的政治秩序》，李盛平等译，华夏出版社，1988。

宋德福：《中国政府管理与改革》，中国法制出版社，2001。

申延平：《中国农村社会转型论》，河南大学出版社，2005。

唐代兴：《公正伦理与制度道德》，人民出版社，2003。

童星编著《社会管理学概论》，南京大学出版社，1991。

〔法〕托克维尔（Tocqueville, O. de）：《论美国的民主》，董果良译，商务印书馆，1988。

王思斌主编《社会学教程》，北京大学出版社，2003。

吴毅：《村治变迁中的权威与秩序》，中国社会科学出版社，2002。

〔德〕乌尔里希·贝克（Ulrich Beck）：《风险社会》，何博闻译，译林出版社，2004。

肖唐镖主编《转型中的中国乡村建设》，西北大学出版社，2003。

辛鸣：《制度论》，人民出版社，2005。

徐勇：《中国农村村民自治》，华中师范大学出版社，1997。

徐勇、徐增阳：《流动中的乡村治理》，中国社会科学出版社，2003。

姚洋主编《转轨中国》，中国人民大学出版社，2004。

袁贵仁、韩庆祥：《论人的全面发展》，广西人民出版社，2003。

俞可平主编《治理与善治》，社会科学文献出版社，2000。

〔美〕约翰·希利·布朗（John Seely Brown）、〔美〕保罗·杜奎德（Paul Du-guid）：《信息的社会层面》，王铁生、葛立成译，商务印书馆，2003。

〔美〕詹姆斯·N. 罗西瑙（JamesN. Rosenau）主编《没有政府的治理》，张胜军、刘小林等译，江西人民出版社，2001。

张静：《现代公共规则与乡村社会》，上海书店出版社，2006。

赵秀玲：《村民自治通论》，中国社会科学出版社，2004。

朱炳祥：《社会人类学》，武汉大学出版社，2004。

生态文明建设与文化生态之间的区别与联系

杨庭硕　彭　兵[*]

一　工业文明的困境与反思

正当工业文明席卷全球、方兴未艾之际，马克思、恩格斯却对世人发出了富于理性的警示，人类不能陶醉于自己征服自然的胜利，大自然的报复完全有可能将眼前的胜利彻底抵消。[①] 不幸之处恰好在于在其后的半个多世纪中，工业文明的弊端开始显露，环境的恶化、资源的紧缺迫使世人不得不对工业文明所面对的困境进行反思[②③④]。于是，"后现代主义""后工业时代"以及诸如此类的提法，很快成了人们的热门话题，整个学术界的批判很自然地成为一种时尚。[⑤] 但批判之余，人类可持续发展的出路何在，依然不得其解。

中国本来是发展中的大国，同时又是工业文明的落伍者，却是传统文

---

* 杨庭硕（1947～），苗族，贵州贵阳人，吉首大学人类学与民族学研究所研究员，博士生导师，研究方向为民族学、历史学。彭兵（1993～），土家族，湖南永顺人，吉首大学历史与文化学院民族学专业，硕士研究生，研究方向为生态民族学。

① 〔德〕马克思、〔德〕恩格斯：《马克思恩格斯全集》，中共中央马克思恩格斯列宁斯大林著作编译局编译，人民出版社，2001。

② William E. Banks, Thierry Aubry, Francesco d'Errico, João Zilhão, Andrés Lira‐Noriega, A. Townsend Peterson. "Eco‐cultural Niches of the Badegoulian: Unraveling Links Between Cultural Adaptation and Ecology During the Last Glacial Maximum in France." *Journal of Anthropological Archaeology*, 2011（3）: 359–374.

③ Zsolt Pinke. "Modernization and Decline: an Eco‐historical Perspective on Regulation of the Tisza Valley, Hungary." *Journal of Historical Geography*, 2014（45）: 92–105.

④ A. J. McMichael, C. D. Butler, J. Dixon. "Climate Change, Food Systems and Population Health Risks in Their Eco‐social Context." *Public Health*, In Press, Corrected Proof, Available online 17 April 2015.

⑤ 陈晓春：《后工业社会的理论及对中国的启示》，《财经理论与实践》2000年第6期。

化独具一格的实体。以至于中国的快速崛起不免会引发西方世界的惊讶和质疑，却又无可奈何。世界格局的巨变来得太突然，由此而引发出了不必要的猜疑，虽说难以避免，澄清其间的合理性却是我国必须面对的当务之急。塞维斯早就明确地指出，在多元文化并存的历史发展背景下，不同的演化进程必然呈现为"民族谱系上的间断性"和"地域空间分布上的间断性"。① 此前的"边缘"在其后会演变为"中心"，此前的"中心"又必然会成为其后的落伍者。② 这本身就是文化"多线进化"的潜规则，中国乃至其他东方国家的崛起，只不过是再现了这一潜规则而已。中国的崛起其实不值得大惊小怪，大家协同发展，开创人类的新纪元才是正理，即在全面反省工业文明得失利弊的基础上，创造出全新的"生态文明"新时代。

也是基于中国的特殊性，着手"生态文明建设"最先在中国提到议事日程，并付诸实施。③ 但作为一项新生事物，从事"生态文明建设"自然会引发各式各样的误解和迷惑，实属在所难免。其中，作为生态人类学基本研究单元的"民族文化生态"与"生态文明"之间的区别与联系就带有根本性。④ 但要正确理解什么是"文化生态"，就需要先行界定民族文化和所处自然与生态系统之间的关系。澄清由此而引发的长期争论和偏颇，就显得更具针对性和必要性。为此，对此展开系统梳理，实属刻不容缓。

二　从文化与生态到文化生态

人与自然，或者更具体地说，民族文化与它所处的自然与生态系统之间的关系，自古以来就是人类社会首要关注的根本性关系。迄今为止，人类社会所经历过的"五大文明"，"狩猎采集文明"、"斯威顿（游耕）文明"、"游牧文明"、"农业文明"、"工业文明"，⑤ 都是在这一关系中展开的，并造就了不同形态的辉煌，进而成为传承到今天的精神遗产和物质遗

---

① 〔美〕托马斯·哈定等：《文化与进化》，韩建军、商戈令译，浙江人民出版社，1987。

② Miguel A. Altieri. "Agroecology: the Science of Natural Resource Management for Poor Farmers in Marginal." *Agriculture*, *Ecosystems & Environment*. 2002 (1): 1 – 24.

③ 转自 2007 年 10 月 21 日，中国共产党第十七次全国代表大会《关于十六届中央委员会报告的决议》。

④ 〔美〕朱利安·斯图尔：《文化变迁论》，谭卫华、罗康隆译，贵州人民出版社。

⑤ 张雪慧：《文化人类学理论方法述要》，《西北民族研究》1992 年第 1 期。

产。然而，在工业文明高度发展的背景下，没有被人类征服自然的成就所陶醉者，却有幸重提了这一根本性的关系，斯图尔德就是其中之一。

斯图尔德立足于任何一种民族文化都必须适应于自己所处的自然与生态系统，系统阐述了文化与生态的关系，并由此而得出结论：任何一个民族，在经历了其"独特的进化历程"后，通过文化与所处生态系统的相互磨合，民族文化与所处生态系统之间必然会形成一个个文化生态实体，他将这样的实体称为该民族特有的"文化生态"。① 他进而指出：探讨文化的变迁，必须以这样的文化生态实体为基本单元，正是这样的认识催生了生态人类学。②

尽管斯图尔德的后继者们，沿着斯图尔德的思路，展开了多层次的深入探讨，并相继提出了"双重进化论"、"潜势法则"、"族系间断原则"、"文化适应的创新与保持并存"等等影响深远的"文化变迁学说"。③ 但因为工业文明的强大影响力在短期内很难让世人割舍，从而使得这些有价值的认识在其后的岁月里很难得到世人的认同。要重启人与自然关系的深入探讨，不得不等待有利的时机，特别是要等待奇迹的出现，才足以振聋发聩，使世人清醒地认识到：人类的可持续发展，从来就没有摆脱过地球、自然与生态系统的节制。人类社会无论怎么发展，它将永远是地球生命体系的"寄生体"，离开了地球生命体系这个母体，可持续的发展就只能是一个泡影。④

中国和其他亚洲国家的崛起，虽说彻底改变了世界已有的格局，但老牌的工业文明国家受习惯所使然，不可能清醒地认识到工业文明的困境，而是竭尽全力对崛起中的亚洲国家做出各式各样的应对。尽管这样的应对苍白无力，却能迎合大多数世人的思维定式，从而妨害了世人对人与自然关系的理性认识。在这样的主流舆论背景下，出自正宗工业文明的理性学者所能造成的观念影响反而更具说服力。

《生态扩张主义》一书就具有这样的代表性，该书从历史的维度重温了西方工业文明的扩张史，并明确指出这样的扩张过程始终伴随着生态扩

---

① 〔美〕朱利安·斯图尔：《文化变迁论》，谭卫华、罗康隆译，贵州人民出版社。
② 〔日〕秋道智弥：《人类学生态环境史研究》，尹绍亭译，中国社会科学出版社，2006。
③ 〔美〕托马斯·哈定等：《文化与进化》，韩建军、商戈令译，浙江人民出版社，1987。
④ 杨庭硕：《生态人类学导论》，民族出版社，2007。

张过程。在工业文明的发展过程中，非工业文明区的生态与相关的民族文化都受到致命的摧残，极大地改变了原有的"文化生态"面貌。① 该书对亚速尔群岛生态变迁的表述就是以无可争辩的事实，向世人揭示，在这儿发生的事件并不仅仅局限于对当地人的征服，而且始终伴随着将当地已有的热带雨林生态系统，彻底置换为以甘蔗园为标志的人为次生生态系统，其目的仅止于满足西欧人对食糖的渴求。② 推而广之，工业文明的兴盛必然是以无情的生态再造为前提，今天的人类不得不面对生态危机和能源短缺的困扰，其实仅是一个随时间推移积累的必然结果。不反省工业文明的利弊得失，任何意义上的修修补补都无助于人类摆脱生态困境。

有幸的是，该书的出版引起了西方社会普遍的关注，该书已经成为从行政官员到普通民众的案头读物，③ 足以标志着对工业文明的反省，渴求新型文明的诞生，即使在西方世界也正在成为一种时尚，"生态文明"已经处在酝酿之中。

《文化变迁论》和《生态扩张主义》，从任何意义上讲，其内容虽然各不相同，特别是他们的研究对象具有根本性的差异：《文化变迁论》研究的是在多元文化并存背景下的具体文化生态的属性及演变趋势和规律，而《生态扩张主义》则是探讨整个西方世界的繁荣史和生态的蜕变史，然而文化与生态之间的互动整合过程却殊途同归。两书都明确指出，任何意义上的发展和变迁都必然牵连到所处的自然与生态系统也发生相应的变迁，并最终达成文化与生态的再适应，形成新型的文化生态实体。至于其后果，诚如《生态扩张主义》所言，对特定的民族构成了进一步发展的基础，对相关生态系统而言却是灾难的源头。④ 两书的共同结论正在于特定民族都有其特定的"文化内核"，这就是该民族特有的文化生态实体。⑤ 基于这样的认识，我们不得不承认文化生态是一个整体，是特定民族的基本属性，他们都是客观而具体的存在，是可以展开具体研究的实体，而不是

---

① 周晓红：《在欧洲生态扩张的背后》，《森林与人类》2003 年第 3 期。

② 〔美〕克罗斯比：《生态扩张主义》，许友民译，辽宁教育出版社。

③ 〔美〕克罗斯比：《生态扩张主义》，许友民译，辽宁教育出版社。

④ G. M. Tarekul Islam, A. K. M. Saiful Islam. "Implications of Agricultural Land Use Change to Ecosystem Services in the Ganges Delta." *Journal of Environmental Management*, In Press, Corrected Proof, Available online 13 December 2014.

⑤ 〔美〕朱利安·斯图尔：《文化变迁论》，谭卫华，罗康隆译，贵州人民出版社。

全人类唯一的归宿，当然更不是人类可持续发展的唯一依赖。人类社会下一步的发展只能是建构一个前所未有的新型文明，这就是人类社会正待创建的"生态文明"。

三　从生态文明建设到生态文明

中国政府于 2007 年首次将"建设生态文明"纳入基本国策。中国共产党十七届全国代表大会《决议》① 对此做了如下表述："建设生态文明，基本形成节约能源资源和保护生态环境的产业结构、增长方式、消费模式。循环经济形成较大规模，可再生能源比重明显上升，主要污染物排放得到有效控制，生态环境质量得到明显改善，生态文明观念在全社会牢固树立。"由于"生态文明"不仅是一个全新的概念，而且是在举国上下为中国崛起而陶醉的背景下首次提出的，以至于这一新概念提出后，引发各式各样的误读，就是一件十分自然的事情。其中最具代表性的误读具有如下三种。

其一是，混淆了"生态文明"和"生态文明建设"的界限，而没有注意到"生态文明"是未来必须实现的新目标，中国力争实现的这一未来目标，其实质在于在中国大地上，率先实现从工业文明到生态文明的"跃迁"，② 并以此垂范于世界，并推动生态文明在全球的普及。而生态文明建设则仅是当前行动的指导纲领，生态文明建设既是一个艰难的探索过程，也必将是一个相对漫长的历史过程。推动生态文明建设仅仅标志着中国政府有决心，也有实力去率先推动"生态文明"的最终实现。而生态文明则是整个社会的全局性创新，标志着一种人类历史上从未有过的文明形态的诞生。

其二是，误将生态文明建设曲解为应对生态恶化的具体措施，而没有注意到其间包含着观念形态的彻底变革，也就是"生态文明观念在全社会牢固树立"。③ 而从具体的生态行动到全社会统一生态观念的树立，其间必

---

① 转自 2007 年 10 月 21 日，中国共产党第十七次全国代表大会《关于十六届中央委员会报告的决议》。
② 余谋昌：《生态文化问题》，《自然辩证法研究》1989 年第 4 期。
③ 转自 2007 年 10 月 21 日，中国共产党第十七次全国代表大会《关于十六届中央委员会报告的决议》。

然要包含整个文化的结构功能重组，并在观念形态上达成共识。① 类似的曲解在中国经常表现为：只需要自己做好自己的事情，而不做有损生态系统的事情，就算完成了生态文明建设的全部职责。而没有注意到如何规定生态权责，如何评估权责的履行，不能取准于工业文明已有的规范，而是要在生态文明观的指导下，去充分明辨生态权责和生态行为的功过②③。而这样的误解在西方世界表现为将中国政府的庄严决策曲解为"作秀"，误以为中国政府只是说说而已，既没有决心又没有能力做到底。④⑤

其三是，将生态文明与具体的生态治理混为一谈。生态文明是人类文明的新形态，具体的生态治理是任何人类文明形态都必须有的文化建构内容⑥。时下很多人仅是具体关注节约能源、实施生态恢复、严格生态执法而忽视生态文明建设与这些生态行动之间的区别，而没有注意到生态文明建设是一项动员全民的行动指南。在这个指南之下，需要将各式各样的生态问题、社会问题、政治问题和经济问题，按照生态文明的要求去制定具体的实施方案，而不是苛求人们一味地节约，被动地对生态实施保护和监管。然而生态文明恰好需要在利用与维护并存的新常态下，建构人与自然之间的新平衡，而决不意味着压缩利用，停止发展。对此引发的误解在国外主要表现为苛求中国按照他们的标准去压缩资源消费，进而猜疑中国政府不可能履行自己的承诺。更表现为错误地将受损生态系统，不容许触碰，企图仰仗自然力实现自我恢复，却没有注意到，生态系统的受损和退化，主要是人类干预的结果，自然力的恢复虽说可行，但耗费的时间必然超越任何行政管辖可能发挥影响的时间跨度。这样的误解显然忘记了面对人类活动的后果，只能是人类的能动作用，即使是要借助自然力，也需要

① 奥格布、冯增俊、吴一庆：《教育理论中的结构功能主义和生态学研究方法》，《现代外国哲学社会科学文摘》1988 年第 3 期。
② Yumi Akimoto. "A new Perspective on the Eco – industry." *Technological Forecasting and Social Change*, 1995 (2): 165 – 173.
③ Mark Roseland. "Dimensions of the Eco – city." *Cities*, 1997 (4): 197 – 202.
④ Steffanie Scott. "*Food Policy*", Volume 45, April 2014, Pages 158 – 166.
⑤ Alana Boland, Jiangang Zhu. "*Geoforum*", Volume 43, Issue 1, January 2012, Pages 147 – 157.
⑥ William E. Banks, Thierry Aubry, Francesco d'Errico, João Zilhão, Andrés Lira – Noriega, A. Townsend Peterson. "Eco – cultural Niches of the Badegoulian: Unraveling Links Between Cultural Adaptation and Ecology During the Last Glacial Maximum in France." *Journal of Anthropological Archaeology*, 2011 (3): 359 – 374.

人类去加以激活，而不能守株待兔。

从理论方面着眼，针对上述种种误解，两年后，《中国共产党十七届四中全会决议》，再次将生态文明建设与正在进行的其他建设合称为"五位一体"。以此表明坚持生态文明建设的决心和意志。"我国经济建设、政治建设、文化建设、社会建设以及生态文明建设全面推进，工业化、信息化、城镇化、市场化、国际化深入发展。我国正处在进一步发展的重要战略机遇期，在新的历史起点上向前迈进。"① 同样是因为生态文明在当今世界上还不是一种文化事实，仅是一种追求的目标，以至于对"五位一体"的认识和理解，也不可避免地出现理解上的偏颇。其中，影响最为深远，一直难以澄清的偏颇正好表现为：既然生态文明建设如此重要，那么凡是与生态文明建设相左的观点和看法，就应当实施一票否决制。应当看到这样的认识偏颇很容易获得世人的响应，但如果付诸实行，肯定会带来严重的不利后果。

从理性上讲，既然生态文明不是一项文化事实，而是一个追求的目标，那么显然不应该苛求任何人对生态文明有完整的理解和认识。在这样的情况下，不管是赞成，还是反对的每一票，其间都不存在终极意义上的对与错。任何人都不可能对尚不知情的对象做出理性的裁断，用投票的方式来决定是否执行本是工业文明的惯例，却不必然是生态文明的可行惯例②。处在建设期的背景下，只能从完善基础条件做起，而不可能由任何人来做出裁定。一票否决看似公正，却没有实质意义。对此，习近平做出如下补充说明，就值得引起高度关注。"要完善经济社会发展考核评价体系，把资源消耗、环境损害、生态效益等体现生态文明建设状况的指标纳入经济社会发展评价体系，使之成为推进生态文明建设的重要导向和约束。一定要彻底转变观念，再不以 GDP 增长率论英雄。如果生态环境指标很差，一个地方一个部门的表面成绩再好看也不行，不说一票否决，但这一票一定要占很大的权重。③"这样的补充说明，显然还不足以矫正习惯性的偏见，这才需要从制度建设的层面，去为生态文明建设铺路。

---

① 转自 2009 年 9 月 15 日至 18 日《中国共产党十七届四中全会决议》。
② Maria Stern - Petterson. "Reading the Project, 'Global Civilization: Challenges for Sovereignty, Democracy, and Security." *Futures*, 1993（2）: 123 - 138.
③ 转自 2012 年 12 月 18 日，党的《十八大报告》。

从实践方面着眼，中国的崛起尽管超出世人的预料，但中国毕竟是脱胎于农耕文明的国家，此前工业文明的发育并未臻于完善，在启动生态文明建设的同时，属于工业文明的缺课还得补上。就这个意义上说，工业化、信息化、城镇化、市场化、国际化既是补工业文明的课，也是在铺生态文明建设的路。生态文明建设和"五化"的关系，是目标和前提的关系，而不是等量齐观的五种并存事项。实现这"五化"是属于具体的行动和操作内容，对生态文明而言，则是需要重新建构的长远问题。这就需要在现有基础上，必须实施有关配套制度的全局性建设。

理论上和实践上的双重要求，在中国共产党的十八次大会《决议》中得到完整的体现："建设生态文明，必须建立在系统完整的生态文明制度体系之上，实行最严格的源头保护制度、损害赔偿制度、责任追究制度、完善环境治理和生态修复制度，用制度保护生态环境。健全自然资源资产产权制度和用途管制制度。规定生态保护红线，实行资源有偿使用制度和生态补偿制度，改革生态环境保护管理体制。"此项决议不仅进一步表明中国坚持生态文明建设的决心，同时还立足于当前的实际需要和可能，提出了四项具体的建设内容，其核心是要为生态文明建设提供配套的制度保障。同样因为生态文明还仅是努力的目标，而不是客观存在的文化事实，为此而提出的制度建设同样具有"摸着石头过河"的探索性质，而绝不是可以一成不变的定规。①

举例说，自然资源资产产权，其基本内涵就需要不断地健全和完善。这是因为在不同类型的文化中，对自然资源资产产权的认定就会各不相同。甚至是当今世界上的工业文明大国对这一内容的法律规定，也存在着不容忽视的差异。因而，资源产权的"确权登记"，在实践中就得经受不断健全和完善的考验。再如，"生态红线"的划定问题也并不那么简单。生态系统千姿百态，而时下学术界对生态系统的认识尚停留于确认哪些生态系统属于"脆弱生态系统"，诸如此类的初级水平上。各不相同的生态系统之中，哪些部分需要划分红线，目前下结论还为时尚早，需要在逐步建设的过程中，真正把握各生态系统的"脆弱环节"②，保护红线的划定才

①　转自 2007 年 10 月 21 日，中国共产党第十七次全国代表大会《关于十六届中央委员会报告的决议》。
②　杨庭硕：《生态人类学导论》，民族出版社，2007。

能落到实处。诸如此类的问题，任何人都不可能一刀裁断，需要在不断的实践中才能逐步弄清查明，而这正是"生态文明建设"最重要也最艰巨的任务。但只要有这样的制度建设目标，具体的建设问题就可以获得认识上和制度上的保障。生态文明建设就可以做到循序渐进，稳妥推广。其间不管发生什么样的争议和误解，在实践面前最终都可以获得妥善的解决。

仅就我国有关"生态文明"建设政策出台的先后顺序，我们可以看到，"生态文明"建设在中国不仅已经启动，而且得到认识和制度两个方面的保障，正处于稳妥推进状态。然而，作为文化新类型的"生态文明"仍然是我们正要努力创建的目标。这样的理想目标，对生态人类学研究者而言，已经是可以直接着手研究的对象，并能做出准确的结论。生态文明与各民族文化生态，其间显然存在着不容混淆的区别，不澄清其间的这些差别，不管是有意，还是无意，都可能对生态文明建设造成不利影响。

四 从具体到抽象，从文化生态实体到生态文明类型

凭借文化人类学前辈们一个多世纪的积累，当代的生态人类学研究者已经基本掌握了众多很不相同的民族及其文化，并在这一基础上根据文明出现的先后次序，将人类曾经拥有过的文明形态大致划分为"五大类型"或称"五大文明"。每一种文明之内都包含着不胜枚举的具体民族文化。对它们的民族文化特征也基本能掌握，对"生态文明"而言却是例外，因为它还没有真正诞生。"生态文明"之下可能包容什么样的具体文化生态样式，更是无从说起。对此前已有的其他五种文明而言，却可以做到不仅有具体的文化生态实体例证，对不同文明的基本属性，特别是人与生态关系的基本特征，也可以做出明确地说明。

由这样的认识出发，不难看出，文化生态实体是指客观存在的文化事实，是研究者可以直接研究的具体对象。而研究的结果都可以经得起反复的验证，成为任何时代的人们可以直接加以利用的精神财富①②。但

---

① Manuel Jesús Chan - Bacab, Patricia Sanmartín. "Characterization and Dying Potential of Color-ant - bearing Plants of the Mayan Area in Yucatan Peninsula, Mexico." *Journal of Cleaner Production*, 2015: 191 - 200.

② Harpreet Bhatia, R. K. Manhas, Kewal Kumar, Rani Magotra. "Traditional Knowledge on Poisonous Plants of Udhampur District of Jammu and Kashmir, India." *Journal of Ethnopharmacology*, 2014 (1): 207 - 216.

历史上曾经出现过的五大类型文明，则是研究者立足于一定数量的具体文化生态实体，经过归纳总结和演绎，而提出的抽象总结。事实上，不管学者们如何精心地从事观察分析和归纳，例外的文化生态事实，总是不断地会被发现，也总有研究者试图重新加以归纳和总结。有的学者将"游耕文明"称为"斯威顿类型文化"，有的将它称为"锄耕农业"或"原始农业"，有的学者又将其称为"刀耕火种"文化①。出现诸如此类认识上的差异，实属难以避免，因为各民族的文化生态本身就具有复杂性，还具有可变性。地域的差异、历史过程不同、外来文化的冲击都可能导致具体的文化生态实体发生变迁，从而出现它所属文明类型不常见、不应有的文化生态现象。然而，这样的例外都不会最终损害具体的民族文化生态研究结论。需要加以归类整理和认识这一科学研究，反而能够推动归类整理更臻于完善。

当前人类社会历史性地步入了需要建构"生态文明"的新时代，不言而喻的事实正在呈现生态文明肯定有其必需的各种特征。更由于人类所处的自然与生态系统千差万别，人类社会要获得可持续发展，最终都得接受一个个特定自然与生态系统的节制和规约。那么，即使生态文明已经成为现实，它必然还将包容众多不同的文化生态实体，或者说同样会呈现文化多元并存的格局。理由全在于人类依然得"寄生"在地球生命体系中，最终都得接受自然与生态系统本身就多样并存的这一客观事实。以至于生态文明的特征仅止于人与所处自然和生态系统的关系更加和谐，对自然与生态系统的利用效益比以前所有文明都更高而已。

总而言之，文化生态与各种不同的文化类型之间存在着极其明显的区别，文化生态是具体的实体，不同类型的文明则是归纳出来的抽象认识。具体的文化生态，是展开实证研究的实体，而对不同类型文明的认识，则有赖于对该类型众多文化生态实体的认识。生态文明也是如此。如果具体的文化生态实体没有定型，生态文明的共性特征就无从谈起。为今之计，我们能够做的工作仅止于借助对其他类型文明的认识去推测生态文明的特征，其结果最多只能提供意向性的推测，而加以实证研究则为时尚早。

---

① 杨伟兵：《森林生态学视野中的刀耕火种——兼论刀耕火种的分类体系》，《农业考古》2001年第1期。

五　生态文明建设从理想到实践

从理论上讲，生态文明的建成必然脱胎于工业文明，却不是工业文明的简单延续，而必须在工业文明的基础上整合其他各种文明的优势，去完成彻底创新。这将意味着生态文明建设这样的过渡阶段，当然不可避免地要借用工业文明的规范与制度，而借用的目的是要发现其生态弊端，以利更好地创新。为此，对特定的民族文化生态实体而言，当然不可能仅仅关注已有的工业文明现实，而必须做历史的审查，对该生态系统中历史上有过的文化生态实体，都需要全面总结其间的利弊得失，并且立足于当代技术的可行性，去建构全新的文化生态实体，务使不同类型文明的优势都得到发挥。这样的全新文化生态实体也才具有接近于生态文明类型总要求的属性，也才能成为建构生态文明的基础去加以认识和利用[①]。

从实践上讲，这样的探索过程必然是一个艰辛的再认识过程，而且是立足于对相关自然与生态系统高效利用和精心维护的兼容中，去评估不同资源利用方式的得失利弊，并加以扬长避短，从而完成整个文化的创新重构。就这个意义上说，精准而系统地把握不同生态系统的各种属性及资源利用方式的各种可能，也就是要全面地总结在特定生态系统积累起来的经验和教训。提升整体的认识水平和相关的知识与技术积累，确保对各种自然与生态系统都做到精准深入的了解，形成庞大的数据库藏，才能为生态文明的最终确立奠定认识基础。

生态文明不仅需要追求人与自然的和谐共融，同时也必须追求可持续的发展，这将意味着生态文明的可持续发展绝不能像工业文明那样建立在对资源的廉价获取和直接利用的基础之上，而是建立在广泛而精准的信息服务之上。通过不同文化生态区之间的高效组合和再配置，去最大限度地节约物质与能量的消耗，最终实现整体社会物质与能耗的高度节约，以此确保对所有生态系统的精准监控和受损生态系统的及时修复，去不断地推进人与自然关系的和谐共荣。不言而喻，由此而建构起来的发展空间将无

---

① Silvia Blajberg Schaffel, Emilio Lèbre La Rovere. "The Quest for Eco – social Efficiency in Biofuels Production in Brazil." *Journal of Cleaner Production*, 2010 (16): 1663 – 1670.

比广阔。不同文化生态区之间的权责落实和利益分享，都必须在普遍的信息服务和系统分析的基础上，去确保不同文化生态的公平与公正，为可持续发展提供制度保障。这将标志着生态文明的节约观，与时下所理解的节约能源、节约资源具有本质性的差异。时下所理解的节约仅是与此前的利用水平做比较，而不是立足于对自然与生态属性的精准把握。用这样的节约观，去理解生态文明的资源观肯定会导致缘木求鱼式的偏颇和曲解，就这个意义上说，生态文明建设肯定要做好一个关键性的制度保障，那就是现有不同民族文化生态实体都需要做精准地系统研究，并形成庞大的信息库藏，才能支撑生态文明在目前已有的各种文明的基础之上，实现文化跃迁。应当看到当前正在从事的生态文明建设在这一问题上显然需要补课，生态人类学在这一领域需要发挥更直接的作用。

总而言之，生态文明建设的理论与实践必然是一个探索的过程，也是一个文化的跃迁过程，而这样的过程与此前所倡导的"信息时代""后工业时代"可以相互兼容，却更具综合性和普适性。

六　生态文明植根于具体文化生态整合之上

由于生态文明是人类社会发展进程中一种全新的文明形态，因而，此前已有各种文明形态的精华，特别是与自然和生态系统互动中积累起来的经验和教训，都将成为需要传承和利用的精神财富。就这个意义上说，如果没有对特定生态区各民族文化生态的精深研究和凝练总结，生态文明就无从产生，具体的生态建设路径也无从谈起。对此，西方学者已做出了众多富有成效的探讨①②，不足之处仅在于其术语的使用亟待规范。我国学人也展开了相应的研究，其长处在于术语的使用与生态人类学的传统术语较为相似。但这一切都不会妨碍我们对生态文明与具体文化生态实体关联性的认识。但若能将研究的力量相对集中于对关键的生态功能区，去展开富

---

① Patrik Krebs, Nikos Koutsias, "Marco Conedera. Modelling the Eco - cultural Niche of Giant Chestnut Trees: New Insights into Land Use History in Southern Switzerland Through Distribution Analysis of a Living Heritage." *Journal of Historical Geography*, 2012 (4): 372 – 386.

② William E. Banks, Nicolas Antunes, Solange Rigaud, Francesco d'Errico. "Ecological Constraints on the First Prehistoric Farmers in Europe." *Journal of Archaeological Science*, 2013 (6): 2746 – 2753.

于协作的各民族文化生态探讨，必将为相关地区的生态文明建设奠定基础。而其中最需要避免的偏颇，恰好在于必须坚持"文化相对观"，不能全凭习惯或思维方式所左右，而一味地从工业文明视角去认识异种文化生态，才能避免陷入"唯技术论"的泥潭。

总之，生态文明建设与具体的民族文化生态实体，其间存在着明显的区别，也存在着多层次、多渠道的内在联系。澄清其间的区别与联系，生态文明的实质和生态文明建设的途径选择才能落到实处，成为国家政策可以付诸实践的认识基础和行动指南。

中国穆斯林生态自然观研究

丁文广[*] 禹怀亮

一 引言

随着人类对环境问题的日益关注和清醒认识，全球性与环境相关的大会与日俱增。例如，1974 年在布加勒斯特召开了世界人口会议，同年在罗马召开世界粮食大会。1977 年在马德普拉塔召开世界气候会议，在斯德哥尔摩召开资源、环境、人口和发展相互关系学术讨论会。1980 年 3 月 5 日国际自然及自然资源保护联合会在许多国家的首都同时公布了《世界自然资源保护大纲》，呼吁各国保护生物资源。2009 年 12 月、2010 年 12 月及 2011 年 12 月连续三年分别在丹麦首都哥本哈根、墨西哥坎昆和南非德班举行的世界气候大会，将环境问题推到空前的高度！人类对环境问题的认识不仅仅局限于科学和技术领域，而且涉及社会、政治、经济、科学、技术、文化、外交等各个领域。虽然到目前为止，世界气候大会未获得有约束力协议，但人类拯救地球的行动并未停止，中国和其他发展中国家争取发展权的努力还在继续。可以说，当今的环境问题已演变为世界上一个重大的社会、政治、经济、技术和外交问题。

党的十八大把生态文明建设放在突出位置，并纳入建设中国特色社会主义"五位一体"的总体布局之中。十八大报告明确指出："融入经济建设、政治建设、文化建设、社会建设各方面和全过程，努力建设美丽中国，实现中华民族永续发展①。"生态文明建设的内涵既深刻揭示了五大建设之间的辩证关系，又将生态文明提升到历史的新高度，为中国推进生态

---

* 丁文广，兰州大学资源环境学院教授、博导，主要研究方向为环境社会学。本研究得到国家社科基金后期资助项目的资助（13FSH002）。

① 解振华：《深入学习贯彻党的"十八大"精神　加快落实生态文明建设战略部署》，《中国科学院院刊》2013 年第 28（2）期：第 132～138 页。

文明、落实"以人为本、全面协调可持续的发展观"、实现发展与环境双赢奠定了坚实的理论和政治基础。

十八大关于生态文明建设，体现了如下精神。第一，凸显了生态基础。十八大报告指出："良好生态环境是人和社会可持续发展的根本基础"。第二，正确论述了人与自然、发展与资源环境关系这一长期未能解决好的重大问题。十八大报告指出："必须树立尊重自然、顺应自然、保护自然的生态文明理念"，"坚持节约优先、保护优先、自然恢复为主的方针"。第三，精辟地论证了中国未来的发展方式。十八大报告强调："着力推进绿色发展、循环发展、低碳发展，形成节约资源和保护环境的空间格局、产业结构、生产方式、生活方式"，这一论述为中国今后的发展道路指明了方向。第四，及时论述了自然恢复的观点。十八大报告指出，对自然生态要实行"自然恢复为主"、"给自然留下更多修复空间"的方针。第五，为生态文明建设确立了制度保障。十八大报告突出强调加强生态文明制度建设，例如，要把资源消耗、环境损害、生态效益纳入经济社会评价体系，建立体现生态文明要求的目标体系、考核办法、奖惩机制；建立国土空间开发保护制度，完善最严格的耕地保护制度、水资源管理制度、环境保护制度；深化资源性产品价格和税费改革，建立反映市场供求和资源稀缺程度、体现生态价值和代际补偿的资源有偿使用制度与生态补偿制度等。

因此，在今后较长的时期内，生态文明建设将是中国的一项重大任务，同时也是一项重大研究课题，更是中国56个民族的共同使命！

中国是一个多民族、多元文化的国度，不乏优秀的传统环保文化。从古至今、从南到北，都可以找到环保文化的杰出案例。中华民族的儒教和道教文化就孕育了"天人合一"的环保思想；北方的蒙古族、藏族、哈萨克族、裕固族等游牧民族创造了人类与自然和谐的草原环保理念，形成了人与自然和谐发展的生活方式；南方的侗族、苗族等少数民族对树木的"崇拜"保护了无数的原始森林，为应对气候变化做出了不可估量的贡献；中国穆斯林包括十个具有伊斯兰文化背景的少数民族，他们是回族、维吾尔族、哈萨克族、柯尔克孜族、乌孜别克族、塔塔尔族、塔吉克族、东乡族、撒拉族和保安族，具有千年的环保文化，孕育了与现代环保理念非常吻合的生态自然观①。

---

① 姜爱：《近10年中国少数民族传统生态文化研究述评》，《北方民族大学学报（哲学社会科学版）》2012年第4期，第109~114页。

　　中华民族的传统环保文化比西方的环保思想的提出要早几个世纪之久。史料表明，西方对环境问题的早期关注始于 13 世纪英国爱德华一世时期，当时有对排放煤炭"有害的气味"提出抗议的记载。1661 年英国人 J. 伊夫林写了《驱逐烟气》一书献给英王查理二世，指出空气污染的危害，提出一些防治对策。

　　然而，早在 7 世纪（公元 610～632 年）期间，《古兰经》就在不同章节里论述了人类与自然的关系，从土地资源保护、植物保护、动物保护、水资源保护、大气保护等各个方面提出了人类必须善待自然的法则，并论述了宇宙观和环境观，为规范人类与自然的关系提供了有史以来最为经典的法则，这比西方世界关注环境问题要早 6 个多世纪！

　　让我们列举几个伊斯兰传统环保文化中的生态自然观与读者共同分享吧。人类只是管理自然界的"代治者"——"他使你们为大地上的代治者；"（35：39）"我必定在大地上设置一个代理人；"（2：30）；"你们应当吃、应当喝，但不要浪费，真主确实不喜欢浪费者"（7：31）；"任何人植一树，精心保护使其成长、结果实，必将在后世受到真主的恩惠"（圣训）；"善者必不损一蚂蚁"（圣训）；"信道的人们啊！你们在受戒期间，或在禁地境内，不要宰杀所获的飞禽走兽。你们中谁故意宰杀，谁应以相当的牲畜赎罪。那只牲畜，须经你们中的两个公正人加以审定后，送到克尔白去作供物，或纳罚金，即施舍（几个）贫民一日的口粮；或代以相当的斋戒，以便他尝试犯戒的恶果。真主已恕饶以往的罪。再犯的人，真主将惩罚他"；"在大地上行走的兽类和用双翼飞翔的鸟类，都跟你们（人类）一样（强调动物与人类具有平等的权利）"；"（假如）末日到，而你们中有人手里还拿着一棵幼苗。只要他能站起来栽树，就让他栽上"；"只要有穆斯林栽一根树苗，或种一根禾苗，让鸟或人或动物去吃，每一根苗就是他的布施"；"它的圣神是在他复活之前真主所赋予它的，长得很大的树不应该砍伐，它的游戏规则不应该受到干扰，丢失的物体只有在有人告知他时才应该捡起，刚长出的牧草不应该割除"；"把水供给口渴的人，把知识授予愚昧的人"；"任何把剩余的水拒绝让其他人使用的行为都是对抗真主和欺压人民的罪过"（人类有平等使用水的权利）……这些生态自然观强调人类只是"代治者"的角色，要善待一切动植物，保护生态系统的平衡及生物多样性法则，否则，人类必将受到自然的严厉处罚。

　　然而，这些规范人类与自然关系的传统环保法则，由于各种原因，正濒临消失的危险。据笔者调查，生活在牧区的游牧民族，如哈萨克、乌兹别克等具有伊斯兰文化背景的少数民族仍然能够保留相当多的传统环保文化，但在某些具有伊斯兰文化背景的少数民族群体中，高达95%以上的人已经对这些优秀的环保文化毫不知情了！只有少量的知识分子及宗教人士成为这种即将消失的环保文化的传承者，传承优秀的少数民族传统环保文化已经到了刻不容缓的地步！

　　因此，系统整理和调研中国具有伊斯兰文化背景的10个穆斯林民族的生态自然观，倡导少数民族应用传统环保文化实施环保战略，对于推动生态文明建设、提高少数民族环保意识及环保非物质文化遗产的传承具有举足轻重的战略意义。

二　研究方法及研究区域

　　本文主要采用了环境社会学和人类社会学的跨学科研究方法，包括田野调研、访谈、历史大事记、二手资料收集分析等。

　　中国穆斯林人口为2032万（2014年统计数据），全国各省、自治区、直辖市都有，但主要分布于西部省份，包括新疆维吾尔自治区、甘肃省、青海省、宁夏回族自治区、陕西省和云南省等，各省份穆斯林人口数如表1所示。本研究区域主要包括西北五省（区），即甘肃省、青海省、宁夏回族自治区、陕西省和新疆维吾尔自治区。

表 1　中国各地区穆斯林人口数①

地　名	穆斯林人口数（万人）	占当地总人口（%）
新　疆	1070.6	57.99
宁　夏	186.5	33.99
甘　肃	166.9	6.64
青　海	84.4	17.51
陕　西	14.1	0.4

---

　　① 资料来源于中国民族宗教网。

三　结果与讨论

本文在田野调研、问卷、访谈的基础上，得出以下研究结果。

（一）伊斯兰文化的生态自然观

伊斯兰文化中的生态自然观集中体现了人类是真主（安拉）的代治者角色，人类有义务治理好地球生态系统，并维持地球生态系统的可持续发展。作为代治者，人类与自然要达成和谐，需要遵循如下生态自然观。

1. 合理开发利用资源

伊斯兰文化强调爱护自然，在保持与自然界和谐平衡关系的前提下，主张根据自然的本质和规律，对自然界进行合理开发利用，从而造福人类。伊斯兰文化认为，人类是真主在地球上的代治者，因此人类可以治理大地、保护大地，而不是让人类以其肆无忌惮的乱砍滥伐、过度开发等手段来毁灭人类的家园。伊斯兰文化还强调人类应该有节制地利用自然，而不能肆意掠夺；人类应该在一定程度上尊重自然，爱护自然。一方面，自然生态环境及其地位、价值与功能都是真主赋予的；另一方面，真主总是对自然生态环境做善意的驱使和利用，自然生态环境会对行善事者作好报、行恶事者作恶报。

2. 生物享有与人类平等的权利

伊斯兰文化非常注重人类与自然之间的和谐，认为人们应该保护自然资源和各种生物，主张人类不仅要相互仁爱，而且要爱万物，主张人不仅要改造自然，遵循自然的发展规律，而且要保护自然。《古兰经》和"圣训"倡导人们要对一切自然之物存有仁爱之心，禁止人们无故宰杀幼畜、砍伐幼苗，这些理念对保护动物的繁衍与生存具有极为重要的作用。同时，伊斯兰文化还教导人们要珍惜土地和土地上的一草一木，因为"在主那里，万物是各有定量的"。人类作为"代治者"的角色，要树立与生物平等的观念，善待动物、植物等地球上的一切生物资源，这是伊斯兰生态文明的精髓。

3. 节约资源，适度消费

伊斯兰文化视浪费为犯罪，要求对资源的消费要有节制，禁止浪费。

《古兰经》说："你们应当吃、应当喝，但不要浪费，真主确实不喜欢浪费者。"伊斯兰消费观是建立在其价值观基础之上的，基本的道德要求是适度、正当。伊斯兰文明极力提倡合理分配，适度消费，人们有权消费，无权浪费。不过度消费是伊斯兰伦理的真实写照。为了培育穆斯林节约资源、适度消费的行为，斋戒发挥了重要作用。

4. 非人类中心主义

在人类与自然和谐统一的关系问题中，伊斯兰文化主张人类与自然环境相互依赖、相互影响，是辩证统一的关系。坚决反对"人类中心论"的观点。伊斯兰文化的"非人类中心主义"的环境观，强调人类与自然和谐、人类与生物平等，人类在保护自然资源的基础上合理适度地利用自然资源，既不是"人类中心主义"，也不是"环境中心主义"，这与我国正在推进的生态文明建设具有高度的一致性。

5. 人类与自然是统一整体

伊斯兰教认为，宇宙万物是一个整体，真主是万物的创造者，他"创造了大地上的一切事物"。日月星辰、山川、海洋、森林、动植物等构成了一个协调有序、相互依存、生机盎然的统一整体。在这个统一的和谐系统中，自然万物都有自己存在的价值，因此，自然界众生平等共存，是真主造化的和谐统一体。伊斯兰教将自然万物看成人一样的生命存在，要求人类爱护一切有生命的物质。

（二）中国穆斯林的生态自然观

中国穆斯林的生态自然观是以伊斯兰文化的生态自然观为基础，以中国十个穆斯林民族为载体，结合当地的自然地理状况和生产生活方式，所形成的具有民族特色的生态自然观。

1. 中国古典伊斯兰文化论著体现的生态自然观

中国伊斯兰文化古典论著中具有代表性的著作包括《天方典礼》（刘智著，马宝光、马子强译）、《天方至圣实录》（刘智著）、《正教真诠》（王岱舆著）、《大化总归》（马复初著）、《正教真诠清真大学希真正答》（王岱舆原著，余振贵、铁大钧译注，刘景隆审订）、《清真释疑》（金天柱著，海正忠点校、译注）等。这些著作中涉及植物保护、动物保护、节水文化、适度消费和资源的节制利用及中国穆斯林的饮食禁忌等习惯法，这些生态观、环境伦理思想及习惯法与当今倡导的资源循环利用、环境保护和生态文明建设具有高度的一致性。

2. 中国十个穆斯林民族生态自然观及其异同性

中国十个穆斯林民族从事农业、牧业、半农半牧业或以农牧业为主兼营工商业，其生活的地理环境广阔，族源多样化。但其生态自然观除了本民族传承的生态自然观之外，主要受《古兰经》和"圣训"中生态自然观的影响。

十个穆斯林民族的生态自然观的共性主要表现在：共同的宗教信仰孕育了共同的生态自然观，源于《古兰经》和"圣训"的生态自然观指导其生活和生产实践，清真寺和阿訇是传承生态自然观的主要载体，朴素的生态情结推动了生态自然观在家庭和社区的实践。

十个穆斯林民族的生态自然观的差异性主要表现在：族源不同导致各民族生态自然观存在差异，生产生活方式的差异，传承方式的差异，原始宗教对生态自然观传承的影响，十个穆斯林民族所特有的生态自然观等。十个穆斯林民族在生态自然观传承方面的整体差异比较显著，具体体现为牧区＞半农半牧区＞农区，并且外来文化对本民族生态自然观的传承具有负面影响，受到负面影响的程度依次为农区＞半农半牧区＞牧区。

3. 中国穆斯林生态自然观的传承特点

以伊斯兰文化为背景的少数民族传统文化中的生态自然，由于穆斯林民族居住地区的差异、生产生活方式的差异、文化层次的差异以及年龄的差异，穆斯林民族在生态自然观的继承和传播方面呈现出一定的差异性，中国穆斯林的生态自然观的传承具有如下特点。

（1）年龄与生态自然观的传承具有显著的正相关。老年人的生态自然观明显好于年轻人。60 岁以上的老年人对《古兰经》和"圣训"中的环保内容了解得比较多，其次为中年人，再次为青年人。年轻人的思想由于受到多元文化的冲击，特别是由于缺乏传统文化教育的途径和机会而发生了蜕变。

（2）穆斯林聚居区与散居区的生态自然观具有显著的差异。在十个少数民族聚居的区域，传统生态自然观保存得比较完善，少数民族散居区及城市边缘区域，传统生态自然观受到严重的冲击。

（3）生态自然观的传承与自然地理区位具有显著的相关性。生活在现代都市生活圈的群体的生态自然观明显不如偏远地区。传统生态自然观传承与应用比较好的区域依次为牧区＞半农半牧区＞农区。

（4）生态自然观的传承具有显著的群体差异。阿訇、满拉、知识分子和部分干部的传统生态自然观明显高于普通民众。

从研究结果可以看出，中国穆斯林生态自然观是中华民族"天人合一"思想的重要组成部分。

中华民族在环保方面的哲学思想精髓为"天人合一"。其主要观点是"天道"和"人道"、"自然"和"人为"的相通、相类和统一的观点。最早由战国时期的子思、孟子提出，人与天相通，人的善性天赋，尽心知性便能知天；庄子认为"天地与我而生，而万物与我为一"；西汉董仲舒强调："天人之际，合而为一"；明清之际王夫之说"惟其理本一原，故人心即天"。天人合一各说，力图追索天与人的相通之处，以求天人协调、和谐与一致，是中国古代环境哲学思想的精髓。

中国穆斯林生态自然观与中国古代的"天人合一"哲学思想具有一脉相承性，具体体现如下。

（1）中国穆斯林的生态自然观源于伊斯兰生态自然观，强调人类是真主的代治者角色，其生态自然观的核心为合理开发利用资源，生物享有与人类平等的权利，节约资源、适度消费，非人类中心主义及人类与自然是统一整体。

（2）各民族的传统生态自然观和文化多样性是促进生物多样性保护和发展的重要途径，是现代科学技术和政策无法取代的重要因素。因为，文化多样性是全人类的共同财富。促进文化多样性的发展、保护人类物质文化遗产和非物质文化遗产，不仅是人类社会可持续发展的需求，而且是建立世界和谐秩序、推动人类与自然和谐发展的文化基石。人类对自然环境的漫长适应过程导致人类文化具有或多或少的生态自然观。秉承这种生态自然观的民族，无疑保留了非常有价值的生态文化，而摒弃了生态自然观的民族，则容易选择人类与自然不和谐的发展途径，最终导致生态灾难。即使在信息时代和经济全球化的背景下，人类的生活方式出现了史无前例的类同趋向，但人类文化的多样性基因不容改变。

（3）将对人类影响了几千年的传统文化作为载体，以植根于传统文化中的人类是真主的代治者的宗教文化及穆斯林多元化生态自然观作为重新塑造西部穆斯林群体的生态理念和环保行为的要素，无疑是环境保护、生态文明建设不可或缺的非制度因素。因为穆斯林的生态自然观能够对社会经济发展、环境秩序和人文关系进行强有力的规范和调节。人类社会学家和环保专家均从不同层面提出要用环境伦理学树立人类道德的社会观。而中国穆斯林的生态自然观无疑是环境伦理学的重要组成部分，对构建人类与自然和谐的可持续发展观具有重要的启示和借鉴作用，为构建新型的环境发展观提供了重要的启示和参考。

（4）历史学家怀特说，再多的科技也无法解除目前的生态危机，除非我们找到个新宗教，或重新审视我们原来的宗教。新制度经济学代表人物、诺贝尔经济学奖得主道格拉斯·诺斯表达了与历史学家怀特类似的观点：行为由制度决定，而制度又由正式约束与非正式约束共同构成，其中，正式约束是国家的宪法法律等，而非正式约束是指一个国家的宗教、文化、传统、习俗等方面。尽管正式约束非常重要，但决定制度特征更主要的是非正式约束。可见，在全球化的时代，传统文化及宗教文化在解决生态危机方面仍然具有不可替代的强大生命力。

总之，中国西部穆斯林生存的地区面临着类似的环境问题、相同的社区结构及文化基础，应用传统的穆斯林生态自然观推动环保无疑具有强大的生命力。因此，传统环保文化对于推动人口只占中国人口8.5%、但国土面积高达46%的少数民族区域的环境保护意义重大。当环保上升到信仰的高度的时候，环保将无须外部力量的推动。

虽然中国穆斯林生态自然观的传承因受主流化、现行的教育体制、传统社区结构的改变、人口迁移等因素的影响而受到空前的挑战，但传承这些宝贵的生态自然观仍然有对策可循。建议采取如下对策：

（1）在中小学设立环境教育课程，并在十个少数民族聚居区将穆斯林生态自然观纳入环境教育课程的内容；

（2）开发适合中国穆斯林的环境教育手册，对这些少数民族通过夜校、阿訇讲"沃尔兹"等方式进行环境教育；

（3）将穆斯林的生态自然观纳入经学院、清真寺和民族幼儿园的教学内容；

（4）对阿訇进行生态自然观培训，将阿訇作为"培训者"，让接受传统伊斯兰生态自然观教育的阿訇对穆斯林群体进行环保教育；

（5）将伊斯兰文化中的传统生态自然观作为我国生态文明体系建设的重要组成部分加以研究、整理、开发和倡导。

四 结论

中国穆斯林生态自然观的核心为人类是真主的代治者，具体体现为合理开发利用资源，生物享有与人类平等的权利，节约资源、适度消费，非人类中心主义及人类与自然是统一整体。信仰伊斯兰教的中国十个穆斯林民族在水资源保护、动物保护、植物保护、土地资源保护、禁止有毒有害物质等方面具有非常好的传统生态自然观。但随着社会经济的发展，以伊斯兰文化为背景的少数民族传统文化中的生态自然观的传承受到空前的挑战，而且濒临消失的危险，导致穆斯林社区在生产生活中传统的生态自然观与实践结合的行为正在逐渐消逝，更谈不上生态自然观对环境问题的改善。因此，系统地研究并传承中国穆斯林的生态自然观对我国的环保事业以及穆斯林生态文化的保护具有十分重要的意义。

参考文献

从恩霖：《伊斯兰教的自然生态观初探——兼谈穆斯林应树立正确的自然生态道德意识》，《中国穆斯林》1999 年第 3 期，第 18～20 页。

李存界：《〈古兰经〉和圣训中提到的生态问题》，《中国穆斯林》2003 年第 1 期，第 20～21 页。

韩积斌：《伊斯兰文化与环境保护》，《中国穆斯林》2009 年第 3 期，第 9～31 页。

以能力建构为导向的脱贫创新策略

萧琮琦*

一 传统济贫服务的失灵

对贫穷问题的重视，是当代众多进步社会中共同关注的议题。贫穷问题的存在，对社会的融合带来沉重的负担，对个人与家庭则造成生活的困窘与不便，因之产生社会资源分配不均，间接造就如犯罪等社会问题的丛生。为此，对抗贫穷的计划，便成为国家治理政权不可或缺的政策考量，也是许多第三部门作为组织运作的优先目标。

台湾的社会脉络发展过程中，对抗贫穷的努力，一直是政府重视的优先议题，同时也是民间社会福利组织最常见的服务内涵。长久以来，最具普遍性的抗贫方案不外乎经济补助、物资提供等等以爱心为基础的服务递送。此类服务通常以民间慈善会、信仰组织为主要供给者；除了上述技术门槛较低的救助模式外，民间社工协会与基金会，于救助过程中进一步提供社工专业的服务。例如笔者任职的台湾家扶基金会，从1950年代开始就提倡的"儿童认养"济贫服务，在当时的社会福利方案中可谓崭新的服务模式，一对一认养的设计稳定了社会资源的投注，其所配置的专业社会工作方法的实践，长久以来有效陪伴为数众多的贫穷儿童及家庭度过艰难的岁月，逐渐走向家庭经济自立之路。

随着时间的演变，社会救助政策不断推陈出新，至今依然无法根绝贫

* 萧琮琦，台湾儿童暨家庭扶助基金会处长，台湾暨南国际大学人文学院兼任助理教授，台湾朝阳科技大学社会工作学系兼任助理教授，台湾亚洲大学社会工作学系兼任助理教授，上海师范大学社会学系外聘教授，台湾社会工作专业人员国际交流协会理事长，台湾社会工作专业人员协会副理事长，台湾暨南大学社会政策与社会工作学系博士。

穷的问题，各国仍有许多民众生活在贫穷线之下。近年来，随着贫穷问题被探索及贫穷测量标准广泛被专家学者讨论，许多研究开始发现贫穷并非仅是停留在一个时间点上的静态现象，"贫穷"是一个动态的过程。若贫穷是指个人或家户经济资源无法满足需求，则家户经济需求和社会资源会因时间的演变而产生变化，所以贫穷的状态也会因此改变（陈正峰，1998；苏淑贞，1997）。

此外，近年来女性单亲家庭的增加，也造成低收入户人口组合的"贫穷女性化"（the feminization of poverty）趋势（吕朝贤，1995；张清富，1995）。随着台湾就业市场与劳力需求结构的改变，有工作能力者，特别是从事劳力工作的蓝领阶层者，也不能保证其生活不落入贫穷的境况（廖伟君，1992）。而国外研究（Cheal，1996）亦说明贫穷人口的转变趋势，有别于传统的贫穷人口，这些落入社会救助行列的女性单亲家庭、青年、中高龄失业人数，乃至没有失业却依然贫穷的"工作中的穷人"（working poor），形成所谓的"新贫"阶级（new poverty）。尤有甚者，台湾一项由民间组织完成的贫穷趋势调查结果显示，接受研究的贫穷家户样本中，竟然有高达19.13%正处于"贫穷循环"，这些弱势家庭的子女有严重的教育与社会排斥现象，未来恐有难以脱贫甚至"世代贫穷"的危机。

二 曙光乍现的脱贫新思维

贫穷的存在一直是社会问题的根源之一，其对社会的融合带来沉重的负担，对个人与家庭则造成生活的困窘与不便，因之产生社会资源分配不均，间接造就如犯罪等社会问题的丛生。为此，发展"对抗贫穷"的计划，便成为国家治理议题中不可或缺的政策考量，也是众多第三部门设计组织运作的优先目标。

美国学者 Michael Sherraden 于 1991 年提出一项崭新的计划，称为"资产累积福利理论"，这项计划一经提出，立即获得美国政府的肯定，并采用为法定之脱贫政策，立法开始在美国多州积极推动"美国梦计划"（American Dream Demonstration）。方案的新颖内涵以及成效为众所瞩目，欧美许多国家开始起而效尤，亚洲地区也有新加坡、韩国、中国香港等地仿效。中国台湾则由留美学者引进，开始于台北市政府、高雄市政府等公部门推出实验计划，也都获致良好的初步成果。这项崭新的脱贫计划主要的福利模式为"资产累积",因推行过程需雄厚的资金作为方案执行的后援,民间社福组织受限于经济来源,虽向往之却无力推动,台湾家扶基金会因获商业银行的专案经费支持,从 2005 年开始推出"脱贫能力建构服务方案",针对经济弱势正接受扶助之学前儿童、大专青年,以及单亲家长,分别设计了"幼儿启蒙方案"、"青年自立钓竿方案"及"家长生活发展账户方案"三项子方案,提供更为完善的服务,开始启动资产累积模式的脱贫新模式。

相对于当代的社会救助方式,以及该基金会长期以来的贫穷服务模式,例如:以现金扶助的认养制度、举办育乐活动以增进儿童社会参与等等,"脱贫能力建构服务方案"可视为家扶基金会对于摆脱贫穷服务的全新尝试,而家扶基金会推行"脱贫能力建构服务方案"以来,其间也参考了各国"资产累积方案"之操作策略,并透过各县分事务所试办,以评估、修正方案模式,融合地方文化、台湾家庭型态及贫穷成因,渐进修正为贴近于台湾贫穷型态的操作模式。第一期的五年实验方案推动过程中,家扶基金会积极投入专业社会工作人力,并整合当前社会福利资源,于方案执行过程定期举办分区座谈,借以调整方案之执行模式,对于"脱贫能力建构服务方案"做一整体且完整的检视与探讨。

三 以资产累积为方法的脱贫模式相关论述

关于"资产"的意义与分类各家说法皆不相同,但现今多采 Pablo Farias and Melvin Oliver、Search Institute 及 Michael Sherraden 等以"资产"为论述的主张,此三大资产观点的论述重点如下。

(一) Pablo Farias and Melvin Oliver 的资产观点

Farias & Oliver (2003) 认为的资产内涵包括:经济资产、社会资产、人力资本、自然资源。经济资产被认定为财产,动产及不动产;社会资产被认定为社会慈善组织、公益组织、社区志愿服务团体或是规划良善的政策制度;人力资本是个人能力或技术、自我认知;自然资源则为土地、水、森林资源、风力。

Farias & Oliver 认为资产不仅指涉财富,也同时涵盖了主导财富或资源分配的机制及规则。Farias & Oliver 亦主张唯有让贫穷或资源缺乏的人获得资产、保有资产、控制资产、运用资产，并且累积资产，才能让贫穷及资源缺乏的社区获得生活品质长久的改善。他们认为，以资产累积为基础的服务模式，可以激发每个人内在发展自我的技术及能力，也激发出每个人想过更好生活的渴望。Farias & Oliver 对于资产累积的看法，为资产累积方案规划出概念的大蓝图，但在如何落实资产累积方面，未有积极的论述。

(二) 美国研究协会的资产观点

美国研究协会（Search Institute），为一独立、非营利、非宗教的组织，机构认为儿童就是社会的珍宝，不论他们的种族、宗教、文化、性别、能力、社经背景。该组织的中心工作为保护青少年的健康成长，并强调社区、团体以及个人在此所扮演的角色。机构的任务在于提供领导力、知识、资源以提升儿童、青年及社区的健康。

美国研究协会最为人所知的工作是 40 种发展资产计划（40 Developmental Assets），其中涵盖了：正向的经验、人际关系、机会与个人特质等等。此架构创始于 1990 年，且依据全美超过 200 万 6 年级到 12 年级学生的调查研究显示，具备这些资产的青少年较可能做有益健康的选择，并且避免高风险的行为。

美国研究协会把资产分类为外部资产及内部资产。外部资产意指人由外界接收的正向经验，包括支持、充权、界限及正向期望，以及有计划、积极的时间运用，家庭、学校、社区、邻居、组织都能协助人累积外部资产。内部资产意指影响个人成长的个性、特质、行为，包括正向的价值观、积极的自我认同感、社会能力、学习力、技术、自我认知、关系、资源、机会、个性等一切人生命中需要的东西。美国研究协会强调资产依生命周期的发展进程，资产在每个生命阶段具有不同程度的重要性，因此落实资产累积时，应考量生命周期之演进，而有不同方案之规划、设计。

(三) Michael Sherraden 的资产累积福利理论

Sherraden（1991）认为资产（assets）可分为有形资产与无形资产两种。有形资产（tangible assets）指的是个人可以具体拥有或持有的财物。包括如下。

(1) 金融性资产（financial assets）：现金存款、有价证券、公共债券、保险金等。

（2）实质性资产（physical assets）：房地产、珠宝、企业资本、汽机车、生产设备（机械和设备）、家庭中可增加效率的工具（洗衣机、电锅和冰箱）。

无形资产（intangible assets）指的是个人不能具体持有的物品，却是个人拥有并具有价值的特殊品质（quality），包括如下。

（1）信用资产（access to credits）：享有信贷，有使用信贷所得的收入，而货币借贷意谓信用的产生，某种程度借贷者必须也具备有其信用，其信用的来源与借贷者的财产有其相关性。

（2）人力资本（human capital）：智力、教育背景、工作经验、知识、技能和健康，也可能包括精力、眼光、期待和想象力。

（3）社会支持网络（social support networks）：表现形式有家庭、朋友、关系和联系，收益形式包括有形支持、情感支持、讯息和易于得到就业、信贷、住房或其他类型的资产。

（4）文化资本（cultural capital）：知晓和执行主流群体价值和行为的能力。如：有关重要文化主体与暗示的知识、应付社会情境与正式官僚的能力，其中包含腔调、衣着、嗜好，及一切为集体可接受并借此得到报酬的相关活动，也就是符合主流文化的价值与标准。

（5）政治资本（political capital）：表现形式为参与、权利和影响，如透过政治的参与争取自己的权益。

有形资产本身具有市场交易的价格，可直接换取现金或消费，也可以继续持有而衍生更多的投资报酬；无形资产虽不具市场交易的价格，但在长期的累积与投资下，可以产生市场交易形式的实质价值（Sherraden，1991）。

Sherraden 认为资产类型会随着时间而有所变化，因为不同的资产类型会相互流动。然而，即使 Sherraden 列出的资产类型极多，但他表示考量到资产形成政策理论设定须与传统经济学相容，且社会行政实务亦须具备可行性，因此，他把资产界定为有形的，并且主要是指现金存款、金融证券等金融性的资产。

"社会福利"（social welfare）一词指的常是家户的"收入所得"，指的是家户经济资源的流向（flow），直接反映家户当时的消费能力与生活水

准，"收入所得"的流向越稳定、来源越确定，家户的生活水准越能保证，而经济困乏的家户就是消费资源的不充足和不稳定。但是，Sherraden 认为一个家庭的经济来源相当多元化，收入只是其中的一项，许多富有家户经常运用的经济资源常是长期所持有累积的财富，就是经过一段时间的储蓄、投资与累积而形成的资产（assets），例如房地产、有价证券、储蓄账户、商业投资等，而具有特定目的的资产更是家户用来支付未来某时刻所需的经济资源，是一种"延后消费"（deferred consumption）的概念。因此，Sherraden 认为在定义"社会福利"概念时，若只强调家户的收入及消费的水准高低是不完整的，在定义家户的经济福祉指标上应该加入"资产累积"的元素（Sherraden，1991）。

为了让大家更了解他的概念，Sherraden 绘制出两种模型图：以"收入维持"为基础的福利模型，及以"资产累积"为基础的福利模型，以此显示两种模型图在提升消费水准上的不同效果。

1. 以"收入"为基础的福利模型

Sherraden（1991）认为，以"收入"为基础的社会救助政策，穷人主要的三种支持来源即：就业、家庭和政府。在任何一种情况下，财务支持形式只是收入（如图1），因为穷人多从事低报酬、不稳定且福利低或没有附加福利的工作，家庭对经济弱势者提供的是非金钱上的支持，而政府提供的福利资源对于穷人来说主要是作为收入来源的支持，因此，穷人便以收入来维持最低的生活所需。由长期的福利效果来看，由于低收入水准导致低消费水准，因此，以"收入"为基础的福利模型无法积极协助穷人脱离贫穷。

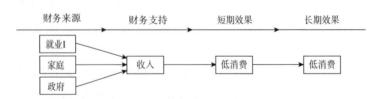

图 1 穷人的福利模型：只有收入

资料来源：Sherraden，1991，p. 179。

2. 以"资产累积"为基础的福利模型

Sherraden（1991）认为家庭所累积的资产包括来自亲人世代的移转、家人的投资及家人的工作所得，皆需经过一段时间的累积，当家庭遭遇危机或困境时，资产可成为救急或缓冲危难的主要支持来源，有助于家庭长期的经济稳定性。因此，Sherraden 提出以"资产累积"为基础的福利模型和以"收入"为基础的福利模型的差别即在于，来自政府资源的资产将成为一种财务支持形式，以建立一种资产累积的结构，一部分的政府福利资源将转换为资产的形式，而非收入的形式（如图 2）。透过"收入"加"资产"的协助，短期来说，虽然此模型仍产生同样的低消费，也只累积少量资产；但由长期来看，此模型经由资产的累积而产生较高的资产，如将其转换成所得，便产生较高的消费水准。

依据 Sherraden 的观点来看，收入所得和资产的分野在于其是否为"立即支用"的性质，由于所得是可立即支用的，容易被消费殆尽，这也是穷人在取得收入所得之后，较少有机会将其储存转为资产的原因；相反地，越受限制及越趋稳定性的资产则容易储存与持有，这亦是 Sherraden 倡导以资产累积协助穷人增加脱贫机会的原因。

Michael Sherraden 的资产累积理论比较强调金融性财产的积累，家扶基金会参考其概念设计之服务方案，并参考 American Dream Demonstration 的执行经验，作为发展脱贫方案的理论基础。

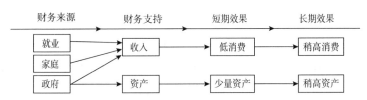

图 2　穷人的福利模型方案：收入加资产

资料来源：Sherraden，1991，p. 180。

四　脱贫能力建构服务方案

家扶基金会"脱贫能力建构服务方案"的主要服务对象，为家扶基金会扶助的经济弱势家庭及其子女，分别针对学龄前儿童、大专青年及就业状况不稳定之家长及其子女提供"幼儿启蒙方案"、"青年自立钓竿方案"及"家长（庭）生活发展账户方案"。

"幼儿启蒙方案"针对所扶助家庭中之满四岁以上之幼儿，若接受政府社会救助措施补助后，家庭仍无力支付家中幼童接受幼稚教育，或在支

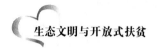

付幼托教育费用时有沉重负担者。"幼儿启蒙方案"为协助经济弱势家庭的幼儿能够顺利接受学龄前教育，使之不会错过3到6岁学习成长的黄金关键期，能够在同一起跑线起跑，避免落入贫穷循环，并提供家长亲职教育课程，提升家庭亲子关系。

"青年自立钓竿方案"则针对该基金会扶助中的弱势在学大专青年而设计。"青年自立钓竿计划"系以"增权"观点，发展大专青年脱贫策略，并借由课程之参与、回馈服务之提供，以及生涯发展账户之管理，使大专青年提早做好就业准备，增强社会生活之技巧与知能，及提升在就业市场之竞争力。

"家长生活发展账户方案"是为家扶基金会正扶助中的家长需求而设计。以"增权"观点，强调以责任为基础之权利概念，引导受助者重建自尊与自信。提供相关资源协助稳定就业，并鼓励低所得者将工作所得储蓄，加速有效财产形成，以达到自立的目标。

五 资产累积与脱贫能力

立基于资产累积概念的脱贫方案，其核心目的是建构面对贫穷挑战的对抗能力，三项方案的对象虽各有不同，所运用的方案概念则相当一致，运用小团体、学习课程、强迫储蓄等方式执行各个方案。Sherraden所提倡的理论，强调从有形资产与无形资产两方面累积，在服务的过程中，逐渐帮助身处贫穷境遇的家庭及其成员获得脱离贫穷，以及对抗贫穷的能力。针对三种不同对象所设计的服务提供，外观上为各种活动与经济的开源与存留，然而其终极目标实为"脱贫能力"的开发与建构。

接受脱贫方案协助的儿童、青年与单亲女性，各自经历长达一年的密集服务，方案完成之时，陪伴的社工及参与方案的成员，于方案回顾中，分别表达自己从方案服务中的成长。笔者作为能力建构方案的研究策划者，借由质性研究的资料收集与分析，发现此以资产累积为概念的能力建构方案，从所有参与者的叙事资料中，已然建构前所未有的抗贫能力。参照前文中Sherraden关于有形与无形资产的论述，整理如下。

访谈案例：一 外在（有形）效益

（一）技能培训成效优劣有别

方案实施的目标之一为借由职业技能训练及实习课程，增进扶助家庭家长的工作技巧与工作机会。开办初期，考量社工员的专业养成、参与成员的学习经历及方案执行时间，技能训练集中在清洁打扫，透过技巧的授予、家扶中心的媒合，的确让成员习得一技之长，甚至以此为业，提高家庭收入。

> 上课的内容，我最感谢的就是那个清洁公司的课程，让我学很多手艺，可以假日去帮人家打扫，好好喔！（成员 PC03）

> 这个最主要是我们去那边可以学到一些生活技能，好比说我学居家清洁，一开始是想要把我医院的工作做得好一点，所以，我有学到那个技巧。后来就是因为居家清洁这边的需要，所以我出来做了，然后刚好我的收入也增加了，就是我学到工作技能，我也得到了收入。（成员 PD03）

然而，清洁工作是培训门槛极低的技能，短期内虽然可以让家长马上习得若干技巧，获得工作机会，增加收入，但并不是每位家长都愿意从事，且清洁是一份需要大量劳动的工作，体力负荷、职业伤害对家长来说是另外需要思考的面向。

> 我是觉得我们年纪慢慢大了，你一直教我们做清洁也不是办法，你教我们换个花样。就是说如果说我们有一点点年纪也可以做的，你像清洁也都是假日呀，饼干的烘焙也是，选日子要有人订才能做，你如果当工作，能当饭吃吗？不可能啊，对不对，我要的是一个能安定我家的、固定的工作，有人可以辅导我就业，我就可以在那边落地生根。我觉得那是比较务实的啦。（成员 PC04）

> 像我们亮晶晶是做清洁的，如果以他的寿命只有三年到五年，那如果说你眼光放远一点，你只做清洁很快就是全身坏光光，所以你一定要加别的。（成员 PC08）

> 有的是不适合，像我之前有，后来就是没有接，因为身体状况不好，工作其实要蛮有体力的。那个风险性也蛮高，有一次我就从很高的地方摔下来，好在是底下有东西把我撑住，如果没有撑住可能就不知道在哪边了，擦那个电灯。（成员 PC18）

在家长的论述中，发现家长（庭）生活发展账户的技能培训，虽能协助家长在短期内习得就业技能，并作为增进收入之管道，然从事此行业之原因多为兼顾家庭照顾之需求而不得不为之，多数成员仍会认为现有的技能培训规划，考量家长本身的健康、年龄等个人就业限制，但对于家长长期的职业发展帮助有限。

（二）获得有效的储蓄金额

资产累积的生活发展账户搭配 1∶1 配合款的设计，在一年的执行期间，每季要求成员最高储蓄 1.2 万元，于方案执行结束后，依据成员储蓄金额，给予相同金额之配合款，即结束后，成员最多可以额外增加 4.8 万元的收入。

> 我今年毕业的一个妈妈，就是上一届的，毕业典礼的时候她说她那个存折是她人生第一本（笑），第一笔十万块（笑），她以前是月光族，而且她都是摆路边摊，然后时好时坏，都不会理财……后来真的就是存到四万八，包括配合款共九万六，就将近十万块，她说那是人生第一笔存款（笑），那真的对她们来讲也是一个……啊，她最后说，她证明她是可以的。（社工员 PS01）

> 因为你说要叫我们存一笔钱真的很困难，现在我们不但存了一笔钱，还多了一笔钱可以用，我觉得何乐而不为。（成员 PC04）

> 应该说，就因为这样子，所以我到目前为止都觉得好心满意足喔，哈哈哈哈。真的，因为就是有了自己的窝，因为那笔钱我们又缴付了那些订金嘛，定国宅的订金，签约金那一些。有自己的房子以后，陆陆续续就接受朋友不要的二手家具，然后就把一个家布置起来，整个心态上，就……那一刻真的让我觉得我的心越来越美丽。（成员 PC10）

配合款的设计不仅让家长额外获得一笔钱，也让其有"资产累积"的经验感受，这对收入不敷支出、左支右绌，甚至举债过日的经济弱势家庭是很难得的成功经验，除了实际的储蓄以外，也间接使其养成储蓄的习惯。

（三）　开拓人际机会的网络

成员经过一年的上课学习、团体分享的历程，建立起深厚的友谊，此网络除给予成员情感支持外，亦能提供实际资源，如介绍工作、提供福利资源、协助接送子女等，尤其是提供就业机会或专业技术传授……

　　就是打扫的（工作）会（介绍），因为过年那段期间我比较没有空，我就会打电话给我们那一期的妈妈说，那你什么时候有空可以过去。（成员 PC06）

　　后来就是我女儿开刀，开刀就是她还要有人照顾嘛，不然，我就没办法工作……那个煮饭的那部分就叫一个人去做……那段时间我就叫另一个打扫的妈妈去帮我做。（成员 PC07）

　　其实我还有时间可以去接，可是我想要其他朋友有工作，有些妈妈她们很需要啊！所以我就问他（雇主）说，可不可以把这个工作介绍给她，他说可是我觉得我们是需要你。我说……因为可能我的时间也有限，有些人她真的是很需要，所以我就把工作转接给别人做。（成员 PD03）

　　像我们现在就是有一班二班（指一届、二届），像他们一班都还联系二班，变成他们那种联络网，甚至他们会互相知道大家目前的工作状况，然后他们有问题也会打电话来跟我讨论，或是说如果有工作机会，然后会问说现在有没有工作？谁需不需要工作？我觉得他们彼此变成一种互助团体真的是很不错。（社工员 PS01）

　　……交到更多的好朋友，然后大家在互动上面又很好。我们这一次有加一个 OO 妈妈，她自己会做手工香皂什么的，我们就有做家长分享啊！（成员 PD01）

方案成员间机会网络的形成，除建构成员间的人际网络，能够获得更多的就业机会的外在（有形）效益外，在成员相互给予的关怀与支持，或是工作机会、专业技能的转介、教导等互惠行动中，成员个别的能量也在逐渐被激发，让长期处于社会底层的家长们，能够有助人的机会、给予的能力，逐渐累积其内在（无形）效益。

二　内在（无形）效益

除前述的外在效益外，所有参与方案的成员更为宝贵的经验，是内在能力的增长，无论是家长（庭）生活发展账户、大专钓竿计划，或幼儿启蒙计划的婴幼儿家长，对所有的参与成员而言，皆已创造有感的无形效益，间接协助成员养成能力建构的效果。

（一）情感支持网络

在实验方案结束后的访谈中发现，成员所获得的情感支持网络，因方案发展的差异，而有不同的效益，其中因亲子的共同参与，情感支持即不只于成员之间，更在家庭成员间产生正向能量的变化。

1. 成员间的情感支持

成员经过一年的上课学习、团体分享的历程，建立起深厚的友谊，此情感连带在方案结束后，对支持网络薄弱的家长们，扮演其面对生活困顿、不顺遂时的最大支持力量。

> 大家都是那种弱势的族群啊，会感觉那种……怎么好像有那种相见恨晚的感觉，大家就聊开了。像你自己一直封闭在你象牙塔里面，你就觉得自己很悲情，可是你有这个团体以后，大家每隔一段时间就安排上课，大家见面就会开始婆婆妈妈聊起来，感觉就……那个心结就聊开了，整个心情就轻松很多。（成员 PC04）

> 因为之前还没有进入家扶的时候，我本身就是什么资讯通通都不知道，那……那时候就觉得其实还蛮自卑的啦，就……因为身边的朋友没有人去申请低收，对啊，跟原来的交友圈，其实就……我们自己会……会退缩，对，真的会退缩。那接触了……后来接触了家扶之后，然后遇到这么多妈妈，听到大家的遭遇，突然会觉得，自己并不是那么可怜，从那一刻才走出来。（成员 PC10）

> 这个方案对她们的协助除了内在的以外，还有一个就是支持的网络。对，因为很多结束的成员就熟悉了，变成姐妹一样互相帮忙，所以像我们现在看，我们很多家长他们的那种社会的网络就是跟参与脱贫时候的那些成员都很有关系。（社工员 PS11）

其实我觉得她们喜欢来，还有很大一个部分就是她们来这边是被支持的……有一个学员在结束的时候分享，她每个月都很期待回来上课的日子，她说那种感觉好像回娘家，听了好窝心喔。（社工员 PS03）

2. 亲子间的情感支持

考量家庭若要脱离贫穷循环，不能只靠家长单方的努力，因此方案中加入亲子课程设计，子女的参与，除了解家长工作、持家的辛苦，愿意与家长共同努力省钱储蓄以外，也在课程、团体的参与中，促进亲子关系更加紧密，家庭动力也因而提升。

我感觉我整个改变是蛮大的，在家里，像跟孩子之间的问题就有改善。说真的，我们村里面的人都很羡慕我现在改善的状况，孩子乖啦，也很孝顺，我们真的要感谢这个课程，其实……其实我之前是有点自闭。（成员 PC14）

对，我是觉得孩子会越来越贴心，然后孩子在花钱方面会去考量需要不需要，变成他需要才会去买，会想到妈妈工作很辛苦。（成员 PC17）

一个家庭里面另外一个成员是跟着这家长一起……一起为那个家庭去做一些努力或规划，其实那个动力你从家庭里面看得出来有很大的帮忙，因为这个孩子本来对家庭可能就是那种很游离的，可是因为方案……参与方案之后，他会觉得他也看到妈妈的另外一面，因为在那个成长团体当中，其实是让很多的亲子关系更好。原本他们并没有特别不好，但是也没有很紧密，就是妈妈一个人单打独斗，她为这个家庭在努力，可是加进来这个孩子之后，他其实看到妈妈的很多面跟他的需求，所以我会觉得很好。（社工员 PS10）

成员间的情感支持对于家长而言，是一种不孤单的感受，而多数家长长期为孩子的成长与发展付出，亲子间的相互体谅与支持，对于家长是更为贴近心灵的支柱，家庭亲子情感的增进并能朝向共同目标迈进的希望感，在家庭参与方案过程甚至是方案结束后，对于家庭整体情感的提升与影响持续存在。

(二) 看见自己的能力

成员因着课程的引导、因着成员间的鼓励支持，因着成功经验的感受，她们逐渐意识到自己是有能力的，愿意敞开封闭的心灵与人群接触，为自己、为孩子做改变。

> 我是觉得说我会比较有信心，因为上完一系列的课程，然后我会觉得出去会比较有一些知识或什么去跟人家沟通的时候，你会觉得比较提升你的志气……然后就是自己会去替自己生活上有一些提醒啦，你会知道要怎么去做这样，所以我觉得自己会提升一下自己内在的那种信心。(成员 PC16)

> 我试着看看有没有办法不要去申请，因为人家说你可以去申请那个儿少补助的，我说不要，我要试着看看，不申请的情况下，我可以做到怎么样，然后等到明年的时候，看看，如果我的订单一直持续这样子，我可能就会把工作辞掉，我就接单子，然后家扶扶助的这个部分，我也想办法看看能不能不要… (成员 PC18)

除了更加有自信心以外，在工作上，借助工作的机会，社工员与成员间的鼓励，部分成员也能培养自己的组织、领导及独立作业的能力，迥异于参加方案前自怨自艾的单亲妈妈的形象。

> 怎么样去跟客户沟通，包括工作内容跟价钱，还有怎么样去排解问题，譬如说你被客户误会说你这个东西搞丢的时候你要怎么去排除，或是怎么样去面对，几次以后，然后工作进来以后我就带着我们的学员去接工作，你知道吗，呵呵。所以这个部分，我也是觉得不只在居家打扫这个技艺我有学到，我还有学到就是怎么样去跟人家谈 Case。(成员 PD04)

> 在团队里面，他们都觉得……我的谈吐感觉是可以做 leader 的部分，所以很多地方我也很勇敢的……我去努力……有什么事我可以，那变成说，在这个部分的人际关系……我找到一份所谓的肯定。因为我以前当全职妈妈的时候，我觉得只有做家庭主妇，然后相夫教子，然后回到婆家……我是一个不能有声音的媳妇，所以我会觉得说，我

的人生，除了给孩子跟先生，我一无是处。那上了这个课程，我在班上的那个领导统驭的部分，还有就是说站在大场面的地方，我可以勇敢地再跨出去，是从那个环境里面姐妹们给我的力量拱出来。对，就是……从一个小女人变成可以自我肯定的人啊，就是从课程里面做一个很大的转变，从自己觉得一无是处的人，变成自己其实是有能力的，对，我觉得很……很想去表达的就是，从课程里面，重新找到自我。（成员 PD02）

有的甚至刚开始来参加方案也是很悲伤、很忧郁，有的参加之后真的会找到自己的力量在哪里，相信自己是有条件能力的，相信自己是可以去做的，不会像以前觉得自己怎么拥有得那么少。事实上她有很多能力，只是自己都没发现到自己有很多力气去做很多事情。那我觉得那种内在的感觉落差很大，变成之后她们会变得比较乐观有信心，那很多事情也可以去解决，因为这几次的方案下来让我们看到，很多家长她们事实上其实不是没有能力，她们是很有能力的，只是她们不相信，或是自己没有发现到她们有这样的能力，只是我们刚好有给她们这样的机会一直去增强。（社工员 PS02）

其实我就会觉得家庭，就是真的是每天为了要追钱，然后为了孩子，每天想说我的小孩去外面怎么样怎么样，就是烦恼这些事情，所以她才没有很多时间看自己，可是她可能不是不重视自己，而是她没有时间去做这件事情。但是刚好有一个这样的机会提供这样的平台，让他们这一整年都有一个固定的时间可以来聚会，然后静下来，然后来放空，然后就是为了自己，为了自己的那个想要做的事情，就是好像有点看到自己的存在价值。（社工员 PS08）

（三）储蓄的习惯与能力

因家长（庭）生活发展账户搭配 1:1 配合款的设计，在方案执行期间，参与成员必须储蓄，在经济状况不佳的情境下，家长与子女必须省吃俭用，由于方案设计有理财课程，对其最实用的为"记账"，使其可以确实平衡家庭的收支，在一年的执行期间，成员从被动、强迫式的储蓄行为，转变成方案结束后仍能自发性地提拨部分金额，充作子女的教育基金、退休准备金或是不时之需，甚至部分经济状况好转的家长，因理财课程的介绍，在有富余状况下，开始购买保险或基金，为可能遭遇的风险添加保障……

> 那一次上完课之后我们家里面就改变了那种做法，我会在……嗯……就是这个月底之前，把下个月我要的支出明细就先列出来，那……再来我就会去预算说我下个月的收入，我……我手中能够运用的多少钱，那……我们必备的那些，像水电费那些就是必备一定要缴的，列出来之后，其他的像伙食费，我们就可以从中……譬如说我收入比较少，我的伙食费我就会减少一些，那就会想尽办法把它挪在我们的预算里面。（成员 PC10）

> 我觉得这种强迫方式对我比较好，因为这是一种习惯，这个会养成习惯，强迫自己……对啦。（成员 PC15）

> 这个活动以后，我也发觉……就是说将来我们一定是要靠自己嘛，因为现在的孩子能够保证说以后就一定可以帮我们养老这样子，养老还是一定要自己来，所以那个时候开始就每个月给他定存 2000（元），那定存 2000（元），我就给它定期定额这样子。（成员 PD04）

> 觉得因为现在……经济状况比以前好多了，现在会去买那个……基金，定期定额的，就是每个月三千元。（成员 PC11）

> 我现在还是有强迫自己在储蓄。（成员 PC14）

（四）能力建构方案的综合成效

依参与成员及受访者之论述，能力建构的方案目标，尤其在家长（庭）生活发展账户之执行，对参与的成员而言，在实质上确实能够产生有形与无形的资产，其中有形资产如：技能培训、实质的金额储蓄、机会网络的建构；无形资产则包括亲子或成员间的情感支持网络、成员能力展现、储蓄习惯的养成。

首先，有形资产的获得。技能培训，让无工作技能的家长取得谋生能力，让已有工作者增加第二、甚至第三专长，使其面临突然失业情况时，可以迅速找到替代工作，或是在假日时可以从事兼职，增加工作收入。配合款，1:1 的设计，让家长于方案结束后可以获得最高 9.6 万元的储蓄，虽然方案的设计让家长必须在半年内将该笔金额用完，短期内丧失资产累积意义，但规定使用项目用于子女教育费、家庭修缮、添购机车、电脑，属于对家庭未来的投资，有益于未来有形资产的取得与累积。机会网络，家长因参加方案得以扩展人际关系，而网络的形成，除让其获得情感支持外，工作机会的介绍、工作技术的传授、福利资源的告知，均是协助家长、家庭生活取得改变的契机。

其次，无形资产的产生，更是家长得以面对未来的最大支持力量。情感支持网络形成，成员经过一年的课程，其凝聚力与连带关系是紧密的，而相同的背景，更让其有惺惺相惜的姊妹情谊；方案中增加亲子课程设计，提升其互动关系与家庭动力，成员与子女所形成的情感支持网络，是成员结束方案后，得以正向态度持续面对生活的最大支持。成员看见自己的能力，成员参加方案后，因课程、成员、社工员的关系，她们开始看见自己的能量，并愿意尝试改变。成员及家庭储蓄习惯的养成，成员从被动、强迫式的储蓄行为，转变成方案结束后仍能自发性地提拨部分金额，或储蓄，或投资，或购买保险，均是方案介入后，对其行为与观念所带来的转变，对照一般有多少、花多少，甚至举债的经济弱势家庭，是其未来开始预作规划的行为，这是其脱离贫穷的预备与学习。

三　脱贫方案的能力建构成效

本研究针对家扶基金会家庭（长）发展账户、青年钓竿计划及幼儿启蒙等三项方案执行历程的研究资料整理结果，归纳发现以资产累积为方法，能力建构为目标的服务新模式，对于陷入贫穷的家庭的协助，除可较迅速达成脱离贫穷深渊外，参与方案协助的过程中，也有效建构起对贫穷的免疫力，可预防再度落入贫穷，避免弱势传递的发生。抗贫能力的成效如下。

（一）抗贫能力的内涵

解决贫穷问题的思维从传统的济贫、安贫到目前强调的脱贫，虽然服务方案、政策或法令已朝向积极性协助的方向，如 Michael Sherradan 提出资产累积概念，让残补式的社会救助找到新解药；然而在面对不确定的年代、息息相关的全球化社会，脱离贫穷不代表永远向贫穷说再见，贫穷也不尽然专属于低收入户、无专业技能、低社经背景的标签，因此"脱离贫穷"不应是服务方案、政策或法令的唯一目标。从推展以资产累积概念出发的启蒙、钓竿、家账三项服务方案历程中，发现有形资产的积累，在时间与经费因素影响下，并不能让处于贫穷线下或边缘的家庭真正脱离贫穷，然而方案办理的方式，却让成员与其家庭衍生其他意料之外的能力，本研究称之为"抗贫能力"，即为面对并因应贫穷环境所带来相关不利影响的能力。

1. 得到支持力量

经济弱势家庭大多是低社经背景、资源匮乏、家庭支持系统薄弱的族群，成员的生命历程时常经历到相对剥夺的感受、需单打独斗面对困难环境的孤独感，透过团体方式办理的服务方案，让成员得到同侪团体的支持，使其在困难中，仍能感受到关怀的温暖。

2. 展现自我信心

从执行者与参与者的访谈内容可知，来自经济弱势家庭的成员对自己通常都是感到自卑的、没有能力的、不可能有改变的等等负面形容，借由方案设计的各种互动课程、体验活动、返乡回馈服务规划等，让成员，不论是家长或小孩，都从中感受到"我可以""我办得到""我完成了"的成功经验，对自己油然产生一股前所未有的自信心。透过方案，不仅对成员达至充权的目标，也印证社会工作的价值与哲理——相信人是可以改变的。

3. 扩展人际网络

透过团体方式办理的服务方案，不仅让成员获得同侪的支持力量，间接地也使其人际网络得以拓展，对经济弱势家庭来说，人际网络的联结，更带来资源交流的机会，如工作机会的转介、技能才艺的指导、社会福利资源的申请，让成员在面对经济生活压力时，可以有多方面协助，其中工作机会的介绍对稳定成员经济来源更是一大助力。

综上，当贫穷问题是当代持续处理的政策目标时、当陷入贫穷是个人或家庭可能不断面对的情境时、当贫穷不再专属于穷人的标签时，脱贫不应是社会服务输送方案的唯一目标，如何培养落入贫穷者面对贫穷所带来任何不利影响的能力，是规划服务方案时所应思索的面向。

（二）服务工作模式的基本元素

本研究从对方案规划者、执行者与参与者的研究资料整理中，可以了解运用资产累积概念所提供的服务方案，为能有效达成办理目标，其工作模式包含规划妥善的招募、适当对象的筛选、实用多元的课程及有形资产的累积等四项重要的基本元素。分别阐述如下。

1. 规划妥善的招募

为确保适合的潜在参与者都已周知服务，并有适宜渠道现身于服务场域，方案执行之初，寻找目标对象便成为最重要的过程。脱贫服务除了透过平面媒体刊登讯息外，为使参加成员确实是方案要协助的对象，方案也透过精心设计的机制达成充分告知的目标。

（1）由个案社工员提报合适名单

因执行者不谙成员的情形，如家庭状况、人格特质、情绪状态、支持系统等，由负责个案的社工员协助提出适合参加该项方案的预选名单，可以节省招募的时间，且由已和个案建立信任与专业关系的社工员提出邀约，可增加个案的参与意愿，避免出现人数不足的窘境。

（2）详细的方案说明

为协助成员累积一定资产，无论是有形或无形，以资产累积概念推行的服务方案，其执行期间必然需有相当时日，以家扶基金会的启蒙、钓竿、家账方案为例，办理期程长达一年。为避免成员因缺席过多致学习成效不彰或鼓励成员能够了解方案目标，及相关行政配合事项与权利义务规定，办理说明会有其必要性。透过面对面方式，执行者和潜在可能参与者直接沟通、对话，可使其进一步了解方案办理的理念、目标与相关规定，让潜在参与者自行衡量是否可以配合，避免中途退出的状况。

若方案推行已一年以上，累积相当口碑，亦可透过成员现身说法、见证的方式加以宣传，让潜在参与者感受方案带来的转变，提高参加意愿。此外，应于新年度办理前，由规划者召开说明会，向执行者说明相关注意事项，并透过双向沟通机会，让理论概念与实务运作可以不断修正以趋同，真正落实相关方案之推动。

2. 适当对象的筛选

报名人数多于预定招募人数时发生。资产累积概念推动的服务方案，因搭配储蓄金额配合款（或津贴补助）的设计，招募人数有其限制，且若以家扶基金会采取团体工作方式进行时，仅能允许约 15 名左右的成员参加，因此若报名人数超过预定人数时，不仅需要筛选，且必须建立制度化的筛选机制，选出最适当之成员参加。

3. 实用多元的课程

课程规划与内容是方案办理的重心，也是达成方案目标设定的媒介，因此如何设计课程主题、内涵与操作，是执行者面临的最大挑战。家扶基金会资产累积方案办理，最终目标并不仅于协助成员累积有形的金钱，更是透过配合款的诱因，培育经济弱势的成员拥有面对逆境仍努力不懈的抵抗贫穷的能力，因此在规划上除了针对目标对象设计的课程外，尚有两项深具有效益且值得纳入的元素。

（1）团体学习课程

参加方案的成员系来自家扶基金会扶助的经济弱势家庭，原本即属于低社经阶层、家庭支持系统薄弱的群体。虽然团体课程时数比例不高，但是，因参与成员大都经历极为相似的成长背景，在参与方案的过程中容易产生如家人般的情谊，实质上每位成员都建构及拓展人际的支持网络。此外，成员的生命故事历程相近，互相比较下有责任分担压力释放的效果，参与者发现自己不是最悲惨的个体，顿悟原来生命还有其他发展的可能性，而逐渐抽离自卑自怜的想象，在同侪的支持下，开始对自己产生自信心，这是个案社会工作无法衍生的发展。

（2）实作课程

从执行者的操作经验与参与者的回馈，皆发现实务操作课程对成员的影响最深。从启蒙方案的亲子共作、青年钓竿的返乡回馈服务或就业练习、到家账方案的技能培训、亲子共作课程，"实作"，给予成员演练、实习、展现的机会或舞台，迥异于坐着听课的感受。

不同方案、不同的实作课程，也带给成员不同的体会与收获，如启蒙方案让亲子关系更形紧密；钓竿方案让青年得到团队合作的经验、领导能力的培养、就业面试技巧；家账方案让家长习得一技之长或是改善亲子关系。透过不断演练、持续练习的过程，"动"元素让成员感受更加明显、记忆更为深刻。

4. 有形资产的累积

Michael Sherradan 虽然承认资产有无形与有形之分，然而在规划服务方案（退休发展账户）时，仍以累积有形资产，亦即"现金"为主要讨论，显见累积"有形资产"是方案最主要达成的目标之一。

（1）最重要的设计元素

在规划资产累积方案时，如何让成员累积有形资产的设计是整个方案最重要的元素，它也是与传统处理贫穷问题方案最不一样的精神所在，不是让穷人、低收入户、经济弱势家庭持续消费，始终维持在贫穷线下的生活；相反的，它鼓励贫穷者储蓄，最后透过累积金额、提拨的配合款，让成员从事对其未来有助益的投资，如接受高等教育、技能培训等，最后达至 Michael Sherradan 所谓的九种福利效益（welfare benefit）。此外，不可否认的是，在执行经验中，配合款设计是最吸引潜在参与者的实质利益，也是鼓励她们完成方案期程的主要诱因。

（2）累积金额多寡的影响原因

家扶基金会办理的三类方案中，除启蒙方案使用每月津贴补助方式外，钓竿与家账两方案是援用资产累积运作概念，加入 1∶1 配合款设计，亦即成员按时间存入定额金钱，方案结束后提拨相同金额的款项给予成员。由于经费有一定的限制，且需考量经济弱势家庭每月实际可储蓄金额的能力，因此存入金额有其上限，即每季最高 12000 元，一年后最多领回 48000 元的配合款。方案结束后，成员总计累积 96000 元的财产，因此影响累积金额多寡的因素有成员储蓄能力与配合款提拨的比例。由于成员储蓄能力有其一定的限制，提拨比例成为影响累积金额的重要变数。因此为经济弱势家庭实践资产累积理念的方案，必须考虑"储蓄期间"与"提拨比例"的设计，否则只是让成员有储蓄一笔钱的经验而已。

（3）资产累积的精神

"资产累积"精神是在时间的推进中，一点一滴地，展现聚沙成塔的力量，将小额金钱累积，至少对成员来说是丰厚的资产。成员经过一年储蓄的金额规定需在半年或一定期间内使用完竣，对成员来说毋宁是有舍不得的情绪，更不如说是背离"累积资产"的意义与初衷，因此方案设计如何兼顾行政作业与资产累积精神，是未来可以思考的面向。

六　结论

民间社福组织对贫穷家户所提供的救助服务，让贫穷家庭获得长期且稳定的经济支持。近代，福利服务思维不断创新，针对贫穷议题，如何为扶助家庭充权，在案主自决的道路上，开创积极抗贫、脱离贫穷循环的契机，已是当代对抗贫穷的新思维。

值此同时，Michael Sherraden 的资产累积理论为传统济贫工作注入活水，新的服务模式的办理经验整理中，看见方案协助累积有形资产，然而有形资产有其限制，无形资产却充满无限可能，更让受服务者获得情感连带的网络、用正向的心重新看见自己的能量，并愿意尝试与改变，如此转折，正是社会工作的价值所在。

资产累积福利理论自推出以来，从美国本土到世界各国都蔚为风潮，台湾近年部分县市政府在学者倡议下，也开始推动相关方案；非营利组织的适时参与，虽受经费的限制，然自 2005 年起于台湾各地实施迄今，参与成员数、挹注金额及办理规模已产生可观的成果。希冀本研究发现可为资产累积理论本土化提供参考价值，并借此抛砖引玉，使抗贫工作受到更广泛的关注与讨论。

部分参考文献

Saleebey, D. (1996). "The Strength Perspective in Social Work Practice: Extensions and Cautions," *Social Work*, 41 (3): 296 – 305.

Sherraden, Michael W (1991), "*Assets and the Poor: a New American Welfare Policy*", NY: M. E. Sharpe.

王仕图：《贫穷持续时间与再进入的动态分析：以 1990 ~ 1998 年之嘉义县低收入户为例》，中正大学社会福利研究所博士论文，2001。

王德睦、蔡勇美：《贫穷的动态：嘉义县贫户的追踪研究》，"行政院国科会" 研究计划报告，1998。

屏东县政府社会处：《屏东县幸福安心账户专案简介》，取自：http://staf - act. npue. edu. tw/front/bin/download. phtml？Part = 98080401&Nbr = 211&Category = 24 美国研究协会官方网站：http://www. search - institute. org/。

高雄县政府社会处： 《高雄县新生代希望工程说明书》，2010/04/27，取自：http://www. sw. kscg. gov. tw/？prog = 2&b_ id = 6&m_ id = 33&s_ id = 102。

张世雄：《社会救助、新贫问题与多层次—多面向分析》，《社区发展（季刊）》2001 年总第 95 期。

张清富：《贫穷变迁与家庭结构》，《妇女与两性学刊》1992 年第 3 期。

陈建甫：《台湾相对贫穷家户的现况与变迁》，《社区发展（季刊）》1996 年总第 57 期。

黄乃凡：《台湾贫穷女性化的探讨－女性户长家户贫穷现象之贯时性研究》，中正大学社会福利研究所硕士论文，1995。

台中县政府社会处：《低收入户脱贫方案"大专青年筑梦踏实方案"》，取自：http：//www. dali. gov. tw/government/view－n. asp？ID＝470。

台北市政府社会局：《台北市政府青苹果发展账户》，郑丽珍资产理论与脱贫方案网站，2010/01/06，取自：http：//homepage. ntu. edu. tw/~lccheng/taiwan/tc＿2＿intro. pdf。

台南市政府社会处：《台南市政府"脱贫计划－丰羽专案"计划》，取自：http：//social. tncg. gov. tw/actmore. jsp？sub2＝02 &id＝1196892429483。

郑文辉：《台湾新贫现象之经济层面探讨》，载中华救助总会、朝杨科技大学社会工作系编《M型社会的新贫现象与福利措施研讨会论文集》，2008。

郑丽珍：《台北市低收入户家庭经济自立方案规划与评估研究——资产形成方案篇》，台北市政府社会局，2000。

优势观点社会工作发展中心：《优势观点的宗旨》，取自：http：//163. 22. 14. 202/Strengths% 20Perspective/1news. htm。

苏淑贞：《贫穷的历程——以嘉义县低收入户为例》，"国立中正大学"社会福利研究所硕士论文，1997。

家庭农场的资源配置、运行绩效分析与政策建议*

——基于与普通农户比较

赵　佳　姜长云**

近年来，随着工业化、城镇化的推进，我国农村劳动力大量转移，传统的农户开始分化为非农经营户、兼业农户、专业大户和家庭农场等多种类型。其中，家庭农场因其具有农业家庭经营的制度内核，又能通过组织制度的创新来弥补普通农户"小而全、小而散"的弊端，受到政策层面的重视和鼓励。据农业部统计，截至 2012 年底，全国 30 个省、区、市（不含西藏）共有家庭农场 87.7 万个，其中已被有关部门认定或注册的共有 3.32 万个。为了解家农场与普通农户的资源配置和运行绩效的差异，课题组就家庭农场与普通农户发展情况设计了相关选项，并于 2013 年 12 月至 2014 年 4 月间组织来自 10 余所院校的学生利用春节假期回乡（安徽、江苏、河南、广东、浙江、四川、内蒙古、新疆、山西、辽宁 10 省份）的机会，开展农村入户调查。复查、整理后获得了已经认定的家庭农场 35 家、普通农户 1071 户的问卷调查资料。问卷调查结果表明：家庭农场在人力资本条件、土地资源利用、生产经营绩效等方面的表现总体优于普通农户，对于应对农业生产"后继无人"矛盾、解决"谁来种田"问题具有积极意义；政府扶持政策对于家庭农场至关重要，目前家庭农场的发展具有明显的政策主导特征；大部分普通农户并没有向家庭农场发展的意愿，发展家庭农场与支持普通农户两者不可偏废。

---

* 本文系国家社会科学基金重大项目"产业链视角下的加快转变农业发展方式研究"的专题研究成果（项目批准号 12&ZD056）。

** 赵佳，博士研究生，中国农业大学经济管理学院，中国国际扶贫中心。姜长云，研究员、博士生导师，国家发改委产业经济与技术经济研究所。

一　劳动力素质和资源配置情况

1. 家庭农场的经营决策者劳动力素质总体较高，年富力强者和文化程度较高者所占比重较大

与普通农户相比，在家庭农场的经营决策者中，年富力强者（26～60岁）的比例超过97%，中专（技校）、大专及以上文化水平者的比例接近30%，男性比例接近95%，分别高出普通农户12.1、22.9和10.9个百分点。相比之下，普通农户的经营决策者老龄化问题较重，文化素质较低，且女性比例较高。在普通农户中，家庭经营决策者的年龄超过60岁者占14.4%，小学及以下文化程度者占28.5%，女性占13.6%。

2. 家庭农场雇工经营较为普遍，投入农业的劳动时间较多

家庭农场有雇工的比例高达74.0%，劳动时间有86.0%用于农业生产，均明显高于普通农户，详见表1。可见，相对而言，家庭农场的劳动力使用超出了所在户劳动力的局限，且专业化程度较高。

表1　家庭农场和普通农户劳动力资源情况及配置情况

农户类型	家庭人口数	家庭平均务农劳动力数	雇工比重（%）	劳动时间用于农业比例（%）	劳动时间投入粮食生产比例（%）
家庭农场	5.00	2.77	74.00	86.00	34.80
普通农户	4.18	2.12	32.00	67.00	31.29

二　生产经营行为

1. 家庭农场的行为目标更加注重经济效益，更加倾向为了交换而生产

无论是普通农户还是家庭农场，都将通过销售农产品或经营农业来获得经济收入作为其农业生产经营的主要目标，分别占79.4%和68.1%。但在家庭农场中，以此为最主要目的比例要高出普通农户11个百分点。可见，相对于普通农户，家庭农场经营目标的商业化程度更高。这在家庭农场对经营品种的选择行为上也有突出表现，家庭农场种植品种选择的首要依据主要集中在比较收益（40.0%）和绝对收益（23.3%），而普通农户选择农产品种植品种的依据主要集中在自食需要和传统习惯（占51.0%）。

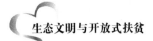

2. 家庭农场的土地经营规模远大于普通农户，对土地转入的依赖性更强

家庭农场的平均土地经营规模为 646.33 亩，是普通农户平均经营规模（49.62 亩）的 13 倍。以 2013 年为例，家庭农场土地转入行为的发生比例达到 62.86%（其中部分家庭农场以养殖业为主，故未流转土地，若扣除该因素，则家庭农场的土地转入行为的发生比例为 85.70%），相比之下普通农户的比重只有 28.85%，详见表 2。

表 2　家庭农场和普通农户土地资源利用情况

农户类型	平均经营规模（亩）	土地转入行为的发生率（%）
家庭农场	646.33	62.86
普通农户	49.62	28.85

注：本表中土地资源的范畴包含了耕地和山地等不同类型土地资源，因此总体数量较大。

3. 家庭农场的农产品销售渠道仍以传统方式为主，但与企业紧密合作的趋势已开始显现

无论是家庭农场还是普通农户，都把自己到市场上销售和由消费者、收购商到家里收购，作为农产品的主要销售方式。但相对于普通农户，家庭农场选择由消费者、收购商到家里收购这种"等客户上门"销售方式的比例要低 10 个百分点以上。而选择较现代的农产品销售方式作为首要销售渠道者占比，家庭农场明显高于普通农户。在家庭农场中，分别有 15.63% 和 6.25% 将由签过协议的企事业单位统一收购和由专业合作社组织统一销售作为首要销售渠道，分别高出普通农户 11.5 和 3.2 个百分点，详见表 3。

表 3　家庭农场和普通农户的农产品销售方式

单位：%

渠道项目名称	首要销售渠道选择	
	家庭农场	普通农户
自己到市场上销售	31.25	29.05
由消费者、收购商到家里收购	43.75	54.03
由专业合作社组织统一销售	6.25	3.08
由签过协议的企事业单位统一收购	15.63	4.18
其他	3.13	9.66

4. 家庭农场和普通农户都将农忙季节劳动力紧张作为主要困难，但家庭农场相对于普通农户资金周转困难更为突出

调查发现，家庭农场和普通农户生产经营面临的最主要困难，都是农忙季节劳动力紧张，选择此项为面临最主要困难的家庭农场和普通农户占比分别为35.29%和33.18%。但与普通农户相比，家庭农场生产经营面临的资金周转问题更为突出，有接近34%的家庭农场将资金周转困难列入前两大困难，高出普通农户将近17个百分点。另外随着经营规模扩大，家庭农场在农产品流通环节面临的矛盾也更加突出，8.82%的家庭农场选择首要困难为农产品储藏、保鲜困难或损失较大，与之相比选择了该选项的普通农户只有2.64%，详见表4。

表4　家庭农场和普通农户生产经营面临的困难

单位：%

选项名称	最主要困难		第二困难	
	家庭农场	普通农户	家庭农场	普通农户
农忙季节劳动力紧张	35.29	33.18	6.67	14.14
难以买到安全、高效的生产资料	5.88	7.35	10.00	8.43
农业生产资料价格太贵或波动太大	8.82	17.06	26.67	17.85
农产品销售困难	2.94	5.00	3.33	9.63
农产品储藏、保鲜困难或损失较大	8.82	2.64	6.67	3.91
农作物病虫害或动物疫病防治难	2.94	10.65	6.67	14.64
获得技术、品种和市场信息难	5.88	4.15	13.33	9.53
资金周转难	20.59	9.80	13.33	7.62
水利等基础设施条件太差	5.88	7.07	13.33	12.44
其他	2.94	3.11	0.00	1.81

三　农业经营绩效

1. 相对于普通农户，家庭农场的农业经营更呈现出"高投入、高产出"特征

绝大多数普通农户粮食单产水平、生产成本均接近当地单产水平，而有39.13%的家庭农场粮食单产水平高于当地平均水平，26.09%的家庭农场生产成本高于当地平均水平，详见表5。

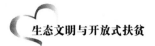

表5　家庭农场和普通农户农业生产行为

单位：%

粮食单产水平			生产成本情况		
与本地水平比较	家庭农场	普通农户	与本地水平比较	家庭农场	普通农户
低于本地平均水平20%以上	4.35	2.79	低于本地平均水平20%以上	4.35	1.22
低于本地平均水平5%~20%	13.04	6.68	低于本地平均水平5%~20%	13.04	6.08
与本地平均水平接近	43.48	82.14	与本地平均水平接近	56.52	82.99
高于本地平均水平5%~20%	34.78	7.65	高于本地平均水平5%~20%	21.74	8.51
高于本地平均水平20%以上	4.35	0.73	高于本地平均水平20%以上	4.35	1.22

2. 家庭农场相对收入高，且主要来自农业收入

从相对感受看，家庭农场认为自己收入在当地属于高水平或较高水平的占64.52%，普通农户的这一比重只有24.01%。从来源结构看，家庭农场的收入有74.3%来自农业经营；普通农户的收入来自非农产业的比重达58.6%，详见表6。

表6　家庭农场和普通农户收入情况

农户类型	纯收入（元）	收入相对水平				2013年收入构成	
		低（%）	一般（%）	较高（%）	高（%）	农业（%）	非农（%）
家庭农场	64322.58	3.23	32.26	38.71	25.81	74.3	25.7
普通农户	15927.48	16.1	59.89	17.98	6.03	41.4	58.6

四　对家庭农场的认知

1. 已经成为家庭农场者认为享受扶持政策是其最重要的好处

本次调查共有35个经过认定的家庭农场，调查结果表明，成为家庭农场的第一好处，有32.35%认为是可以获得财政补贴以外的国家政策支持，有14.71%认为是可以获得政府财政补贴，两者合计接近农户数量的一半。可见，国家政策扶持对于家庭农场的发展起到举足轻重的作用。详见表7。

表 7　成为家庭农场的好处所在

单位：%

选项名称	第一好处	第二好处
可以获得国家的政策支持（不包括财政支持）	32.35	19.35
可以获得政府财政补贴	14.71	16.13
可以更好从事农业生产经营	26.47	9.68
可以更好地扩大经营规模	5.88	38.71
有利于打造农产品品牌	14.71	9.68
其他	5.88	6.45

2. 普通农户认为享受扶持政策是向家庭农场转型的最重要动力

在本次调查的 1071 个普通农户中，310 户有向家庭农场发展的意愿，占比为 28.9%。那么，想成为家庭农场的首要原因是什么？分别有 31.0%、21.68%、19.42% 和 17.80% 的普通农户认为是可以获得财政支持以外的国家政策支持、可以获得政府财政补贴、可以更好地扩大经营规模和可以更好地从事农业生产经营。排在前两位的依然是政策性因素，详见表 8。

表 8　向家庭农场方向发展的原因

单位：%

选项名称	首要原因	次要原因
可以获得国家的政策支持（不包括财政支持）	31.07	17.11
可以获得政府财政补贴	21.68	26.85
可以更好从事农业生产经营	17.80	17.45
可以更好地扩大经营规模	19.42	22.15
有利于打造农产品品牌	6.80	8.39
其他	3.24	8.05

3. 大部分普通农户向家庭农场方向发展的意愿不强

在 1071 个普通农户中，有 754 个选择没兴趣成立家庭农场，占比为 70.4%。究其缘由有三方面：一是对现有经营方式比较满足，没有动力搞家庭农场；二是对政策不大了解，不知道如何去搞家庭农场；三是面临着具体的困难和问题，难以真正去发展家庭农场。对首要原因的回答中，主要集中在现在的经营方式挺好，没有必要搞家庭农场、对相关政策不了

解、家里劳动力比较缺乏和融资或扩大资金投入比较困难，占比分别为
28.04%、20.56%、18.69%和13.35%，详见表9。

表9　没有向家庭农场方向发展兴趣的原因

单位：%

选项名称	首要原因	次要原因
现在的经营方式挺好，没有必要搞家庭农场	28.04	13.56
对相关政策不了解	20.56	23.73
融资或扩大资金投入比较困难	13.35	11.44
家里劳动力比较缺乏	18.69	15.11
对经营农业不感兴趣	7.21	8.33
农业经营风险太大	2.80	7.49
其他	9.35	20.34

五　结论与启示

1. 发展家庭农场是转变农业发展方式的重要途径

总体来看，家庭农场在决策者素质、劳动力资源及配置、农业生产经营行为、农业经营绩效等方面的表现，要普遍优于普通农户。发展家庭农场对于促进农业发展方式转变、构建新型农业经营体系具有重要意义。

2. 家庭农场与普通农户面临着不同的困难与难题

多数家庭农场虽然克服了小规模、分散化普通农户的经营弊端，但产品销售渠道并未明显改观，农忙季节劳动力紧张问题依然突出。此外，家庭农场的发展还面临着一系列新难题，如生产成本增加、流通领域问题凸显、资金周转难题突出等。可见，引导和支持家庭农场解决这些问题至关重要。要在鼓励家庭农场推进农业机械化的同时，瞄准家庭农场的节本增效降低风险问题，采取有效的支持政策。如引导金融保险部门加强对家庭农场的支持，优先支持家庭农场拓宽农产品流通渠道等。

3. 要适度重视政策因素对家庭农场发展的影响

无论从已经被认定为家庭农场者的感受判断，还是从准备向家庭农场发展的普通农户的看法来看，政策扶持是家庭农场得以发展最为重要的因素，体现出较强的政策主导特征。但要防止家庭农场陷入对政策的"依赖症"。对于家庭农场支持政策的选择，要力戒"定任务""下指标""上猛

药"，要在确保公平竞争的前提下，适度采取"文火"和"滴灌"的方式。

4. 家庭农场与普通农户的表现各有千秋、难以完全互相替代

纵然家庭农场体现出良好的政策绩效和重要性，但也不能因此否认普通农户发展的合理性。由于主客观各方面因素的影响，本调查中超过2/3的大多数农户并没有向家庭农场方向发展的意愿。短时期内，两者将长期共存和共同发展。要把支持家庭农场的发展，与引导普通农户转型升级结合起来。在相当长时期内，普通农户仍然是我国农业经营的主要载体，国家政策支持不能对家庭农场和普通农户畸重畸轻。要针对普通农户不同于家庭农场的组织特征，在尊重公平竞争的前提下，有序引导普通农户家庭联合和合作，发挥农业生产性服务业和农业产业化经营对农户转型升级的引领支撑作用，克服普通农户"小而全、小而散"等现实弊端。鼓励家庭农场带动普通农户的转型升级，对于促进农业微观组织结构的优化，也有重要意义。

"优先申遗"是保护、发展屯堡
村落的战略选择

鲍世行[*]

贵州的扶贫工作已经开展多年，取得了很大的成效。农村贫困人口大大减少，贫困程度大大减轻。但是在城镇化高速发展的今天，新型城镇化应该走什么道路，仍是大家十分关心的问题。

一 屯堡文化和屯堡村落

去年，我应邀参加了国务院参事室关于"贵州民族村落发展保护和申遗"的课题，历时长达一年，目前已向国务院和贵州省委、省府提交了报告。调查的传统村落包括汉族屯堡村落和兄弟民族村落两类，今天，我主要就屯堡村落谈谈此次调研的主要成果。

在600多年前的14世纪初叶，明代的开国皇帝朱元璋，为了消灭盘踞在西南边疆的元朝梁王残余势力，曾经发动了一次史称"调北征南"的军事行动。事后，30万大军留在当地屯垦戍边，实行"三分戍守，七分屯耕，遇有紧急，朝发夕至"的政策。这些军队大多来自江淮地区，他们带来了江淮文明。这种江淮地区的汉文化，以军屯文化的形式和当地的原住民文化结合成为一种新的文化形态。由于他们的居住地，或称"屯"，或称"堡"，因而，这种文化形态被称为"屯堡文化"。

屯堡文化的载体是屯堡村落。当时屯堡村落曾多达300有余，经过600多年沧桑岁月，至今仍保留有百余处，其中比较完整的尚有十余处，

---

* 鲍世行，中国城市科学研究会首席专家，曾长期从事城市规划工作，是我国资深城市规划工作者，研究员，教授级高级城市规划师。

而鲍家屯是其中的佼佼者。

二　屯堡村落的范例：鲍家屯

屯堡村落绝大多数分布在滇黔古道两侧，尤以安顺地区比较密集，其主要原因是。

一是滇黔古道是交通运输的大动脉，安顺地区又被称为"黔之腹，滇之喉"，因而是兵家必争之地。

二是土地广阔肥沃。安顺地区是贵州少有的一块平坝。宽广肥腴的土地，宜于发展农业，囤粮自守。

三是自然条件优越。这里全年气候温和，冬无严寒，夏无酷暑，雨量充沛，是发展农业的极佳地区。

四是人文环境和睦。这里是"夷汉错处"，土司势力相对薄弱，适宜驻军屯垦。

鲍家屯位于紧靠滇黔古道一侧。由于鲍家屯始祖属于先遣部队，入黔较早，因此选址在滇黔路的起点处，区位更为重要。

这些屯堡村落，经历了600余年的沧桑岁月，至今仍比较完整地保存着。以鲍家屯为例，村落布局有明显的正南北向轴线，轴线两侧对称布局，这种独特的布局形态，至今依然保持完好。村里建有严密的屯墙，高耸的碉楼，狭窄的街巷，反映了浓郁的军事特色。村内利用人工构筑物建成"内八阵"，村外则利用自然山水，构筑"外八阵"，安全防御层次清晰。

民居建筑，充分利用当地建筑材料，石墙、石瓦，是学习当地兄弟民族（主要是布依族）建筑技术的成果，院内仍采用木门、木窗，具有浓重徽派建筑风格。民居建筑布局虽多徽派封闭的四合院形式，但也可以发现有移植当地"三房一照壁""四合五天井"的建筑形式。这些都深刻地反映了多元文化的融合。

鲍家屯的水利工程更是内地徽文化的移植。村民们称它为"黔中都江堰"。该工程，从水源地（水仓）分成新河和老河两条，新河是人工开挖的，解决灌溉问题，老河是原有的河道，解决排洪问题。它体现了设计者"天人合一"的设计思想。新河和老河相当于都江堰的内江和外江，内江解决下游的灌溉问题，多余的江水从外江排走。该引蓄结合的塘坝式水利工程，布局合理，设施简洁，功能完备。其功能综合考虑了灌溉、防洪、饮用、污水排放和处理、养殖、农副产品加工、健身、造景、安全和交通，在确定灌溉工程水源时，同时考虑了地面水和地下水的收集。

鲍家屯这个古村落不仅重视经济和社会的发展，而且重视生态环境的保护和建设，突出地表现在村口"水口园林"的建设上。它的建设是以我国传统的堪舆学说为指导的。"水口园林"过去曾比较广泛地存在皖南村落，但近年来大多损毁；而在贵州屯堡地区，至今仅发现此村落一处，且保存极为完好，弥足珍贵。

鲍家屯不仅物质遗产十分丰富，而且非物质遗产也绚丽多彩。当地妇女穿着的凤阳汉装是明代传承下来的汉族服饰；传承千年的鲍家拳，也是由江南传入；该村盛行的地戏融入了鲍家拳套式，自成一派；每年初春的"抬汪公"民俗活动，也是由迁出地传入的。

三 屯堡村落的遗产价值评估

屯堡文化的实质是中国的军屯文化。军屯制度，中国沿用较早，至少汉、唐已经比较完整；但到明代则是集大成，不仅制度上有军事政治方面的"卫所制"，生产生活方面的"军屯制"，文化教育方面的"卫学制"，而且分布也极为广泛，除西南的"屯堡"外，北方有"九边"，沿海南北均有卫所存在。但是，经过历史的风霜，北方和沿海的卫所，包括完整的军事聚落和军事设施，多已不存，仅存的也多是遗址，即使个别活的遗存，也已难现原初形态。而贵州的屯堡则是少有的物质遗产与非物质遗产都保护得相当原真的活态遗产，所以，可以说，贵州安顺地区的屯堡文化和屯堡村落确实是实实在在的"文化奇葩"。

至于国际上军垦文化的遗产地，我们也曾进行了搜索，但是很难找到相似的实例。我想这可能就是中国文化的特色。你想，有些国家16世纪崛起时，仍采用了海盗式的掠夺，有些国家在二战中，仍采用了"三光政策"，有的甚至在丛林战争中，采用了"落叶剂"。这样的国家怎么可能在战争以后把军队留下来，并带来先进的文明，帮助建水利工程，发展农业生产和教育事业呢。

屯堡村落作为遗产地，除了具有一般文化遗产地的共性外，还明显地具有四项特性。即：活态性、整体性、兼具文化遗产和自然遗产特性、物质遗产和非物质遗产共生。

对于活态遗产和文化与自然、物质与非物质融合遗产的申遗，是世界遗产界越来越意识到其重要性，并试图解决的课题。早在 2010 年国际文化遗产日（4 月 18 日），世界遗产委员会有关部门发表评论，提出一种新的遗产观，认为：遗产概念正在发展和拓展，它包括四个方面内容：①应将普通人的日常生活包括在内；②活态；③应是文化与自然、物质与非物质的融合；④传统的遗产理论、保护、管理、阐释、传播等方面需要有根本性改进。这整整一段话，好像完全是为屯堡村落说的。所以，毋庸置疑，屯堡村落的申遗，将是遗产理论的创新，它必将对世界遗产理论的发展和拓展做出我们应有的贡献。

四　"优先申遗"的战略选择是保护、发展屯堡村落遗产的必需

对于屯堡村落的申遗，我们提出了"优先申遗"的战略。我们认为，我国申遗预备名单的确定，既要考虑申遗的标准，又要考虑申遗的优先性。这是因为。

1. 屯堡村落遗产地的脆弱性

正是屯堡村落的"活态性"，使得它的保护比一般遗产地要复杂得多、困难得多，特别是当前正处在城镇化快速发展时期，稍有不慎，极易造成遗产价值的彻底损毁。因此必要通过"优先申遗"使最具代表性和最珍贵的村落得以妥善地保护下来。

2. 村落脱贫和发展的紧迫需求

申遗与贵州村落的脱贫和发展关联性很大。申遗不仅保护了遗产，而且使遗产成为促进村落脱贫和发展的高品位驱动因素，同时会成为遗产地区发展的文化名片和品牌。因此，支持贵州屯堡村落的申遗实乃支持贵州脱贫的重要举措。

3. 对我国遗产事业的发展极为有利

屯堡村落的申遗，体现了遗产保护新的方向。它是展示我国辉煌的农业文明历史的突出物证。对于此类遗产概念的认证，在国内外尚无成熟经验，通过此项目申报实践和理论探索，是我国对世界遗产事业的重要贡献。

4. 能最有成效地利用国家的遗产保护资金

目前我国正计划对重点传统村落进行大量资金投入。对屯堡村落进行重点投入，就是使好钢用在刀刃上。它一定会对我国其他传统村落的保护和发展起到指导和示范的作用。这是有效利用国家保护资金的最佳方式。

5. 屯堡村落是屯堡文化的物质载体

屯堡村落申遗的过程不仅是屯堡村落的整治、修复的过程，而且是屯堡文化发掘、整理的过程。优先申遗就可以使我们有足够的时间，系统地对屯堡文化进行研究和提高，这也是对世界遗产事业的贡献。

后　记

　　2014年7月11日，反贫困第一次进入以"生态文明"为主题的国家级国际性"生态文明贵阳国际论坛"视线，"生态文明与反贫困"主题论坛即成为"生态文明贵阳国际论坛2014年年会"亮点之一。宏观上"高大上"的反贫困政策讨论，微观上反贫困落地机制与政策初衷的种种冲突，形成了反贫困主题论坛强有力的号召。2014年12月，生态文明贵阳国际论坛2015年年会筹备工作暨省服务保障工作领导小组第一次会议上，反贫困论坛被确定成为"2015年生态文明贵阳国际论坛年会"重要主题论坛之一。

　　2015年1月27日，贵州省扶贫办主任叶韬、副主任杨小翔即与贵州省社会科学院启动了反贫困主题论坛筹办工作。2015年4月16日，中国国际扶贫中心副主任黄承伟研究员一行（包括北京大学贫困地区发展研究院常务副院长雷明、北京师范大学经济与资源管理研究院党委书记张琦，武汉大学中国减贫发展研究中心主任向德平等）的到来带来了新的力量与信息。4月17日上午，2015年反贫困论坛第五次筹备会在贵州省社会科学院2楼会议室召开。会议由贵州省扶贫办党组成员、副主任杨小翔主持，中国国际扶贫中心副主任黄承伟研究员，贵州省社科院院长吴大华研究员，贵州民族大学时任校长、现党委书记张学立教授出席。会议同意将2015年年会主题论坛定名为"生态文明与开放式扶贫"，几家承办单位密切沟通，继续以论坛主题为纲，嘉宾邀请为目，纲目并举，各小组工作齐头并进，在分论坛主题、嘉宾邀请、对外宣传、接待服务、参观考察活动策划等方面进行了探讨和安排。

　　4月17日下午，在贵州民族大学第一会议室举行了"农村社会治理与开放式扶贫研讨会"，开启了"生态文明与开放式扶贫论坛"征程；6月30日论坛圆满结束后，11月7日，中国社会学会农村社会学专业委员会年

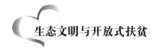

会（2015）暨第五届中国百村调查研讨会在贵州民族大学召开，研讨会专设"扶贫开发与社会建设分论坛"，继续关注农村社会治理与扶贫开发。

事实上，一系列会议的圆满成功得益于多方力量的整合、沟通与交流，得益于省内各方力量的团结一致，得益于外来力量的合作与支持，得益于社会各界对反贫困问题的持续关注与支持。

一　合作与支撑

在论坛的筹办中，中国国际扶贫中心承担了大量联络与会议组织工作。整个论坛筹办工作中黄承伟副主任对会议相关文件每每事必躬亲，对会议主题、议程、共识文本、共识英文文本的翻译等各项文本严格审阅；赵佳副处长直接与联合国驻华大使等相关各方对接，组织并反馈非洲官员培训班参会相关事宜，并在各项文件文本完成与共识英文文本的翻译中承担大量主要工作。王大军处长亲自负责 47 名非洲官员培训班的全程陪同。他们严谨积极的工作作风令人动容。

贵州省扶贫办、贵州省社会科学院、贵州民族大学、中国新闻社贵州分社、黔西南州人民政府等承办单位相关工作人员在会议筹备期间持续不断的对接与联络中推进论坛各项工作。虽然其间有过担忧，有过抱怨，有过难以承受的时刻，但在分论坛筹备领导小组的协调与鼓励下，相互支撑与合作，共同走过风雨，圆满完成了任务。

二　分论坛形式灵活多样

"生态文明开放式扶贫"作为"生态文明贵阳国际论坛 2015 年年会"主题论坛之一，6 月 27 日晚 7 时在贵阳国际生态会议中心国际厅开幕，会议厅可容纳 300 余人，除会议正式代表外，贵州省扶贫办还通知了各市（州）、县（市、区）扶贫办主任列席，贵州民族大学部分师生、各新闻媒体记者把主会场挤得爆满。短短 2 个半小时，既有国务院扶贫开发领导小组副组长、国务院扶贫办主任刘永富，北京大学党委书记朱善璐教授、贵州省委副书记谌贻琴、副省长刘远坤等省部级官员，还有国内外知名学者徐嵩龄、叶兴庆、迈克尔·海尔曼、张乐天、黄承伟、鲍世行、王春光、李秉勤等；外宾中既有联合国系统驻华协调员阿兰·诺德厚、联合国开发计划署驻华代表处政策与伙伴关系团队主管芮婉洁，还有国务院扶贫办中国国际扶贫中心举办的"非洲官员培训班"的47名官员以及"互满爱人与人""友成企业家扶贫基金会""招商局慈善基金会"等机构成员；媒体有中国新闻社常务副社长夏春平亲自出席演讲，也有率先对厉以宁、汤敏、何道峰等知名专家的采访报道。

可以说，"生态文明与开放式扶贫"办成了形式灵活多样的国际性论坛，既有主会场取得较好反响的峰会形式，又有第二天在贵州民族大学举办的以"农村社会治理与反贫困"为主题的分会场，400余人参加；第三天在黔西南州兴义市举办了以"山区发展与绿色减贫"为主题的分会场，还组织实地考察了兴仁县、晴隆县、兴义市、安农县、义农开发区扶贫攻坚的样板点，让与会者尤其是各非洲官员直面中国扶贫现实，切身感受贵州省扶贫开发、脱贫奔小康的成功实践。几个会场议程设置层次分明，并保证了一批重量级嘉宾以及来自乌干达、加纳、克麦隆、马拉维等10个非洲培训班学员能够在不同会场进行演讲或发表见解，产生了良好的社会效果和学术影响力。

三 专家们积极参与

（一）几位不能到会重要专家的会前访谈

厉以宁、汤敏、何道峰等国内知名专家因故不能参加论坛，经论坛秘书组与中国新闻社贵州分社共同谋划，对厉以宁、汤敏、何道峰、毛刚强进行了会前访谈。厉以宁、汤敏、何道峰、毛刚强分别表达了生态文明建设与开放式扶贫融合发展的根本出路在坚持改革、开放式扶贫应广泛动员社会力量、扁平化社会需要每个人的赋权、开放式扶贫必须解决农村社区治理问题的观点。

（二）研讨会的坚定参会人

研讨会期间，两位满头白发的老先生格外引人注目，一位是国务院参事、中国社会科学院徐嵩龄研究员，另一位是中国城市科学研究会首席专家、常务副秘书长鲍世行研究员，他们已是多次参会。他们2015年的发言题目分别是《新农村期待新文明》和《"优先申遗"是保护、发展屯堡村落的战略选择》。他们关注农村，关注农村发展，拳拳之心由此可见一斑。

戴着厚厚眼镜片的杨庭硕教授，需要学生搀扶着才能走上讲台。发言席上的他虽然看不清工作人员，看不清与会人员，他却是最早提交会议发言提纲和论文的人员之一。

（三）研讨会的铁杆支持者

北京大学贫困地区发展研究院常务副院长雷明教授，不仅要承担北京大学作为分论坛主办单位之一的具体协调工作，还要负责邀请北京大学领导参加论坛。北京大学党委书记朱善璐教授头天深夜抵筑，第二天在论坛上即作了热情洋溢的演讲，令与会者深受鼓舞。还有，北京师范大学中国扶贫研究中心主任张琦教授、中国社会科学院社会学所社会政策研究室主任王春光教授、贵州民族大学社会建设与反贫困研究院孙兆霞教授等相关专家学者全程参与了论坛主会场、民大会场、黔西南州会场，并在各分会场做了重要演说和观点阐释。

四 筹备期间的一些小故事

1. 美国温洛克国际农业开发中心项目主任、中国首席代表金义善参加了 2014 年的反贫困论坛，但未收到 2015 年的邀请函。温洛克工作人员拉姆经与 2014 年的一位联系人找到今年联系人王莺桦的电话。在与王莺桦电话联系表达想要参会的意愿后，王莺桦即向大会筹办 QQ 群询问具体事宜。经多方联系后，群内有工作人员告知与秘书处戴继强先生联系。在与戴老师联系的过程中，因多方电话未取得结果，王莺桦语气较重，说既然电话打到这里了，那就需要给人家一个明确的答复。戴老师大人大量，淡然处之，帮助联系了夏存松老师，并把夏老师电话发过来后让王莺桦转发给了拉姆。其后，拉姆与夏老师取得联系。会议期间，温洛克总裁 Kenneth Andrasko 和温洛克中国部首席代表 Ethan Goldings（金义善）参加了于 2015 年 6 月 27 日举办的生态文明贵阳国际论坛"生物多样性与绿色发展"主题论坛。

2. 李小云教授不能到会，短信联系中表达了其惋惜之情。

3. 中国扶贫基金会执行会长何道峰出差美国，不能参会。中国社会科学院社会学研究所博士研究生单丽卿会前专门打越洋电话采访了何道峰先生。

2015 年生态文明贵阳国际论坛圆满成功，"生态文明与开放式扶贫"分论坛得到了"生态文明贵阳国际论坛"组委会高度肯定，经组委会委托专家第三方评估，被评为为数不多的"优秀论坛"之一，我们感到无比欣慰！2016 年年会筹备伊始，我们以"生态文明与反贫困"分论坛申报，经组委会评审，又列入 2016 年生态文明贵阳国际论坛之分论坛继续举办。2014 年"生态文明与反贫困"分论坛的成果，汇编为《反贫困：社会可持续与环境可持续——生态文明与反贫困论坛 2014》一书，由社会科学文献出版社于 2015 年 6 月出版，并分送给有关部门及 2015 年年会代表，产生了广泛的社会影响和学术影响。经分论坛编委会研究，我们把 2015 年"生态文明与开放式扶贫"分论坛的论文及相关成果汇编成册——《生态文明与开放式扶贫》，由贵州省人民政府副省长刘远坤研究员担任编委会主任，由贵州省社会科学院院长吴大华研究员、贵州省扶贫办主任叶韬、贵州民族大学党委书记张学立教授、中国国际扶贫中心主任黄承伟研究员担任主编，由贵州省扶贫办副主任杨小翔、覃儒方，外资中心主任舒宇，贵州省社会科学院副院长索晓霞研究员，中国社会科学院社会政策研究室主任王春光研究员，贵州民族大学副校长杨昌儒教授，黔西南州州委常委、副州长邓家富，普定县原县委书记、现中共安顺市委秘书长方东，贵州民族大学社会建设与反贫困研究院首席教授孙兆霞以及承办单位的具体负责人等担任编委会副主任和委员或副主编，由贵州民族大学社会建设与反贫困研究院副教授、贵州民族大学"服务国家特殊需求博士人才培养项目西南民族地区社会管理"博士研究生王莺桦，贵州民族大学社会建设与反贫困研究院研究员、贵州民族大学副教授毛刚强博士担任执行主编。

本书付梓之际，按惯例要写个"前言"，主要介述"生态文明与开放式扶贫"分论坛的要旨、"贵阳共识"的观点及讨论热点，由毛刚强博士、王莺桦副教授负责执笔，我略作修改。"后记"交由我负责，因我事务繁忙，只有请当时负责具体记录、新闻媒介宣传策划的王莺桦博士协助我"追忆"了每个细节、每次的发言及一些生动感人的"故事"。

2016 年"生态文明贵阳国际论坛"之分论坛"生态文明与反贫困"已经"2016 年生态文明贵阳国际论坛"组委会批准，由国务院扶贫办、北京大学、贵州省人民政府主办，中国国际扶贫中心、中国社会科学院社会学研究所、贵州省扶贫办、贵州省社会科学院、贵州民族大学、中国新闻社贵州分社、普定县人民政府承办，将于 2016 年 7 月 8 ~ 11 日在贵阳如期举办。我们将一如既往、辛勤工作，以满腔的热情、缜密的安排、周到的服务，为"2016 年生态文明贵阳国际论坛"再添一道靓丽的风采。

最后，再次感谢所有为"2015 年生态文明与开放式扶贫"分论坛成功举办给予大力支持、帮助和奉献的领导、专家和会务工作人员！感谢社会科学文献出版社社长谢寿光、皮书分社社长邓泳红的大力支持，责任编辑陈颖等为本书的及时出版付出的辛勤劳动。

吴大华

2016 年 6 月 1 日于甲秀楼

图书在版编目（CIP）数据

生态文明与开放式扶贫：生态文明贵阳国际论坛：
2015 / 吴大华等主编．--北京：社会科学文献出版社，
2016.6
　　ISBN 978 - 7 - 5097 - 9334 - 3

　　Ⅰ.①生… Ⅱ.①吴… Ⅲ.①生态环境建设 - 研究 -
贵阳市 ②扶贫 - 研究 - 贵阳市 Ⅳ.①X321.273.1
②F127.731

中国版本图书馆 CIP 数据核字（2016）第 135105 号

生态文明与开放式扶贫
——生态文明贵阳国际论坛（2015）

主　　编／吴大华　叶　韬　张学立　黄承伟

出 版 人／谢寿光
项目统筹／陈　颖
责任编辑／陈　颖

出　　版／社会科学文献出版社·皮书出版分社 （010）59367127
　　　　　地址：北京市北三环中路甲 29 号院华龙大厦　邮编：100029
　　　　　网址：www.ssap.com.cn
发　　行／市场营销中心 （010）59367081　59367018
印　　装／三河市尚艺印装有限公司

规　　格／开　本：787mm × 1092mm　1/16
　　　　　印　张：25.75　字　数：418 千字
版　　次／2016 年 6 月第 1 版　2016 年 6 月第 1 次印刷
书　　号／ISBN 978 - 7 - 5097 - 9334 - 3
定　　价／128.00 元

本书如有印装质量问题，请与读者服务中心（010 - 59367028）联系